中国经济转型进程中的挑战与机遇

——从高速增长向高质量发展转变

刘瑞翔 著

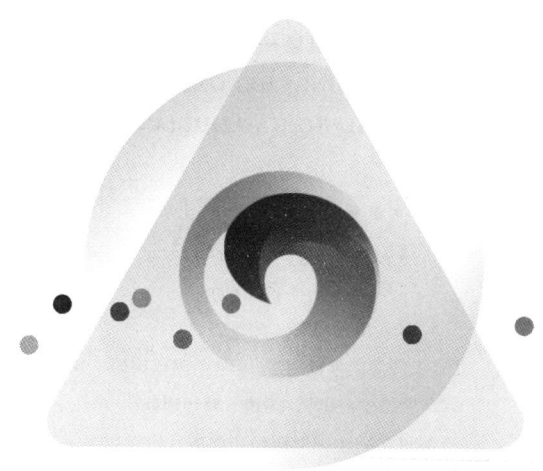

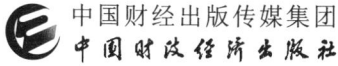

中国财经出版传媒集团
中国财政经济出版社

图书在版编目（CIP）数据

中国经济转型进程中的挑战与机遇：从高速增长向高质量发展转变/刘瑞翔著.--北京：中国财政经济出版社，2021.12

ISBN 978-7-5223-0913-2

Ⅰ.①中… Ⅱ.①刘… Ⅲ.①中国经济-转型经济-研究 Ⅳ.①F123.9

中国版本图书馆 CIP 数据核字（2021）第 228373 号

责任编辑：谷兴华　　　　责任校对：徐艳丽
封面设计：思梵星尚　　　责任印制：党　辉

中国经济转型进程中的挑战与机遇——从高速增长向高质量发展转变
ZHONGGUO JINGJI ZHUANXING JINGCHENGZHONG DE TIAOZHAN YU JIYU:
CONG GAOSU ZENGZHANG XIANG GAOZHILIANG FAZHAN ZHUANBIAN

中国财政经济出版社 出版

URL：http://www.cfeph.cn
E-mail：cfeph@cfeph.cn

（版权所有　翻印必究）

社址：北京市海淀区阜成路甲 28 号　邮政编码：100142
营销中心电话：010-88191522
天猫网店：中国财政经济出版社旗舰店
网址：https://zgczjjcbs.tmall.com
北京财经印刷厂印刷　各地新华书店经销
成品尺寸：170mm×240mm　16 开　22.5 印张　367 000 字
2021 年 12 月第 1 版　2021 年 12 月北京第 1 次印刷
定价：82.00 元
ISBN 978-7-5223-0913-2
（图书出现印装问题，本社负责调换，电话：010-88190548）
本社质量投诉电话：010-88190744
打击盗版举报热线：010-88191661　QQ：2242791300

本书受到国家自然科学基金面上项目"中国经济新常态阶段增长动力转换的机理、障碍与对策：基于非均衡增长理论的研究（71573137）"和江苏省"333高层次人才"培养工程项目"长三角一体化进程中的专业化分工与江苏经济高质量发展研究"的资助。

序

习近平总书记在党的十九大报告中明确指出:"我国经济已由高速增长阶段转向高质量发展阶段。"2017 年 12 月召开的中央经济工作会议也强调:"中国特色社会主义进入了新时代,我国经济发展也进入了新时代,基本特征就是我国经济已由高速增长阶段转向高质量发展阶段。"这是以习近平同志为核心的党中央根据国内外形势的变化,特别是我国当前所处发展阶段的变化而做出的重大判断,为我们下一步的经济发展与研究指明了方向。

改革开放以来,中国社会经济发展取得人类历史上罕见的成就。按照统计部门提供的最新数据,我国国内生产总值(GDP)总量从 1978 年的 3 678.7 亿元增长到 2020 年的 1 015 986.5 亿元,在世界经济总量中所占的比例接近 17%,成为仅次于美国的世界第二大经济体;人均国内生产总值也从 1978 年的 381 元上升到 2020 年的 72 447 元,成功跻身于中等收入国家行列。更为重要的是,党的十八大以来,以习近平同志为核心的党中央坚定不移地带领全党全国各族人民打响了脱贫攻坚战,2021 年 2 月 25 日,习近平总书记在全国脱贫攻坚总结表彰大会上发表重要讲话,庄严宣告:"经过全党全国各族人民共同努力,在迎来中国共产党成立一百周年的重要时刻,我国脱贫攻坚战取得了全面胜利,现行标准下 9 899 万农村贫困人口全部脱贫,832 个贫困县全部摘帽,12.8 万个贫困村全部出列,区域性整体贫困得到解决,完成了消除绝对贫困的艰巨任务,创造了又一个彪炳史册的人间奇迹!"

在为中国经济发展成就感到自豪的同时,我们也必须清楚地认识,中国当前发展面临的国内外环境和自身所处的阶段发生了巨大变化。一方面,近年来以美国为首的发达国家奉行贸易保护主义政策,给经济全球化蒙上了一层阴影。此外,近期新冠肺炎疫情的暴发更是给全球化的未来增加了不确定性。另一方面，在中国经济进入中等收入阶段之后，长期以来推动中国经济高速增长的因素正在发生变化，人口红利逐步减弱，资源环境约束日趋增强。与此相对应的，中国经济增长率从2007年的14.2%逐步下降到2019年的6.1%，劳动密集型产业正逐步从我国的东部沿海地区向中西部地区乃至东南亚国家转移。世界银行指出，一个国家能否顺利跨越"中等收入陷阱"，关键在于经济增长动能的转换，即用新的增长动能替换原有的增长动能。

可喜的是，近年来中国经济在增长新动能转换方面取得了丰硕成果，以互联网、人工智能为代表的新经济激发出一批新产业、新业态和新商业（"三新"）模式。2019年，我国"三新"经济增加值为161 927亿元，相当于GDP比重的16.3%，按现价计算的增速为9.3%，比同期GDP增速高1.5个百分点。在投入供给层面，随着供给侧结构性改革和资源配置效率的提升，以及政府和企业加大科研投入力度，全要素生产率（TFP）近年来已经成为拉动中国经济增长的主要源泉。在最终需求层面，中国居民消费率从2011年以来已经逐步回升，2018年已经提高到39.37%，在"三驾马车"中成为拉动中国经济增长动力的主要来源。此外，以畅通国内大循环为主体、国内外双循环相互促进的新格局，以及区域协调发展过程中的城市群/都市圈建设，都将为我国高质量发展带来新的机遇。因此，基于经济转型的视角，探讨我国经济从过去的高增长模式向高质量发展转变就具有重要的理论价值和现实必要性。

刘瑞翔教授曾经在我的指导下从事博士后研究，我很高兴地看到他和他的团队近年来在经济增长动能转换领域取得了丰硕的研究成果，本书也是现有研究成果基础上汇编和整理而成。他们的研究有两个明显的特点：一是在研究角度上，侧重选择供给和需求两个层面进行比较分析，对中国经济从高速增长向高质量发展转换提供了一个较为全面的视角；二是在研究方法上有所创新，例如，在供给层面提供了一个全新的TFP测度框架分析中国经济增长绩效，在需求层面分析出口对于经济增长的拉动效应时提出了一个全新的贸易核算方法。诚然，他们的研究在深度和广度上还有待继续，比如，以互联网和人工智能等为代表的新技术对中国经济增长产生深远的影响，本书对此尚未有所涉及。此外，在外部环境充满不确定性的背景下，如何充分发挥我国超大规模市场优势和内需潜力，推动经济高质量发展，也需要作者进行更加深入和细致的研究。

随着中国经济进入新的发展阶段，一些新的经济现象和经济规律将不断涌现，为国内的青年学者提供了新的机遇和挑战。我很欣赏刘瑞翔教授及其学术团队的眼光和勇气，期待他们在这个领域继续深入研究并取得更多的学术成果，为构建中国风格的经济学理论体系做出积极贡献！

安同良

2021 年 9 月

前 言

改革开放 40 多年来,中国经济发展取得了举世瞩目的成就。按照统计部门提供的数据,我国国内生产总值(GDP)总量从 1978 年的 3 678.7 亿元增长到 2018 年的 900 309.5 亿元,去除价格因素影响之后,在此期间实际增加了 36.77 倍,成为仅次于美国的第二大经济体。人均 GDP 从改革开放之初不到 350 美元上升到 2019 年的 10 276 美元,顺利突破 1 万美元的大关,按照世界银行设定的标准,已经顺利进入中上等收入国家的行列。全国人均居民可支配收入从改革开放之初的 171.2 元上升到 2018 年的 28 228 元,并在 2020 年实现农村贫困人口全面脱贫的预定目标。我国进出口总额从 1978 年的 206.4 亿美元上升到 2018 年的 46 224.2 亿美元,成为世界第一贸易大国。更为重要的是,中国对全球 GDP 的贡献度已经超过美国,成为拉动世界经济增长的主要引擎。

改革开放以来,中国发展的奇迹可以说是人类历史上增长规模最大、持续时间最长、制度变化最快、约束条件最复杂的经济现象之一(林毅夫,2008)。在为中国经济发展成就感到自豪的同时,我们也必须清楚地认识到,中国为取得这样的增长奇迹付出了相当大的代价。长期以来,我国采用政府深度干预资源配置的非均衡增长方式,具体包括要素价格扭曲、能源消耗与环境污染、压低社会福利水平等手段,以期达到在较短时间内赶超发达国家的目标,虽然取得了增长的奇迹,但不可避免的产生了较多的问题,如产能过剩、产业结构失衡、收入差距拉大、实体和虚拟经济失衡等,代表着经济增长质量的全要素生产率(TFP)指标,近年来也出现了明显的下降趋势。此外,从世界经济发展已有经验来看,一个经济体尽管在低收入阶段可以保持高速增长,但在中等收入阶段终将面临减速回落。中国经济增长在 2008 年进入下降通道,经济增长率从 2007 年的 14.2% 逐步下降到 2018 年的 6.6%。

已经成功跨越"贫困陷阱"的中国经济当前正位于关键的历史十字路口。

世界银行在《东亚复兴：关于经济增长的观点》等报告中指出，一个国家或地区能够打破最初的"贫困陷阱"、实现起飞，但落入"中等收入陷阱"的根本原因在于，"一国从中等收入向高收入迈进的发展机制，与实现起飞的机制有着根本的区别"。换句话说，从贫困阶段实现起飞和向高收入迈进是两个不同的阶段，在这两个阶段推动经济增长的动力机制是完全不同的。如果经济动力源泉在此阶段能顺利转换，那么中国将成功转型；反之，如果原有的增长动力源泉消失，而拉动经济增长的动力新引擎尚未形成，那么中国将可能长期在中等收入阶段徘徊，迟迟不能进入发达国家行列。因此，基于经济转型的视角，探讨我国经济从过去的高增长模式向高质量发展转变就具有重要的理论价值和现实必要性。

要研究中国经济的转型问题，必须要厘清下面几个问题：长期以来推动中国经济高速增长的因素是什么？中等收入阶段这些因素是否发生变化？在新的历史阶段中国经济增长源泉从何而来？众所周知，中国经济的高速增长始自1978年的改革开放。在西方主流经济学框架中，经济增长必须满足私有化、自由化和市场化三个条件。但中国经济的高速发展成就却是一个在市场环境扭曲、地方政府占主导地位的制度环境中取得的。此外，在改革开放之初，我国国内市场尚未发育完善，因此，需要通过出口战略摆脱贫困及推动经济增长。但在改革开放40多年后，我国面临的发展环境发生了翻天覆地的变化，社会主要矛盾已经转化为人民日益增长的美好生活需要和不平衡不充分的发展之间的矛盾，说明我国已经摆脱了内需严重不足的状态，培育和发展内需已经成为当前急需解决的问题。因此，本书将围绕以上问题进行系统的分析和论述，从而对"中国经济从何处来？"以及"中国经济向何处去？"，"在此过程中如何顺利转型？"等问题给出初步的回答。

本书将围绕和把握中国经济增长方式转型的最新趋势和前沿问题，基于经济增长动力源泉转换的视角，研究中国经济从高速增长向高质量发展转型过程中面临的挑战及应对策略。本书研究内容主要包括五个方面：一是从理论和实证两个方面，分析中等收入阶段世界各国经济增长减速的普遍规律和中国的特别之处；二是从供给和需求的视角，分析中国经济近年来增长减速的成因；三是利用投入产出效率和全要素生产率等指标，分析城市化进程、技术进步、结构变化以及区域一体化等对中国经济发展质量的影响；四是全球一体化进程中我国经济在国际分工体系中的参与度、影响力和感应度等，以及外部冲击通过全球价值链（GVC）重构影响中国经济增长和转型的机理分析；五是从新经济和消费视角对中国经济的未来进行展望。

首先，我们需要了解世界各国在中等收入阶段经济增长减速的普遍规律和中国自身的特点。在世界经济发展历程中，不同国家在中等收入阶段表现出分化现象，其中既有始终处于技术前沿的英、美等工业化先行经济体，也有成功实现经济赶超的日、韩等追赶型经济体，还有掉入中等收入陷阱的南美、东南亚国家以及部分东欧经济体。其经济转型能否成功背后的共性规律是：一国从中等收入向高收入迈进的发展机制，与实现起飞的机制有着根本区别，如果增长动力在此期间得以顺利转换，则经济可以成功转型，反之则会掉入中等收入陷阱。与其他国家不同，中国经济在创造出举世瞩目的增长奇迹的同时，也产生了诸多经济结构失衡现象，如需求结构失衡、产业结构失衡、资源环境制约、地区差异、收入差距过大等。究其原因，都与中国转型过程中采取的非均衡增长模式有关。

非均衡增长的思想最初来自 Hirschman（1958）的研究，他认为经济生产中各部门相互间存在引致效应差异，因此在资源有限的情况下，发展中国家取得经济增长的最有效途径是实施优先发展引致决策最大化项目的非均衡增长战略。非均衡增长的根本特征表现为政府对于资源配置深度介入。中国经济增长之所以不能完全用经典理论解释，原因在于作为从计划经济向市场经济转型的后发大国，一方面具有政府干预经济的历史传统，另一方面二元结构特征和地区差异与其他国家相比显得更为明显。由于部门（地区）间存在系统性收益和增长机会的差异，因而政府可以通过财政补贴、税收等多种扭曲机制，将资源从低增长部门转移到高增长部门，通过结构转变实现规模收益递增的赶超增长。这种政府主导的非均衡增长方式虽然通过将资源从低增长部门转移到高增长部门，使中国经济在一个较长周期高速增长，但不可避免地对经济增长质量产生了负面影响。如果在经济赶超阶段，结构失衡现象对于经济增长影响还不明显的话，那么在中等收入阶段其将成为中国经济可持续增长的制约因素。这是本书要解决的第一个理论问题，我们将构建理论模型对其展开深入研究。

其次，中国经济在改革开放以来取得的增长奇迹显然与其增长动力源泉有关。现有的文献一般从供给和需求两个角度对中国经济增长背后的动力机制展开研究。基于供给视角，国内外学者将中国经济高速增长归因于生产要素投入、技术进步和制度的创新（蔡昉，1999；赵志耘等，2007）。与以上观点不同的是，部分学者认为改革开放以来制度变迁是推动中国经济增长的主要因素,并认为比较优势和发展战略(林毅夫,2004)、竞争和产权制度(刘小玄,2003)、市场化和经济体制改革(樊纲等,2003)、地方政府的经济分权与竞争(张军,2007)对我国经济增长具有决定性影响。在供给框架下全要素生产率被视为判断经济发展是否具有可持续性的关键指标,国内外经济学界对于中国经济全要素生产率测算展开了深入研究。由于研究方法和评估视角不同,这些文献得到的结论也存在少许差异,但大部分研究达成的共识是,中国经济主要依靠要素投入驱动并呈现出粗放式增长特征。

与供给视角不同,部分学者基于投资、消费以及出口等需求角度对中国经济增长展开分析。消费、投资和出口之所以被认为是拉动经济增长的"三驾马车",是因为其作为国民经济中的最终需求部分,通过各产业部门之间技术经济联系和产业波及效应,对国民经济各产业部门产生直接或间接的生产诱发作用,进而直接影响整个国民经济增长的速度和质量。沈利生(2008)测算了消费、投资和出口作为"三架马车"对于中国经济增长的拉动作用,认为2002年以来消费的拉动作用在下降,出口的拉动作用在上升,因此必须提高消费的拉动作用,使经济发展方式向消费、投资、出口协调拉动转变。刘瑞翔和安同良(2011)使用非竞争型投入产出模型,对1987—2007年中国经济增长的动因进行了系统分析,发现中国经济增长主要来源于最终需求的拉动,全球化进程对中国经济增长的动力来源产生了根本性的影响。中国经济增长的动力源泉是什么?在分析期间这些动力源泉发生了哪些变化?目前国内外学者对此存在明显的争议。这是本书要解决的第二个问题,我们将基于供给和需求视角,构建增长核算模型对其展开深入研究。

再次,我们需要深入探讨中等收入阶段中国经济增长速度和发展质量之间的关系。当前,学术界对经济增长质量概念的理解大致可分为两种观点:一种是基于狭义的角度,将经济增长质量单纯理解为经济的投入产出效率;另一种是基于广义的角度,把经济增长质量视为对于经济增长数量的重要补充,具有非常丰富的内涵。狭义的经济增长质量一般用生产率指标表示经济的投入产出效率。1977年,苏联经济学家卡马耶夫在《经济增长的速度和质量》中,对经济增长的质量进行了初步探索,并认为"在经济增长这个概念中,不仅应该包括生产资源的增加,生产量的增长,而且也应该包括产品质量的提高,生产资料效率的提高,消费品的消费效果的增长"。洪银兴(2010)从投入产出角度定义经济增长质量,从产出角度看,增长质量的高低表现为单位经济增长率含有的剩余产品数量,从投入角度看,表现为单位经济增长率中投入生产要素的组合质量。

与狭义经济增长质量相比，广义的经济增长质量是更为宽泛的概念。托马斯（1999）在《增长的质量》中将增长质量理解为，"作为发展速度的补充，它是指构成增长进程的关键性内容，比如：机会的分配、环境的可持续性、全球性风险的管理以及治理结构"。与前人相比，Barro（2002）对于经济增长质量的理解显得更为宽泛，认为经济增长质量是与经济增长紧密相关的社会、政治和宗教等方面的因素，并利用跨国数据对其决定因素进行了实证研究，认为健康水平、收入分配、政治体制以及宗教信仰与经济增长质量存在密切关系。钞小静和任保平（2011）将经济增长质量分为四个维度，具体包括经济增长结构、经济增长的稳定性、经济增长的福利变化以及生态环境及资源利用。总而言之，由于学者对经济增长质量研究视角的不同，导致经济增长质量内涵的界定也存在多样性，从而使得经济增长质量的测度和分析也有所不同。基于狭义和广义不同视角，分析城市化进程、区域一体化、技术进步和结构变化对经济增长质量的影响，是本书要解决的第三个问题。

此外，20世纪下半叶以来，随着信息技术的发展和运输成本的降低，国际分工格局发生了重大变化，产品的生产工序不断延伸和拉长，并根据各国或地区的资源禀赋及比较优势，在全球范围内重新进行配置，使世界各国经济社会发展发生了巨大变化。在全球化进程中，各国贸易进出口总量以远超过GDP的速度快速增长，其中，中间投入品贸易数量所占的比重也越来越高，垂直专业化分工逐渐成为人类组织生产活动的新方式。弗里德曼在《世界是平的》中指出，以信息技术革命、贸易自由化和生产外包为标志的经济全球化，将会给人类社会带来生产率提升、贫困减少和财富增加的美好前景。但就在人们尚在为全球化大唱赞歌的同时，以"英国脱欧"和美国"川普新政"为标志，世界一夜之间涌现出一股"逆全球化"的新潮流，发达国家贸易保护主义广泛盛行，给全球化的未来带来了不确定性。

长期以来，我国企业主要以加工贸易方式参与国际分工，生产的产品主要是满足国际市场的需要，导致国内需求和出口商品之间出现结构背离现象。因此，在新一轮全球化进程中，我国企业要利用广阔的内需市场，构建以我为主的全球价值链，以更加主动积极的方式参与国际分工。上一轮全球化是中国经济高速发展的重要原因，中国近年来经济增长之所以出现减速现象，很重要的原因就是近年来全球化进程的放缓甚至逆转。因此，在当前贸易保护主义盛行的环境下，中国要韬光养晦，在修炼好内功的同时加大对外开放力度，为抓住下一轮全球化中的机遇打下坚实基础。全球化未来将何去何从？全球化不确定性如何影响全球价值链的重构？中国在此过程中将面临哪些挑战和新的机遇？这是本书将要解决的第四个问题，其对于中国经济改革开放再出发具有极其重要的意义。

本书内容是在我多年来发表的学术论文基础上整理而成，在这个过程中，很多前辈老师和学术同仁都给了无私的帮助和支持。在这里，我要特别感谢我的博士后指导老师安同良教授。我之前博士期间的研究方向并不是经济学，正是在安老师的精心指导和点拨下，我才顺利走上了经济学的研究之路。此外，我还要感谢范金教授和徐瑾副教授，和他们的讨论给了我灵感和思路。我的研究生夏琪琪、朱贝贝、许晖、吴林泽等承担了大量的辅助工作。最后，我还要感谢我的家人，正是他们给我提供了一个安定的环境，才能让我心无旁骛地从事学术研究。

本书的部分内容已在《经济研究》《世界经济》《数量经济技术经济研究》《中国经济问题》以及《南京社会科学》等杂志发表，特此说明。

最后，由于时间仓促，本书难免存在谬误和不足，请读者们多提宝贵建议，以便修改。

2021 年 10 月

目 录

第一章 中国转型进程中的经济增长与结构转变 ……………………（1）
  第一节 中国在转型进程中增长奇迹与结构失衡的理论综述 ……（1）
  第二节 双重转型进程中的经济增长与结构转变特征 ……………（3）
  第三节 中国经济双重转型的模型构建与相关分析 ………………（11）
  第四节 中国经济转型进程中的国有企业改革 ……………………（21）
  第五节 转型过程中经济增长奇迹与结构转变的解释 ……………（27）
  第六节 本章结语 ……………………………………………………（34）

第二章 探寻中国经济增长源泉——基于供给视角的分析 …………（37）
  第一节 经济增长源泉研究的文献综述 ……………………………（38）
  第二节 经济增长源泉的测度方法与数据来源 ……………………（40）
  第三节 中国经济增长源泉的测算结果及相关分析 ………………（45）
  第四节 增长源泉对于中国经济增长率波动的影响 ………………（52）
  第五节 本章结语 ……………………………………………………（54）

第三章 中国经济增长的动力来源——基于需求视角的分析 ………（57）
  第一节 需求视角下经济增长核算的文献综述 ……………………（57）
  第二节 基于最终需求视角的经济增长核算模型 …………………（59）
  第三节 中国经济对于最终需求的诱发依存结构 …………………（64）
  第四节 1987—2017年中国经济增长的成因分解 …………………（69）
  第五节 本章结语 ……………………………………………………（73）

第四章 全球化进程中的中国经济发展 ………………………………（76）
  第一节 中国经济在全球价值链分工中的参与度 …………………（76）

第二节　中国在全球价值链中的分工位置 ……………………（89）
　　第三节　全球化进程中的产业国际竞争力 ……………………（100）
　　第四节　本章结语 ………………………………………………（109）

第五章　全球空间关联视角下的中国经济增长 ……………………（112）
　　第一节　空间关联视角下经济增长研究的文献综述 …………（112）
　　第二节　空间关联模型构造与经济增长核算 …………………（114）
　　第三节　中国经济对外空间关联现状及其演化特征 …………（119）
　　第四节　全球空间关联视角下中国经济增长的动因分解 ……（125）
　　第五节　本章结语 ………………………………………………（131）

第六章　沿海地区与内陆省份经济增长的比较测度 ………………（133）
　　第一节　价值链视角下经济增长与贸易核算研究的综述 ……（133）
　　第二节　嵌入式投入产出模型构造及经济增长核算方法 ……（136）
　　第三节　分工视角下我国区域经济增长的测度与比较分析 …（142）
　　第四节　沿海地区出口对内陆省份经济增长的带动效应 ……（152）
　　第五节　本章结语 ………………………………………………（158）

第七章　进口替代下的全球生产链重构及对中国经济增长的影响 ……（160）
　　第一节　全球生产链重构研究的文献综述 ……………………（160）
　　第二节　全球生产链重构的理论模型与数据来源 ……………（163）
　　第三节　进口替代下的生产链重构特征及其演变趋势 ………（168）
　　第四节　全球生产链重构对我国经济增长的影响 ……………（179）
　　第五节　结论与政策建议 ………………………………………（190）

第八章　资源环境约束下中国经济增长绩效变化与因素分析 ……（192）
　　第一节　经济增长绩效相关研究的文献综述 …………………（192）
　　第二节　资源环境约束下经济增长绩效的测度方法 …………（194）
　　第三节　中国经济增长绩效测度结果与相关分析 ……………（199）
　　第四节　资源环境约束下中国经济增长绩效变化的因素分析 …（204）
　　第五节　本章结语 ………………………………………………（213）

第九章　城市化、人力资本与经济增长质量 …………………………… (216)
第一节　经济增长质量相关研究的文献综述 ………………………… (217)
第二节　空间面板计量模型与数据来源 ……………………………… (219)
第三节　城市化、人力资本影响经济增长质量的实证分析 ………… (222)
第四节　本章结语 ……………………………………………………… (229)

第十章　区域一体化、资源配置效率与经济增长质量——来自长三角 26 个城市的实证 ………………………………………………… (232)
第一节　区域一体化影响资源配置效率的文献综述 ………………… (232)
第二节　长三角一体化指数和经济增长质量的测度 ………………… (235)
第三节　长三角一体化改善资源配置效率的实证分析 ……………… (240)
第四节　长三角一体化影响经济增长质量的进一步分析 …………… (250)
第五节　本章结语 ……………………………………………………… (256)

第十一章　生产技术、结构变动与经济增长质量——基于投入产出效率视角的分析 …………………………………………………… (260)
第一节　投入产出效率相关研究的文献综述 ………………………… (261)
第二节　投入产出效率测度的方法与数据来源 ……………………… (263)
第三节　生产技术、结构变动影响投入产出效率的分析 …………… (267)
第四节　本章结语 ……………………………………………………… (280)

第十二章　国内外双循环体系下的贸易核算——一种新型框架及其应用 ………………………………………………………………… (281)
第一节　贸易核算相关研究的文献综述 ……………………………… (281)
第二节　新型贸易核算方法与数据来源 ……………………………… (283)
第三节　一个简单的数值模拟 ………………………………………… (293)
第四节　中国经济双循环格局下新型贸易核算方法的应用 ………… (303)
第五节　本章结语 ……………………………………………………… (309)

附录　新型贸易核算方法的 Matlab 代码 ………………………………… (311)
参考文献 …………………………………………………………………… (323)

第一章

中国转型进程中的经济增长与结构转变

第一节 中国在转型进程中增长奇迹与结构失衡的理论综述

改革开放以来,中国40多年保持了接近10%的年均GDP增长率,经济总量已超越日本和德国,成为世界第二大经济体,如果用人均GDP指标核算,已由改革开放之初的350美元增加到2019年的10 000美元左右,成功跻身于中上等收入国家行列,被誉为"中国增长奇迹"。中国经济之所以引起国内外广泛关注,除了其在增长领域所取得的成就之外,还源自于自身转型的特殊性:一方面是从传统农业社会向现代工业社会的二元结构转型;另一方面则是从计划经济向市场经济过渡的体制转型。在人类社会发展历史上,两种转型的结合或者重叠是没有先例的,也是传统发展经济学没有讨论过的(厉以宁,2013)。

针对中国经济增长奇迹现象的解释,也大多基于以上两个视角展开。发展经济学非常重视二元结构转变对经济增长的影响(Lewis,1954;Kuznets,1966;钱纳里等,1995),对于改革开放之后的中国而言,早期研究侧重分析劳动力要素部门间重置对于中国经济高速增长的影响。蔡昉和王德文(1999)在传统两要素模型上增加了人力资本,对中国经济增长重新进行核算,发现劳动力要素部门间重置效应对于1982—1997年中国经济增长贡献度高达20.23%。近年来,学者们更加关注结构红利消失对中国经济减速的影响。袁富华(2012)基于经济增长因素分解,提出了"结构性加速"与"结构性减速"观点,指出未来中国经济结构服务化趋势逐渐增强,"加速"向"减速"转换问题将会凸显。中国经济增长前沿课题组(2013)基于拓展的增长核算框架,对于中国经济转型结构性特征及面临风险进行了深入研究。

除了发展转型带来的结构红利之外,显然中国增长经济奇迹同样离不开体制转型带来的改革红利。周其仁(2001)认为,计划经济向市场经济转型过程中的产权多元化现象,是中国经济长期增长的关键。刘小玄(2003)发现国有企业(国企)通常是与垄断、缺乏竞争的市场结构紧密联系在一起,而可竞争的市场结构则与非国有产权或民营产权密切相关,说明产权变革是提高经济绩效的关键因素。一些学者认为,中央和地方政府对于财政收入和国企利润的分成制度安排,使得地方政府具有参与经济建设的积极性,是中国渐进性市场改革得以平稳推进的前提条件(Qian 和 Weingest,1996;Qian 和 Roland,1998;杨瑞龙和杨其静,2000)。周黎安(2004)则认为,以 GDP 增长为基础的晋升激励使地方官员受到经济利益与政治晋升双重约束,调动了地方官员发展本地经济的积极性,在中国经济增长中发挥了重要作用。

中国经济在高速增长的同时,近年来出现一系列结构失衡现象。部分学者认为二元结构下劳动力转移及结构转变是中国储蓄率过高(樊纲和吕焱,2013;张勋等,2014)、收入分配结构失衡(白重恩和钱震杰,2009)、资本回报率增加(刘晓光和卢峰,2014)、需求结构失衡(Yao,2011)的主要原因。另外,一些学者则将中国经济结构失衡现象与其体制转型过程中特有的制度安排联系起来。例如,李杨和殷剑峰(2007)对居民、企业和政府三部门的储蓄率进行了比较分析,认为政府直接投资以及企业补助过高是储蓄率较高的原因。柳庆刚和姚洋(2012)认为在政治锦标赛框架下,地方政府在加大自身部门的投资倾向的同时,通过生产性公共品对企业部门形成补贴,最终导致低消费和高储蓄现象。此外,针对中国最终需求结构的失衡,不少学者将其归因于当前特有的财政分权制度(李永友,2010)或者利率管制(Huang 和 Wang,2010;陈彦斌等,2014)。

通过以上文献梳理可发现,无论是改革开放以来中国经济取得的经济增长奇迹,还是在经济增长过程之中出现的结构失衡现象,都与中国二元经济结构转型或者体制转型密切相关,但遗憾的是,以上文献仅针对其中某一局部现象展开研究,并没有将三者结合起来深入分析其中因果关系。与以上文献不同,Song 等(2011)构建了一个理论模型,解释了所有制转型对于中国经济增长及结构失衡的影响。Song 等(2011)描述了一个要素配置扭曲使市场中存在两类异质性企业，一类是国有企业为代表的 F 型企业，经营效率低但易得到银行贷款，另一类是民营企业为代表的 E 型企业，效率虽高但在融资过程中却受到歧视。随着民营企业发展壮大，劳动力逐渐从国有企业向民营企业转移，通过重置效应推动中国经济高速增长，但同时导致诸多经济结构失衡现象的出现。

Song 等（2011）发表后在学术界产生了较大影响，但该文不足之处在于仅考虑了所有制转型带来的影响，并未考虑二元经济结构转型，特别是没有考虑两种类型转型叠加带来的影响。在 Song 等（2011）中，虽然企业是异质性的，但劳动者是同质的，然而中国现实情况却是，由于户籍制度的存在，劳动者之间也是异质性的，劳动力市场配置同样存在扭曲现象。另外，Song 等（2011）认为，由于两种类型企业间劳动者工资相同，因此随着民营企业经营规模扩大，劳动力将从国企流向民营企业。实际上，中国官方提供数据表明，民企员工的工资水平要远低于国企员工。这就说明，民营企业不断增加的劳动力可能并不是来自国企，而是来自工资水平更低的农民工。鉴于此，David 和 Benjamin（2013）构建了一个搜寻模型对这种现象进行解释，该研究的不足在于模型较为粗糙且没有考虑所有制转型对中国经济增长的影响。

与已有文献相比，本章创新主要体现在：首先，针对中国体制转型和二元结构转型叠加的特点，构建了一个理论模型，分析了中国特有的双重转型叠加进程中经济增长和发展质量之间的关系，对中国经济从结构性失衡向平衡的转变给出合理解释；其次，与 Song 等（2011）相比，本章不仅考虑了企业异质性对于资本配置的影响，也考虑了劳动者异质性对劳动力配置的影响；最后，本章针对中国高储蓄—低消费、不同劳动者群体收入差距拉大、经常项目盈余以及资本回报率居高不下等多种经济失衡现象给出合理解释。

第二节 双重转型进程中的经济增长与结构转变特征

在人类经济发展历史上，除了中国之外，还有一些国家和地区经济发展也取得相似的增长奇迹。20 世纪 40 年代第二次世界大战后日本经济率先起飞，60 年代包括韩国、新加坡以及我国香港、台湾地区相继跟随，然后才是 80 年代中国大陆的崛起，整个东亚地区经济有序发展被经济学家形象地称为"雁阵模式"。中国经济之所以举世关注，除了其涉及全世界近 1/4 的人口脱贫减困之外，还与其特有的双重转型路径密切相关：一方面，类似于日、韩等其他东亚经济体，中国利用后发优势迅速完成工业化进程，在较短时间内成功实现了从农业经济向现代化经济的转型；另一方面，与日、韩等不同的是，由于长期实施中央计划经济体系，中国同时又存在一个从计划经济向市场经济过渡的体制转型过程。

一、中国式双重转型

为了描述中国经济社会在改革开放进程中的双重转型，图1-1选择了三个指标：一是中国乡村人口占总人口比重指标。从图中可发现，1978年中国乡村人口占总人口比重高达82.08%，说明在改革开放之前，中国是一个典型的农业社会，尚未启动经济现代化进程。经过长达40年的改革开放，2018年农村人口占比已下降到40.42%。二是第一产业增加值占国民经济总量比重指标。在中国转型过程中，以农业部门为主的第一产业增加值占比从1978年的27.7%下降到2018年的7%左右。同时，工业部门和服务业部门取得快速发展，其中，服务业部门占比从1978年的24.6%上升到2018年的53.3%，并于2012年超过第二产业成为我国第一大产业部门，意味着我国当前已经进入后工业化阶段。三是外资、有限责任、股份制、民营企业和个体就业人口占比指标。该指标在1978年接近于0，说明当时民营经济几乎没有得到发展。但在从计划经济向市场经济的转型过程中，特别是1992年邓小平南方谈话之后，中国民营经济得到了迅速发展，该指标从1990年的4.86%增加到2018年的48.12%。以上三个指标从不同角度，对改革开放以来中国经历的双重转型进行了基本描述。

二、转型过程中的经济增长奇迹

在转型过程之中，中国创造出了举世闻名的经济增长奇迹。图1-2给出1978—2018年中国GDP总量以及人均GDP的增长率。从图中可以发现，中国的经济发展大体上可以分为四个阶段：第一阶段是1978—1991年，这一期间从党的十一届三中全会到十四大明确提出了"我国经济体制改革的目标是建立社会主义市场经济体制"，可称为从计划经济到市场经济的探索阶段，这一阶段我国GDP和人均GDP年均增长率分别为9.03%和7.5%。第二阶段是

1992—2001年,以1993年党的十四届三中全会通过《中共中央关于建立社会主义市场经济体制若干问题的决定》为标志,我国正式确立社会主义市场经济的改革方向和基本内容,2002年我国社会主义市场经济体制的基本框架初步建立,可称为社会主义市场经济体制的基本框架初步建立阶段,这一阶段我国GDP和人均GDP年均增长率分别为10.32%和9.24%。第三阶段是2002—2011年,从2002年党的十六大提出到2020年建成完善的社会主义市场经济体制的改革目标,其间,党中央总结提出科学发展观和构建社会主义和谐社会的重大战略构想,作为深化改革的重要指导思想。自此,我国改革进入完善社会主义市场经济体制的新阶段,这一阶段我国GDP和人均GDP年均增长率分别为10.67%和10.07%,是我国经济增长最为迅速的阶段。第四阶段是从2012年至今,党的十八大在2012年召开,选举产生了党的新一届领导核心。党的十八届三中全会做出的《中共中央关于全面深化改革若干重大问题的决定》,明确表明改革不再拘泥于经济体制改革领域,而是涵盖经济、政治、文化、社会以及生态文明的新时代全面深化改革,标志着我国进入全面深化改革阶段,在此期间我国GDP和人均GDP年均增长率分别为7.21%和6.7%。从以上可以发现,我国经济增长在转型过程之中呈现先增速、再减速的趋势。

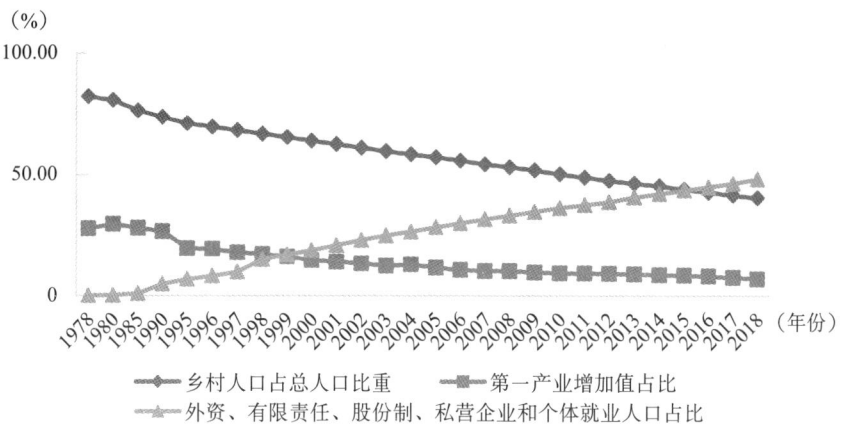

图1-1 1978—2018年中国乡村人口、第一产业增加值以及外资、有限责任、股份制、民营企业和个体就业人口占比演变趋势

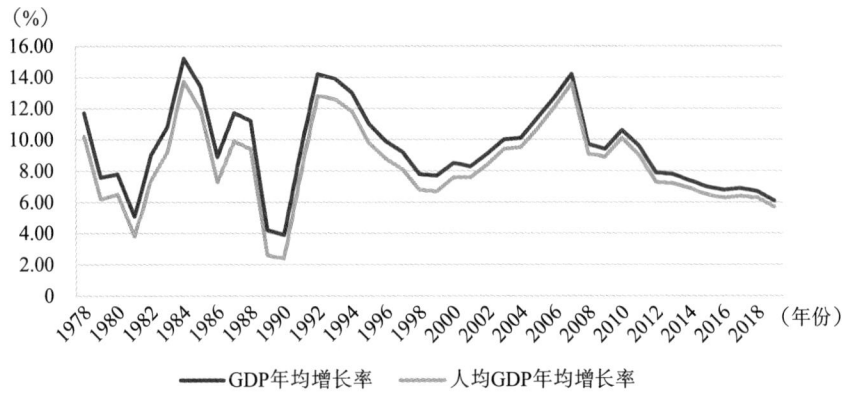

图 1-2 1978—2018 年中国 GDP 总量以及人均 GDP 的演变趋势

三、经济结构从失衡走向平衡

中国经济其特有的双重过程中，取得了人类社会发展史上前所未有的成就，但近年来也出现了一系列经济结构失衡或传统理论不能解释的异常现象，具体包括：

（一）国民储蓄率维持在较高水平但逐步回落

改革开放以来，中国国民储蓄率始终维持在一个较高水平，从 1992 年的 36.28% 上升到 2008 年的最高点 52.3% 后，再下降到 2018 年的 44.39%，分析期间呈现出"倒 U 形"变化趋势（见图 1-3）。图 1-3 同时还给出了中国居民储蓄率的相关数据，其基本与国民储蓄率保持了一致的演变趋势，但整体上要低一些，其从 1992 年的 29.55% 上升到 2010 年的最高点 42.1% 后，再下降到 2018 年的 34.81%。两者之间差距之所以有所扩大，与国民储蓄中企业储蓄所占比例不断增加有关。樊纲和吕炎（2013）认为，由于中国处于刘易斯拐点之前的二元经济状态，过剩劳动力使得在劳动力与资本博弈中，劳动力处于弱势地位，工资上升缓慢，收入分配更加倾向于资本所有者，最终形成了大规模的企业储蓄。

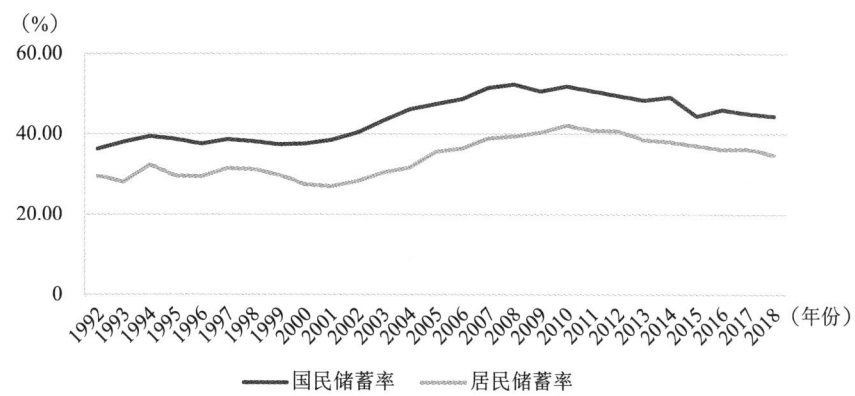

图 1-3　1992—2018 年中国国民储蓄率及居民储蓄率演变趋势

资料来源：根据 1992—2018 年《资金流量表》数据计算得到。

在中国经济转型过程中，由于存在户籍制度的限制，又可以进一步将劳动者分为三种类型：拥有城镇户籍的城镇居民、拥有农村户籍但在城市务工的农民工以及在农村就业的农村户籍居民。表 1-1 给出了这三类群体在 2002 年、2007 年的储蓄率。从表中可发现，不同类型的劳动者储蓄率具有较大的差异：以农民工为代表的群体储蓄率一直是最高的，城镇户籍居民储蓄率近年来上升非常迅速，从 2002 年的 22.6% 上升到 2007 年的 31.76%，而在农村就业的农村户籍居民储蓄率在此期间却出现了下降趋势。

表 1-1　2002 年、2007 年农村户籍居民、农民工以及城镇户籍居民的储蓄率

年份 \ 群体	在农村就业的农村户籍居民	农民工	城镇户籍居民
2002	25.90%	25.98%	22.60%
2007	22.14%	33.28%	31.76%

资料来源：转引自张勋等（2014）。

（二）资本回报率高于常值但逐步回落

改革开放以来，中国投资率一直居高不下，近年来已接近 50%，远高于世界上其他国家的平均水平。根据新古典增长理论，存在所谓的资本报酬递减定律，即在技术水平和劳动投入给定情况下，资本回报率会随着资本存量的增加而不断下降。但是令人诧异的是，Bai 等（2006）基于国民收入核算数据估测后发现，中国资本回报率在改革开放以来几乎一直保持在 20% 以上，近年来还出现了上升的趋势。方文全（2012）基于年份资本理论视角对中国资本回报率进行了重估,采用修正的折旧率将资本回报率水平整体向下调整了 3%—5%,但总体呈上升的趋势并未改变。为了验证 Bai 等（2006）的观点,图 1-4 给出了 1998—2018 年中国规模以上工业企业的投资回报率。从图中可以发现,由于受到亚洲金融危机的影响,中国规模以上工业企业的投资回报率在 1998 年仅为 1.34%,要远远低于 Bai 等（2006）提供的数据,但在分析期间呈现出上升趋势,受到 2008 年国际金融危机影响后有所回调,又逐步上升到 2011 年的最高点 9.09%,之后缓慢回落到 2018 年的 5.85%。

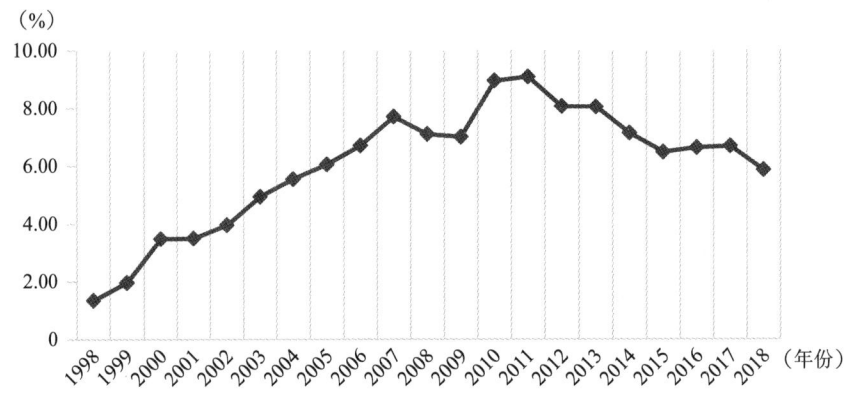

图 1-4　1998—2018 年中国规模以上工业企业资本回报率演变趋势

资料来源：利用《中国统计年鉴》相关数据计算得到。

（三）居民收入分配差距拉大但有所缓解

改革开放以来,我国的收入分配格局发生了重要变化。在计划经济时代,城市居民按照全国统一工资标准获取劳动收入（可能存在地区差异）,因此相互间差距并不明显,居民收入差距主要体现为二元经济带来的城乡之间的差距。1978 年,农村居民家庭人均纯收入为 133.6 元,对应的城镇居民为 316 元,后者约是前者的 2.36 倍。改革初期,由于率先在农村实行"包产到户"等一系列改革,迅速提高了农民收入,使得城乡差距和整体居民收入差距都趋于缩小,但随着中国经济转型的加速,这一趋势很快遭到了逆转。图 1-5

给出了 2002—2016 年中国收入基尼系数的变化趋势。① 从图中可以看出，中国收入基尼系数在此期间超过了 0.4 的警戒线，并在 2008 年达到了最高点 0.491，之后出现了缓慢下降的趋势。胡志军等（2011）将其分解后发现，城乡差距是我国居民收入差距加大的主要原因，其对居民收入差距贡献度从 1985 年的 50.6% 上升到 2000 年之后的 60% 左右。

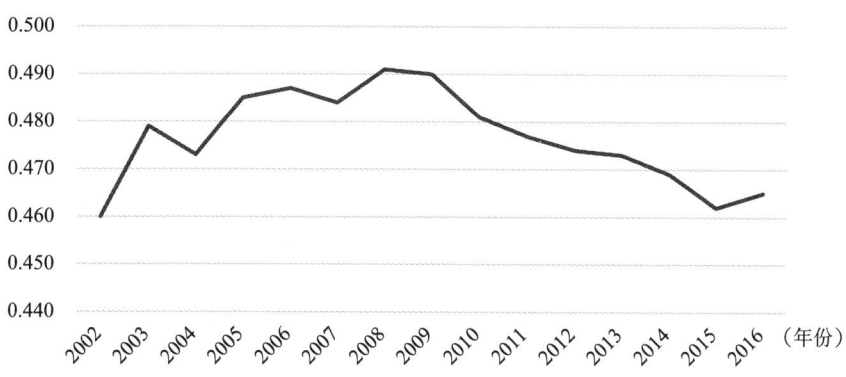

图 1-5　2002—2016 年中国收入基尼系数的演变趋势

资料来源：中国统计局公布的官方数据。

（四）最终需求结构从失衡向平衡转变

消费、投资和出口需求长期以来被形象地称为驱动经济增长的"三驾马车"。但在中国经济转型过程中，中国经济的最终需求结构出现了严重的失衡，历年《中国统计年鉴》提供数据表明，其中投资占总需求比例从 1978 年的 38% 上升到 2011 年的 48%，相应的消费占总需求比率从 62% 下降到 48%。笔者利用投入产出表，测算得到中国经济对于消费、资本形成以及出口最终需求的依存度，具体如图 1-6 所示。从图中可以发现，中国经济对于消费需求的依存度从 2002 年的 50.87% 下降到 2007—2010 年的最低点 41.7% 左右，然后逐步上升到 2017 年的 47.12%，期末与期初相比下降了 3.65 个百分点且呈现出"U形"变化趋势。与消费需求有所不同，中国经济对于出口的依存度从 2002 年的 20.54% 上升到 2007 年的最高点 27.09% 后，逐步回落到 2017 年的最低点 16.12%，在此期间下降了 4.42 个百分点且呈现出"倒U形"变

---

① 不同研究团队由于数据来源不同，测算得到的基尼系数也有所不同，为避免争议，本处选择国家统计局官方公布的数据。

化趋势。与消费和出口需求不同,中国经济对于投资需求的依存度从 2002 年的 28.59% 上升到 2010 年的 36.72%,并在此之后保持在 36% 左右小幅波动。史晋川和黄良浩(2011)曾经指出,后发崛起的东亚地区高投资、低消费特征已比较突出,但即使与东亚经济体相比,中国投资率之高和消费率之低仍相当显著。如图 1-6 所示,尽管与世界整体水平相比,消费需求在我国总需求中占比偏低,但在分析期间呈现出逐步上升的趋势。

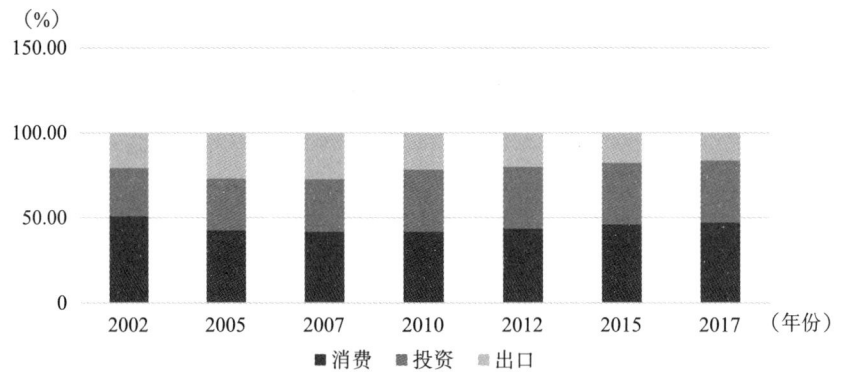

图 1-6 2002—2017 年中国经济对于消费、投资和出口最终需求的依存度

资料来源:笔者利用国家统计局公布的投入产出表计算得到。

(五)净储蓄(经常项目盈余)升中有降

在经济转型过程中,中国资本形成率长期以来虽然保持了较高的水平,但与国民储蓄率相比仍有较大差距,从而导致净储蓄现象的产生,并对中国的贸易盈余产生较大影响。由于经常项目盈余主要以官方外汇储备形式存在,而为了安全考虑,官方外汇储备的投资对象主要是欧美等国家发行回报率较低的政府债券。图 1-7 给出了 1990—2018 年中国外汇储备的变化趋势,可以发现,中国外汇储备已经从 1990 年的 110.93 亿美元快速上升到 2014 年的最高点 38 430.18 亿美元,在此之后逐步下降到 2018 年的 30 727 亿美元,近年来呈现出逐步回落的趋势。

上文列出了中国经济转型过程中的多种现象,一个共同的特征就是在经济增长从加速转向减速的同时,经济结构逐步从失衡向平衡转变。如何针对这些现象给出合理的解释?正如文献综述部分指出的,国内外学者针对其中具体一种结构失衡现象,已分别从二元结构转型或者体制转型角度展开深入分析,并得到了大量富有学术价值的成果,但是目前还没有文献能够解释中国特有的双重转型、增长速度变化以及经济结构从失衡向平衡转变三者间关系,这是本章以下部分的主要研究任务。

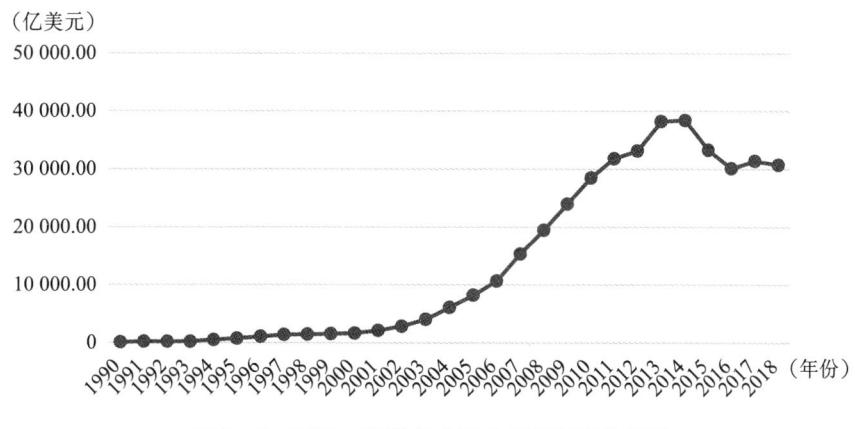

图1-7 1990—2018年中国外汇储备变化趋势

第三节 中国经济双重转型的模型构建与相关分析

一、劳动者

由于户籍制度的存在,中国劳动者可以分为两大主要群体,即具有城市户籍的工人和具有农村户籍的农民。在改革开放之前,劳动者在城乡之间的流动是受到严格限制的,农民只有通过升学、参军等改变户籍身份,才可以在城市就业和生活。但在1978年改革开放之后,随着劳动者城乡流动限制的逐渐松动,部分农民进城务工而成为农民工。因此,本书中劳动者具体分为三类:一类是具有城镇户籍且在城市工作的城市工人(以下标u表示),第二类是具有农村户籍且留在农村务农的农民(以下标a表示),最后一类是具有农村户籍但在城市工作的农民工(以下标m表示)。为简化起见,不考虑人口增长①,因此城市工人数量L_u、具有农村户籍劳动者数量($L_m + L_a$)数量之和L是固定的,即:

---

① 如果假设劳动力以自然增长率速度增长,并不会影响本章所得结论。

$$L_u + L_m + L_a = L \qquad(1-1)$$

受到户籍制度的限制,城市工人占劳动者整体比例为 ϕ,即 $L_u = \phi L$,则拥有农村户籍的农民和农民工数量之和 $L_a + L_m = (1-\phi)L$。由于历史原因和财政因素限制,现阶段中国并非所有劳动者都能享受到完善社会保障服务,本章假设不同群体享受的社会保障水平由其户籍性质决定。其中,城市工人由于拥有城镇户籍,享受较高水平的社会保障,农民和农民工虽然从事不同工作,但由于具有相同农村户籍,因此均享受较低水平的社会保障。在本章中,不同群体社会保障差异具体体现在养老保险方面,假设农民务农取得收入、农民工的工资以及城市工人工资分别为 w_a、w_m 和 w_u,由于养老保险存在差异,三者退休之后收入分别为 $\lambda_a w_a$、$\lambda_m w_m$ 和 $\lambda_u w_u$,并有:

$$\lambda_a = \lambda_m < \lambda_u \qquad(1-2)$$

最后,为简单考虑,本章假设农业部门和现代产业部门产品相互间可完全替代,利用一个跨期消费选择模型最大化代表性消费者的效用,则可得到:

$$U_t = (c_{1t} - \bar{c})^{1-\frac{1}{\theta}} + \beta(c_{2t} - \bar{c})^{1-\frac{1}{\theta}}$$
$$\text{s.t.} \quad c_{1t} + c_{2t}/R = w_{1t} + \lambda w_{1t}/R \qquad(1-3)$$

式中,c_{1t} 和 c_{2t} 为该消费者在第一期和第二期选择的消费水平;$\bar{c}$ 为其维持生存所必需的最低消费水平;β 为折现因子,反映消费者对于不同时期消费的偏好。公式(1-3)中 $R=(1+r)$,其中 r 为银行利率,与 Song 等(2011)相同,本章假设 $\theta \geq 1$。

二、生产者

本章研究主要包括两大产业部门:一是以农、林、牧、副、渔业为代表的传统产业部门,下文用农业部门统一表示;二是以工业、建筑业和服务业为代表的现代产业部门。其中,农业部门的生产函数可设定为:

$$y_a = K_a^{\alpha}(A_a L_a)^{1-\alpha} \qquad(1-4)$$

式中,A_a 为农业部门生产率;L_a 为选择务农的农民数量;K_a 为其从事农业生产所需物质资本,主要用来表示固定生产要素土地[①]。

与 Song 等(2011)相似,假设现代产业部门中存在两种类型企业,一类

---

① 为表达更为简洁,本章参考 Brant 和 Zhu(2010),将农业部门和现代部门劳动弹性系数统一设定为 α。

是以国有企业为代表的 S 型企业（State-owned Firms），企业特征为具有体制优势，与银行等金融机构具有较好的沟通，可以通过贷款得到企业运营所需资金。此外，假设该类企业具有较为规范的治理结构，并获取正常经营利润，是一个典型的新古典企业。另外一类则是以民营企业为代表的 E 型企业（Entrepreneurial Firms），该类型企业特征在于经营规模小，企业家既是所有者又是经营者，可以采取灵活的治理结构，由于受到所有制约束和信息不对称的限制，E 型企业往往很难从银行贷款得到运营所需要的全部资金。上述两种企业的区别还在于，由于受到城镇失业率等指标限制，以国有企业为代表的 S 型企业一般只招聘具有城市户籍的城市工人，E 型企业不但没有以上顾虑，同时出于成本控制的考虑，更愿意聘请能够提供劳动技能但工资相对便宜的农民工。

可将 S 型企业和 E 型企业的生产函数分别表示如下：

$$Y_S = K_S^\alpha (A_S L_u)^{1-\alpha} \qquad Y_E = K_E^\alpha (\chi A_S L_m)^{1-\alpha} \qquad (1-5)$$

需要注意，在公式（1-5）中，由于 E 型企业经营规模小，可以选择更为有效的治理模式，所以其生产率 $A_E = \chi A_S$，其中 $\chi \geq 1$ 且与企业家能力有关，企业家能力越强，χ 数值越大。但企业家能力是其私有信息，银行等作为外部人无从得知。假设企业运营所需资金总量为 K_E，由于受到信息不对称因素影响，银行只能向 E 型企业提供部分资金 K_B 且必须满足以下条件：

$$R K_B \leq \mu K_E = \mu (K_B + K_{own}) \qquad (1-6)$$

公式（1-6）中，K_{own} 是企业家投入 E 型企业中的自有财富，E 型企业运营资金总量为 $K_E = K_B + K_{own}$。μK_E 是一旦企业经营失败通过清算拍卖所能取得的价值，其中 μ 与银行监控和规避风险能力相关。公式（1-6）说明，由于企业家和银行之间信息不对称，为得到企业运营所需资金，企业家必须向企业投入自有财富作为抵押，向外界传递出其经营能力的私有信息。一个合理的假设是，由于企业经营总存在风险，因此理性的企业家尽可能利用外部资金，即 $R K_B = \mu K_E$。此外，与 Song 等（2011）相同，本章假设国有企业、民营企业和农业部门全要素生产率增长率都是外生的，资本在当期结束时全部消耗掉，即资本折旧率为 100%。

三、工资

我们先假设，现代产业部门中 S 型和 E 型企业生产相同产品且产品市场是完全竞争的。对于 S 型企业而言，虽然其主要招聘具有城镇户籍的城市工人，面对的劳动力要素市场较为封闭，但由于市场上同时存在较多数量 S 型企业和求职者，无单独一家 S 型企业能够影响劳动力要素的价格，因此要素市场也是完全竞争的。

S 型企业的利润函数可以表示为：

$$\max_{K_s, L_u} K_s^{\alpha} (A_s L_u)^{1-\alpha} - w_u L_u - R K_s \qquad (1-7)$$

通过对公式（1-7）中 K_s、L_u 求导后可得到：

$$w_u = (1-\alpha) A_s \left(\frac{K_s}{A_s L_u}\right)^{\alpha} \quad R = \alpha \left(\frac{K_s}{A_s L_u}\right)^{\alpha-1} \qquad (1-8)$$

因此，S 型企业中城市工人的工资可以表示为：

$$w_u = (1-\alpha) A_s \left(\frac{\alpha}{R}\right)^{\frac{\alpha}{1-\alpha}} \qquad (1-9)$$

与 S 型企业中城市工人相比，由于中国在改革开放过程中存在二元经济结构转型，因此农民和农民工的工资具有完全不同的确定机制。刘易斯（1954）提出了著名的劳动力无限供给条件下两部门模型，该模型假设欠发达国家同时存在传统农业部门和现代产业部门，由于传统农业部门存在大量边际生产率为零的剩余生产力，导致农民的工资仅能维持其基本生活水平。同时，由于传统农业部门和现代产业部门之间劳动力可自由流动，导致现代产业部门的工资虽稍高于传统农业部门，但仅能维持现代产业工人在城市的基本生活水平。在上述假设前提之下，二元经济结构转型可分为两个阶段：第一个阶段为劳动力无限供给阶段，相对较高的工资水平吸引了剩余劳动力从农村向城市流动，只要现代产业部门持续扩大生产规模，就可以按现行不变的工资水平雇用所需劳动力；第二个阶段为劳动力有限供给阶段，一旦剩余劳动力在两部门间转移殆尽，包括劳动力在内的所有生产要素都是稀缺的，导致两部门的工资水平不再是外生给定的，而由劳动的边际生产率决定。

与刘易斯（1954）模型稍有不同的是，在中国特色的经济双重转型过程中，城市现代产业的劳动力市场被分割为两部分，一是拥有城镇户籍的城市工人形成的劳动力市场，在该市场中劳动力需求方为国有企业代表的 S 型企业，由于该劳动力市场与农村劳动力之间是分割的，农民并不能自由流动到国有企业部门就业，因此城市工人得以保持较高的工资水平。二是以拥有农村户籍的农民工形成的劳动力市场。与国有企业形成明显对比的是，以民营企业为代表的 E 型企业并没有受到体制限制，且恰恰相反，为了追求利润最大化,其更愿意聘用提供劳动技能相似但工资水平更低的农民工。由于农村剩余劳动力可以自由流向民营企业,根据二元经济转型理论,在刘易斯转折点到来之前,由于剩余劳动力的存在,导致农业部门和民营企业中的工资都仅能维持其基本生活水平。不妨设定农业部门中农民所得工资水平为 w_a、民营企业中农民工的工资水平为 w_m,同时由于城市生活成本高于农村生活成本,因此一个合理的假设是,在中国二元经济结构转型过程中,城市工人工资 w_u、农民工工资 w_m 以及农民工资 w_a 三者可表示为:

$$w_a < w_m < w_u \quad\quad\quad (1-10)$$

可以注意到,由于户籍制度的存在,中国城市劳动力就业市场是分割的,导致了不同性质劳动者的工资确定机制是完全不同的。具有城镇户籍的城市工人工资是由其边际生产率决定的,与其形成鲜明对比的是,由于农业部门和民营企业间劳动力可自由流动,则当剩余劳动力在两部门间转移尚未结束之前,即在刘易斯拐点出现之前,农民和农民工的工资都仅能维持其基本生活水平,只是由于城市维持基本生活水平的成本高于农村,因此农民工资要低于城市工人的工资水平。

以上劳动力市场分割的理论假设与现有文献得到的实证结论是完全一致的。Park 和 Wang（2010）使用中国 10 个城市数据研究后发现,农民工单位时间收入仅为城市工人的 45%。Lu 和 Song（2006）在控制了年龄、工作年限、教育程度以及性别等指标后,发现城市工人仍可享受到 38% 的工资溢价。针对城市工人和农民工之间工资差距,学者们发现入职户籍门槛是阻碍农民工进入公有制单位,获取较高收入的重要原因（吴晓刚和张卓妮,2014）。田丰（2010）利用 2008 年"中国社会状况综合调查"数据发现,农民工在公有制单位就业概率仅为 5.51%,但在民营（三资）和小型单位就业概率高达 78.98%,而相反的是,城市工人在公有制单位就业概率达到 42.46%。此外,长期以来中国农民的工资收入维持在一个较低水平,国务院出台了大量政策措施提高农民收入水平却未收到预期效果,究其原因,应与中国尚处于二元经济转型的第一阶段有关,即由于农村存在大量的剩余劳动力,导致农民的工资水平不能得到有效提升,同时也降低了农民工进城务工所得的收入水平。

四、转型

本书与 Song 等（2011）最大区别在于转型过程。在 Song 等（2011）中,劳动者同质且所得工资也相同,随着企业家通过资本积累扩大生产规模,劳动力从 S 型企业流向 E 型企业,最终国有企业将会完全被民营企业取代。但本书认为,由于户籍制度的存在,中国的劳动者是异质性的,且城市工人工资 w_u、农民工工资 w_m 和农民工资 w_a 存在以下关系:$w_a < w_m < w_u$,工资差异决定了劳动力流动是单向的,即城市工人一般不会主动从 S 型企业流向 E 型企业,农民可以从农村流向城市成为农民工,但由于户籍门槛限制,他们只能进入 E 型企业获得相对较低的工资,难以进入公有制单位代表的 S 型企业。

为了描述民营企业通过发展吸纳农民工的过程,可利用上文中公式(1-5)和公式(1-6),将企业家效用函数表示为:

$$\max_{L_m} U_E = K_E^\alpha (\chi A_s L_m)^{1-\alpha} - w_m L_m - \mu K_E \tag{1-11}$$

根据一阶条件,则 E 型企业中聘请的农民工数量由以下公式决定:

$$L_m = \left[\frac{(1-\alpha)}{w_m}\right]^{1/\alpha} (\chi A_s)^{\frac{1-\alpha}{\alpha}} K_E \tag{1-12}$$

公式(1-12)实际上是中国转型过程中农民工的需求函数。从公式(1-12)可发现,农民工需求与农民工的工资 w_m 成反比,与企业家能力 χA_s 和经营规模 K_E 成正比。将公式(1-12)代入公式(1-11)后,则企业家通过经营 E 型企业所得利润为:

$$\pi = \left\{\frac{\alpha}{1-\alpha}\frac{w_m}{\chi A_s}\left[\frac{(1-\alpha)\chi A_s}{w_m}\right]^{1/\alpha} - \mu\right\} K_E = \left\{\frac{\alpha}{1-\alpha}\frac{w_m}{\chi A_s}\left[\frac{(1-\alpha)\chi A_s}{w_m}\right]^{1/\alpha} - \mu\right\}\frac{R}{R-\mu} K_{own} \tag{1-13}$$

则企业家在企业中投入自有财富的资本回报率为:

$$\rho_E = \left\{\alpha\left[\frac{(1-\alpha)\chi A_s}{w_m}\right]^{\frac{1-\alpha}{\alpha}} - \mu\right\}\frac{R}{R-\mu} \tag{1-14}$$

因此,代表民营经济的 E 型企业发展需要满足以下两个条件:

$$K_{own} \geq \frac{R-\mu}{R} K_E \quad \rho_E(\chi, \mu, w_m) \geq R \tag{1-15}$$

公式(1-15)中第一个条件说明,除了基本的经营能力之外,企业家创业还必须拥有一定数量的个人财富,否则,即使资本回报率再高,其也无法取信于银行得到企业经营所需的剩余贷款。该条件可以解释,中国民营经济为何始自于劳动密集型行业,并逐渐向资本密集型行业转移的现象。因为在改革起步阶段,中国民营企业家尚处于财富积累的阶段,因此劳动密集型行业因符合中国当时的比较优势,通过国际贸易能取得更多利润,更重要的是,劳动密集型行业对于资本要求较低，缺少财富的企业家更容易在该行业创立民营企业。可以预期的是，随着中国民营企业家财富积累达到一定阶段，满足了资本密集型行业对于资本的要求，他们必然会向资本密集型行业转移。

第二个条件表明，企业家经营企业的前提条件是获得比银行利率更高的资本回报率，否则他不会选择创业，可将其进一步改写为：

$$\alpha \left[\frac{(1-\alpha)\chi A_s}{w_m} \right]^{\frac{1-\alpha}{\alpha}} \geq R \Rightarrow \chi \geq \left(\frac{R}{\alpha} \right)^{\frac{\alpha}{1-\alpha}} \frac{w_m}{(1-\alpha) A_s} \quad (1-16)$$

公式（1-16）说明，存在企业家创业经营能力的最低标准，该标准与民营企业中雇用员工的工资 w_m 密切相关，w_m 越高，对于企业家经营能力要求也就越高；相反，则对于企业家经营能力要求越低。公式（1-16）解释了这样一个事实：中国经济取得的增长奇迹，与其特有的二元结构转型和体制转型叠加有关，正是由于转型初期农民工较低工资水平，降低了民营企业家所需经营能力要求，使得民营经济蓬勃发展及体制得以顺利转型。随着农村剩余劳动力转移殆尽，农民工的工资水平也有所提高，对企业家创业所需经营能力将提出更高要求。

定理 1-1　民营企业家经营企业所得自有资本回报率与企业家能力 χ、银行风险监控能力 μ 正相关，与农民工的工资水平 w_m 负相关。

证明：

$$\frac{\partial \rho_E}{\partial \chi} = \frac{R}{R-\mu} (1-\alpha)^{1/\alpha} \left(\frac{w_m}{A_s} \right)^{(\alpha-1)/\alpha} \chi^{(1-2\alpha)/\alpha} > 0 \quad (1-17-1)$$

$$\frac{\partial \rho_E}{\partial w_m} = -\frac{R(1-\alpha)}{R-\mu} [(1-\alpha)\chi A_s]^{\frac{1-\alpha}{\alpha}} w_m^{-\frac{1}{\alpha}} < 0 \quad (1-17-2)$$

$$\frac{\partial \rho_E}{\partial \mu} = \frac{\alpha \left[\frac{(1-\alpha)\chi A_s}{w_m} \right]^{\frac{1-\alpha}{\alpha}} - R}{(r-\mu)^2 / R} \geq 0 \quad (1-17-3)$$

在定理 1-1 中，民营企业家的资本回报率 ρ_E 与其经营能力正相关，以及与农民工工资 w_m 负相关都非常直观，但是与银行风险监控能力 μ 之间的关系却需要分析一下。银行风险监控能力数值越大，说明拥有固定财富的企业家可以获得更多贷款，从而有效扩大生产规模并取得更多的利润，从而导致其资本回报率增加。

根据上文分析，企业家通过经营企业所得利润为 $m = \rho_E K_{own}$。与普通劳动者相似，企业家同样面临跨期消费选择问题。假设其第一期选择的消费数量为 $c_{1t} = m - s_E$，其中 s_E 为储蓄数并可在第二期作为企业家自有资本，因此企家在第二期消费数量为 $c_{2t} = \rho_E s_E$。

假设企业家的消费效用函数为：

$$\max_{s_E}(c_{1t} - \bar{c})^{1-1/\theta} + \beta (c_{2t} - \bar{c})^{1-1/\theta} \qquad (1-18)$$

将 $c_{1t} = m - s_E$、$c_{2t} = \rho_E s_E$ 代入公式（1 – 18），则可以得到企业家的储蓄为：

$$s_E = \frac{1}{1 + \beta^{-\theta} \rho_E^{1-\theta}} m - \frac{1 - \beta^{-\theta} \rho_E^{-\theta}}{1 + \beta^{-\theta} \rho_E^{1-\theta}} \bar{c} \qquad (1-19)$$

将公式（1 – 18）除以企业家收入 m，则可以得到其储蓄率。为简化分析，一个合理假设是企业家经营企业所得利润远大于最低消费水平 $\bar{c}$，则可以得到企业家的储蓄率为：

$$\eta_E = \left(\frac{s}{m}\right)_E = \frac{1}{1 + \beta^{-\theta} \rho_E^{1-\theta}} \qquad (1-20)$$

为了得到 E 型企业储蓄率和资本回报率之间关系，将公式（1 – 20）对 ρ_E 求导后可得：

$$\partial(\eta_E)/\partial \rho_E = \frac{(\theta - 1)\beta^{-\theta} \rho_E^{-\theta}}{(1 + \beta^{-\theta} \rho_E^{1-\theta})^2} \geq 0 \qquad (1-21)$$

定理 1 – 2　E 型企业储蓄率和资本回报率正相关，即资本回报率越高，企业储蓄率就越大。

对于 E 型企业而言，每单位劳动力对应的资本可以表示为：

$$\kappa_E = \frac{K_E}{L_m} = \left[\frac{w_m}{(1-\alpha)}\right]^{1/\alpha} (\chi A_s)^{\frac{\alpha-1}{\alpha}} \qquad (1-22)$$

这就意味着，当企业家能力和农民工的工资保持不变时，劳动力和资本之间比值是固定的，当民营企业家通过资本积累扩大生产规模时，可以吸纳更多从农村向城市转移的农民工。

由于 t + 1 期自有资本 K_{own}（t + 1）就是 t 期储蓄 s_E（t），因此 E 型企业 t + 1 期资本为：

$$K_E(t+1) = \frac{R}{R-u} s_E(t) = (1 + \beta^{-\theta} \rho_E^{1-\theta})^{-1} \rho_E K_E(t) \qquad (1-23)$$

根据公式（1 – 21），得到 E 型企业在相邻两期资本规模扩大比例为：

$$\xi_t^{t+1} = \frac{K_E(t+1)}{K_E(t)} = (1 + \beta^{-\theta} \rho_E^{1-\theta})^{-1} \rho_E = \eta_E(\rho_E) \rho_E \qquad (1-24)$$

公式（1 – 24）说明，E 型企业是否能够成长和扩张，取决于其企业储蓄率和企业家自有财富的资本回报率两者乘积。根据公式（1-24），E 型企业储蓄率和资本回报率之间呈正相关，同时根据定理 1-1，可知 E 型企业中企业家的自有资本回报率 ρ_E 与其企业家能力 χ、银行风险监控能力 μ 正相关，与农民工的工资水平 w_m 负相关。因此，我们得到代表民营经济的 E 型企业成长速度取决于以下因素：

定理 1-3 E 型企业的资本扩张速度 ξ_t^{t+1} 与企业家自有资本的投资回报率 ρ_E 严格正相关。

推论 E 型企业的资本扩张速度 ξ_t^{t+1} 与企业家能力 χ、银行风险监控能力 μ 正相关，与农民工的工资水平 w_m 负相关。

定理 1-3 及推论的证明可直接求导推得，此处不再赘述。

进一步根据公式（1-22），可得到 E 型企业雇用的劳动者增长速度为：

$$\frac{L_m(t+1)}{L_m(t)} = \zeta_t^{t+1} \left(\frac{w_m^{t+1}}{w_m^t}\right)^{-\frac{1}{\alpha}} \left(\frac{A_{F_{t+1}}}{A_{F_t}}\right)^{\frac{1-\alpha}{\alpha}} \qquad (1-25)$$

定理 1-4 E 型企业雇用劳动者增长速度与其资本规模扩张速度、社会生产力进步成正比，与农民工工资增速成反比。

定理 1-4 的证明可以通过公式（1-25）直接得到。需要指出的是，E 型企业招聘员工主要由农民工组成，但我们在日常生活中观察到，农民工从农村向城市流动速度与其工资增速成反比似乎与直觉并不一致，如何对此给出合理的解释？本书认为，农民工的工资增加虽然在供给层面提高了农民工进城的意愿，但对于民营企业家而言，随着用工成本的增加，他会更加倾向于用物质资本取代人力资本，E 型企业的资本—劳动比将会上升，从而导致了农民工雇用数量的下降。

这里可以分成两种情况讨论，第一种情况是在刘易斯拐点出现之前，由于农业部门剩余劳动力尚未转移完毕，根据刘易斯（1954）的观点，此时民营企业中的工资保持在维持其在城市的基本生活水平，即 $w_m^{t+1} = w_m^t$，所以雇用的劳动者增长速度为：

$$\frac{L_m(t+1)}{L_m(t)} = \zeta_t^{t+1} \left(\frac{A_{F_{t+1}}}{A_{F_t}}\right)^{\frac{1-\alpha}{\alpha}} \qquad (1-26)$$

从公式（1-26）可发现，从二元经济转型开始到刘易斯拐点出现之前的较长时间内，民营企业雇用劳动者的增长速度超过资本要素积累增加的速度。

第二种情况是一旦剩余劳动力在两部门间转移殆尽，包括劳动力在内的所有生产要素都是稀缺的，$w_m^{t+1} > w_m^t$，所以在刘易斯拐点出现之后，民营企中雇用的农民工增长速度为：

$$\frac{L_m(t+1)}{L_m(t)} < \zeta_t^{t+1} \left(\frac{A_{F_{t+1}}}{A_{F_t}}\right)^{\frac{1-\alpha}{\alpha}} \quad (1-27)$$

从公式（1－27）可发现，随着农村剩余劳动力在两部门间转移殆尽，民营企业中雇用农民工的增长速度也逐步下降，中国经济转型也趋向动态均衡。

五、均衡

根据上文公式（1－23），当农民工停止从农村向民营企业流动时，即二元经济转型达到均衡时必须满足以下条件：

$$\frac{w_m^{t+1}}{w_m^t} = \left(\frac{\rho_E}{1+\beta^{-\theta}\rho_E^{1-\theta}}\right)^{\alpha} \left(\frac{A_{F_{t+1}}}{A_{F_t}}\right)^{1-\alpha} = \xi^{\alpha} \left(\frac{A_{F_{t+1}}}{A_{F_t}}\right)^{1-\alpha} \quad (1-28)$$

公式（1－28）表明，当经济转型达到均衡时，农民工的工资增长率等于资本增长率和全要素生产率增长率的加权几何平均值。

当转型达到均衡时，中国经济具有如下基本特征：

首先，劳动力减缓甚至停止从农村向城市转移，农民工的工资迅速增加，民营企业将出现用工荒。从上文可发现，虽然均衡时农民工的数量没有发生变化，但只要满足 $(1+\delta)^{1-\alpha}\xi^{\alpha} \geq 1$ 的条件，农民工的工资就会继续增加。

其次，民营经济出现资本深化现象，即雇用工人数量没有变化的同时，由于资本规模在不断扩大，因此资本—劳动比将不断提高，但提高速度随时间逐步下降。需要注意的是，由于 $\frac{\partial \xi}{\partial \rho} = \frac{1+\theta\beta^{-\theta}\rho^{1-\theta}}{(1+\beta^{-\theta}\rho^{1-\theta})^2} > 0$，同时 $\frac{\partial \rho}{\partial w_m} < 0$，因此在均衡时，民营企业资本规模扩张速度随着农民工工资上涨而不断下降，即 $\frac{\partial \xi}{\partial w_m} = \frac{\partial \xi}{\partial \rho}\frac{\partial \rho}{\partial w_m} < 0$，这也是其资本深化趋缓的主要原因。

最后，本部分将讨论一个非常重要的问题：代表国有企业的 S 型企业有没有可能完全被代表民营企业的 E 型企业取代？Song 等（2011）的一个重要结论就是，随着 E 型企业的资本规模不断扩大，劳动力将持续从 S 型企业向 E 型企业流动，直到最终国有企业完全被民营企业取代。但是，如果考虑在中国双重转型过程中，民营企业吸纳的劳动力更多来自农村而非国有企业，随着刘易斯拐点的到来，农民工的工资会出现大幅度提高，随着人力成本的上升民营企业增长将会趋缓。在此同时，大中型国企一方面通过资产重组提高经营效率,另一方面又可凭借其行业垄断地位获取超额利润,可以支付员工更高的工资。因此,根据定理1-3及其推论可知,如果中国民营企业家的经营能力、银行风险监控能力没有得到大幅提升,效率更高的民营企业在取代国有企业之前就会增长停滞,也就意味着中国双重转型过程达到均衡状态。

第四节　中国经济转型进程中的国有企业改革

仔细观察上文模型会发现,由于城市工人工资w_u、农民工工资w_m以及农民工资w_a三者关系为$w_a < w_m < w_u$,因此劳动力流动整体上是单向的,即基本是从农村向城市流动,较少出现城市工人主动从国有企业向民营企业流动现象;同时,由于户籍限制农民工大多在民营企业就业,很难在国有企业找到合意工作,劳动力单向流动在中途就停滞了。在这个转型框架中国有企业被忽视了,很难体现国有企业改革对中国经济转型做出的贡献。如果我们放宽这一设定,将转型过程中的国有企业包括进来,本书模型的解释能力将得到极大提升。

在Song等(2011)的经典文献中,包括劳动力在内的生产要素在国有企业和民营企业之间的重置,是解释中国经济增长奇迹得以产生的主要原因。但与此形成鲜明对比的是,近年来越来越多的学者将注意力转移到中国经济转型过程中国有企业的壮大和发展的现象方面,即在宏观层面,随着中国经济的高速增长,国有企业整体绩效有了明显的提高,在微观层面,虽然部分中小型国有企业在改革过程中关停转闭,但另外部分保留下来的国有企业却取得了优异的业绩。在《财富》杂志评选的2014年世界企业500强名单中,上榜的69家中国企业中就有67家是国有企业。国有企业近年来取得的成就是如此引人瞩目,以致学者对其关注的焦点,已经从之前如何提高其经营绩效,逐步转移到担忧其绩效过于优异,从而影响制约民营企业的发展,即所谓的"国进民退"现象了(Heish和Song,2015)。

在计划经济时代,国有企业的一个显著特征是缺少市场退出机制,即企业能否在市场中生存与其经营状况不直接相关。我国国有企业改革从1978年试点开始,迄今为止经历了多个发展阶段,从早期的"放权让利"到"利改税",再到20世纪80年代中后期的承包制,并未取得预期的效果。1992年邓小平南方谈话和党的十四大,标志着中国企业改革进入了一个新的历史时期。

1992年7月，国务院颁布了《全民所有制工业企业转换经营机制条例》，明确规定要将全民所有制企业推向市场，使之成为自主经营、自负盈亏、自我约束、自我发展的市场竞争主体。本部分借鉴 Heish 和 Song（2015）思路，构建了一个理论模型分析生产要素在国有企业内部重组对其整体生产绩效的影响。与 Heish 和 Song（2015）不同的是，本书的模型从微观机理，考虑了包括劳动力在内的生产要素在国有企业内部的重新配置，对国有企业近年来规模扩大和绩效提升给出了更为合理的解释。

与 Heish 和 Song（2015）相似，本书将国有企业视为一个整体，则其产出可以用 CES 函数表示：

$$Y_s = \left(\sum_{i=1}^{N} \frac{1}{N} Y_{s_i}^{\frac{\sigma-1}{\sigma}} \right)^{\frac{\sigma}{\sigma-1}} \quad (1-29)$$

式中，N 是市场中国有企业的数量；Y_i 是国有企业 i 的产出；σ 是 CES 函数的替代弹性系数并满足 σ>1 的假设条件①。另外，假定国有企业 i 生产的产品的单位价格为 P_{s_i}，则求解成本最小化条件得到以下公式：

$$P = \left(\frac{1}{N} \right)^{\frac{\sigma}{1-\sigma}} \left(\sum_{i=1}^{M_0} P_{s_i}^{1-\sigma} \right)^{\frac{1}{1-\sigma}} \quad (1-30)$$

式中，P 表示为国有经济总产品的单位价格。公式（1-30）说明，国有经济总产品的价格 P 与市场中现存的国有企业数量 N 以及各企业产品单位价格 P_{s_i} 相关。此外，假设各国有企业产品的单位价格 P_{s_i} 已知，可将其产出 Y_s 表示为：

$$Y_{s_i} = P_{s_i}^{-\sigma} \left(\frac{P}{N} \right)^{\sigma} Y_s \quad (1-31)$$

单个国有企业的生产函数与公式（1-5）相同，同时将其生产函数进一步表示为：

$$Y_{s_i} = K_{s_i}^{\alpha} (A_{s_i} L_{s_i})^{1-\alpha} \quad (1-32)$$

与上文相同，假设国有企业中员工的工资为 w_u，资本的使用成本为 r，则求解成本最小化条件可得到相应的单位产品生产成本为：

$$c_{s_i} = \frac{1}{A_{s_i}^{1-\alpha}} \left(\frac{r}{\alpha} \right)^{\alpha} \left(\frac{w_u}{1-\alpha} \right)^{1-\alpha} \quad (1-33)$$

与民营企业不同，国有企业除支付员工工资和资本利息等成本外，国有资产管理部门为了能够对国有企业实施有效的监管，需要花费大量的精力收

---

① 此处 σ>1 假设与下文中国有企业利用其垄断地位获得垄断利润有关。

集市场和企业信息，所以存在数量可观的管理成本。一个合理的假设是，各级政府为了实施有效监管并防止国有资产流失，对于其管辖范围内的国有企业投入同样多的精力进行管理，与国有企业的规模大小无关。因此，本部分假设所有国有企业的管理成本都相同且设定为 C_F。由于国有企业往往与政府部门具有千丝万缕的联系，同时不可以自由进出，因此与上文中国有企业产品市场完全竞争假设不同，这里将国有企业设定为具有较强定价能力的垄断企业，则国有企业 i 的利润函数可以设定为：

$$\pi_{s_i} = P_{s_i} Y_{s_i} - w_u L_{s_i} - r K_{s_i} - C_F \tag{1-34}$$

根据国有企业为垄断企业的假设，可得到单位产品价格 P_{s_i} 的表达式如下：

$$P_{s_i} = \frac{\sigma}{\sigma - 1} c_{s_i} = \frac{\sigma}{\sigma - 1} \frac{1}{A_{s_i}} \left(\frac{r}{\alpha} \right)^{\alpha} \left(\frac{w_u}{1-\alpha} \right)^{1-\alpha} \tag{1-35}$$

将公式 (1-32) 和公式 (1-35) 代入公式 (1-34) 后，可得到国有企业 i 的利润函数为：

$$\pi_{s_i} = \frac{1}{\sigma-1} c_{s_i} Y_{s_i} - C_F = \frac{(\sigma-1)^{\sigma-1}}{\sigma^{\sigma}} A_{s_i}^{(1-\alpha)(\sigma-1)} \left(\frac{\alpha}{r} \right)^{\alpha(\sigma-1)} \left(\frac{1-\alpha}{w_u} \right)^{(1-\alpha)(\sigma-1)}$$

$$\left(\frac{P}{N} \right)^{\sigma} Y_s - C_F \tag{1-36}$$

由于国有企业在改革后自负盈亏，因此只有满足以下条件的国有企业才可以在市场中生存下去：

$$A_i \geq A_{shutdown} = \left[\frac{\sigma^{\sigma}}{(\sigma-1)^{\sigma-1}} \left(\frac{r}{\alpha} \right)^{\alpha(\sigma-1)} \left(\frac{w_u}{1-\alpha} \right)^{(1-\alpha)(\sigma-1)} \frac{N^{\sigma} C_F}{P^{\sigma} Y_s} \right]^{\frac{1}{(1-\alpha)(\sigma-1)}}$$

$$\tag{1-37}$$

从上文论述可发现，自从 20 世纪 90 年代国有企业自负盈亏并有效实施退出机制以来，其取得的成就是如此之大，以致人们担心其会阻碍民营企业的进一步发展。为什么国有企业退出机制的实施一方面可以大幅度提高国有经济部门的整体绩效，另一方面又催生了大量的明星国有企业呢？我们认为与中国不同体制下的生产要素市场相互间分割密切相关。

不妨假设国有企业在未实施退出机制之前数量为 N_0，实施退出机制之后数量为 N_1，两者明显满足以下不等式条件：

$$N_0 > N_1 \tag{1-38}$$

正如上文多次指出的，由于国有企业雇用的城市工人具有城镇户籍，并凭借其城镇户籍拥有比农民工更高的工资，因此其在企业破产后很少到民营企业寻找工作机会，为了维护社会稳定和资产管理，中国政府一般采取兼并重组的方式，让生产效率高、经营业绩好的国有企业兼并那些无法自负盈亏的亏损国有企业，换句话说，即相关生产要素主要在国有部门内部流动，只是从全要素生产率较低的国有企业（$A_i < A_{shutdown}$）向全要素生产率较高的国有企业（$A_i \geq A_{shutdown}$）流动。

假设某国有企业 i 满足 $A_i \geq A_{shutdown}$ 的条件，则在退出机制没有实施之前该企业雇用的城市工人数量为：

$$L_{s_i}^0 = \frac{(\sigma-1)^\sigma A_{s_i}^{(1-\alpha)(\sigma-1)}}{\sigma^\sigma (1-\alpha) w} \left(\frac{\alpha}{r}\right)^{\alpha(\sigma-1)} \left(\frac{1-\alpha}{w}\right)^{(1-\alpha)(\sigma-1)} P_0^\sigma Y_s^0$$

$$= \frac{A_{s_i}^{(1-\alpha)(\sigma-1)}}{\sum_i^{N_0} A_{s_i}^{(1-\alpha)(\sigma-1)}} L_u \qquad (1-39)$$

在国有企业自负盈亏并实施退出机制之后，由于该企业生产率满足以上续存条件，因此其雇用城市工人的数量变为：

$$L_i^1 = \frac{(\sigma-1)^\sigma A_{s_i}^{(1-\alpha)(\sigma-1)}}{\sigma^\sigma (1-\alpha) w} \left(\frac{\alpha}{r}\right)^{\alpha(\sigma-1)} \left(\frac{1-\alpha}{w}\right)^{(1-\alpha)(\sigma-1)} P_1^\sigma Y_s^1$$

$$= \frac{A_{s_i}^{(1-\alpha)(\sigma-1)}}{\sum_i^{N_1} A_{s_i}^{(1-\alpha)(\sigma-1)}} L_u \qquad (1-40)$$

对比公式（1-39）和公式（1-40）可发现，在国有企业实施退出机制之后，劳动力资源在续存下来的国有企业中实现了重新分配，由于 $\sigma > 1$ 且满足 $N_0 > N_1$，因此 $\sum_i^{N_0} A_{s_i}^{(1-\alpha)(\sigma-1)} > \sum_i^{N_1} A_{s_i}^{(1-\alpha)(\sigma-1)}$，即国有企业整体数量虽然有所减少，但具体企业招聘城市工人的人数却有所增加，企业的经营规模普遍有了较大幅度的提高。

国有企业 i 的经营利润所得可以进一步表示为：

$$\pi_{s_i} = \frac{1}{\sigma-1} c_{s_i} Y_{s_i} - C_F = \frac{1}{\sigma-1} \frac{w L_{s_i}}{1-\alpha} - C_F \qquad (1-41)$$

由于 $L_{s_i}^1 > L_{s_i}^0$，因此公式（1-40）可以解释退出机制实施之后国有企业利润有所增加的现象，即在部分国有企业退市之后，包括劳动力在内的生产要素向具有较高生产率和较强盈利能力的国有企业集聚。

如果将国有企业视为一个整体，则在退出机制没有实施之前，其利润总量可以表示为：

$$\pi^0 = \frac{1}{\sigma-1} \frac{wL}{1-\alpha} - N_0 C_F \qquad (1-42)$$

在国有企业退出机制实施之后,利润总量可以表示为:

$$\pi^1 = \frac{1}{\sigma-1} \frac{wL}{1-\alpha} - N_1 C_F \qquad (1-43)$$

显然,由于 $N_0 > N_1$,国有企业在退出机制实施之后利润总量要大于实施之前利润总量。需要指出的是,由于国有企业一般凭借其垄断地位具有较强的定价能力,因此设定的产品价格一般总是高于其可变成本,即可以获得一定数量的垄断利润。但由于国有企业所有制的特殊性,导致政府监管部门往往需要付出大量的精力和时间实施有效监管。通过退出机制的实施,使得有限的资源向优质企业集中,有效降低了国有企业的监管成本,这就是国有企业体制改革之后,整体盈利能力大幅度提升的主要原因之一。

进一步的,为了了解退出机制对于国有企业整体全要素生产率的影响,本书借鉴 Hsieh 和 Klenow (2009) 的思路,将国有企业整体视为生产单元,并满足以下关系:

$$Y_s = K_s^\alpha (A_s L_s)^{1-\alpha} \qquad (1-44)$$

其劳动力生产要素总量可以表示为:

$$L_s = \sum_{i=1}^{M_0} L_{s_i} = \frac{(1-\alpha)(\sigma-1)}{w\sigma} PY_s \qquad (1-45)$$

相对应的,其资本要素可以表示为:

$$K_s = \sum_{i=1}^{N_0} K_{s_i} = \frac{\alpha(\sigma-1)}{r\sigma} PY_s \qquad (1-46)$$

将公式 (1-45) 和公式 (1-46) 代入公式 (1-44) 中,可以得到:

$$A_s^{1-\alpha} = \frac{\sigma}{\sigma-1} \left(\frac{r}{\alpha}\right)^\alpha \left(\frac{w}{1-\alpha}\right)^{1-\alpha} P^{-1} \qquad (1-47)$$

利用公式 (1-30),可以得到以下的表示式:

$$P^{-1} = \frac{\sigma-1}{\sigma} \left(\frac{1}{N}\right)^{\frac{\sigma}{\sigma-1}} \left(\frac{\alpha}{r}\right)^\alpha \left(\frac{1-\alpha}{w}\right)^{1-\alpha} \left[\sum_{i=1}^{N_1} A_{s_i}^{(1-\alpha)(\sigma-1)}\right]^{\frac{1}{\sigma-1}} \qquad (1-48)$$

将公式 (1-48) 代入公式 (1-47),可将国有企业整体的全要素生产率表示为:

$$A_S = \left(\frac{1}{N}\right)^{\frac{\sigma}{(1-\alpha)(\sigma-1)}} \left[\sum_{i=1}^{N} A_{s_i}^{(1-\alpha)(\sigma-1)}\right]^{\frac{1}{(1-\alpha)(\sigma-1)}} = \left[\frac{1}{N^\sigma} \sum_{i=1}^{N} A_{s_i}^{(1-\alpha)(\sigma-1)}\right]^{\frac{1}{(1-\alpha)(\sigma-1)}} \qquad (1-49)$$

可以证明①，在退出机制实施之后的生产率 A_s^1 与实施之前的生产率 A_s^0 两者关系满足：

$$A_s^1 > A_s^0 \qquad\qquad\qquad\qquad\qquad\qquad\qquad\qquad (1-50)$$

即20世纪90年代中期实施的国有企业全面改革，使得生产要素在国有企业内部从低效率企业流向高效率企业，不但从微观层面催生了大量的明星国有企业，而且从宏观层面大幅度提高了国有经济的整体效率。

上文通过构造一个理论模型，说明包括劳动力在内的生产要素在国有企业内部重新配置，是国有企业宏观和微观层面绩效提升的主要原因。在现实中，国有企业内部生产要素的重新配置，一般采用市场经济而非计划经济的方式加以实施，即通过股权并购或资产重组等方式，使得业绩较好企业并购业绩较差的企业以提升整体绩效。需要指出的是，为了有效提升国有企业的经营绩效，中国国有资产监管部门提出了发展混合所有制经济的思路，同时采取了较为灵活的方式，针对不同行业以及不同性质企业采取不同的方案。例如，对于涉及国家安全的国有企业采取国有独资形式；对于涉及国民经济命脉的重要行业和关键领域的国有企业，保持国有绝对控制形式；涉及支柱产业和高新技术产业的重要国有企业，采用国有相对控股形式；在竞争较为充分的行业，采取国有参股或全部退出形式。

由于人力资本具有较强的行业专用性质，因此意味着在以上混合经济所有制思路下，以城市工人为代表的劳动者除了在国有企业部门流动之外，还有可能出现从国有企业向民营企业流动的现象。国有企业员工分流现象首先与特定的行业部门相关。正如我们在上文指出的，劳动密集型制造业部门对于资本要求较低，受到财富约束限制的企业家更容易在该行业创业，这就使得这些部门国有企业员工更易出现分流现象。相反，对于一些关系到国家安全或民生的战略性产业，如银行、通信以及电力等，国有企业员工凭借其垄断地位取得较高收入，一般不可能从国有企业向民营企业流动。此外，国有企业员工分流现象还与企业规模有关。对于大中型国有企业，可以通过引进外资或上市等方式，通过资产重组提高其经营效率，从而使员工的工资也得到了有效提高。但对于大量亏损的中小型国有企业而言，很难通过以上方式实现扭亏为盈的目标，所以员工也更易向民营企业流动，这也是20世纪90年代政府针对国有企业改革提出"抓大放小"的原因。

---

① 证明过程具体可见本章附录。

第五节 转型过程中经济增长奇迹与结构转变的解释

一、中国经济增长奇迹的解释

通过上文模型构建，可将中国特有的双重转型过程描述如下：在中国经济体制转型过程中，由于市场准入机制的放开，代表先进生产力的民营企业大批涌现；同时，随着中国从传统农业社会向现代工业社会的二元结构转型，大量农民解除了土地的束缚变成农民工。两者的相互结合就是形成体制转型和发展转型的叠加过程。而此时，以原国有企业为代表的 S 型企业，通过退出机制实现了生产要素在内部的重新配置，最终提高了经营效率。

我们将转型过程中的经济产出表示为：

$$Y = Y_S + Y_E + Y_A = \frac{1}{1-\alpha}(w_u L_u + w_m L_m + w_a L_a) \qquad (1-51)$$

为了进一步表示转型对于中国经济的影响，可以将公式（1-51）改写为：

$$Y = \frac{w_a}{1-\alpha}\left[\left(\frac{w_u}{w_a}-1\right)\frac{L_u}{L_a} + \left(\frac{w_m}{w_a}-1\right)\frac{L_m}{L_a} + 1\right]L_a \qquad (1-52)$$

通过公式（1-52）可发现，除了因劳动力 L 增加取得正常增长之外，中国经济增长奇迹主要与以下因素有关：对于原有国有企业所代表的经济存量部分，通过改制、重组等方式提高其经营效率，具体可以通过公式中括号内第一项体现出来；利用中国二元经济转型和体制转型的叠加，大力发展民营经济并吸纳从农村向城市转移的劳动力，是经济存量之外的增量部分，在公式中可以通过中括号内第二项体现出来。

图 1-8 中先对公式（1-52）右边中括号内的第一项，即中国经济中的存量部分进行解释。该项具体包括两个指标：一是国有企业员工的工资和农民务农收入的比值 w_s/w_a；二是在以国有企业为代表的 S 型企业中就业人数占就业总量的比例 L_s/L。从图中可发现，在分析期间国有企业员工的工资和农民务农收入的比值呈现出"倒 U 形"变化趋势，从 1978 年的 13.89% 上升到 1985 年的最高点 41.48%，再逐步下降到 2018 年的 8.38%，说明分析期间以

国有企业为代表的员工工资与农民务农收入之间的差距不但没有缩小，反而有所扩大①。而在现实世界中，城乡收入差距之所以没有如此显著，是由于农民通过外出打工，工资性收入占其收入的比重呈现快速上升趋势，在2014年已超过经营收入成为农村家庭的最大收入来源。

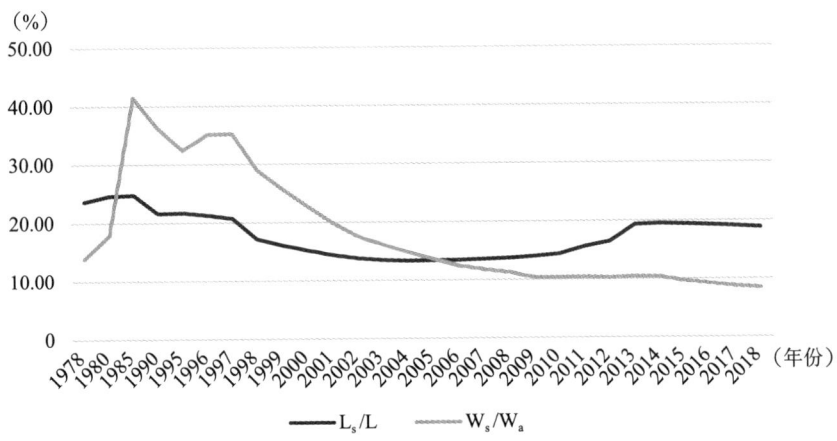

图1-8　1978—2018年S型企业劳动力占比及农民务农收入与国有企业工资的比值

此外，从图1-8可以发现，以国有企业为代表的S型企业（包括股份合作、联营、有限责任公司和股份有限公式）的就业人员占就业总量比重在分析期间变化并不显著，从1978年的23.66%下降到2004年的13.34%，又缓慢上升到2018年的18.81%，在1978—2018年呈现出"U形"变化趋势。这说明中国在所有制转型过程中，通过渐进性改革，对代表经济存量的公有制部分，通过重组、改制等方式改善其治理结构，达到了有效提高经营效率的目标。更为重要的是，中国政府在通过维持并优化存量避免经济剧烈波动的同时，通过市场经济体系构建和体制改革，在代表更先进生产力的民营经济得以蓬勃发展的同时，吸纳了大批从农村向城市转移的劳动力，促进了中国二元经济结构的转型。

图1-9对应公式（1-52）右边中括号内第二项，即中国转型过程中以民营企业为代表的经济增量部分。从图中可以发现，分析期间民营企业（包括个体）就业人员占总就业人员比重 L_e/L，在1978年接近于0，但之后快速

---

① 由于《中国统计年鉴》中并没有直接提供农民务农所得收入，我们利用农村居民家庭人均纯收入中的经营收入部分，再乘以每个劳动力的负担人口数，近似得到农民务农所得工资 w_a。

上升到 2018 年的 48.22%，即有接近一半的劳动者在民营企业就业。由于以公有制单位为代表的 S 型企业就业占比并没有显著变化，说明以民营企业为代表的 E 型企业就业比重的增加主要源自于劳动力从农村向城市的转移。除此之外，图 1-9 还表明，农民通过务农所得到的经营收入与在民营企业打工收入的比值 W_e/W_a，从 1995 年的 33.59% 减少到 2018 年的 15.13%，说明农民留在农村的机会成本在增加，特别是年轻且具有一定文化水平的新型农民，只要能够在城市中找到工作机会，就不会留在农村务农。根据中国统计年鉴提供的数据，1990 年中国农民人均工资收入和经营收入分别为 138.8 元和 518.6 元，分别占到其收入总量的 20.22% 和 75.56%，说明当时从事农业经营仍是农村居民主要收入来源。但 2018 年中国农民人均工资收入和经营收入为 5 996.1 元和 5 358.4 元，占收入总量的比重为 41.02% 和 36.66%，说明外出务农所得工资已超过农业经营收入，成为中国农民的主要收入来源。

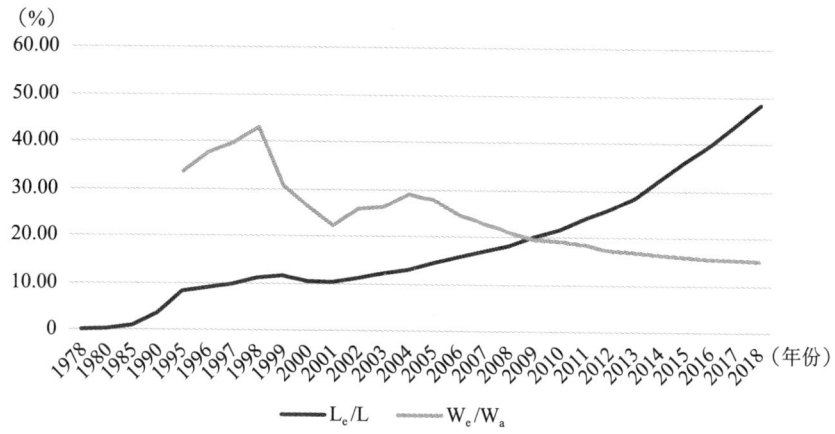

图 1-9　1978—2018 年民营企业（个体）就业占比以及农民务农收入与民营企业工资的比值

自 20 世纪 90 年代以来，西方部分学者就对中国经济转型能否成功一直持怀疑态度，但 40 多年来的发展事实说明，中国在转型过程中取得的经济成就举世公认，是不容否定的。中国之所以能够转型成功，归根结底在于有效地将体制转型和二元经济转型结合起来，通过体制改革大力发展民营经济的同时，吸纳二元经济结构转型中产生的剩余劳动力。尽管中国在改革之初采取了"摸着石头过河"的策略，并没有形成清晰的转型目标和转型路径，但事后证明，中国选择了一条最适合自身的转型路径。需要指出的是，任何事物都有正反两方面,转型也不例外,在使中国经济取得举世瞩目的增长奇迹的同时,也是造成当前经济结构失衡现象的主要因素,但随着近年来的中国经济增长减速,经济结构也逐步从失衡向均衡转变。

二、中国经济结构从失衡向均衡转变现象的解释

(一) 国民经济储蓄率从高向正常回落

改革开放以来,我国的国民储蓄率一直呈现上升趋势,特别是2000年以来出现了加速上升的现象。国民储蓄按部门可进一步细分为居民储蓄、企业储蓄和政府储蓄三部分,其中政府储蓄在此期间变化并不明显,因此我国的国民储蓄率上升主要与居民储蓄以及企业储蓄有关。樊纲和吕焱(2013)以及张勋等(2014)在二元结构框架下,分别探讨了企业储蓄率和居民储蓄率近年来上升的原因。与他们不同,本书在一个双重转型框架下,同时解释了企业和居民储蓄率居高不下的现象。

根据公式(1-19),可得到E型企业中企业家的储蓄率为:

$$\eta_E = \left(\frac{s}{m}\right)_E = \frac{1}{1 + \beta^{-\theta} \rho_E^{1-\theta}} \qquad (1-53)$$

其中,ρ_E为企业家在经营企业过程中自有资本的回报率,与企业家的个人经营能力、银行风险管控能力正相关,并与企业支付员工的工资负相关。

此外,根据效用函数公式(1-3),得到三种不同类型劳动者的储蓄率分别为:

$$\eta_i = \frac{1 - \beta^{-\theta} r^{-\theta} \lambda_i}{1 + \beta^{-\theta} r^{1-\theta}} - \frac{1 - \beta^{-\theta} r^{-\theta}}{1 + \beta^{-\theta} r^{1-\theta}} \frac{\overline{C}}{w_i}, \ i = \{u, m, a\} \qquad (1-54)$$

在公式(1-54)中,λ_i表示劳动者在退休后通过养老保险得到的收入比例。正如我们在上文中已经指出的,由于户籍制度的限制,不同劳动者群体退休后收入满足$\lambda_a = \lambda_m < \lambda_u$,即农民和农民工在退休后所得收入要低于城市工人。

比较分析企业家与普通劳动者在储蓄方面的差异。由于$\theta \geq 1$,同时又由于企业家自有资本回报率不低于银行利率,即$\rho_E \geq r$,必然使得以下公式成立:

$$\eta_E \geq \eta_i, \ i = \{u, m, a\} \qquad (1-55)$$

因此,说明民营企业家的储蓄率必然大于或等于普通劳动者的储蓄率,这就解释了为什么在中国转型过程中,企业储蓄在国民储蓄总量中所占比重

不断增加。除了企业储蓄之外，中国国民储蓄率之所以居高不下还与居民储蓄率有关。与张勋等（2014）所得结论相似，我们得到以下定理：

定理 1-5 如果 $\beta^{-\theta} r^{-\theta} (\lambda_1 - \lambda_0) > (1 - \beta^{-\theta} r^{-\theta}) \left(\dfrac{\overline{C}}{w_a} - \dfrac{\overline{C}}{w_u}\right)$ 成立，则有 $\eta_m > \eta_a > \eta_u$；或者若 $(1 - \beta^{-\theta} r^{-\theta}) \left(\dfrac{\overline{C}}{w_a} - \dfrac{\overline{C}}{w_u}\right) > \beta^{-\theta} r^{-\theta} (\lambda_1 - \lambda_0) > (1 - \beta^{-\theta} r^{-\theta}) \left(\dfrac{\overline{C}}{w_m} - \dfrac{\overline{C}}{w_u}\right)$ 成立，则不同劳动者群体储蓄率关系为 $\eta_m > \eta_u > \eta_a$。

定理 1-5 证明略，具体过程可参见张勋等（2014）。

定理 1-5 解释了中国居民储蓄率为何会出现居高不下的现象。长期以来，只有具有城镇户籍的城市工人退休后有退休金，数量庞大的农民是没有养老保险的[①]，一旦年老失去劳动能力，只能依靠子女赡养或以前的储蓄，因此他们必须为退休后的生活储蓄足够资金，这就决定了在转型之初，城市工人储蓄率 η_u、农民工储蓄率 η_m 和农民储蓄率 η_a 三者关系为 $\eta_m > \eta_a > \eta_u$，即农民工储蓄率最高，具有农村户籍且务农的农民储蓄率次之，城市工人最低。近年来，随着新型农村保险的实施，具有农村户籍的劳动者养老有了一定程度保障，这也是三者关系最终改变为 $\eta_m > \eta_u > \eta_a$ 的主要原因，并导致了整体储蓄率从高向正常逐步回落。

（二）收入分配差距逐步拉大，但近年来有所缩小

在改革开放之初，中国城乡虽然存在收入差距，但在城市以及农村内部差距并不显著。随着经济社会的转型，中国收入分配差距也随之拉大。根据国家统计局提供的官方数据，基尼系数呈现不断上升的趋势且在 2008 年达到最高值 0.491，西南财经大学提供的研究报告甚至指出，中国 2010 年基尼系数最高达到 0.61。本书提供的转型模型说明，中国居民收入分配差距的拉大，主要与不同劳动群体收入来源不同有关。首先，在所有制转型过程中，随着民营企业家群体的出现，其收入主要来源于企业经营所得的利润，与普通劳动者之间有较大的差距；其次，城乡之间差距也在拉大，由于以国有企业为代表的公有制经济通过改制重组等方式，提高了企业的经营效率，因此近年

[①] 我国从 2009 年才开始试行"新农保"，逐步解决农村居民老有所养的问题，在此之前他们是没有养老保险的。

来收入有了较大幅度的提高;最后,在农村内部不同家庭的收入分配也出现了分化。同样具有农村户籍,外出打工的农民工会得到相对高的收入,而留在农村务农的农民则收入最低。因此,中国不同群体收入差距的拉大,与中国经济社会转型过程密切相关。需要指出的是,随着农村剩余劳动力转移殆尽,收入分配差距加大现象也会有所缓解,这已经通过近年来基尼系数的下降得到验证。

(三) 资本回报率先持续上升,再缓慢回落

根据上文分析,代表国有企业的 S 型企业资本回报率为 $R = 1 + r$,其中 r 为银行利率,通过经营取得正常利润,为简化分析,假设 S 型企业的资本规模维持不变①。代表民营企业的 E 型企业资本 K_E 分为两部分,其中 $(\mu/r) K_E$ 部分是从银行所得到的贷款,需要支付银行本金及利率 $R = (1 + r)$,剩余的 $(1 - \mu/R) K_E$ 是企业家在企业中所投入自有财富,该部分资本的投资回报率为 ρ_E。因此,t 期中国经济整体资本回报率为:

$$\rho_t = \frac{K_{S_t} R + \left(\frac{u}{R} K_{E_t}\right) R + \left(\frac{R - u}{R} K_{E_t}\right) \rho_E}{K_{S_t} + K_{E_t}} \qquad (1-56)$$

将其进一步简化可得到:

$$\rho_t = R + \frac{K_{E_t}}{K_{S_t} + K_{E_t}} \frac{R - u}{R} (\rho_E - R) \qquad (1-57)$$

相似的,t + 1 期中国经济整体资本回报率为:

$$\rho_{t+1} = R + \frac{K_{E_{t+1}}}{K_{S_{t+1}} + K_{E_{t+1}}} \frac{R - u}{R} (\rho_E - R) \qquad (1-58)$$

对比公式 (1-56) 和公式 (1-57) 即可发现,由于民营企业代表的 E 型企业投资回报率高于国有企业代表的 S 企业,同时在经济转型过程中,S 型企业的资本规模维持不变,只要 E 型企业资本规模扩大使得中国经济整体的资本结构发生变化,就会进一步导致资本回报率的增加,从而很好地解释了中国在维持较高投资率同时,资本回报率不降而升的异常现象。需要指出的是,随着近年来民营经济投资回报率出现规模递减现象,再加上国有企业通过改制提升运营效率和投资回报率,使得资本整体回报率有所下降。

---

① 也可假设 S 型企业以一个固定速度维持正常增长,不影响本处得到的结论。

（四）最终需求结构从失衡到逐步平衡

中国经济最终需求结构的失衡，主要体现在过于依赖出口和投资拉动，而消费需求显得相对不足。上文已针对投资给出较为详细阐述，本部分主要针对消费不足的现象展开分析。

首先，利用效用函数公式（1-3），可得到三种不同类型劳动者的消费水平分别为：

$$c_i = \frac{\beta^{-\theta}r^{-\theta}(\lambda_i+r)}{1+\beta^{-\theta}r^{1-\theta}}w_i + \frac{1-\beta^{-\theta}r^{-\theta}}{1+\beta^{-\theta}r^{1-\theta}}c, \quad i=\{u, m, a\} \tag{1-59}$$

其次，再利用企业家的效用函数，可以得到其消费水平为：

$$c_E = \frac{\beta^{-\theta}\rho_E^{1-\theta}}{1+\beta^{-\theta}\rho_E^{1-\theta}}m + \frac{1-\beta^{-\theta}\rho_E^{-\theta}}{1+\beta^{-\theta}\rho_E^{-\theta}}c \tag{1-60}$$

公式（1-60）中 $m = \rho_E k_{own}$，可解释为企业家通过经营企业得到收入。分析公式（1-59）和公式（1-60）可发现，消费和储蓄实际是相互对应的，中国消费水平不足与储蓄率过高两者的原因是相同的。对于具有农村户籍的劳动者而言，除了所得收入较低之外，还与其退休后养老保障不足有关。对于企业家而言，当通过经营所得资本回报率 ρ_E 越高，其消费意愿也就越低。需要指出的是，即便对于城市工人而言，由于中国经济在转型过程中医疗和住房改革带来的不确定性，也需要准备储蓄以备不时之需，从而进一步压制了消费需求。值得指出的是，随着中等收入阶段的到来，消费已经成为中国经济增长新的动力引擎，最终需求失衡的现象已经得到了一定程度的缓解，我们在下文中将进一步深入研究。

（五）净储蓄（经常项目盈余）上升

最后，分析一下中国净储蓄（经常项目盈余）上升的现象。对于银行而言，净储蓄等于其吸纳的储蓄减去贷出的资金，在本书中，银行吸纳的储蓄主要来自企业和三类劳动者，但企业储蓄在下期要追加到投资之中，贷出部分包括 S 型企业和 E 型企业，其中 E 型企业由于受到融资约束限制，只能借入部分运营资金，具体可表示为：

$$NS = S - I = S_u + S_m + S_a - K_S - (u/R)K_E \tag{1-61}$$

将公式（1-51）表示的储蓄率代入并考虑到劳动者数量后，得到：

$$NS = (1-\alpha)(\eta_u Y_S + \eta_m Y_E + \eta_a Y_a) - K_S - (u/R)K_E \tag{1-62}$$

Song 等 (2011) 针对净储蓄失衡现象展开详细分析，他指出由于居民储蓄率和企业储蓄率居高不下，供给方面给银行提供了大量的资金，但是由于转型过程中 S 型企业逐渐被 E 型企业取代，使得来自国内的资金需求有所减少，导致银行必须通过购买国外债券以取得平衡。观察公式（1-45）可发现，本书与 Song 等 (2011) 差异在于，在转型过程中，国有企业代表的 S 型企业并没有大规模被民营企业代表的 E 型企业取代，对于银行而言，来自国内的资金供给在增加，同时对于资金的需求也一直在增加，只是资金需求增加速度小于资金供给增加速度，导致国内市场上资金供给和需求之间失去平衡。具体过程如下：银行资金的国内需求来自企业，其中国有企业代表的 S 型企业资金需求基本保持不变，而对于民营企业为代表的 E 型企业而言，由于受到不对称信息等因素影响，对于银行资金需求虽然有所增加但增幅有限。对于银行而言，由于来自国内的资金供给超过资金需求，因此必须通过购买国外债券以重新实现平衡。

第六节　本章结语

本书通过构建一个理论模型，分析中国双重转型、增长奇迹与经济结构之间的关系，并对高储蓄—低消费、居民收入差距拉大、净储蓄上升以及资本回报率居高不下等多种经济结构从失衡向均衡转变的现象给出解释。本书认为，在结构转型和体制转型叠加过程中，不但企业异质性影响了资本市场的要素配置，劳动者异质性对于劳动力配置同样带来了影响。中国经济之所以能够取得增长奇迹，在于将体制转型和二元结构转型相结合，在大力发展民营经济的同时，吸纳了从农村转移出来的剩余劳动力，但也产生了一系列经济结构失衡现象。

经过 40 多年的高速发展，中国经济重新站在方向选择的十字路口。本书的意义在于，在利用特有的双重转型解释高速增长和经济结构失衡的同时，对于中等收入的可持续发展指明了方向：随着刘易斯转折点的到来，中国的双重转型速度将逐步趋缓，这就意味着高速增长难以为继的同时，困扰多年的经济结构失衡现象将得到缓解，通过速度下降换来经济质量的提升。最后，结合上文分析给出以下建议：

1. 要解决好收入分配结构失衡的问题。收入分配影响到社会公平与和谐稳定，是制约中等收入国家向发达国家过渡的关键因素。由于中国所有制转型和二元结构的叠加，导致企业家、城市工人、农民工以及农民等不同群体收入出现较大差距，特别是近年来国有企业职工凭借行业垄断获取较高工资，因此如果不解决好分配结构失衡的问题，中国很可能掉入中等收入陷阱。

2. 进一步推动户籍制度的改革。户籍制度作为计划经济时代的残留物，成为农民进入公有制单位的主要障碍，扭曲了劳动力要素资源的有效配置，是产生一系列经济失衡现象的主要原因。2011年，国务院出台了《关于积极稳妥推进户籍管理制度改革的通知》，明确要求就业、义务教育、技能培训等政策措施，不与户口性质挂钩，但现实中农民工市民化待遇之路依旧漫长，需要建立公平、开放、统一的劳动力市场，使农民工获得平等的就业权。

3. 通过深化体制改革获取更多红利。中国经济之所以取得增长奇迹，与二元结构转型带来的结构红利和体制转型产生的改革红利相关。随着刘易斯转折点的到来，结构红利明显减少甚至可能为负，因此要继续通过深化体制改革获取更多改革红利。大量的中小型民营企业代表了更为先进的生产力，要通过降低行业准入和减少要素市场摩擦推动包括资本和劳动者在内的生产要素向民营企业流动。

本章附录

证明：在退出机制未实施之前，国有企业整体的全要素生产率可以表示为：

$$A_s^0 = \left[\frac{1}{N_0{}^\sigma} \sum_{i=1}^{N_0} A_{s_i}{}^{(1-\alpha)(\sigma-1)} \right]^{\frac{1}{(1-\alpha)(\sigma-1)}}$$

在退出机制实施之后，由于 $A_i < A_{shutdown}$ 的国有企业退出市场，因此企业数量从 N_0 下降到 N_1，此时整体全要素生产率可以表示为：

$$A_s^1 = \left[\frac{1}{N_1{}^\sigma} \sum_{i=1}^{N_1} A_{s_i}{}^{(1-\alpha)(\sigma-1)} \right]^{\frac{1}{(1-\alpha)(\sigma-1)}}$$

需要注意，由于 $\sigma > 1$ 且 $\alpha < 1$，因此退出机制实施之后 $A_{s_i}{}^{(1-\alpha)(\sigma-1)}$ 的均值大于实施之前的均值，即有以下不等式成立：

$$\frac{1}{N_1}\sum_{i=1}^{N_1} A_{s_i}^{(1-\alpha)(\sigma-1)} > \frac{1}{N_0}\sum_{i=1}^{N_0} A_{s_i}^{(1-\alpha)(\sigma-1)}$$

同时，由于 $N_1^{1-\sigma} > N_0^{1-\sigma}$，因此可以得到：

$$\left[\frac{1}{N_1^\sigma}\sum_{i=1}^{N_1} A_{s_i}^{(1-\alpha)(\sigma-1)}\right]^{\frac{1}{(1-\alpha)(\sigma-1)}} > \left[\frac{1}{N_0^\sigma}\sum_{i=1}^{N_0} A_{s_i}^{(1-\alpha)(\sigma-1)}\right]^{\frac{1}{(1-\alpha)(\sigma-1)}}$$

第二章

探寻中国经济增长源泉
——基于供给视角的分析

自1978年经济改革开放启动以来,中国在过去40多年来取得了长足的进步,人均GDP由改革开放前不到300美元增加到2011年的5 400美元左右,中国经济总量占世界经济总量的比重已经由20世纪70年代末不足1%提高到10%左右,一跃成为当今仅次于美国的世界第二大经济体。作为14亿人口的大国,中国不但摆脱了贫困,实现了经济腾飞,而且在持续40年的高速增长之后,中国经济仍然保持接近50%的年平均增长速率,这一巨大变化和现象被国内外一些学者称为"中国经济增长奇迹"。

但中国经济在高速增长的同时,其粗放型增长的特征也日趋明显。大量的研究表明,中国经济增长主要依靠生产要素投入驱动,全要素生产率在经济增长的贡献中的比例比较低,因此是不可持续的。特别是近年来,中国经济对于资源环境的依赖性愈发增强,能耗和污染排放出现了前所未有的加速增长,中国经济增长引发的环境问题已经引起了国内外的密切关注,中国政府和企业也面临越来越大的减排压力。在资源环境已经成为人类生产活动严格约束的背景下,重新审视和寻找中国经济增长的源泉,对于中国经济增长方式的转变和增长动力来源的切换具有极其重要的意义。

本章在一个考虑环境因素的非参数经济增长核算框架下,利用1989—2018年长达22年的省际数据,从要素投入、全要素生产率以及环境消耗三方面分析中国经济增长的源泉。与之前的研究相比,我们的可能贡献在以下几个方面:(1)实证检验到经济增长源泉对于中国经济增长和经济波动贡献度背离的现象,发现虽然要素投入对中国经济增长做出了主要贡献,但中国经济更多地与全要素生产率呈现出一致的变动趋势;(2)利用数据包络(DEA)

方法，在一个非参数框架下准确度量了全要素生产率对于经济增长的贡献；（3）将环境因素纳入经济增长核算框架，分析了环境因素对于中国经济增长的影响，测算了中国经济增长部分中为环境消耗付出的代价和成本。

第一节 经济增长源泉研究的文献综述

自从 Solow（1957）的开创性工作以来，全要素生产率被广泛应用于经济增长核算框架之中，并被视为要素投入之外驱动经济增长的重要引擎。经济学家普遍将全要素生产率视为判断经济发展是否具有可持续性的重要指标。如果一个经济体中的经济增长主要依靠生产要素投入驱动，全要素生产率对于经济增长的贡献只占较小份额，那么说明经济处于粗放式发展阶段且不具有可持续性，相反，如果全要素生产率对于产出贡献大于要素贡献，则表明该经济体具有可持续发展的特征。全要素生产率最初引起经济学界的广泛关注与东亚经济增长模式的争论有关。克鲁格曼（Krugman，1994）在《外交》杂志上撰文指出，东亚的经济增长可以用要素投入的增加解释，全要素生产率并没有做出太多贡献，因此缺少技术进步成分且是不可持续的。克鲁格曼的观点一经提出在国际上引起了广泛的影响，也导致国内经济学界对于中国经济增长模式展开热烈讨论（Young，2003；颜鹏飞和王兵，2004；郑京海和胡鞍钢，2005；孙琳琳和任若恩，2005；Zheng 等，2009）。

由于数据和方法的限制，早期的研究主要采取索洛残差法或 CD 生产函数（或超越对数生产函数）回归法，代表性的成果有 Chow 和 Lin（2002）、Wang 和 Yao（2003）以及 Young（2003）等。这种方法在经济活动有效率的假设前提下，将经济增长源泉分解成全要素生产率与要素积累两部分，不足之处在于将全要素生产率等同于技术进步，因此无法对生产率进行更加深入的分解和分析。近年来，随着数据逐步完善和研究方法的发展，包括 DEA 方法和 SFA（随机前沿分析）在内的前沿技术分析（frontier productivity analysis）越来越多地被应用于生产率研究之中。其中，由于 DEA 方法在应用过程中不需要对生产函数和误差项进行设定，因此得到了广泛的应用，大量文献如雨后春笋般涌现。相关研究大体可以分为两部分，一些研究直接使用 Malmquist 指数测算全要素生产率数值或将其进一步分解，另外的文献则从地区经济发展差异和收敛角度，使用 DEA 方法分析技术进步、效率变化和资本深化对于劳动生产率的影响。

虽然现有文献使用 DEA 方法在生产率领域取得了丰硕成果，但长期以来都忽视了一个问题：如何在非参数框架下准确度量生产率和各生产要素对于经济增长的贡献度？在参数分析框架下，生产率对于经济增长的贡献份额可简单地用生产率增长率与经济增长率之间的比值表示，但是在非参数框架下，这种简单的运算逻辑仍然有效吗？梁泳梅和董敏杰（2013）敏锐地发现了这个问题，认为 Malmquist 指数由于使用环比形式，因此无法准确得到全要素生产率对于经济增长的贡献份额，相反，由于 Luenberger 指数具有加法结构特点，则可弥补 Malmquist 指数的不足并由此构建了一个非参数经济增长核算模型。与梁泳梅和董敏杰（2013）不同，本书通过巧妙的数据处理之后，给出一个非参数经济增长核算框架，准确测度由 Malmquist 指数表示的生产率对于经济增长的贡献程度。

现有经济增长核算框架除以上不足之外，还存在着另外一个严重的缺陷，即很少将污染排放纳入经济增长核算框架中。Chambers 等（1996）以及 Chung 等（1997）提出的方向性距离函数（Directional Distance Function），较为合理地模拟了污染排放的有害影响，弥补了传统全要素生产率的不足并迅速得到了广泛应用。近年来，大量的文献将环境纳入效率和生产率分析框架之中并对中国经济进行了实证研究，例如陈诗一（2011）测度了中国工业在 1980—2008 年的生产率变化及其分解，以探讨环境约束和环境规制行为下绿色生产率演进情况及其对新型工业化的影响。进一步的，王兵等（2018）考虑了非零松弛带来的影响，运用 SBM（Slack-Based Measure）方向性距离函数和卢恩伯格生产率指标测度了中国 30 个省份 1998—2007 年的环境效率和生产率，并对相关的影响因素进行了实证研究。这些文献的共同之处在于仅测度了包括环境因素在内的全要素生产率，却没有从增长核算角度考虑污染排放对于经济增长的影响。

国内目前仅有少数文献考虑了资源环境约束下中国经济增长的源泉。涂正革（2009）利用方向性距离函数，根据中国各省份 1998—2005 年规模以上工业企业数据，将中国工业增长分解成四个部分，分析中国工业经济增长的源泉。杨文举（2011）则利用 2003—2007 年省际数据，分析了环境全要素生产率、资本深化对于工业部门劳动生产率的影响。与以上两篇文献主要利用 DEA 方法不同，陈诗一（2011）使用超越对数生产函数模型，将中国工业增长分解成包括能源和环境等在内的要素投入贡献和全要素生产率贡献两部分。

有别于已有研究主要集中在工业部门，本书利用1989—2018年省际经济数据，在一个相对较长周期内分析了中国经济整体及各区域的增长源泉。在技术层面，本书考虑到Malmquist指数的特点，采用因素分解方法将其进一步转化，从而准确测度了具体源泉对于中国经济增长的贡献度。除此之外，现有增长核算相关文献仅针对增长源泉对于经济贡献程度展开分析，本书不但分析了中国经济的增长来源，而且探寻了增长源泉对于中国经济波动的影响，实证检验了经济增长源泉对于中国经济增长和经济波动贡献度背离的现象，并找出了其背后所蕴含的经济学意义，为中国经济增长方式转变提供了新的思路。

第二节　经济增长源泉的测度方法与数据来源

一、研究方法

在全要素生产率分析框架下考虑污染排放产生的影响一般有两种思路：一是将环境污染作为未支付的要素投入，与资本和劳动投入一起引入投入要素，代表性的文献包括Berg等（1992）、Tyteca（1997）、Brock和Taylor（2005）、Tzouvelekas等（2006）、Shi等（2018）、陈诗一（2011）等。二是在方向性距离函数基础上，将环境污染作为非期望产出（Undesirable Output）处理（Chambers等，1996；Chung等，1997；涂正革，2008；王兵等，2018；刘瑞翔和安同良，2012）。本书采取将污染排放看作投入要素的处理方法，主要是基于以下原因：一是由于本书将环境消耗与全要素生产率和要素投入共同视为影响经济增长的重要因素，将污染排放视为投入要素处理显得思路较为清晰。二是本书在处理不同时期要素投入对于产出的影响时，要用到大量的跨期DEA分析，如果将污染排放作为非期望产出处理，将会面临线性规划不可行解的问题，但如果将其作为投入变量进行处理，则这一问题将得以避免。

构建有效且准确的技术边界，是进行技术效率和生产率分析的前提。对于本书来说，考虑每一个省份使用劳动要素投入 $l \in R^+$，资本要素投入 $k \in R^+$，M种环境要素投入 $e = (e_1, e_2, \cdots, e_m) \in R_m^+$，生产出经济产出 $y \in R^+$。在每一个时期 t（$t=1, \cdots, T$），第 i（$i=1, \cdots, I$）个省份的投入产出

第二章 探寻中国经济增长源泉——基于供给视角的分析

值为 (x_i^t, y_i^t)，其中 $x_i^t = (l_i^t, k_i^t, e_i^t)$。首先假设存在一个规模报酬不变的生产技术，能够将投入 $x^t = (l^t, k^t, e^t)$ 转化为产出 y^t，可以将其表示为：

$$S = \{(x^t, y^t): x^t \text{ 能生产出 } y^t\} \quad (2-1)$$

距离函数被广泛用来描述多投入、多产出生产技术，具体包括投入和产出两种距离函数，本章主要涉及产出距离函数的应用。在本章的分析框架下，某省份的产出距离函数可以定义为：

$$D_o^t(x^t, y^t) = \min\{\theta | (x^t, y^t/\theta) \in S\} \quad (2-2)$$

公式 (2-2) 表示在给定投入向量 x^t 下，产出距离函数描述了生产决策单元产出 y^t 最大能够扩张的程度（用其倒数表示）。当 $(x^t, y^t) \in S$ 时，则有 $0 \leq D_o^t(x^t, y^t) \leq 1$。若 $D_o^t(x^t, y^t) < 1$，则说明相应的生产决策单元是非效率的，因为在给定的技术条件下产出还有增长空间；反之，则说明生产单元位于技术边界上且为有效率的。此时，(x^t, y^t) 可以达到的最大产出，表示如下：

$$Y^t(x^t, y^t) = y^t/D_o^t(x^t, y^t) \quad (2-3)$$

如果参考的是 t+1 期的技术水平，则相应的产出距离函数可以表示为：

$$D_o^{t+1}(x^t, y^t) = \min\{\theta | (x^t, y^t/\theta) \in S^{t+1}\} \quad (2-4)$$

需要指出的是，当使用 t 期的生产点 (x^t, y^t) 与 t+1 期技术前沿进行比较时，$D_o^{t+1}(x^t, y^t) \leq 1$ 并不是一定成立的。如果 $D_o^{t+1}(x^t, y^t) > 1$，说明 (x^t, y^t) 位于 t+1 期技术边界的外部，此时生产点相对应于 t+1 期技术边界而言是超效率的。此时，与 (x^t, y^t) 相对应的最大产出可表示为：

$$Y^{t+1}(x^t, y^t) = y^t/D_o^{t+1}(x^t, y^t) \quad (2-5)$$

与 Malmquist 指数表示的生产率求解过程相似，t+1 期生产点 (x^{t+1}, y^{t+1}) 相对应于 t 期和 t+1 期技术边界的距离函数可以表示为：

$$D_o^t(x^{t+1}, y^{t+1}) = \min\{\theta | (x^{t+1}, y^{t+1}/\theta) \in S^t\} \quad (2-6)$$

$$D_o^{t+1}(x^{t+1}, y^{t+1}) = \min\{\theta | (x^{t+1}, y^{t+1}/\theta) \in S^{t+1}\} \quad (2-7)$$

同样的，与生产点 (x^{t+1}, y^{t+1}) 相对应的 t 期和 t+1 期技术边界位置可以表示为 $Y^t(x^{t+1}, y^{t+1}) = y^{t+1}/D_o^t(x^{t+1}, y^{t+1})$ 和 $Y^{t+1}(x^{t+1}, y^{t+1}) = y^{t+1}/D_o^{t+1}(x^{t+1}, y^{t+1})$。将同一生产单元 t 期产出 y^t 和 t+1 期产出 y^{t+1} 进行比较并得到以下公式：

$$\frac{y^{t+1}}{y^t} = \frac{D_o^{t+1}(x^{t+1}, y^{t+1})}{D_o^t(x^t, y^t)} \frac{Y^{t+1}(x^{t+1}, y^{t+1})}{Y^t(x^t, y^t)} \quad (2-8)$$

仔细观察公式 (2-8) 可发现，其等号右边第一项恰好是全要素生产率 Malmquist 指数中效率变化（Efficient Change）部分。因此，为引入技术进步因素，可以继续将公式（2-8）分子、分母分别同时乘以 $Y^t(x^{t+1}, y^{t+1})$ 和 $Y^{t+1}(x^t, y^t)$，并稍做调整后得到下面一组公式：

$$\frac{y^{t+1}}{y^t} = \frac{D_o^{t+1}(x^{t+1}, y^{t+1})}{D_o^t(x^t, y^t)} \frac{Y^{t+1}(x^t, y^t)}{Y^t(x^t, y^t)} \frac{Y^{t+1}(x^{t+1}, y^{t+1})}{Y^{t+1}(x^t, y^t)} \quad (2-9)$$

$$\frac{y^{t+1}}{y^t} = \frac{D_o^{t+1}(x^{t+1}, y^{t+1})}{D_o^t(x^t, y^t)} \frac{Y^{t+1}(x^{t+1}, y^{t+1})}{Y^t(x^{t+1}, y^{t+1})} \frac{Y^t(x^{t+1}, y^{t+1})}{Y^t(x^t, y^t)} \quad (2-10)$$

公式（2-9）和公式（2-10）中等号右边第一项为效率改善部分，第二项则表示技术进步带来的影响，其经济学意义为生产点(x^t, y^t)或者(x^{t+1}, y^{t+1})在 t 期和 t+1 期面对的技术前沿的变化，如果该项比值大于 1，则表示技术前沿向前移动并存在技术进步，反之则表示技术退步。此时，等号右边第三项表示同一生产单元在不同时期所对应技术前沿位置的变化，后面我们将发现，该项比值度量了要素投入（包括环境）变化对于产出的影响。

考虑到 $Y^{t+1}(x^t, y^t) = y^t/D_o^{t+1}(x^t, y^t)$ 和 $Y^t(x^{t+1}, y^{t+1}) = y^{t+1}/D_o^t(x^{t+1}, y^{t+1})$，则将公式（2-9）和公式（2-10）取几何平均后得到：

$$\frac{y^{t+1}}{y^t} = \frac{D_o^{t+1}(x^{t+1}, y^{t+1})}{D_o^t(x^t, y^t)} \left[\frac{D_o^t(x^{t+1}, y^{t+1})}{D_o^{t+1}(x^{t+1}, y^{t+1})} \frac{D_o^t(x^t, y^t)}{D_o^{t+1}(x^t, y^t)}\right]^{\frac{1}{2}} \left[\frac{Y^t(x^{t+1}, y^{t+1})}{Y^t(x^t, y^t)} \frac{Y^{t+1}(x^{t+1}, y^{t+1})}{Y^{t+1}(x^t, y^t)}\right]^{\frac{1}{2}}$$

$$(2-11)$$

在公式（2-11）中，等号右边第一项和第二项分别为 Malmquist 全要素生产率指数中的效率变化和技术进步两部分，第三项则表示同一生产单元在不同时期所对应技术前沿位置变化的几何平均。那么，它的经济学意义是什么呢？需要我们做进一步的分析。为简单起见，我们仅针对 t 期技术边界进行分析，t+1 期结果可以类推得到[①]。此外，为分析不同生产要素投入变化对于所对应技术边界的影响，我们将 x 具体表示为（l, k, e），则可以将第三项分解为：

$$\frac{Y^t(l^{t+1}, k^{t+1}, e^{t+1}, y^{t+1})}{Y^t(l^t, k^t, e^t, y^t)} = \left[\frac{Y^t(l^{t+1}, k^{t+1}, e^{t+1}, y^{t+1})}{Y^t(l^t, k^{t+1}, e^{t+1}, y^{t+1})} \frac{Y^t(l^{t+1}, k^t, e^t, y^t)}{Y^t(l^t, k^t, e^t, y^t)}\right]^{\frac{1}{2}}$$

$$\left[\frac{Y^t(l^t, k^{t+1}, e^{t+1}, y^{t+1})}{Y^t(l^t, k^t, e^{t+1}, y^{t+1})} \frac{Y^t(l^{t+1}, k^{t+1}, e^t, y^t)}{Y^t(l^{t+1}, k^t, e^t, y^t)}\right]^{\frac{1}{2}}$$

$$\left[\frac{Y^t(l^t, k^t, e^{t+1}, y^{t+1})}{Y^t(l^t, k^t, e^t, y^{t+1})} \frac{Y^t(l^{t+1}, k^{t+1}, e^{t+1}, y^t)}{Y^t(l^{t+1}, k^{t+1}, e^t, y^t)}\right]^{\frac{1}{2}}$$

---

① 为了简单起见，公式（2-12）仅针对 t 时期技术边界进行了分析，但在具体计算时本书针对 t 和 t+1 不同基期进行分析并取其几何平均值。

$$\left[\frac{Y^t(l^t,k^t,e^t,y^{t+1})}{Y^t(l^t,k^t,e^t,y^t)}\frac{Y^t(l^{t+1},k^{t+1},e^{t+1},y^{t+1})}{Y^t(l^{t+1},k^{t+1},e^{t+1},y^t)}\right]^{\frac{1}{2}}$$

(2-12)

观察公式（2-12）可发现，为了分析不同要素投入变化对于产出的影响，我们沿着两个方向进行了分解，再取其几何平均值，保证了结果的准确性和公正性。公式（2-12）等号右边第一项表示了劳动投入变化对于技术边界的影响，第二项则表示了资本投入变化对于技术边界的影响，而第三项则表示环境消耗变化对于技术边界的影响。需要重点说明的是，等号右边第四项，分子、分母中的投入要素保持不变，而产出发生了变化，则根据公式（2-4）和公式（2-5），其对应的技术边界位置是保持不变的，因此恒等于1。

通过公式（2-11）和公式（2-12），我们在一个非参数的框架下，将经济产出的变化分解成与全要素生产率（包括技术进步和效率变化）以及要素投入（包括劳动、资本和环境消耗）相关的两大组成部分。需要指出的是，现有的文献在运用 DEA 方法分析全要素生产率对于经济增长的贡献度时，往往简单地将 Malmquist 指数减 1 后得到全要素生产率增长率，再将其与经济增长率进行比较得到全要素生产率对于经济增长的贡献程度，由此可能会带来一定程度的误差。本章采用结构分解方法稍加变换，这一问题即可迎刃而解。

为了简单起见，我们分别用 eff、tech、labor、capital、envir 表示公式（2-11）中效率变化、技术进步、劳动力要素投入、资本投入和环境消耗对于产出变化的影响，则此时公式（2-11）可以表示为：

$$\frac{y^{t+1}}{y^t} = \text{eff} \times \text{tech} \times \text{labor} \times \text{capital} \times \text{envir} \quad (2-13)$$

则利用结构分解的公式，可得到[①]：

$$\frac{y^{t+1}}{y^t} - 1 = \frac{1}{2}(1 + \text{tech} \cdot \text{labor} \cdot \text{capital} \cdot \text{envir}) \cdot (\text{eff} - 1) + \frac{1}{2}(\text{eff} + \text{labor} \cdot \text{capital} \cdot \text{envir}) \cdot (\text{tech} - 1) + \frac{1}{2}(\text{eff} \cdot \text{tech} + \text{capital} \cdot \text{envir}) \cdot (\text{labor} - 1) + \frac{1}{2}(\text{eff} \cdot \text{tech} \cdot \text{labor} + \text{envir}) \cdot (\text{capital} - 1) + \frac{1}{2}(\text{eff} \cdot \text{tech} \cdot \text{labor} \cdot \text{capital} + 1) \cdot (\text{envir} - 1)$$

(2-14)

---

① 为避免正文中公式过于烦琐，本部分未将 SDA 方法具体分解过程详细列出。读者若有兴趣，可向笔者发邮件咨询。

为了与传统经济增长核算公式保持一致，我们在变量左边加上"Δ"表示该变量的增长率，用 α_{eff}、α_{tech}、α_{labor}、$\alpha_{capital}$、α_{envir} 表示各变量增长率之前的系数，则公式（2-14）可表示为：

$$\frac{\Delta y}{y} = \alpha_{eff}\Delta eff + \alpha_{tech}\Delta tech + \alpha_{labor}\Delta labor + \alpha_{capital}\Delta capital + \alpha_{envir}\Delta envir \quad (2-15)$$

公式（2-15）说明，只要经过一个巧妙变换，我们就可以在非参数框架下准确测度经济增长率中全要素生产率和各要素投入做出的贡献比例，寻找到中国经济增长的源泉。实际上，世界上任何一个经济体的经济增长都不会是平稳的，总是会围绕其趋势水平上下波动。例如，对于改革开放进程中的中国而言，多数年份 GDP 增长率超过 8%，但也有部分年份 GDP 增长率低于 8%。与寻找中国经济源泉相比，进一步探寻导致 GDP 增长率波动的原因显得同样重要。由于公式（2-15）中经济增长率可分解成与投入要素和生产率相关的部分，因此可进一步将其方差分解为：

$$\text{Var}(\Delta y) = \text{Cov}(\Delta y, \alpha_{eff}\Delta eff) + \text{Cov}(\Delta y, \alpha_{tech}\Delta tech) + \text{Cov}(\Delta y, \alpha_{labor}\Delta labor) + \text{Cov}(\Delta y, \alpha_{capital}\Delta capital) + \text{Cov}(\Delta y, \alpha_{envir}\Delta envir) \quad (2-16)$$

在公式（2-16）中，我们用 GDP 增长率的方差表示其波动水平，则公式（2-16）说明 GDP 增长率波动程度与其和经济增长源泉之间的协方差有关，如果 GDP 增长率与某些经济增长源泉的协方差越大，则说明这些经济增长源泉是决定 GDP 增长率波动的主要原因，反之，则说明 GDP 增长率波动并不受相关经济增长源泉的影响。

二、数据来源

本书希望通过相对较长时期的投入产出数据分析，得到资源环境约束下中国经济增长源泉的演变规律，本章的研究主要集中在 1989—2018 年共计 30 年。我们的数据集合中没有包括香港特区、澳门特区和台湾地区，以及数据不全的西藏地区，此外，由于重庆在 1997 年被批准设立为直辖市，为了保持数据前后的一致性，我们将 1997 年之前四川和重庆的部分数据进行了拆分。产出、污染排放和正常要素投入数据主要来源于历年的《中国统计年鉴》《中国环境年鉴》。正常要素投入包括资本存量、劳动力和能源消费量，产出选用各个省份以 2000 年为基期的实际地区生产总值，污染排放选择了废水、SO_2、烟尘排放三个指标。资本存量采用常见的永续盘存法估算得到，参照张军等

（2004）和单豪杰等给出的方法。具体而言，本章首先利用《中国统计年鉴》收集得到1978—2018年的固定资本形成数据，并利用固定资本投资价格指数进行平减，从而得到以2000年为不变价格的各省份实际投资序列数据。然后，利用张军等（2004）和单豪杰等给出的方法得到1989年固定资本的初始值，并利用永续盘存法得到1989—2018年的固定资本数据。

第三节 中国经济增长源泉的测算结果及相关分析

采用上文介绍的非参数绿色增长核算框架，我们计算中国各省份1989—2018年经济增长的源泉。虽然在模型中我们将资本、劳动和环境一起作为投入变量进行处理，但环境作为一种类似于生态形式社会资本的自然资本，我们将其单列出来以示其与正常要素投入之间的区别。这样，我们可以将经济增长源泉分解成三大部分：要素投入、生产率和环境消耗，并在表2-1中进一步给出了相应部分在整体中的份额比例。

表2-1 1989—2018年中国区域经济增长平均变化率及相关源泉分解　　单位：%

地区	年平均增长率（%）	全要素生产率		要素投入		环境消耗	
		效率变化	技术进步	资本	劳动	能源	污染
全国	10.96 (100.00)	-1.89 (-17.26)	2.08 (18.97)	10.38 (94.72)	0.13 (1.21)	0.56 (5.08)	-0.30 (-2.71)
东部	11.69 (100.00)	-1.35 (-11.54)	3.97 (33.95)	9.26 (79.16)	0.26 (2.18)	0.99 (8.45)	-1.43 (-12.20)
中部	10.35 (100.00)	-2.05 (-19.80)	-0.76 (-7.33)	12.46 (120.37)	0 (-0.03)	0.12 (1.19)	0.58 (5.61)
西部	10.64 (100.00)	-2.13 (-20.04)	0.35 (3.31)	11.00 (103.41)	0.01 (0.10)	0.18 (1.69)	1.23 (11.53)
东北	9.22 (100.00)	-4.69 (-50.86)	2.87 (31.17)	10.53 (114.20)	0.06 (0.66)	0 (-0.05)	0.45 (4.88)

由表2-1可知，1989—2018年中国整体经济年均增长率为10.96%。在全要素生产率、正常要素投入和资源环境三大增长来源中，全要素生产率扮演着至关重要的角色，其对经济增长的贡献程度被视为判断经济发展方式转

变的根本依据。我们的研究表明，与全要素生产率相关的经济增长率约为0.19%，对于经济增长的贡献份额约为1.7%。在已有研究中，如余丹林和吕冰洋（2009）利用地理加权回归法分析后发现，全要素生产率对于1998—2005年中国经济增长的贡献度约为32.2%；郭庆旺和贾俊雪（2005）采用CD函数和省际面板数据研究后发现，全要素生产率在1979—2004年对于中国经济增长的贡献度约为9.46%；刘瑞翔（2014）利用1989—2010年省级面板数据，研究后发现与之前的研究相比，全要素生产率相关的经济增长率对于经济增长的贡献份额约为20.55%。与以上所得结果相比，我们测算得到的结果相对要低一些，究其原因，应该与2008年之后中国经济增长方式逐步变得粗放有关。

进一步分析发现，对中国整体经济而言，在全要素生产率内部对于经济增长的贡献存在较大差别。其中，由于效率变化导致的经济增长率约为-1.89%，对于经济增长的贡献度为-17.26%，而由于技术进步导致的经济增长率约为2.08%，对于经济增长的贡献度为18.97%，说明技术进步是导致中国全要素生产率增长的主要原因，这与郑京海和胡鞍钢（2005）、刘瑞翔和安同良（2012）等的结果一致。在中国经济增长的三大源泉中，与正常生产要素投入相关的经济增长率约为10.51%，约占到中国经济增长总量的95.93%，这就说明中国分析期间依然是粗放型和不可持续的经济发展方式。在资本和劳动两项生产要素中，与资本相关的经济增长率约为10.38%，而与劳动相关的经济增长率为0.13%，仅资本积累一项对于中国经济增长的贡献度就达到了94.72%。与要素投入和生产率相比，与资源环境消耗相关的经济增长率最低，仅有0.26%，对于经济增长的贡献份额约为2.37%，说明资源环境整体上虽然为经济高速增长付出了一定代价，但与资本和劳动力等要素及生产率相比，并不是决定中国经济增长的关键因素。

作为世界上人口最多、地域辽阔的发展中国家，中国经济发展内部存在不平衡现象，不同区域间经济发展存在较大差异。表2-1中数据显示，东部地区经济增长速度最快，年平均增长率达到11.69%，中部和西部地区之间差异并不明显，经济年平均增长率分别为10.35%和10.64%，而东北地区增长在四大经济板块中是最慢的，仅为9.22%。为什么不同区域间经济增长速度会存在差异呢？我们认为应该与其所处的地址位置和发展阶段不同，并最终导致经济增长源泉不同有关，图2-1给出了分析期间中国整体及各地区经济增长源泉的主要分布情况。对于东部沿海发达地区而言，由于其地处改革开放前沿,因此代表着先进生产力的发展方向,全要素生产率在经济增长中发挥了更为重要的作用,相关的经济增长率达到了 2.62%,全要素生产率对于经济增长的贡献度达到了 22.41%。深入分析后可发现,东部地区全要素生产率中与技术进步相关的经济增长率约为 3.97%,在全国范围内是最高的,与此相对应的是,与效率变化相关的经济增长率为 -1.35%,在全国范围内绝对值是最低的,这与东部地区在全国经济中的位置是密切相关的。对于东部地区大部分省份而言,其位置往往靠近生产前沿或直接位于前沿面上,因此其生产率的提高更多地表现为前沿面向前的移动(技术进步),而不是与前沿面的距离更加接近(效率改善)。进一步分析可发现,东部地区与正常要素投入相关的经济增长率约为 9.52%,对于经济增长的贡献程度为 81.34%,在四大经济板块中是最低的。东部地区与环境消耗相关的经济增长率约为 -0.44%,对于经济增长的贡献程度分别为 -3.75%,在四大经济板块中是唯一为负的地区。以上分析说明,对于东部地区经济而言,全要素生产率在经济增长中发挥了非常重要的作用,是一种集约式的增长方式,同时资源环境也得到了较好的保护。

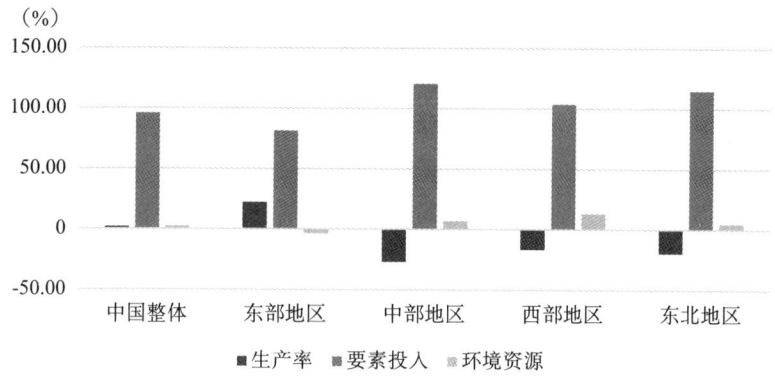

图 2-1　1989—2018 年中国及各区域经济增长源泉分布情况

由于地处内陆,中、西部地区不但在经济总量上与东部沿海地区有所差距,而且在经济增长的来源上也有很大不同。对于中部地区而言,与全要素生产率相关的增长率约为 -2.81%,对于经济增长的贡献程度仅为 -27.13%,在四大经济板块中是最低的。与此相对应的,中部地区与正常要素投入相关的经济增长率约为 12.46%,占经济增长总量的比例高达 120.34%,在四大经济板块中又是最高的。中部地区与资源环境消耗相关的经济增长率约为 0.7%,对于经济增长的贡献度约为 6.8%,该比例在四大经济板块中并不突出,介于东部地区和西部地区之间。对于西部地区而言,虽然在经济发展水平上与东部和中部地区仍有差距,但其经济年均增长率在分析期间达到了 10.64%,在四大经济板块中仅次于东部地区,高于中部和东北地区,说明由于"西部大开发"政策实施和后发优势,西部地区和发达区域的差距在分析期间已有所缩小。其中,与全要素生产率相关的增长率为 −1.78%,与要素投入相关的经济增长率达到了 11.01%,两者对于经济增长的贡献度分别达到了 −16.73% 和 103.51%,这两个数据都介于东部和中部地区之间。需要指出的是,西部地区与资源环境消耗相关的经济增长率为 1.41%,对于经济增长的贡献程度达到了 13.22%,在四大经济板块中是最高的,这说明西部地区在经济高速增长的同时,对于自然环境产生了较大程度的消耗。

与其他经济板块都不同,东北地区年均增长率约为 9.22%,在四大经济板块中是最低的。进一步观察可发现,对于东北地区而言,与全要素生产率相关的增长率为 −1.82%,对于经济增长的贡献度达到了 −19.69%,在全要素生产率内部,与效率变化和技术进步相关的增长率分别为 −4.69% 和 2.87%,分别占到经济增长总量的 −50.86% 和 31.17%,说明东北地区在分析期间之所以增长缓慢,与效率并未得到有效改善有关。对于正常要素投入而言,东北地区与资本和劳动力相关的增长率分别为 10.53% 和 0.06%,对于经济增长的贡献度分别达到了 114.2% 和 0.66%。与要素投入相比,资源环境消耗对于东北地区经济的影响要低得多,与能源消耗和污染排放相关的增长率分别为 0 和 0.45%,对于经济增长的贡献程度分别为 −0.05% 和 4.88%,该数值要远低于中、西部地区,说明东北地区分析期间在节能减排方面取得了一定成效。

上文仅是从静态角度对中国经济增长进行分解,并没有进一步探索中国经济增长源泉在此期间的变化趋势,下面我们将从动态视角分析不同经济增长来源是如何影响中国经济增长的。由于本章分析主要局限在 1989—2018 年,时间跨度接近 30 年,为分析方便我们将其划分为以下五个阶段:1989—1997 年、1997—2002 年、2002—2008 年、2008—2012 年以及 2012—2018 年,针对这五个阶段发生的一些大的历史事件探寻中国经济增长源泉变化的规律,表 2−2 中列出了在此期间中国分阶段经济增长率及相关来源分解的具体数值。

表 2-2　1989—2018 年中国分阶段经济增长变化率及相关源泉分解　　单位:%

阶段	年平均增长率（%）	全要素生产率		要素投入		环境消耗	
		效率变化	技术进步	资本	劳动	能源	污染
1989—1997 年	11.33 (100.00)	-0.07 (-0.66)	3.85 (33.99)	6.22 (54.91)	0.22 (1.94)	0.39 (3.48)	0.72 (6.34)
1997—2002 年	8.24 (100.00)	0.47 (5.64)	0.75 (9.13)	6.90 (83.70)	-0.11 (-1.36)	0.61 (7.39)	-0.37 (-4.49)
2002—2008 年	12.81 (100.00)	-1.13 (-8.85)	2.18 (17.02)	8.90 (69.50)	0.14 (1.10)	1.59 (12.40)	1.13 (8.82)
2008—2012 年	9.96 (100.00)	-0.95 (-9.57)	-1.09 (-10.93)	10.13 (101.66)	0.19 (1.91)	0.31 (3.10)	1.38 (13.84)
2012—2018 年	6.14 (100.00)	-2.49 (-40.57)	2.49 (40.54)	7.67 (124.97)	0.07 (1.21)	0.03 (0.43)	-1.63 (-26.58)

1. 1989—1997 年。在此期间我们发现中国经济经历了一个从波谷到波峰的过程。1990—1991 年度中国经济平均年增长率仅为 4.06% 和 6.05%，在整个改革开放 40 多年里处于最低水平。但在 1992 年邓小平南方谈话之后，中国被压抑已久的改革开放热情如火山迸发，1991—1992 年经济年增长率达到了 22.46%，达到了改革开放 40 多年来的最高点。深入研究后可发现，其中由于生产率驱动的经济增长约为 16.78%，而与要素投入相关的经济增长仅为 3.87%，说明推动中国经济从波谷迈向波峰的动力源泉并不是要素投入，而是代表着灵感的全要素生产率。此外，需要指出的是，由于经济的超常规增长，对于环境资源的消耗也大幅增加，1991—1992 年与环境消耗相关的经济增长率也达到了 1.81%。

1992 年之后，中国经济从高峰逐步回落，虽然此期间出现微调，但在 1989—1997 年中国经济整体上保持了较高水平的增长，经济年均增长率达到了 11.33%，其中与全要素生产率相关的增长率为 3.78%，与要素投入相关的增长率为 6.44%，与资源环境消耗相关的增长率仅为 1.11%，经测算全要素生产率对于经济增长的贡献度达到了 33.33%。研究生产率对于中国经济增长的文献虽然很多，但是在时间节点上与本部分完全吻合的却很少。孙琳琳和任若恩（2005）利用时间序列数据分析后发现，全要素生产率对于 1988—1994 年中国经济增长的贡献约为 42.23%，王小鲁等（2009）的研究也表明，1989—1998 年中国全要素生产率约为 3.63%，对于经济增长贡献度约为

37.85%。本书与之前的研究都表明,从邓小平南方谈话到亚洲金融危机爆发之前,中国经济正经历着一个"又快又好"的黄金发展时期。

2. 1997—2002年。随着1997年亚洲金融危机的爆发,中国经济也受到了较大的冲击,GDP增长率从1996—1997年的10.53%迅速回落到1997—1998年的8.53%,并在1998—1999年和2000—2001年两次跌破8%。在此期间,中国经济年均增长率为8.24%,其中与全要素生产率相关的增长率约为1.22%,全要素生产率对于经济增长的贡献度约为14.77%,与1989—1997年相比低了约18.56个百分点。与全要素生产率不同,要素投入成为中国经济在低谷中维持稳定增长的主要手段,在1998—2002年与之相关的增长率约为6.79%,占到经济增长总量的82.34%。特别是在亚洲金融危机爆发后的第二年,要素投入对于经济增长的贡献度超过了100%,这应该与中央政府当年实施的积极财政政策有关。最后,与资源环境相关的经济增长率约为0.24%,其中与能源消费和污染排放相关的经济增长率分别为0.61%和-0.37%。在本章的分析框架中,与污染排放相关的指标为负说明在经济增长的同时,资源环境作为一种生产要素投入不增反减。我们认为有两种原因可能导致污染排放减少:一是在此期间各级政府关闭"五小企业"客观上起到了一定的整治效果,是政府主动调控的结果;二是由于经济减速而得到的意外收获,这也从侧面证明只要经济增长保持一个合理的速度,中国就可以减少对环境资源的依赖,实现长期和高质量的可持续发展。

3. 2002—2008年。本阶段中国经济年平均增长率达到了12.81%,如此高的增长速度在改革开放以来是非常罕见的,特别是在2002—2006,GDP年均增长率高达13.83%,在此之后增长速度有所趋缓。中国经济在本阶段之所以呈现出高速发展的态势,我们认为主要与中国在2001年年底加入了世界贸易组织(WTO)有关。2001年12月11日,中国正式成为WTO会员,在更大范围和更深程度上参与全球经济合作。加入WTO对于中国经济的影响体现在两方面:一是对中国经济增长产生了直接的促进作用,特别在2004—2005年GDP年均增长率达到了17.43%,达到了邓小平南方谈话之后的又一个高峰;二是使中国经济增长的动力源泉发生了变化,如果仅考虑加入WTO后影响最显著的四年,全要素生产率对于经济增长的贡献度与之前阶段相比有显著提高,说明加入WTO并参与全球分工提高了生产率。但与此同时,加入WTO对于中国经济的负面影响也是显而易见的。环境消耗对于中国经济增长贡献度在此之前并不高,在1997—2002年甚至为负值,但在2002—2008年该比例迅速达到了21.22%，这说明在经济高增长中有相当部分是以牺牲环境为代价的。根据中国统计部门提供的数据，2002年以来中国能源消费和主要污染排放都出现了加速上涨的现象，这说明我们的理论研究与客观事实是完全一致的。究其原因，应与中国企业采取"加工贸易"的方式参与国际分工有关。一方面"加工贸易"可以提高中国企业的技术能力，但另一方面"加工贸易"战略也意味着我们可能处在高能耗、高排放的组装环节，企业被锁定在全球价值链的底部，在赚取少许加工费的同时，却消耗大量的资源并对环境造成了较大的破坏。

4. 2008—2012年。2008—2012年中国经济年均增长率约为9.96%，与之前阶段相比有所下降，究其原因，应与2008年美国本土爆发的次贷危机席卷全球并波及中国有关。如果仅从数值上看经济下降幅度并不算大，但深入分析后可发现，驱动中国经济增长的动力来源发生了巨大的变化。首先，全要素生产率对于经济增长的贡献程度出现了大幅度下降，从2004—2005年的24.94%滑落到2006—2007年的3.25%，再迅速下降到2008—2009年的-20.93%，说明外部冲击对于生产率产生了严重的负面影响；其次，要素投入对于经济增长的贡献度有所攀升，从2006—2007年的82.36%上升到2008—2009年的105.66%，究其原因，应该与金融危机爆发后中国政府实施积极的财政政策有关；最后，环境消耗对于经济增长的贡献度从2003—2004年的33.91%下降到2007—2008年的11.45%，再逐步上升到2009—2010年的20.12%，呈现了一个先下降、再上升的"U形"变化趋势。这是因为中国政府认识到资源环境的重要性，在"十一五"规划纲要中设置了相应约束性指标，有效减少了经济增长对于资源环境的消耗，但随着金融危机的爆发，中国政府制定了"四万亿"的积极财政政策，经济因此呈现出粗放型增长的态势，这就是环境消耗对于经济增长的贡献度先下降、再上升的主要原因。

5. 2012—2018年。2012—2018年中国经济年均增长率仅为6.14%，与之前相比呈现出较大幅度的下降，意味着中国在经历了长达40多年的高速增长后，经济增长呈现出减速的趋势。深入观察可发现，中国经济在增长减速的同时，增长的动力源泉发生了较为明显的变化。其中，全要素生产率对于中国经济增长的贡献度约为-0.03%，在此期间逐步由期初的负值转为正值。与正常要素投入相关的经济增长率为7.74%，约占到经济增长总量的126.18%，说明在此期间的增长主要是由要素投入推动的。可喜的是，与资源环境消耗相关的经济增长率为-1.60%，其中，与能源消费和污染排放相关的增长率分别为 0.03% 和 -1.63%，分别占到经济增长总量的 0.43% 和 -26.58%，这说明 2012—2018 年，中国经济增长之所以减速，一个很重要的原因就是与节能减排取得较大成效相关。

第四节　增长源泉对于中国经济增长率波动的影响

长期以来，经济学界似乎形成了一个共识，即中国全要素生产率可以分成两个阶段，并对应两种增长模式，1978—1995 年为第一阶段，表现为高经济增长和高生产率增长，1995 年之后为第二阶段，表现为高经济增长、低生产率增长（郑京海和胡鞍钢，2005）。本书的研究也表明，1989—1997 年全要素生产率增长率为 4.55%，而 1998—2002 年以及 2003—2018 年全要素生产率仅为 1.91% 和 1.87%，似乎完全验证了郑京海和胡鞍钢（2005）的结论。但事实上，我们并不完全支持以上的观点，例如，在邓小平南方谈话之后，全要素生产率经历了一个从波谷到波峰的飞跃过程，同时，在 1998 年亚洲金融危机和 2008 年美国次贷危机之后，生产率出现明显的下降趋势，而加入 WTO 对于生产率产生了显著的正面影响。因此，将 1995 年后生产率定性为低增长则显得过于简单，而将其理解为易受到经济体系内部变化和外部冲击影响应更为合理，关键问题在于，是什么因素造成了中国生产率近年来的下降？此外，郑京海和胡鞍钢（2005）在分析过程中还发现，虽然分析期间要素投入对经济增长贡献度要远远超过生产率的贡献度，但中国经济似乎更多地与全要素生产率呈现出一致的变动趋势，而与要素投入之间关系并不紧密。本书的分析进一步支持了他们的观点，但长期以来并没有文献对此进行实证检验。这种观点是否正确？如果正确，对于中国经济增长又意味着什么？

根据公式（2-16），我们将经济增长率的方差分解成 GDP 与生产率、要素投入和环境协方差等部分，表示这些变量对于经济增长率波动的贡献程度。图 2-2 表示不同种类增长源泉对于中国 GDP 波动的影响，如果结合图 2-1 分析可发现，两幅图形成了鲜明的对比。从图 2-1 可以看出，三大增长源泉对于中国经济增长的贡献度大小依次是要素投入、生产率和环境消耗，但图 2-2 却表明，三者对于中国经济波动的贡献度顺序发生了变化，按照贡献度大小依次为生产率、环境消耗和要素投入。其中，1989—2018 年要素投入对于经济增长的贡献度高达 95.93%，但对于 GDP 增长波动的影响却几乎可以忽略不计，相反，生产率对于经济增长贡献度只有1.7%左右，但对于GDP增长波动的贡献度却高达64.77%，这意味着中国经济增长虽然主要由要素投入驱动，但却随着生产率的变动而发生波动。为什么中国的经济增长会出现这种相互背离的现象呢？

我们认为，之所以出现全要素生产率与经济周期波动一致的现象，首先与全要素生产率的测度方法有关。与资本和劳动等生产要素不同，全要素生产率本身并不可以被直接观察和测量，而是通过将投入产出数据进行一系列处理后间接得到的，是经济增长中难以被要素投入解释的部分。全要素生产率和经济周期波动相符，一个重要的原因在于没有准确测算投入项，比如只是简单地用资本存量表示资本，却没有考虑资本利用率在经济周期中的变化，或者只是用劳动力数量表示劳动，没有考虑工人在不同经济周期工作强度或时间的变化。由于在经济繁荣时资本利用率和工人工作强度都会增加，相反在经济衰退时期资本利用率和工作强度都会降低，但这些都难以在投入数据中体现出来，因此造成全要素生产率在经济繁荣时期高、在经济衰退时期低，即与经济周期波动一致的现象。

全要素生产率与经济周期波动一致的另一个原因，与经济增长源泉形成机理以及中国特有的增长模式密切相关。对于不同经济增长源泉而言，其形成机理是完全不同的。首先，全要素生产率是一个经济体系内生且难以直接施加控制的变量，易受到经济体系内部变化和外部冲击的影响而波动，1989—1992年中国全要素生产率"过山车"式的变化有力地证明了这一点。但由此带来的问题是，全要素生产率作为主要经济增长源泉而言缺少稳定性，一旦受到内部或外部的负面影响就会减缓甚至枯竭，而要支撑中国经济长期高速增长必须寻找更为可靠的增长源泉，通过资本积累等要素投入驱动经济增长成为中国政府必然的选择。在现有政府干预和主导的经济增长模式下，大量的投资通过国有企业投向铁路、公路等公共基础设施，甚至在发生金融危机时，作为"烫平"商业周期的主要工具，这就是为何要素投入对于中国经济增长贡献度高达95.93%，而对于经济波动的影响却几乎可以忽略不计的主要原因。最后，在这三者之中，环境消耗是非正常的要素投入，是人类经营活动带来的"副产品"，当经济增长过热或者增长动力发生转变时，污染排放就将出现放量增加的现象，这表明经济增长波动与污染排放之间存在一定的正相关性，这也是为何污染排放对于GDP波动的贡献度达到33.69%的原因。

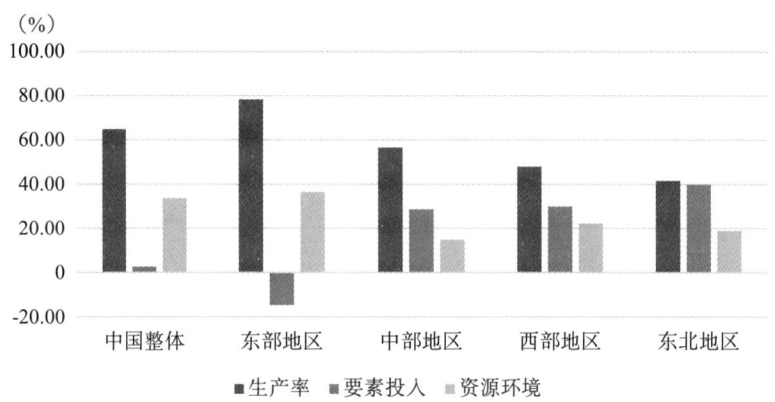

图 2-2　1989—2018 年不同种类经济增长源泉对于中国 GDP 波动的影响情况

图 2-2 同时给出了不同地区间经济增长波动与经济增长源泉之间关系。从图中可以看出，生产率对于东部地区 GDP 增长波动的贡献度最高，达到了 78.18%，中部地区次之为 56.55%，而西部和东北地区较低分别为 47.95% 和 41.51%，说明生产率是导致东部地区经济波动的主要原因，对于中部地区的影响可能要稍弱一些，对于西部和东北地区的影响最弱。与生产率恰好相反的是，要素投入和环境消耗对于东部地区 GDP 增长波动影响并不显著，相反，对于东北、中部和西部地区经济增长波动的影响要更大一些，其中要素投入对于东部地区 GDP 增长波动贡献率甚至为负，这说明两者之间呈现负相关关系，而对于中部和西部地区 GDP 增长变化的贡献度分别为 28.6% 和 29.9%，对于东北地区增长波动的贡献度更是达到了 39.72%。值得重视的是，环境消耗对于东部和西部地区经济增长波动的贡献度为 36.57% 和 22.08%，在所有地区中分别排在第一位和第二位，显示这两个地区资源环境状况与 GDP 呈现出高度相关的特征，但两者的机理却有所不同。对于东部地区而言，更多的是将节能减排和经济增长减速联系起来，而对于西部地区而言，如果将污染排放以及能源消费与近年来高速经济增长联系起来，说明资源环境约束将成为西部地区未来进一步发展要面对的问题。

第五节　本章结语

本章基于非参数绿色增长核算框架，利用 1989—2018 年中国省际数据，分析了中国整体及各地区经济增长源泉，并测度了生产率、要素投入和环境消耗对于经济增长波动的贡献度。研究发现，在三大经济增长源泉中，与要素投入相关的经济增长率约为10.51%，约占到中国经济增长总量的95.93%，与全要素生产率相关的经济增长率约为0.19%，对于经济增长的贡献份额约为1.7%，而环境消耗对经济增长的贡献份额约为2.37%，这就说明分析期间中国经济增长主要是由要素投入驱动的，整体上是一种粗放式的增长方式。不同区域间经济增长源泉存在较大差异，东部地区经济增长中全要素生产率发挥了非常重要的作用，中部地区的经济增长主要是要素投入驱动的，而西部地区近年来经济高速增长的同时对于自然环境产生了较大程度的消耗，东北地区在分析期间经济增长出现了明显的减速现象，主要与其技术效率降低有关。分阶段来看，一些大的历史性事件不但对中国经济增长本身产生了影响，也对中国经济增长源泉产生了影响。此外，本章检验到增长源泉对于中国经济增长和波动贡献度相背离的现象，即虽然是要素投入而不是生产率对经济增长做出了主要贡献，但中国经济更多地与全要素生产率呈现出一致的变动趋势。

20世纪90年代中期以来，随着全要素生产率增长率逐步降低并有所波动，中国经济增长对于要素投入的依赖程度日趋提高，这是当前经济增长呈现出粗放式特征的主要原因。因此，要转变中国的经济增长方式，关键就是要改变过于依赖要素投入和环境资源的现状，让全要素生产率成为中国长期的、稳定的增长源泉。

（1）继续推进改革开放。本书以及郑京海等（2005）一系列研究表明，改革开放之后中国进行的一系列制度改革，是20世纪90年代中期之前生产率提高的主要原因，但在这一进程中，具有长期效应的结构性改革被推迟了，取而代之的是强调资本形成的发展战略，这是导致全要素生产率增长近年来趋缓的直接原因。为了继续保持GDP的健康稳定增长，中国需要打破现有的利益格局，调整当前的收入分配现状，通过深化改革获得持久和稳定的经济增长源泉。令人欣慰的是，在全国综合配套改革试点工作座谈会上，李克强指出，改革开放仍然是中国未来发展最大的红利，说明政府已认识到当前经济发展的问题所在，将进一步通过改革开放推动中国的发展。

（2）进一步提高技术能力。由于技术进步是全要素生产率的直接来源，进一步提高技术能力将成为生产率提高的有力保障，具体体现在三个方面：一是在相当长的一段时间内，中国与发达国家间仍然存在巨大的技术落差，利用外商直接投资（FDI）、出口贸易等方式获取世界的先进技术，以及先进设备的引进仍将是缩短我国与发达国家技术差距的主要途径；二是从长期来看，要提高中国企业的自主创新能力，更多地依靠R&D（研究与开发）研制出具有自主知识产权的新产品和新技术；三是要通过效率改善提升中国的全要素生产率。本书以及众多文献已表明，中国全要素生产率是由技术进步而非效率改善推动的，因此我们在加强技术引进和自主创新的同时，尤其要注重对于先进技术的消化吸收和应用推广。

（3）适当调整GDP增长率预期。本书研究表明，由于各级政府拥有较强的经济资源配置能力，当对于GDP增长率预期过高并成为地方官员升迁的主要考核指标时，政府必然要使用行政而非市场的手段实现经济增长，降低各种生产要素配置的效率，使得要素投入而不是全要素生产率成为经济增长的主要源泉。此外，本章的研究结果还显示，在GDP年均增长率较为平稳的阶段，全要素生产率贡献度在保持较高水平的同时资源环境也得到有效治理，相反，近年来以西部地区为代表的中国GDP高速增长，能耗和污染排放出现前所未有的加速增长，这就说明摒弃GDP增长崇拜，将发展目标从经济增长数量扩张转向经济质量提高，可以实现经济增长源泉的转变，推动中国经济长期、健康和稳定的可持续增长。

第三章

中国经济增长的动力来源
——基于需求视角的分析

第一节 需求视角下经济增长核算的文献综述

中国经济自改革开放以来取得了举世瞩目的成就，1979—2018年，中国GDP年平均增长率达到9.43%，人均GDP由改革开放前不到300美元增加到2019年的1万美元左右，中国经济总量占世界经济总量的比重已经由20世纪70年代末不足1%提高到接近15%，一跃成为当今仅次于美国的世界第二大经济体。作为13亿人口的大国，中国不但摆脱了贫困，实现了经济腾飞，而且在持续40年的高速增长之后，中国经济仍然保持接近7%的年平均增长速率，这一巨大变化和现象被国内外一些学者称为"中国奇迹"或"中国经济增长之谜"。

找出中国经济30年来高速增长背后的驱动因素，了解动力来源在增长过程中的演变路径，对于中国未来的长期繁荣具有重要的意义。一般来说，目前国内外学者将中国经济高速增长归因于生产要素投入、技术进步和制度的创新。蔡昉（1999）发现在中国经济增长的贡献中，劳动要素的重新配置发挥了显著的作用。以吴敬琏（2006）为代表的部分学者认为，中国经济增长主要依赖于生产要素特别是资本的投入，并通过资源的消费维持经济的增长，因此是一种粗放式的经济增长方式。新增长理论认为，要素投入的增加只有在技术进步的条件下才能推动经济的持续增长，针对中国经济增长依赖高投入驱动型增长方式的观点，赵志耘等（2007）认为，中国经济增长中存在着明显的体现在设备资本中的技术进步，物质资本积累与技术进步的动态融合是我国经济增长的一个典型事实。与以上观点不同的是，制度经济学理论认为政治制度和产权制度先于经济发展并决定经济增长（Acemoglu 等，2004）。具体到中国而言，学者们普遍认为改革开放以来制度变迁是推动中国经济增长的主要因素，认为比较优势和发展战略（林毅夫，2004）、竞争和产权制度（刘小玄，2003）、市场化和经济体制改革（樊纲等，2003）、地方政府的经济分权与竞争（张军，2007）对我国经济增长具有决定性影响。

对相关文献的综述可以看出，包括劳动、资本在内的生产要素对中国经济高速增长发挥了积极的作用，而技术进步和制度变迁提高了生产要素的配置和使用效率。实际上，无论是生产要素的投入，还是技术进步和制度变迁，都是从供给的角度分析中国经济增长的动力来源。与以上研究不同的是，部分学者从需求的视角对"中国经济奇迹"给出了更为直接的解释。由于近年来中国采取出口导向战略并取得成功，许多学者纷纷从国际贸易的视角研究出口与中国经济增长之间的关系。早期的相关文献（朱文辉，1999；彭福伟，1999）利用支出法国民收入恒等式进行了研究，认为进出口贸易对于中国经济的影响并不明显。由于该结论与中国的发展经验事实明显不吻合，林毅夫等（2003）利用乘数分析对该核算方法进行了修正，认为出口的增长除了直接推动经济增长之外，还对消费、投资以及政府支出造成了影响，因此间接刺激了经济的增长，并测算得到出口每增长 10%，基本能推动 GDP 增长 1% 的结论。与林毅夫等（2003）利用乘数分析修正出口对于经济增长的贡献率不同，尹敬东（2003）认为传统测算方法在考虑消费、投资和出口对 GDP 贡献率时，违背了贡献率核算中的进口项目在消费、投资和出口中的匹配分解原则，进一步的，尹敬东（2003）根据《海关统计》提供的贸易方式资料，从三项国内最终产品中分别识别并扣除转移的进口产品价值，得到了包括出口在内的最终需求对于中国经济增长的贡献率。

实际上，消费、投资和出口之所以被认为是拉动经济增长的"三驾马车"，是因为三者作为社会总需求的重要组成部分，以及国民经济中的最终需求部分，通过各产业部门之间技术经济联系和产业波及效应，对国民经济各产业部门产生直接或间接的生产诱发作用，进而直接影响整个国民经济增长的速度和质量。因此，利用支出法直接度量最终需求对于中国经济增长的贡献，一方面数据获得及处理的难度相当大，另一方面也难以客观认识到其对中国经济增长的全面影响。由于利用支出法面临以上的不足，近年来国内外学者利用投入产出技术测算包括出口在内的需求对于本国经济增长的贡献率，并取得了丰硕的成果（Hummels、Ishii 和 Yi，2001；Yi，2003）。刘遵义等（2007）构建一种反映中国"加工贸易"特点的非竞争型投入产出模型，提出了一种测算出口对于国内增加值和就业效应的计算方法，并由此计算中美两国贸易对于各自国内增加值和就业的影响。Koopman（2008）通过贸易数据对中国投入产出数据进行了修正，认为中国出口商品中约有一半增加值是在境外实现的，一些主要采取"加工贸易"的行业该比例高达80%。与以上文献侧重于研究出口贸易不同，沈利生（2008）同时测算了消费、投资和出口作为"三架马车"对于中国经济增长的拉动作用，认为2002年以后消费的拉动作用在下降，出口的拉动作用在上升，因此必须扩大消费的拉动作用，使经济发展方式向消费、投资、出口协调拉动转变。

最终需求和中国经济增长的相关研究虽已取得较为丰硕的成果，但遗憾的是，现有文献主要以中国经济的诱发依存结构为研究对象，并没有从最终需求角度对中国经济增长动力来源进行深入研究。实际上从最终需求的视角来看，包括消费、投资和出口的"三架马车"对于经济增长驱动的效应是动态变化的。最终需求驱动效应的调整和变化，既给中国经济高速增长带来持久的动力源泉，同时也导致了中国经济呈现粗放型增长和过于依赖出口拉动的特点。因此，要进一步寻找中国经济未来的增长动力来源，先必须从最终需求的角度破解"中国经济增长之谜"，了解中国经济高速增长过程中的动力变化过程。本章利用结构分解方法，将经济增长分解成受"三架马车"驱动和投入产出结构变动影响两部分，深入分析中国经济增长的动力来源。除此之外，本章的创新还包括以下两个方面：（1）定义了增加值诱发系数的概念，从而较为准确地测算了包括出口在内的"三架马车"对于经济增长的驱动效果；（2）进一步推广了刘遵义等（2007）的结论，从数学上证明任意最终需求在数值上等于相关进口产品中间投入以及国内增加值的总和。

第二节　基于最终需求视角的经济增长核算模型

一、理论模型

由于国家统计局公布的投入产出数据为进口竞争型，在使用过程中不区分国内产品和进口产品,不能直接测算最终需求对于中国经济增长的影响。因此,为了得到包括消费、投资以及出口需求对于中国经济增长的驱动关系,我们先需要将国内产品和进口产品区分开,得到非竞争型投入产出数据,具体如表3－1所示。

表3－1　　　　　　　　　　（进口）非竞争型投入产出表

		中间使用	最终使用				国内总产出及进口
		1, …, n	消费	资本形成	出口	合计	
国内产品中间投入	1…n	$A^d X$	F_c^d	F_{in}^d	EX	F^d	X
进口产品中间投入	1…n	$A^m X$	F_c^m	F_{in}^m		F^m	M
增加值		V					
总投入		X					

注:右上标 d 代表国内产品;右上标 m 代表进口产品。

在表3－1中,V 和 X 分别表示国内总产出和增加值向量,$A^d X$ 和 $A^m X$ 代表生产过程中国内产品和进口产品的直接消耗向量,其中,A^d 表示国内产品的直接消耗系数矩阵,A^m 表示进口产品的直接消耗系数矩阵。F^d 和 F^m 分别表示国内产品和进口品的最终使用向量,其中,国内产品的最终使用由三部分组成,用消费向量 F_c^d、资本形成向量 F_{in}^d 和出口向量 Ex 表示;与国内产品不同的是,进口产品一般不直接用于出口,因此其最终使用 F^m 由消费 F_c^m 和资本形成 F_{in}^m 两部分组成,M 代表进口产品列向量。

根据投入产出表的特性,以上非竞争型投入产出模型在水平上存在两组均衡方程式,可以用以下公式表示:

$$A^d X + F_c^d + F_{in}^d + EX = X \tag{3-1}$$

$$A^m X + F^m = M \tag{3-2}$$

其中,公式(3－1)表明国内总产出等于国内产品的中间需求与最终需求之和,公式(3－2)说明进口产品数量等于进口产品的中间需求加上最终需求。为了得到国内总产出与消费、投资以及出口之间的关系,可以将公式(3－1)进一步转化为:

$$X = (I - A^d)^{-1} F^d = (I - A^d)^{-1} F_c^d + (I - A^d)^{-1} F_{in}^d + (I - A^d)^{-1} EX \tag{3-3}$$

通过公式(3－3)的分解,国内总产出由三个部分组成,其中 $(I - A^d)^{-1} F_c^d$

为消费需求诱发产生的国内产出，$(I-A^d)^{-1}F_{in}^d$ 和 $(I-A^d)^{-1}EX$ 分别表示由资本形成以及出口需求诱发的国内产出。进一步的，假设 A_v 为增加值系数矩阵，用对角元素 a_{v_i} 代表 i 部门单位产出得到的国内增加值的对角矩阵，根据投入产出理论，我们可以得到国内增加值的表达式：

$$V = A_v X = A_v (I - A^d)^{-1} F^d \qquad (3-4)$$

将 $A_v(I-A^d)^{-1}$ 记作 B_v，表示国内增加值的诱发系数矩阵，其元素 $b_{v_{ij}}$ 表示 j 部门单位最终需求诱发产生的 i 部门国内增加值。相应的，国内增加值 V 代表消费、资本形成与出口需求诱发产生的国内增加值之和，则有：

$$V = V_c + V_{in} + V_{ex} = B_v F_c + B_v F_{in} + B_v EX \qquad (3-5)$$

式中，$B_v F_c$ 表示由消费需求诱发产生的国内增加值，同样的，$B_v F_{in}$、$B_v Ex$ 分别表示由投资及出口诱发产生的国内增加值。有关投入产出的研究中，一般使用生产诱发系数、生产对于最终需求的依存度系数两个指标衡量最终需求与总产出之间的诱发依存关系（刘志彪和安同良，2009），在本书中为了得到"三架马车"对于国内增加值的诱发依存关系，我们使用增加值诱发系数和增加值对于最终需求的依存度两个指标，具体定义为：将最终需求诱发的国内增加值除以相应最终需求数量，则得到最终需求对于国内增加值的诱发强度，称为增加值诱发系数，该指标表示每单位最终需求诱发产生的各行业增加值数量。将最终需求对于国内增加值的诱发系数向量记作 R，则 R 可以表示为：

$$R_i = B_v F_i^d / \hat{F}_i^d, \quad i = (1, 2, 3) \qquad (3-6)$$

式中，F_i^d 分别表示消费、资本形成以及出口需求向量，对应的 $\hat{F}_i^d$ 表示相关的最终需求总量。此外，为了表示国内增加值对于各项最终需求的依存结构，将不同最终需求对增加值的诱发额除以增加值总量，就得到了增加值诱发依存度向量 S：

$$S_i = \overset{uv}{V}{}^{-1} B_v F, \quad i = (1, 2, 3) \qquad (3-7)$$

式中，$\overset{uv}{V}$ 表示各产业国内增加值为对角要素的对角矩阵。通过公式（3-6）和公式（3-7），我们得到国内增加值与不同最终需求之间的诱发依存关系。刘遵义等（2007）在研究"加工贸易"对于中国经济影响时发现，我国出口商品的价值中只有部分是在国内实现的，出口商品价值总量等于相应国内增加值和完全进口额之和。为了进一步将刘遵义等（2007）的结论推广到消费以及投资等最终需求，我们参照刘遵义等（2007）的表示方式，将

最终需求 F^d 诱发的国内增加值总量记为 uB_vF^d，并将由于 F^d 所产生的进口中间产品（中间品）总量记为 uB_mF^d，其中 u 为全是 1 的行向量，并有 $B_v = A_v(I-A^d)^{-1}$ 及 $B_m = A^m(I-A^d)^{-1}$，则可以得到：

定理 3-1：$uB_mF^d + uB_vF^d = uF^d$

以上定理说明，不仅限于出口贸易，包括消费和投资在内的最终需求价值，同样等于其诱发产生的国内增加值与相关的完全消耗进口中间品数量之和。为找到影响中国经济增长的原因，利用投入产出分析模型可做如下分解：

$$V_1 - V_0 = A_{v1}B_1F_1^d - A_{v0}B_0F_0^d \qquad (3-8)$$

正如 Dietzenbacher 和 Los（1998）指出的，使用结构分解往往存在"非唯一性问题"（non-uniqueness problem），从不同的因素排列顺序进行分解会得到不同的分解形式，在实际应用中，一般采用两极分解法避免该问题。在两极分解法中，以上分解有两种形式，其中之一为：

$$V_1 - V_0 = A_{v1}B_1(F_1^d - F_0^d) + A_{v1}(B_1 - B_0)F_0^d + (A_{v1} - A_{v0})B_0F_0^d \qquad (3-9)$$

另外一种分解形式为：

$$V_1 - V_0 = A_{v0}B_0(F_1^d - F_0^d) + A_{v0}(B_1 - B_0)F_1^d + (A_{v1} - A_{v0})B_1F_1^d \qquad (3-10)$$

取两者平均后可得到：

$$V_1 - V_0 = 1/2 (A_{v0}B_0 + A_{v1}B_1)(F_1^d - F_0^d) + 1/2 [A_{v0}(B_1 - B_0)F_1^d + A_{v1}(B_1 - B_0)F_0^d] + 1/2 (A_{v1} - A_{v0})(B_0F_0^d + B_1F_1^d) \qquad (3-11)$$

其中，

$$(F_1^d - F_0^d) = (F_{c1}^d - F_{c0}^d) + (F_{in1}^d - F_{in0}^d) + (EX_1 - EX_0)$$

又有：

$$1/2 [A_{v0}(B_1 - B_0)F_1^d + A_{v1}(B_1 - B_0)F_0^d] = 1/2 [A_{v0}B_0(A_1^d - A_0^d)B_1F_1^d + A_{v1}B_1(A_1^d - A_0^d)B_0F_0^d] \qquad (3-12)$$

根据里昂惕夫矩阵的定义，可知：

$$B_0^{-1} - B_1^{-1} = (I - A_0^d) - (I - A_1^d) = A_1^d - A_0^d \qquad (3-13)$$

将公式（3-13）代入公式（3-12）可以得到：

$$1/2 [A_{v0}(B_1 - B_0)F_1^d + A_{v1}(B_1 - B_0)F_0^d] = 1/2 [A_{v0}B_0(A_1^d - A_0^d)X_1 + A_{v1}B_1(A_1^d - A_0^d)X_0] \qquad (3-14)$$

将 A_vB 记作增加值诱发系数矩阵 B_v，并将 BF^d 记作 X，因此中国国内增加值增长可以表示为：

$$V_1 - V_0 = \underbrace{1/2 (B_{v0} + B_{v1})(F_{c1} - F_{c0})}_{\text{国内消费需求变动效应}} + \underbrace{1/2 (B_{v0} + B_{v1})(F_{in1} - F_{in0})}_{\text{投资需求变动效应}} +$$

$$\underbrace{1/2\ (B_{v_0} + B_{v_1})\ (EX_1 - EX_0)}_{\text{出口需求变动效应}} + \underbrace{1/2\ (A_{v_1} - A_{v_0})\ (X_0 + X_1)}_{\text{增加值率变动效应}} +$$

$$\underbrace{1/2\ \{B_{v_0}\ (A_1^d - A_0^d)\ X_1 + B_{v_1}\ (A_1^d - A_0^d)\ X_0\}}_{\text{中间投入结构变动效应}} \quad (3-15)$$

通过以上的结构分解，我们将中国经济的增长分解成两大部分：一是由于消费、投资以及出口"三架马车"直接驱动的经济增长；二是主要解释由于中间投入结构以及增加值率变化间接导致的经济增长。

二、数据来源及处理

本章采用的原始数据主要来自国家统计局公布的1987年、1992年、1997年、2002年、2007年、2012年、2017年7张全国型投入产出表。由于七张表之间的统计口径有所调整，我们进行了部门的合并与调整，合计包括30个部门（30个部门具体包括：农林牧渔业，煤炭开采和洗选业，石油和天然气开采业，金属矿采选业，非金属矿及其他矿采选业，食品制造及烟草加工业，纺织业，纺织服装鞋帽皮革羽绒及其制品业，木材加工及家具制造业，造纸印刷及文教体育用品制造业，石油加工、炼焦及核燃料加工业，化学工业，非金属矿物制品业，金属冶炼及压延加工业，金属制品业，通用、专用设备制造业，交通运输设备制造业，电气机械及器材制造业，通信设备、计算机及其他电子设备制造业，仪器仪表及文化办公用机械制造业，其他制造业，电力、煤气与自来水的生产与供应业，建筑业，交通运输及仓储业，批发和零售业，住宿和餐饮业，金融业，公用及居民服务业，研究与试验发展业，公共管理和社会组织）。由于在国家统计局历年公布的投入产出表中，中间使用和最终使用并没有对国内产品和进口产品进行有效区分，本章借鉴张友国（2010）的方法，以按比例的方法将竞争型投入产出表转化为（进口）非竞争型投入产出表。需要指出的是，国家统计局公布的1987年、1992年投入产出表没有区分进口和出口列，我们根据李强和薛天栋（1998）编制的可比价投入产出表估计了出口与进口之间的比例关系，并结合净出口值得到相应年度的进口和出口数值。此外，在涉及增长核算时需要用到可比价数据，以往的研究一般用价格指数对投入产出表数据进行平减，得到可比价投入产出表，并在此基础上得到核算结果（刘瑞翔和安同良，2011）。但这种数据处理方法的不足在于可能会影响投入产出表的数据平衡，从而得不到准确的结果。鉴于此，本章先用当年价投入产出表数据进行核算，在得到核算结果后再利用价格指数进行平减，从而得到的结果与以往的研究稍有差异。

第三节 中国经济对于最终需求的诱发依存结构

一、最终需求对于中国经济的诱发结构

首先分析最终需求对于中国经济的整体诱发程度。通过图 3-1 可以发现，单位最终需求对于我国国内增加值的诱发系数在分析期间呈现出先上升、再下降的"倒 U 形"变化趋势，1987 年每单位最终需求约诱发产生 0.9 单位的国内增加值，但在 2007 年该数字仅为 0.82，说明在我国工业化进程中，随着中间投入部分比例的迅速扩大，最终需求对于我国经济的拉动效应呈现出递减的特征。但随着服务业部门在我国经济总量中比例增加，每单位最终需求诱发的国内增加值又逐步回升到 2017 年的 0.88。进一步深入分析后可发现，消费、投资与出口作为拉动经济增长的"三驾马车"，对于中国经济增长的诱发效果有所区别。其中，消费对国内增加值显示出最为显著的诱发效果，每单位消费需求诱发的国内增加值从 1987 年的 0.93 下降到 2007 年的 0.88，再上升到 2017 年的 0.91，在 1987—2017 年诱发系数始终是最高的。除了个别年份之外，投资对于经济增长的诱发程度在分析期间位于消费和出口之间，从 1987 年的 0.86 下降到 2007 年的 0.80，再上升到 2017 年的 0.86，期初的数值和期末的数值整体持平。与前两者相比，出口对于中国经济的驱动效果不但在三者之中是最低的，同时每单位出口需求对于我国经济的诱发效果变化也是最大的，从 1987 年的 0.89 下降到 2017 年的 0.81，在三者之中是下降幅度最大的。根据上文的分析，最终需求等于其诱发产生的国内增加值与相关的完全消耗进口中间品之和，因此出口的增加值诱发系数之所以在"三架马车"中最低且下降最为明显，说明出口产品中的进口中间品比例较高且持续增高，显然与改革开放以来我国主要通过"加工贸易"的方式参与国际分工有关。

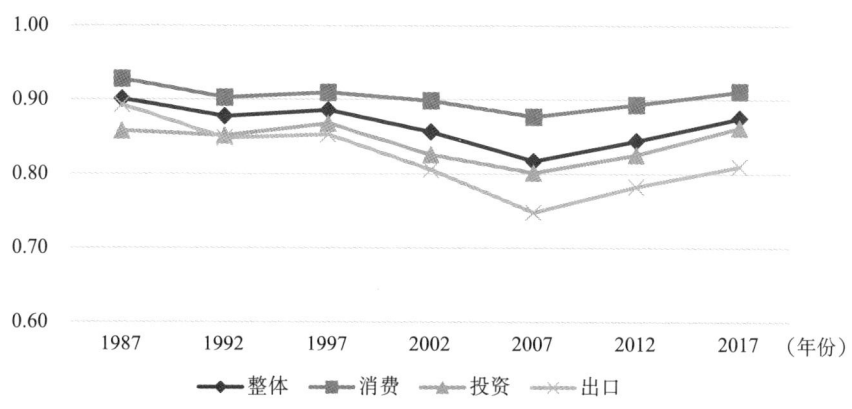

图 3-1 1987—2017 年中国经济增加值最终需求诱发系数变化趋势

为了分析包括消费、投资及出口在内的"三架马车"对于中国经济的诱发依存结构,我们进一步分析了最终需求的生产诱发系数。与增加值诱发系数呈现"U形"变化趋势不同,从图 3-2 中可以发现,每单位需求诱发的产出值从 1987 年的 2.02 上升到 2012 年的 2.52,再下降到 2017 年的 2.4,虽然在 1997—2002 年稍有下降,但 1987—2017 年却呈现出先上升、再下降的"倒U形"趋势。以上分析表明,最终需求对于国内增加值和生产值的诱发出现了背离现象,即每单位最终需求在诱发更多产出的同时,却诱发更少的国内增加值,相反,当每单位最终需求诱发产出减少时,诱发的国内增加值却有所增加。之所以出现这种背离现象,我们认为与中国所处的发展阶段有关。根据日本等发达国家的发展经验,当工业化进入到成熟阶段之后,中间投入规模应该是趋于缩小的(胡秋阳,2006),因此单位生产值中增加值部分的比例应更高一些。我国最终需求对于生产的诱发程度呈现出先升高、再下降的"倒U形"变化趋势,而对于增加值的诱发程度却呈现出先下降、再增加的相反趋势,应该与我国中间投入规模先趋于扩大、再逐步缩小有关,说明我国在分析期间已经从工业化的发展阶段进入了工业化后期的成熟阶段。

如果进一步观察,则会发现最终需求对于各部门国内增加值呈现出不同的诱发特征。图 3-3 表明,1987 年每单位最终需求诱发产生的农业部门(第一产业)增加值为 0.25,在三次产业部门中仅次于第二产业排在第二位,说明当时农业部门在我国经济中具有重要的地位,但在分析期间农业部门增加值诱发系数呈现直线下降的趋势,到 2017 年仅为 0.07。与农业部门不同的是,最终需求对于第二产业增加值诱发系数从 1987 年的 0.43 上升到 1997 年的最高点 0.46,再逐步下降到 2017 年的 0.35,应与中国工业化的具体进程密切相关。进一步深入工业内部分析，可发现1997年之前轻工业和重工业增加值诱发系数均保持快速增长，但在1997年之后，最终需求对于轻工业的诱发系数呈现出停滞甚至下降的趋势，相反，最终需求对于重工业的诱发系数在1997—2007年始终位于较高水平，在此之后才出现明显下降趋势，由此说明当时我国的经济重心不但集中在工业部门，而且迅速地从轻工业向重工业转移。与第一产业和第二产业不同，期初时最终需求对于第三产业增加值的诱发系数在三次产业中是最低的，但在分析期间呈现出快速上升趋势，从1987年的0.22上升到2017年的0.45，期末比期初数值增长了接近一倍，说明随着社会经济进入新的发展阶段，我国的经济重心已经从工业部门向服务业部门转移。

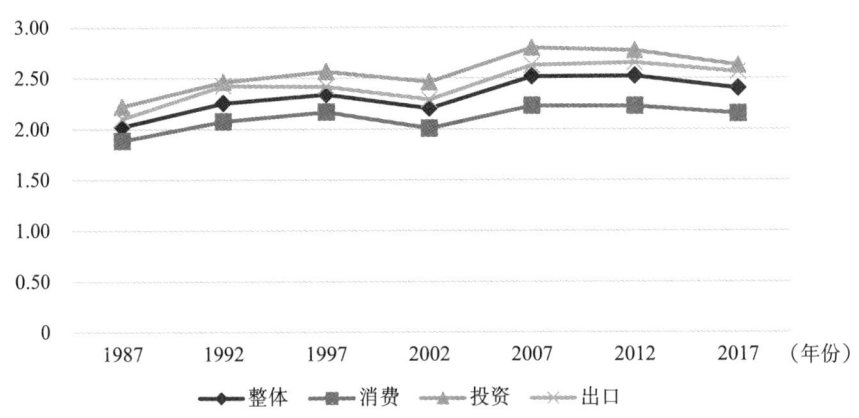

图3-2 1987—2017年中国经济生产最终需求诱发系数变化趋势

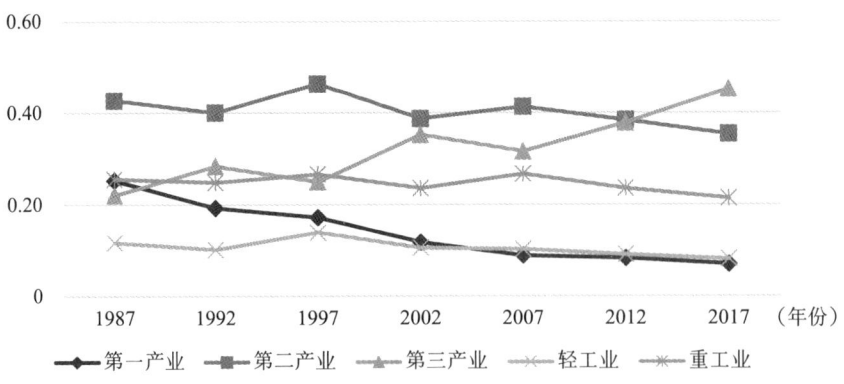

图3-3 1987—2017年中国行业部门增加值最终需求诱发系数变化趋势

二、中国经济的最终需求依存结构

图 3-4 给出了我国国内增加值对于最终需求的依存结构。从图中可以发现，在 1987—2007 年，国民经济对于投资的依存度变化并不大，始终保持在 30% 左右，但受到 2008 年国际金融危机以及近年来国外需求萎缩的影响，呈现出逐步升高的趋势，2017 年达到最高值 36.76%。与投资需求不同，我国经济对于消费需求的依存度分析期间呈现出先下降、再上升的"U 形"变化趋势。在分析期初，我国国内增加值对于消费需求的依存度为 56%，在 1987—2017 年是最高的，但到 2007 年已经下降到最低点 41.76%，在此之后呈现逐步上升趋势，2017 年相关依存度约为 47.12%。与消费需求恰好相反的是，我国经济对于出口的依存度在分析期间呈现出先上升、再下降的趋势，从 1987 年的最低点 13.9% 上升到 2007 年的最高点 27.09%，再下降到 2017 年的 16.12%，说明在加入 WTO 之后，中国经济迅速从"内需依存型"向"出口导向型"转变，但受到 2008 年国际金融危机和国外需求萎缩的影响，近年来对内需的依存度明显增加。需要指出的是，如果直接使用最终需要占 GDP 的比例评估"三架马车"的拉动效应，可能难以准确地评估不同最终需求对于中国经济的拉动效应。事实上，消费、投资和出口作为最终需求部分，主要通过国民经济各部门之间技术经济联系和产业波及效应，对国民经济各产业部门产生直接或间接的影响。因此，必须使用投入产出模型测算"三架马车"的拉动效应才显得更为合理（沈利生，2009）。

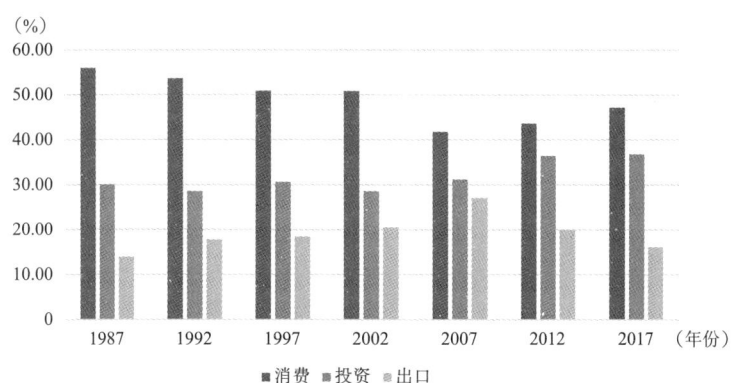

图 3-4 1987—2007 年中国经济增加值最终需求依存结构

注：由于历年公布的中国投入产出表中存在着误差项（表格中"其他"栏），为了使得我国最终需求依存度之和等于 1，本部分将误差项部分按照最终需求的比例进行了调整。

进一步对我国各产业增加值的诱发依存结构分析后可以发现，我国三次产业有着截然不同的最终需求依存结构（见表 3-2）。对于农业而言，在 1987—1997 年农业生产对于消费需求的依存度保持在 78% 左右，尽管在 1997 年之后有所下降，但到 2007 年达到最低点后逐步回升到 2017 年的 73.69%，说明消费需求依然是诱发农业经济增长的主要动力。与农业部门相似的是，以服务业为主的第三产业对于消费需求保持较高的依存程度，但不同的是，第三产业对于消费需求的依存度从 1987 年的 70.33% 下降到 2017 年的 58.54%，分析期间下降了 11.79 个百分点。同时，第三产业对于资本形成的依存度从 1987 年的 18.95% 增加到 2017 年的 28.7%，对于出口的依存度则从 1987 年的 10.72% 增加到 2017 年的 12.76%，分析期间分别增加了 9.75% 和 2.03%。与农业和服务业增加值主要依存于消费需求不同，第二产业增加值对于消费需求的依存度相对较低，在分析期间从 1987 年的 35.29% 下降到 2017 年的 27.3%。投资对于我国第二产业的发展长期以来都具有显著的影响，在 1987—2017 年呈现先下降、再上升的"U 形"变化趋势，从 1987 年的 47.73% 下降为 2002 年的 41.02%，再上升到 2017 年的 51.52%。与投资相反的是，以工业为主的第二产业增加值对于出口依存度呈现先上升、再下降的"倒 U 形"变化趋势，从 1987 年的 16.98% 上升到 2007 年的 33.34%，再下降到 2017 年的 21.18%，说明随着中国 2001 年年底加入 WTO 并成为全球的制造中心，出口需求对于中国工业经济的重要性与日俱增，但受到国际金融危机以及逆全球化浪潮的影响，我国工业对于外部需求的依存度近年来有所下降。

表 3-2　　1987—2007 年中国三次产业增加值最终需求依存结构　　　　单位:%

年份	第一产业			第二产业			第三产业		
	消费	投资	出口	消费	投资	出口	消费	投资	出口
1987	78.88	9.72	11.40	35.29	47.73	16.98	70.33	18.95	10.72
1992	78.77	9.13	12.10	35.20	42.57	22.23	62.61	22.11	15.27
1997	78.57	11.23	10.20	34.41	43.00	22.60	62.97	20.75	16.27
2002	69.90	18.75	11.35	32.38	41.02	26.60	64.70	18.36	16.94
2007	64.99	14.79	20.22	24.55	42.11	33.34	58.78	20.73	20.50
2012	65.93	20.11	13.96	25.13	50.60	24.27	57.58	25.46	16.97
2017	73.69	14.07	12.24	27.30	51.52	21.18	58.54	28.70	12.76

中国工业经济内部，轻工业和重工业对于最终需求的依存结构仍有较大的差别。对于轻工业而言，长期以来对于投资的依存度比较低，其增加值主要依存于消费和来自海外的出口需求，在1987—2017年约有80%以上的增加值是依存于消费和对外出口的。与轻工业不同的是，重工业对于投资的依存度在分析期间始终保持较高水平，并从1987年的51.15%上升到2017年的52.29%，此外，对于消费需求的依存度从1987年的31.69%下降到2017年的25.92%，对于出口的依存度从期初的17.16%上升到期末的21.79%，说明分析期间我国重工业部门在对消费需求依存度下降的同时，对于投资和出口需求依存度有所上升。在重工业内部，不同的产业也有着较大的区别。采掘业的生产主要依赖于投资需求，2007年对于投资需求的依存度达到45%左右，其中金属矿采业和非金属矿采业该指标分别达到了52.7%和60.28%。机械工业在重工业中占据着举足轻重的位置，1997年之前主要依靠消费和投资驱动，但在1997年之后出口对于机械工业部门的重要程度日益增加，2007年有约45%的机械业增加值是依靠出口拉动的。其中，较为突出的是通信设备、计算机及其他电子设备制造业和仪器仪表行业，在2007年对于出口需求的依存度接近80%，而对于国内需求的依存度仅为20%左右，这就说明在国际垂直专业化分工的背景下，中国已经成为世界制造业特别是电子工业的加工中心。

第四节　1987—2017年中国经济增长的成因分解

通过上文的分析，我们得以了解中国经济对于消费、投资和出口需求的诱发依存结构，但其实我们真正关注的问题在于：中国的经济为什么能够保持高速增长？或者，推动中国经济增长的动力之源到底是什么？该问题的正确答案将使得我们更好地把握中国经济未来发展趋势。本节首先对1987—2017年中国经济增长动因进行整体分析，并深入了解在此期间推动中国经济增长的动力来源的演变过程，然后深入行业层面分析，进一步探索中国不同部门在改革开放进程中增长的动力来源。

从表3-3中可以发现，在1987—2017年中国经济年均增长率约为9.39%，消费、投资和出口作为传统拉动经济增长的"三架马车"，在中国经济增长过程中扮演重要角色，拉动中国经济增长了9.21%，但三者间又存在明显差别。其中,在1987—2017年由于消费需求的增加而导致中国经济增长4.32%,约占到中国经济增长总量的46.05%,是驱动中国经济增长最主要的动力来源。与消费需求相比,投资和出口需求对中国经济增长的驱动效应要稍弱一些,与其相关的年均增长率约为3.28%和1.61%,分别占到中国经济增长总量的34.91%和17.15%。与最终需求不同,中间投入结构和增加值率变化对我国经济增长的影响并不显著,其中国内产品中间投入结构变动导致我国经济增长0.3%,仅占到国内增加值增长总量的3.21%,值得注意的是,增加值率的降低导致我国经济增长率下降0.14个百分点,说明随着经济规模的扩大,我国整体的经济效率有所降低。

表3-3   1987—2017年中国经济增长成因分解   单位:%

阶段	增加值率	中间投入结构	消费	投资	出口	增长率
1987—2017年	-0.14	0.30	4.32	3.28	1.61	9.39
1987—1992年	-1.53	1.26	4.53	2.33	1.81	8.49
1992—1997年	-0.03	0.18	5.70	3.62	2.16	11.39
1997—2002年	0.09	-0.57	4.17	2.25	2.09	8.28
2002—2007年	-1.75	1.29	4.06	3.99	3.95	11.67
2007—2012年	-0.13	0.48	4.17	3.80	1.13	9.44
2012—2017年	0.59	-0.11	3.73	2.48	0.54	7.18

注:为对1987—2017年中国经济增长动因进行统一分析,本表中所有指标都是先用当年价投入产出表测算后,再在2000年价格指数平减后得到,以下同。

如果对1987—2017年各个阶段进行深入分析,我们发现导致中国经济增长的动力来源在这期间发生了巨大的变化。在2002年之前,消费作为动力来源对于驱动我国经济增长做出了至关重要的贡献,在1987—1992年甚至有53.41%的中国经济增长是由于消费需求增长拉动的,而在同一阶段出口对于中国经济增长的贡献度仅为21.37%。但在2002年之后,驱动中国经济增长的动力来源发生了很大的变化,消费对于我国经济增长的贡献度仅为34.81%,相反,出口对于中国经济增长贡献度增加到33.85%,说明全球化进程对中国经济增长的驱动因素产生了根本性的影响。由于受到2008年国际金融危机的影响,出口对于中国经济增长贡献度出现大幅度下降,在2007—2012年拉动中国经济增长1.13%,仅占中国经济增长总量的11.96%。相反,以消费和投资为主的内需对于经济增长贡献度分别为44.19%和40.28%,成为中国经济增长的主要动力源泉。2012年之后,由于受到逆全球化浪潮和全球需求不振的影响,出口对于中国经济增长的贡献度进一步下滑到 7.52%,与其相对应的是,消费和投资对于中国经济增长贡献度提高到 51.92% 和 34.57%。除了最终需求之外,中间投入结构对于中国经济增长的影响也发生了较大的变化。在 1997—2002 年,国内中间投入结构的变化对经济增长产生了负面影响,应与中间投入中工业部门的份额增加有关,在 2002 年之后由于进口中间品的增加,使得国内中间投入份额下降,导致国内中间投入结构效应由负转变为正。最后,分析期间增加值率下降对中国经济增长整体产生了负面影响,应与工业化进程中我国中间投入品比例增加,导致初次投入比例下降有关。但在 2012—2017 年,增加值率变化对于中国经济增长的影响从负转变为正,说明随着后工业化时代的到来,服务业成为我国的主导产业并使得经济投入产出效率有所上升。

深入行业层面分析后可发现,对于不同行业而言其增长的动力来源并不相同。如表 3-4 所示,对于农业部门来说,分析期间年均增长率约为 4.89%,在所分析的三大部门中是最低的,说明农业并不是推动中国经济增长的主要部门。在农业部门中,"三架马车"发挥的作用并不均衡,其中,消费需求对于我国农业增长起着更为重要的影响,与其相关的增长率约为 3.75%,约占到增长总量的 76.57%,而投资和出口对于农业部门增长的贡献度分别仅为 16.74% 和 13.81%。此外,中间投入结构和增加值率变化对农业增长产生了较严重的负面影响,导致我国农业增加值在 1987—2017 年分别下降 0.09 个和 0.34 个百分点,究其原因,应与分析期间农业部门自身的感应度以及中间品投入比例减少有关。

表 3-4　　1987—2017 年中国农业部门增加值增长成因分解　　单位:%

阶段	增加值率	中间投入结构	消费	投资	出口	合计
1987—2017 年	-0.09	-0.34	3.75	0.82	0.68	4.89
1987—1992 年	-0.35	-0.28	3.10	0.35	0.55	3.32
1992—1997 年	-0.80	0.54	7.00	1.11	0.87	8.68
1997—2002 年	-0.17	-0.32	0.51	0.20	0.31	0.89
2002—2007 年	0.09	-0.27	2.61	1.56	1.58	6.51
2007—2012 年	-0.01	0.20	5.26	1.88	0.43	7.28
2012—2017 年	0.19	-0.89	3.50	-0.06	0.34	2.89

如表 3-5 所示，与农业不同的是，第二产业在 1987—2017 年年均增长率约为 8.81%，其中，在 1992—1997 年和 2002—2007 年一度高达 14.48% 和 14.19%，说明在工业化进程中，以工业为主的第二产业在推动我国经济高速增长方面发挥了重要作用。进一步观察后可以发现，投资是驱动中国第二产业增长的最主要动力来源，与其相关的年均增长率约为 4.14%，占到该部门增长总量的 53.71%，说明该产业部门超过一半以上的增长是由投资驱动的。消费和出口对于第二产业增长的影响差异并不显著，相关的年均增长率分别为 2.68% 和 2.2%，约占到增长总量的 30.37% 和 25.02%，但前者对于增长的贡献度分析期间呈现出先下降、再上升的"U 形"变化趋势，后者的贡献度却呈现出先上升、再下降的"倒 U 形"变化趋势，显然与分析期间我国目标市场从内向外拓展，然后再回到国内有关。中间投入结构和增加值率的变动均对第二产业部门产生负面影响，但深入观察可发现，两者存在明显的差异，其中，中间投入结构变化对第二产业部门的影响在 2002 年之后逐渐由正转化为负，相反，增加值率变化产生的影响逐步由负转化为正，说明从工业化阶段向后工业化阶段演变过程中，中国整体的投入产出结构也随之发生转变，进一步验证了当前中国经济的阶段性特征。

表 3-5　　1987—2017 年中国第二产业增加值增长成因分解　　单位:%

阶段	增加值率	中间投入结构	消费	投资	出口	合计
1987—2017 年	-0.30	-0.50	2.68	4.73	2.20	8.81
1987—1992 年	-1.68	1.04	2.67	3.29	2.21	7.65
1992—1997 年	0.52	0.94	4.43	5.99	2.99	14.48
1997—2002 年	-0.39	-1.94	1.95	2.87	2.27	5.15
2002—2007 年	-3.92	3.78	2.94	5.95	5.80	14.19
2007—2012 年	-0.05	-0.67	2.16	4.46	1.09	7.14
2012—2017 年	1.08	-1.77	1.80	3.00	0.61	4.69

对于以服务业为主的第三产业而言，在 1987—2017 年该部门年均增长率为 12.14%，在三次产业部门中是最高的（见表 3-6）。与农业部门相似，消费需求是第三产业增长的主要动力，有约 53.96% 的第三产业增加值增长是由于消费拉动的，拉动第三产业增长 6.55%，在所有的产业部门中是最高的。与消费需求相反，出口对于第三产业的拉动效应并不显著，仅有 11.3% 的增加值增长是由出口拉动的，在三次产业中是最低的，显然，与第三产业提供

的商品难以参与国际流通有关。需要指出的是，随着近年来我国在电信服务、交通以及银行部门投资规模扩大，投资在驱动我国第三产业增长方面的重要性有所上升。与其他产业不同的是，中间投入结构变动对第三产业增长影响整体为正，但在1992—1997年以及2002—2007年出现两次明显的波动，究其原因，应与近年来我国工业化进程，特别是在加入WTO后成为世界制造中心，导致第三产业中间投入不足有关。

表3-6　　1987—2017年中国第三产业增加值增长成因分解　　单位:%

阶段	增加值率	中间投入结构	消费	投资	出口	合计
1987—2017年	0.02	1.46	6.55	2.74	1.37	12.14
1987—1992年	-2.47	3.94	8.33	2.52	2.20	14.69
1992—1997年	-0.19	-1.02	5.93	2.03	1.80	8.36
1997—2002年	1.20	1.93	9.48	2.03	2.43	16.75
2002—2007年	0.04	-0.94	5.64	2.56	2.62	10.30
2007—2012年	-0.28	2.17	6.40	3.18	1.32	12.70
2012—2017年	0.13	1.84	5.49	2.37	0.47	10.27

第五节　本章结语

利用历年全国投入产出表，我们通过最终需求诱发依存结构等指标的选择，以及对中国经济增长动因的结构分解，从不同角度对中国经济增长奇迹给出了合理解释，并为中国经济未来动力来源的转换和可持续发展提供了新的思路。

1. 在考察最终需求对于中国经济的诱发结构后可以发现，随着我国经济总量的迅速扩大，单位最终需求对于我国国内增加值的诱发系数分析期间呈现出先上升、再下降的"倒U形"变化趋势。进一步深入分析后可发现，消费、投资与出口作为拉动经济增长的"三架马车"，对于中国经济增长的诱发效果有所区别，其中，消费对国内增加值显示出最为显著的诱发效果，出口的拉动效果最低且下降趋势最为明显，投资的拉动效果介于消费和出口之间。同时，最终需求对于国民经济各部门呈现出不同的诱发特征，从整体上看，我国经济的诱发效果重心从农业、工业向服务业部门转移，说明随着社会经济进入新的发展阶段，我国的经济重心已经从工业部门向服务业部门转移。

2. 有关最终需求的依存结构研究表明，1987—2017 年中国经济的依存结构发生了本质的变化，在分析初期，中国经济对于消费需求具有较高的依存程度，在加入 WTO 之后，中国经济迅速从"内需依存型"向"出口导向型"转变，但受到 2008 年国际金融危机和国外需求萎缩的影响，近年来对内需的依存度明显增强。在不同的产业部门之间，最终需求依存结构存在较大的差异，农业和第三产业生产主要依赖于消费需求，而以工业为主的第二产业主要依存于投资和出口需求。

3. 在对中国经济增长成因进行结构分解后发现，1987—2017 年消费、投资和出口作为传统的拉动经济增长的"三架马车"，在中国经济增长过程中扮演重要角色，但三者间又存在明显差别。其中，在 1987—2017 年由于消费需求的增加而导致中国经济增长了 4.32 个百分点，约占到中国经济增长总量的 46.05%，是驱动中国经济增长最主要的动力来源。与消费需求相比，投资和出口需求对中国经济增长的驱动效应要稍弱一些，与其相关的年均增长率约为 3.28 个和 1.61 个百分点，分别占到中国经济增长总量的 34.91% 和 17.15%。进一步深入分析后发现，驱动中国经济增长的动力来源在此期间发生了巨大的变化，2002 年之前"三架马车"对于经济增长的重要性依次是消费、投资和出口，但在 2002 年之后出口拉动效应明显有所提升，但近年来受到逆全球化的影响出现大幅度下降，说明全球化进程对中国经济增长的动力来源产生了根本性的影响。

4. 工业化进程和对外开放既是中国经济奇迹的动力来源，也是当前经济增长呈现粗放式特征的主要原因，具体体现在以下方面：（1）在工业化进程中我国经济的中间投入规模趋于扩大，导致最终需求对于生产和增加值的诱发效应产生了背离现象，这表明要花费更多的资源来生产出较少新增加价值；（2）由于受到对外开放的影响，我国企业生产过程中使用国外中间品的比例在逐年提高，导致最终需求对于经济增长的驱动效应在不断下降；（3）中国经济增长主要是依靠最终需求的直接驱动，表征着技术进步的中间投入结构和增加值率变化对经济增长的影响并不明显。以上分析说明，在当前的发展阶段，中国经济增长的动力来源决定了现有的增长方式，因此转变中国经济的增长方式的关键就是寻找中国经济增长新的动力来源。

中国经济增长的动力源泉具有路径依赖特性，尽管寻找中国经济新的动力来源并非易事，但我们依然可以看到未来和希望。随着中国经济进入新的发展阶段，我们必须利用市场与政府双重之手，加大对中国经济增长动力来源的调整。

1. 从最终需求结构角度而言，政府要积极推进产业内分工，通过培育稳定的内需市场来避免需求结构的扭曲。中国目前和将要面临的困难主要来自内需不足和对出口的过度依赖（王小鲁等，2009），因此通过改变现有的收入分配体系与国民发展预期，在分工的基础上自动延伸产业链（Young，1928），以此建立稳定的内需依存结构抵御外部冲击带来的影响。

2. 以技术能力升级为目标，调整"加工贸易"的制造业模式。一个国家和地区参与国际分工的方式主要由其资源禀赋和比较优势决定，在人民币升值、生产要素价格上涨以及《劳动法》等因素共同作用下，中国加工制造的成本优势已不再巨大，应通过产业链攀升与技术能力升级避开低层次的价格竞争（安同良，2002、2003），把中国参与全球产业竞争的水平和层次提高到新的平台。

3. 以市场而不是行政的方式配置资源，让价格机制在资源配置过程中发挥基础性作用，政府要减少对于能源、土地等生产要素的补贴，降低对资源和能源密集型产业的扶持。中国经济增长的动力源泉具有行政刚性的特点，究其原因，主要与我国市场经济体系不完善和体制性障碍有关。长期以来，各级政府拥有极强的经济资源配置能力，在GDP增长速度成为"政绩"考核指标前提下，政府简单地使用行政而非市场的手段实现经济的增长，这是中国最终需求结构扭曲的主要原因。此外，中国政府为了促进出口贸易的增长，采取了一系列扭曲价格的政策，如保持较低的利率以及对能源、土地以及水电等生产要素采取价格管制等，导致价格在微观层面对于企业失去了信号传递功能，动力来源难以通过市场的方式实现转换。事实上，只有通过市场的方式实现经济增长动力的转换，才能提高中国经济增长的质量，推动中国经济长期、持续、稳定的增长。

第四章

全球化进程中的中国经济发展

第一节 中国经济在全球价值链分工中的参与度

一、垂直专业化分工指数

自从 Hummels 等（2001）开创性工作之后，学术界和政府相关部门一般采用垂直专业化分工指数（Shares of Vertical Specialization，VS）衡量一个国家各产业参与全球垂直专业化分工的水平，其经济学含义是一国出口商品中内涵的其他国家初次投入（增加值）所占比例。图4-1给出了2000—2014年世界整体及三次产业垂直专业化分工水平的变化趋势。从图4-1可以发现，世界整体每单位出口商品中内涵的国外增加值，从2000年的16.17%上升到2014年的17.52%，分析期间增长了约1.35个百分点，说明国际整体垂直专业化分工水平在此阶段是上升的。但如果深入观察可发现，一些重大事件对世界垂直专业化分工体系产生了重要影响。一是中国2001年年底加入WTO促进了国家垂直专业化分工整体水平的提升，垂直专业化分工指数从2001年的16.01%上升到2008年的17.51%；二是2008年国际金融危机对于国际垂直专业化分工体系产生了负向冲击，2009年垂直专业化分工指数仅为16.67%，短短一年内下降了0.84个百分点，但在此之后又快速反弹到2011年的最高点17.81%；三是2011年出现了"逆全球化"浪潮，垂直专业化分工指数2011—2014年连续3年出现了下降现象。

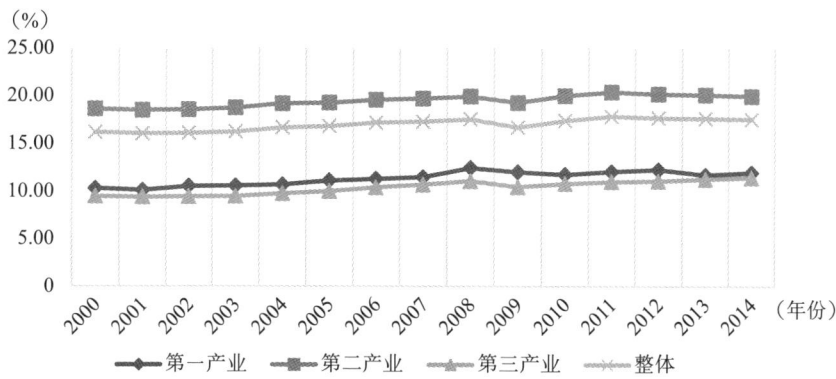

图 4-1　2000—2014 年世界整体及三次产业垂直专业化分工水平变化趋势

分产业来看，可发现不同产业垂直专业化分工水平变化趋势有所差异。其中，第一产业垂直专业化分工水平从 2000 年的 10.29% 上升到 2008 年的最高点 12.43%，再逐步下降到 2014 年的 11.95%；第二产业垂直专业化分工水平在三次产业中是最高的，从 2000 年的 18.59% 上升到 2008 年的 19.89%，2009 年受到金融危机的影响下滑后迅速反弹到 2011 年的最高点 20.36%，并在此之后逐年下降到 2014 年的 19.94%；第三产业垂直专业化分工水平不但在三次产业中是最低的，而且分析期间呈现出与第一产业和第二产业不同的变化趋势，从 2000 年的 9.46% 上升到 2008 年的 11.04%，受到金融危机影响后下滑到 2009 年的 10.44%，但在此之后呈现出不断上升的趋势，直到 2014 年达到最高点 11.42%。以上分析说明，2000—2014 年世界范围内三次产业垂直专业化分工水平整体呈现上升趋势，但相互之间存在一定的差异，其中第一产业上升幅度并不明显，第二产业上升幅度最为显著，但两者近年来都出现下降趋势，第三产业在金融危机之后呈现出不断上升趋势，并于 2014 年达到最高点。

表 4-1 给出了 2000—2014 年中国经济整体及三次产业垂直专业化分工指数的具体数值。从表 4-1 可以发现，对于中国经济整体而言，垂直专业化分工指数从 2000 年的 13.27% 下降到 2014 年的 12.34%，分析期间大约下降了不到 1 个百分点。如果分阶段来看，在中国 2001 年年底加入 WTO 之后，垂直专业化分工指数出现了快速增长的趋势，从 2001 年的 12.63% 上升到 2005 年的最高点 18.31%，在短短 4 年时间内增加了 5.68 个百分点。但在 2005 年之后，中国经济垂直专业化分工指数出现了明显的下降趋势，从 2005 年的 18.31% 下降到 2014 年的 12.34%。对比中国和世界整体垂直专业化分工指数

可发现，除了 2004—2007 年之外，分析期间中国垂直专业化分工指数要低于世界平均水平。此外，两者在 2000—2014 年的变化趋势也有所不同，对于中国而言，在加入 WTO 之后垂直专业化分工指数出现了快速上升的趋势，但在 2005 年以后逐步下降，即拐点出现在 2005 年；对于世界经济整体而言，虽然受到金融危机冲击带来的不利影响，但在 2011 年之前垂直专业化分工水平都呈现出上升趋势，只是近年来由于受到"逆全球化"的影响才逐步有所下降，拐点出现在 2011 年。

表 4-1　2000—2014 年中国经济整体及三次产业垂直专业化分工指数　　单位:%

年份	第一产业	第二产业	第三产业	整体
2000	4.73	14.74	8.04	13.27
2001	4.63	14.13	7.51	12.63
2002	5.01	15.46	7.71	13.70
2003	5.80	18.00	8.46	16.19
2004	6.65	19.82	9.39	18.11
2005	6.50	19.95	9.23	18.31
2006	6.34	19.58	9.45	18.07
2007	6.01	19.75	9.62	18.15
2008	5.85	18.26	8.80	16.65
2009	4.80	15.71	7.02	14.07
2010	5.57	17.04	7.46	15.33
2011	5.84	16.61	7.32	14.91
2012	5.30	15.69	6.56	14.00
2013	5.01	15.21	6.28	13.71
2014	4.40	13.66	5.61	12.34

表 4-1 同时给出了 2000—2014 年中国三次产业垂直专业化分工指数的变化趋势。从表中可以发现，中国第一产业垂直专业化分工指数从 2000 年的 4.73% 增加到 2004 年的 6.65%，再逐步下降到 2014 年的 4.4%；以工业部门为主的第二产业垂直专业化分工指数从 2000 年的 14.74% 增加到 2005 年的 19.95%，再逐步下降到 2014 年的 13.66%；第三产业垂直专业化分工指数从 2000 年的 8.04% 上升到 2007 年的 9.62%，再逐步下降到 2014 年的 5.61%。以上数字说明，虽然分析期间中国三次产业垂直专业化分工指数都呈现出"倒 U 形"变化趋势，但三者拐点出现的时间并不完全相同，第一产业 2004

年出现拐点，第二产业拐点出现在 2005 年，第三产业在 2007 年才出现拐点。此外，对比中国和世界三次产业垂直专业化分工水平可发现，两者具有较大的差异。对于中国而言，除了第二产业垂直专业化分工程度和世界平均水平接近之外，第一产业和第三产业垂直专业化程度均要低于世界平均水平。此外，对于世界整体而言，第一产业和第三产业垂直专业化水平相差无几，且第一产业垂直专业化水平要稍高于第三产业垂直专业化分工水平；对于中国而言，第一产业垂直专业化水平要低于第三产业垂直专业化分工水平。

图 4-2 给出了 2000—2014 年中国制造业垂直专业化分工水平的变化趋势。从图中可发现，在加入 WTO 之前，中国制造业垂直专业化分工指数从 2000 年的 15.08% 下降到 2001 年的 14.47%，但在加入 WTO 之后迅速上升到 2004—2007 年的 20% 左右，在此之后呈现出不断下降的趋势，2008 年国际金融危机对我国制造业垂直专业化分工指数带来了负向冲击，但并没有改变其逐步下行的趋势，2014 年中国制造业单位出口商品中内含的国外增加值仅为 13.73%。在制造业内部，劳动密集型制造业垂直专业化分工指数从 2000 年的 12.91% 上升到 2005 年的最高点 15.08% 后，逐步下降到 2014 年的 9.02%，分析期间下降了近 4 个百分点，是制造业中下降幅度最为显著的部门，说明我国劳动密集型制造业出口商品中含有的国外增加值是不断减少的。资本密集型制造业垂直专业化分工水平在分析期初是最低的，2000 年垂直专业化分工指数仅为 10.44%，但在 2011 年之前呈现出持续上升的趋势并于 2011 年达到最高点 15.05%，2014 年回落到 12.83%，2000—2014 年上升了 2.39 个百分点，在制造业中是分析期间唯一垂直专业化分工水平有所上升的类型。在所有制造业类型中，技术密集型制造业垂直专业化分工水平在分析期间是最高的，从 2000 年的 18.39% 上升到 2004—2007 年的最高点 24%，但在此之后逐步下降到 2014 年的 15.99%，分析期间下降了 2.4 个百分点。以上分析说明，分析期间我国制造业部门虽然以加工贸易方式参与国际分工，但出口商品中的国外增加值比例并不算高，且大部分制造业部门垂直专业化分工指数分析期间出现下降现象，究其原因，应与国际分工过程中的产业集聚有关，即随着中国成为世界制造业装配中心，大量的配套企业也随之落户中国，从而替代了进口中间品，最终导致我国制造业出口商品中内涵的国外增加值有所下降。

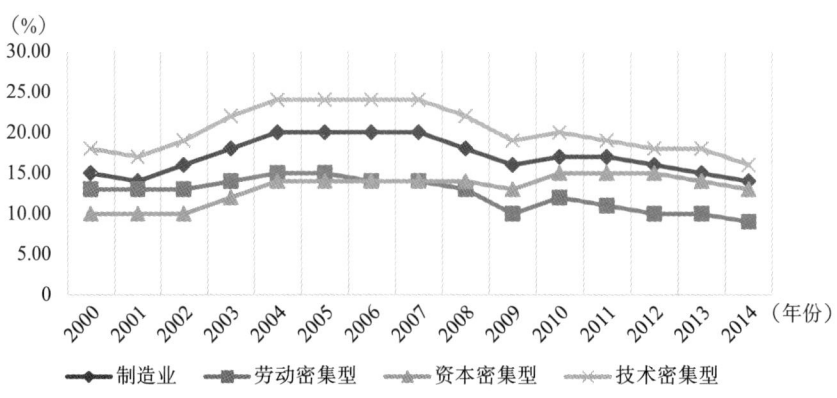

图 4-2　2000—2014 年中国制造业垂直专业化分工水平变化趋势

表 4-2 给出了 2000—2014 年中国制造业各部门的垂直专业化分工指数。从表中可发现，在技术密集型制造业部门中，计算机、电子及光学制造业垂直专业化分工水平分析期间始终是最高的，垂直专业化分工指数从 2000 年的 0.23 上升到 2007 年的最高点 0.3，再逐步下降到 2014 年的 0.19。在资本密集型制造业部门中，石油加工与炼焦业垂直专业化分工指数从 2000 年的 0.11 上升到 2014 年的 0.17，分析期间上升了约 0.06，在所有制造业部门中上升幅度是最为显著的。在劳动密集型制造业部门中，纺织、服装与皮革加工业垂直专业化分工指数从 2000 年的 0.15 上升到 2004 年的最高点 0.17 后，然后下降到 2014 年的最低点 0.09，在分析期间下降了 0.06，在所有制造业部门中下降幅度是最为显著的。

表 4-2　2000—2014 年中国制造业各部门垂直专业化分工指数

年份	2000	2001	2002	2003	2004	2005	2006	2007	2008	2009	2010	2011	2012	2013	2014
食品、饮料与烟草	0.07	0.07	0.07	0.08	0.10	0.10	0.10	0.10	0.09	0.07	0.09	0.09	0.08	0.07	0.07
纺织、服装与皮革	0.15	0.14	0.15	0.16	0.17	0.16	0.15	0.14	0.13	0.10	0.12	0.11	0.10	0.10	0.09
木材加工与编草业	0.10	0.09	0.10	0.12	0.12	0.13	0.13	0.13	0.12	0.09	0.11	0.12	0.10	0.10	0.10
纸及纸制品制造业	0.11	0.10	0.10	0.12	0.14	0.14	0.14	0.13	0.11	0.13	0.14	0.12	0.12	0.12	0.11

续表

年份	2000	2001	2002	2003	2004	2005	2006	2007	2008	2009	2010	2011	2012	2013	2014
印刷与传媒业	0.10	0.09	0.09	0.10	0.12	0.13	0.13	0.13	0.11	0.10	0.11	0.12	0.11	0.10	0.10
石油加工与炼焦业	0.11	0.10	0.11	0.14	0.17	0.17	0.18	0.18	0.18	0.16	0.19	0.20	0.20	0.19	0.17
化学原料制品业	0.11	0.10	0.11	0.13	0.15	0.15	0.15	0.14	0.14	0.12	0.13	0.13	0.13	0.12	0.11
医药与制剂制造业	0.09	0.08	0.08	0.10	0.11	0.12	0.11	0.12	0.11	0.09	0.10	0.10	0.09	0.09	0.08
橡塑与塑料制品业	0.13	0.12	0.13	0.15	0.18	0.18	0.18	0.17	0.16	0.14	0.15	0.15	0.13	0.13	0.12
非金属矿物制品业	0.11	0.10	0.10	0.12	0.15	0.15	0.15	0.15	0.15	0.12	0.14	0.14	0.13	0.13	0.12
金属制品业	0.09	0.08	0.08	0.10	0.12	0.12	0.12	0.12	0.12	0.13	0.12	0.13	0.15	0.15	0.13
金属冶炼和压延业	0.12	0.11	0.12	0.14	0.15	0.15	0.14	0.14	0.14	0.13	0.14	0.15	0.14	0.14	0.13
计算机、电子及光学	0.23	0.22	0.24	0.27	0.29	0.29	0.29	0.30	0.28	0.24	0.24	0.23	0.22	0.21	0.19
电气设备制造业	0.15	0.14	0.15	0.18	0.19	0.19	0.19	0.20	0.18	0.16	0.18	0.18	0.17	0.17	0.15
机械设备制造	0.13	0.12	0.13	0.16	0.18	0.18	0.18	0.18	0.17	0.15	0.16	0.16	0.15	0.15	0.13
汽车、拖车	0.12	0.11	0.11	0.14	0.16	0.16	0.16	0.16	0.14	0.12	0.13	0.14	0.13	0.12	0.11
其他运输设备	0.15	0.14	0.15	0.18	0.19	0.19	0.2	0.20	0.18	0.17	0.16	0.18	0.17	0.16	0.15
家具制造及其他	0.11	0.10	0.11	0.12	0.13	0.12	0.12	0.12	0.11	0.09	0.11	0.11	0.10	0.10	0.10

二、GVC 参与指数和分工指数

在全球经济一体化进程中，垂直专业化分工指数仅通过出口商品中含有的国外增加值测度某一国家参与国际分工的程度，并没有全面客观地分析世界各国在国际分工体系中的分工合作关系。鉴于此,本书在 Wang 等(2017)基础上构建了 GVC 参与指数和分工指数[①],前者表示相关国家通过参与全球价值链创造出来的增加值占其增加值总量的比例,后者表示该国家(行业)生产的最终产品中依托全球价值链部分所占的比例,具体可以表示为:

$$GVCP\_v = V\overset{\Delta}{LA_fBF} / (\overset{\Delta}{VBF}) \qquad (4-1)$$

$$GVCP\_f = VLA_f\overset{\Delta}{BF} / (\overset{\Delta}{VBF}) \qquad (4-2)$$

公式(4-1)基于初次投入角度测度了一个国家(行业)主动参与全球价值链分工的程度,公式(4-2)基于最终产品角度测度了一个国家(行业)自身对全球价值链分工的开放程度,两者从不同视角刻度了该国(行业)在国际分工体系中的分工合作关系。

图 4-3 基于初次投入的视角,给出了 2000—2014 年世界整体及三次产业 GVC 参与指数变化趋势。从图中可以发现,对于世界经济整体而言,通过 GVC 创造出来的增加值占增加值总量之比整体上是上升的,但随着全球化进程有所波动,首先从 2000 年的 10.2% 上升到 2008 年的 13.51%,受到金融危机影响后下降到 2009 年的 11.52%,随后反弹到 2011 年的 13.38%,在此之后缓慢下降到 2014 年的 13.06%。三次产业中,第一产业通过 GVC 创造出来的新增价值占比从 2000 年的 9.18% 增加到 2008 年的 10.94%,受到金融危机影响下降后反弹到 2011 年的最高点 11.37%,然后逐步下降到 2014 年的 10.65%;第二产业通过 GVC 创造出来的新增价值占比在三次产业中是最高的,分析期间从 2000 年的 18.4% 增加到 2014 年的 22.88%;第三产业通过 GVC 创造出来的新增价值占比在三次产业中是最低的,分析期间从 2000 年的 6.76% 增加到 2014 年的 8.83%。从图 4-3 可以得到以下结论:(1) 2000—2014 年世界经济通过 GVC 创造出来的新增价值占比虽受到了金融危机的不利影响,但整体上仍然呈现出明显上升的趋势;(2) 在 2011 年前后,世界经济通过 GVC 创造出来的新增价值占比呈现出缓慢下降趋势。

图 4-4 基于最终产品视角,给出了 2000—2014 年世界三次产业国际分工指数的变化趋势[②]。从图中可以发现,对于世界经济整体而言,基于初次投入

---

① Wang 等(2017)将这两个指标分别称为基于初次投入和最终产品视角下的全球价值链(GVC)参与度指数,本章为避免混淆,同时根据其经济学意义,将其命名为 GVC 参与指数和分工指数。

② 对于世界经济整体而言,基于最终产品的分工指数和基于初次投入的参与指数是相等的。

的 GVC 参与度和基于最终产品的分工指数差别并不明显。三次产业中，第一产业分工指数从 2000 年的 9.33% 增加到 2008 年的最高点 11.3%，受到金融危机影响下降后稍有反弹，然后逐步下降到 2014 年的 9.82%；第二产业分工指数在三次产业中同样是最高的，分析期间从 2000 年的 18.23% 增加到 2008 年的最高点 23.39%，受到金融危机影响后大幅度下降到 2009 年的 20.24%，然后反弹到 2011 年的局部高点 23.15% 后缓慢下降到 2014 年的 22%；第三产业分工指数在三次产业中是最低的，分析期间从期初的 6.04% 增加到 2008 年的 8.09%，受到金融危机影响短暂下降后又继续保持上升趋势，并最终达到 2014 年的 8.17%。以上说明，在经济全球一体化进程中，第二产业生产的最终产品中基于全球价值链部分占总量比重在三次产业中是最高的，同时上升幅度也是最为显著的。第一产业和第三产业基于全球价值链生产的最终产品占比，不但要小于第二产业，而且分析期间并没有明显的上升。

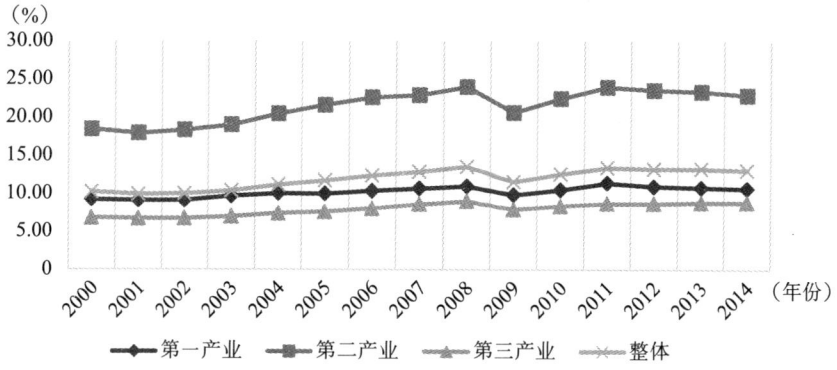

图 4-3 2000—2014 年世界整体及三次产业 GVC 参与指数变化趋势

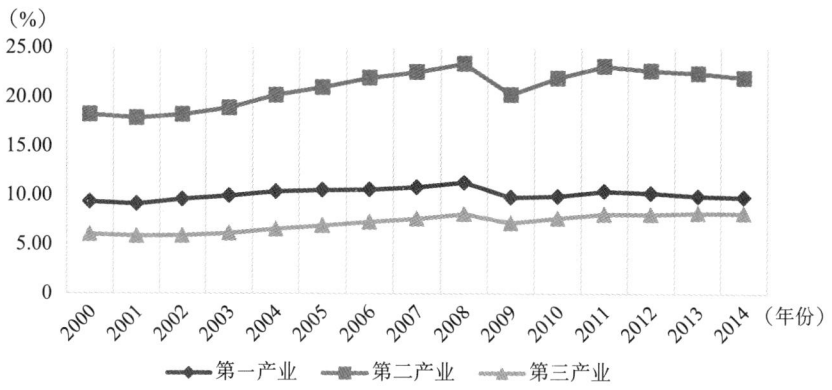

图 4-4 2000—2014 年世界三次产业国际分工率指数的变化趋势

图4-5给出了2000—2014年中国经济整体及三次产业GVC参与指数的变化趋势。从图中可以发现，对于中国经济整体而言，其在全球价值链中的参与指数从2000年的8.07%上升到2006年的最高点12.56%，在此之后下降到2014年的9.64%，分析期间稍有上升但呈现出"先上升、再下降"的变化趋势。在三次产业中，第一产业GVC参与度在三次产业中是最低的，从2000年的3.48%增加到2007年的最高点6.44%，受到金融危机影响下降到2014年的5.18%；第二产业GVC参与度在三次产业中是最高的，从2000年的10%附近上升到2006年的最高点15.92%，受到金融危机影响后大幅度下滑到2009年的11.02%，此后维持在12%附近小幅波动；第三产业GVC参与指数介于第一产业和第三产业之间，从2000年的8.77%上升到2007年的最高点11.91%，受到金融危机影响后下降到2009年的9.75%，在此之后虽有所回升，但在2011年后逐步回落到2014年的9.53%。对比世界整体三次产业和中国三次产业GVC参与指数后可发现，两者区别主要体现在：中国第二产业GVC参与指数远低于世界第二产业平均水平，但第三产业GVC参与指数要高于世界第三产业平均水平。以上说明，以工业部门为主的第二产业新增价值创造对于GVC的依赖程度要低于世界平均水平，但同时服务业部门新增价值创造对于GVC的依赖程度却高于世界平均水平。

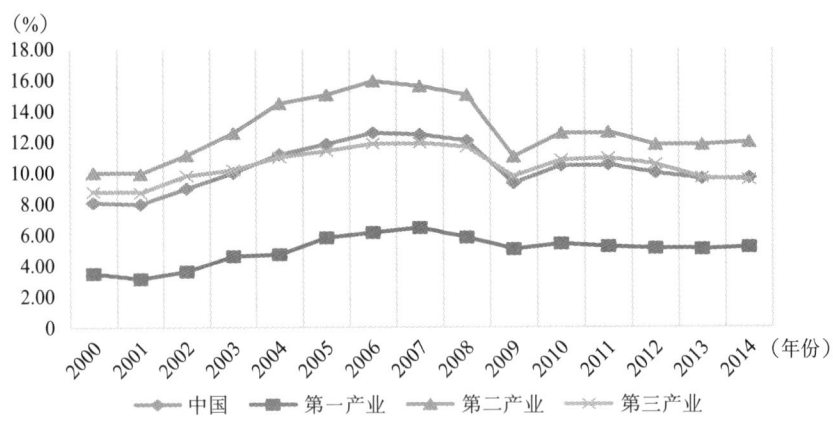

图4-5 2000—2014年中国经济整体及三次产业GVC参与指数变化趋势

表4-3进一步给出了2000—2014年初次投入视角下中国三次产业在不同种类GVC中的参与程度。从表中可以发现，三次产业对于简单全球价值链（Simple GVC，以下简称简单GVC）的参与度均要高于复杂全球价值链（Complex GVC，以下简称复杂GVC），说明我国三次产业增加值更加依赖于简单

GVC 而非复杂 GVC 的拉动。对比世界和中国三次产业数据可发现，对于第一产业而言，中国和世界的差异更多体现在对简单 GVC 的依赖上，即中国农业部门增加值对于简单 GVC 的依赖程度要远低于世界平均水平；对于第二产业而言，无论是简单 GVC 还是复杂 GVC，中国对其依赖度均要大幅度低于世界平均水平；与此形成明显对比的是，我国第三产业对于简单 GVC 的依赖程度超过了世界平均水平。如何解释这种奇怪的现象？应该和中国特有的中间投入产出结构有关，即随着中国成为"世界工厂"，世界范围内的制造业逐步向中国境内转移，在本国内部形成了较强的产业间关联，导致中国的本土投入产出系数要明显高于世界平均水平，使得第二产业对于 GVC 依赖度低于世界平均水平。与第二产业恰好形成鲜明对比的是，世界范围内第三产业对于 GVC 依赖度并不高，而中国由于第二产业和第三产业间存在强烈的产业关联，导致第三产业通过产业间关联增强了对于 GVC 的依赖程度，最终使得我国服务业对于 GVC 的依赖程度超过世界平均水平。

表 4-3 2000—2014 年初次投入视角下中国三次产业在 GVC 的参与指数   单位：%

年份	Simple GVC			Complex GVC		
	第一产业	第二产业	第三产业	第一产业	第二产业	第三产业
2000	2.46	6.18	5.74	1.02	3.82	3.03
2001	2.19	6.19	5.74	0.94	3.74	2.96
2002	2.55	6.90	6.43	1.06	4.23	3.37
2003	3.23	7.67	6.59	1.38	4.89	3.58
2004	3.17	8.65	6.97	1.55	5.84	4.02
2005	3.96	9.03	7.17	1.84	6.01	4.22
2006	4.04	9.36	7.36	2.09	6.56	4.50
2007	4.34	9.34	7.52	2.10	6.26	4.39
2008	3.86	9.00	7.40	1.96	6.03	4.25
2009	3.44	6.86	6.46	1.62	4.16	3.29
2010	3.60	7.57	6.98	1.81	4.97	3.83
2011	3.40	7.49	6.93	1.83	5.11	4.00
2012	3.36	7.17	6.80	1.75	4.63	3.74
2013	3.32	7.23	6.21	1.74	4.56	3.44
2014	3.41	7.39	6.17	1.77	4.56	3.36

图4-6给出了2000—2014年中国经济整体及三次产业GVC分工指数的变化趋势。从图中可以发现，中国经济整体在GVC中的分工指数从2000年的11.09%上升到2005年的15.62%，再下降到2014年的10.93%，分析期间稍有下降且呈现出"先上升、再下降"的趋势。在三次产业中，第一产业GVC分工指数在三次产业中是最低的，从2000年的5.37%下降到2014年的4.96%；第二产业GVC分工指数在三次产业中是最高的，从2000年的14.44%上升到2005—2007年的20%左右，受到金融危机影响后大幅度下滑到2008年的15.33%，在2010—2011年有所反弹后逐步缓慢下降到2014年的14.34%；第三产业分工指数介于第一产业和第二产业之间，从2000年的8.39%逐步下降到2014年的6.44%。通过以上分析可发现，分析期间中国三次产业分工指数都呈现出下降的变化趋势。如果与世界三次产业比较来看，中国第一产业和第二产业分工指数要低于世界平均水平，第三产业国际分工指数期初高于世界平均水平，但期末时却低于世界平均水平。此外，分析期间世界整体范围内三次产业分工指数是逐步上升的，但中国三次产业分工指数分析期间却是下降的，说明在世界范围内三次产业最终产品生产对于全球价值链开放度上升的同时，中国三次产业最终产品生产却更加依赖国内价值链（DVC），对于全球价值链开放度分析期间有所下降。

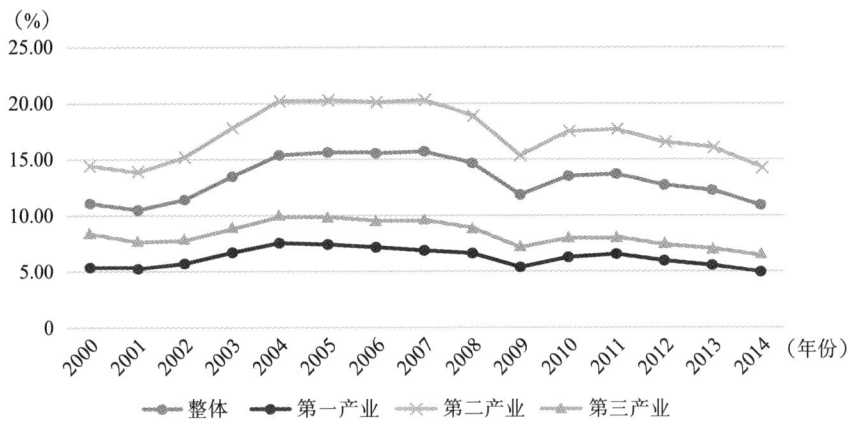

图4-6 2000—2014年中国经济整体及三次产业GVC分工指数的变化趋势

表4-4进一步给出了2000—2014年中国三次产业基于不同性质GVC中的分工指数。对于简单GVC而言，第一产业分工指数从2000年的3.96%上升到2004年的最高点5.6%，再下降到2014年的3.68%；第二产业从2000年的7.93%上升到2011年的最高点9.89%，再缓慢下降到2014年的8.26%，

分析期间呈现出曲折的上升趋势；第三产业从2000年的5.69%上升到2004年的最高点6.62%，再逐步下降到2014年的4.47%。以上分析表明，分析期间我国第二产业最终产品生产对于简单GVC的依赖程度稍有增加，但第一产业和第三产业最终产品生产对于简单GVC的开放度却呈现出明显的下降趋势。此外，第一产业和第三产业简单GVC分工指数的最高点并不是出现在金融危机爆发之前的2008年，而是出现在中国加入WTO后不久的2004年。

表4-4　2000—2014年中国三次产业基于不同性质GVC的分工指数　　单位:%

年份	Simple GVC			Complex GVC		
	第一产业	第二产业	第三产业	第一产业	第二产业	第三产业
2000	3.96	7.93	5.69	1.41	6.51	2.70
2001	3.92	7.79	5.25	1.33	6.04	2.39
2002	4.23	8.21	5.23	1.49	6.96	2.54
2003	4.95	9.03	5.97	1.76	8.77	2.83
2004	5.60	9.70	6.62	1.96	10.54	3.25
2005	5.44	9.17	6.59	1.99	11.14	3.28
2006	5.16	8.81	6.23	2.02	11.32	3.31
2007	4.95	9.05	6.31	1.94	11.25	3.30
2008	4.78	9.19	5.85	1.86	9.77	3.05
2009	4.01	8.44	4.98	1.37	6.89	2.18
2010	4.68	9.45	5.45	1.60	8.03	2.53
2011	4.86	9.89	5.51	1.70	7.80	2.58
2012	4.46	9.37	5.06	1.51	7.16	2.34
2013	4.11	9.19	4.85	1.45	6.89	2.21
2014	3.68	8.26	4.47	1.28	6.08	1.97

对于复杂GVC而言，我国三次产业分工指数同时呈现出下降趋势，其中，第一产业在复杂GVC中分工指数从2000年的1.41%上升到2006年的最高点2.02%，再逐步下降到2014年的1.28%；第二产业在复杂GVC中分工指数从2000年的6.51%上升到2006年的最高点11.32%，逐步下降到2014年的6.08%；相似的，第三产业在复杂GVC中分工指数从2000年的2.7%上升到2006年最高点3.31%，在此之后下降到2014年的1.97%。以上分析说明我国三次产业最终产品生产对于复杂GVC的开放度有以下特点：在分析期间同时呈现出下降趋势，此外，最高点都出现在2006年附近，比简单GVC分

工指数高点出现的年份大约推迟了两年。最后，对比中国三次产业在复杂GVC中参与指数和分工指数可发现，两者具有完全不同的演变趋势，即中国三次产业在复杂GVC中参与度是同时上升的，但在复杂GVC中国际分工指数却是同时下降的，说明我国三次产业最终产品生产对于复杂GVC开放度下降的同时，新增价值创造对于复杂GVC的依赖程度却有所增加。

三、小结

本部分构建了垂直专业化分工指数、GVC参与度指数和国际分工指数，从不同视角分析了全球化进程中我国在全球价值链中的参与程度，得到以下结论：

（1）除了加入WTO后的2004—2007年之外，分析期间中国垂直专业化分工指数（单位商品中内含国外增加值比例）要低于世界平均水平。分析期间中国三次产业垂直专业化分工指数都呈现出"先上升、再下降"的"倒U形"变化趋势，其中，除第二产业垂直专业化分工程度和世界平均水平接近之外，第一产业和第三产业垂直专业化程度均要低于世界平均水平。

（2）中国经济整体在全球价值链中的参与指数从2000年的8.07%上升到2006年的最高点12.56%，在此之后下降到2014年的9.64%，分析期间稍有上升但呈现出"先上升、再下降"的变化趋势。中国第二产业GVC参与指数低于世界平均水平，但第三产业GVC参与指数要高于世界平均水平，说明以工业部门为主的第二产业新增价值创造对于GVC的依赖程度要低于世界平均水平，但服务业部门新增价值创造对于GVC的依赖程度却高于世界平均水平。

（3）中国经济整体在GVC中的分工指数从2000年的11.09%上升到2005年的15.62%，再下降到2014年的10.93%，分析期间稍有下降且呈现出"先上升、再下降"的趋势。中国第一产业和第二产业GVC分工指数低于世界平均水平，第三产业国际分工指数期初高于世界平均水平，但期末时却低于世界平均水平。此外，中国三次产业最终产品生产更加依赖国内价值链，对于全球价值链依赖度在分析期间有所下降。

无论是表示出口商品中内涵国外增加值的垂直专业化分工指数，还是与所有最终产品生产及初次投入相关的参与指数和分工指数，我国相关指标分析期间都呈现出"先上升、再下降"的变化趋势，2008年爆发的金融危机使得曲线出现了向下的缺口，但并没有改变曲线向下运动的变化趋势，说明我国经济整体在全球价值链中的参与（分工）程度在2005年之后呈现出不断下降的趋势。

第二节 中国在全球价值链中的分工位置

一、产出上游度和投入下游度

与上文采用垂直专业化分工水平和全球价值链参与度等指标来测度一个国家（行业）在国际分工体系中的参与程度不同，产出上游度（output upstreamness）和投入下游度（input downstreamness）是反映一个国家（行业）在全球价值链中分工位置的两个指标，其中，产出上游度测度了生产厂商与最终需求之间的距离（distance to final demand），投入下游度测度了生产厂商与要素投入之间的距离（distance to primary input）。

为了解中国在全球价值链分工所处的位置，图4-7给出了2000—2014年世界整体及三次产业产出上游度指数的变化趋势。从图中可以发现，对于世界整体而言，生产厂商与最终需求之间的距离从2000年的1.92上升到2008年的2.06，受到金融危机影响下降到2008年的2.01之后，又继续上升到2014年的2.13，说明在经济全球一体化背景下，随着生产链条的拉长和延伸，生产厂商到最终需求之间的距离有所增加。三次产业中，第一产业产出上游度指标从2000年的2.09上升到2014年的2.43，分析期间增加了0.34。第二产业产出上游度指标从2000年的2.22上升到2014年的2.64，在三次产业中不但数值是最高的，而且增加幅度也是最为显著的。第三产业产出上游度指标从2000年的1.79上升到2014年的1.88，分析期间仅增加了0.09，在三次产业中不但数值是最低的，而且上升的幅度也是最低的。

图4-8给出了2000—2014年世界三次产业下游度指数的变化趋势。从图中可以发现，对于第一产业而言，生产厂商与要素投入之间的距离从2000年的1.84上升到2008年的1.89，受到金融危机影响下降到2009年的1.87后又继续上升到2014年的1.9。第二产业投入下游度指标几乎没有受到金融危机冲击的影响，从2000年的2.38上升到2014年的2.78。第三产业投入下游度

指标从2000年的1.69上升到2008年的1.74，受到金融危机冲击影响后又继续增加到2014年的1.77。对比图4-8和图4-7可发现，产出上游度指标和投入下游度指标在分析期间变化趋势并不相同。其中，第一产业和第三产业产出上游度指标数值要高于投入下游度指标，这就意味着这两个行业中生产厂商到最终需求的距离超过到要素投入之间的距离。相反，第二产业投入下游度指标数值超过了产出上游度指标数值，说明第二产业中生产厂商到要素投入之间的距离超过到最终需求之间的距离。

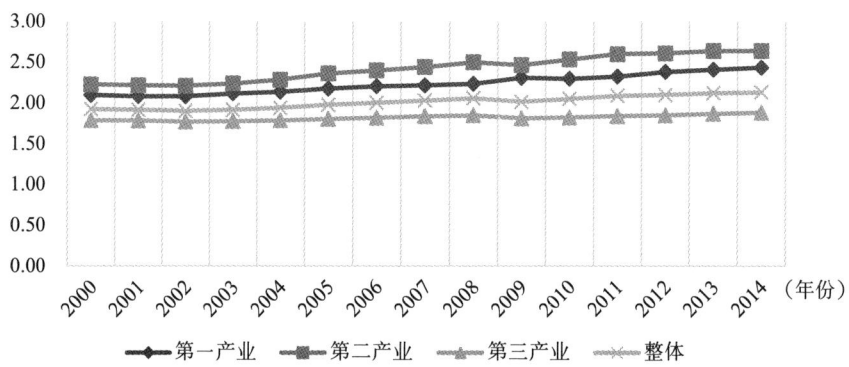

图4-7　2000—2014年世界整体及三次产业产出上游度指数变化趋势

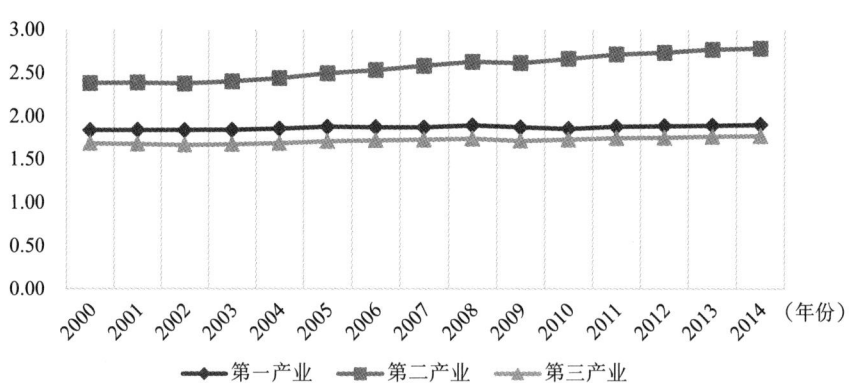

图4-8　2000—2014年世界整体及三次产业投入下游度指数变化趋势

图4-9给出了2000—2014年中国三次产业产出上游度指数的变化趋势。从图中可以发现，分析期初第一产业产出上游度指数2000年时仅为2.19，在三次产业中是最低的，但在分析期间快速增加到2014年的3.05，分析期间增加了0.86，在三次产业中增长幅度是最为显著的，应与农产品分析期间逐渐被作为中间品投入生产经营过程中所致。第二产业产出上游度指数分析期间

在三次产业中始终是最高的,并从 2000 年的 2.8 上升到 2014 年的 3.16,分析期间大约上升了 0.36。第三产业产出上游度指数从 2000 年的 2.37 上升到 2014 年的 2.57,分析期间上升了 0.22,上升幅度在三次产业中是最低的。对比世界和中国三次产业产出上游度指标变化趋势可发现,中国三次产业产出上游度指标数值上均显著高于世界平均水平,说明中国各产业的厂商到终端市场需求之间的距离均要超过世界平均水平。

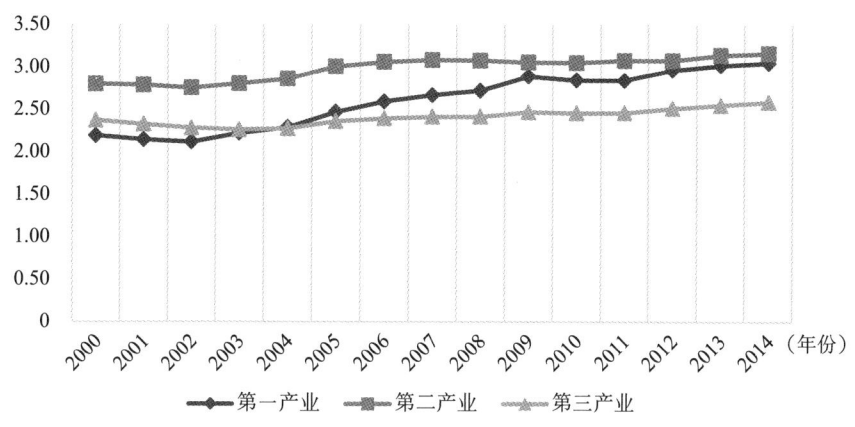

图 4-9　2000—2014 年中国三次产业产出上游度指数变化趋势

图 4-10 给出了 2000—2014 年中国三次产业在国内价值链中产出上游度指数的变化趋势。从图中可以发现,分析期初第一产业在 DVC 中产出上游度指数 2000 年时仅为 2.09,在三次产业中是最低的,但在分析期间快速增加到 2014 年的 2.87,分析期间增加了 0.78,在三次产业中增长是最快的。第二产业在 DVC 中产出上游度指数分析期间在三次产业中同样始终是最高的,并从 2000 年的 2.58 上升到 2014 年的 2.87,分析期间大约上升了 0.29。第三产业在 DVC 中产出上游度指数从 2000 年的 2.18 上升到 2014 年的 2.34,分析期间上升了 0.16,上升幅度在三次产业中是最低的。对比世界和中国三次产业在国内价值链中产出上游度指标变化趋势可发现,两者之间存在以下不同:一是中国各产业在国内价值链中产出上游度指标要高于世界平均水平;二是对于世界整体而言,第一产业在国内价值链中产出上游度指标数值要高于第二产业,但对于中国而言,第一产业在国内价值链中产出上游度指标数值比第二产业要低一些。需要指出的是,从图 4-10 可以发现,分析期初中国第一产业在 DVC 中产出上游度指标与第二产业尚有相当大的距离,但在分析期末两者已经相差无几。可以预期的是,在不久的将来,我国第一产业在国内价

值链中产出上游度指标数值将超过第二产业。

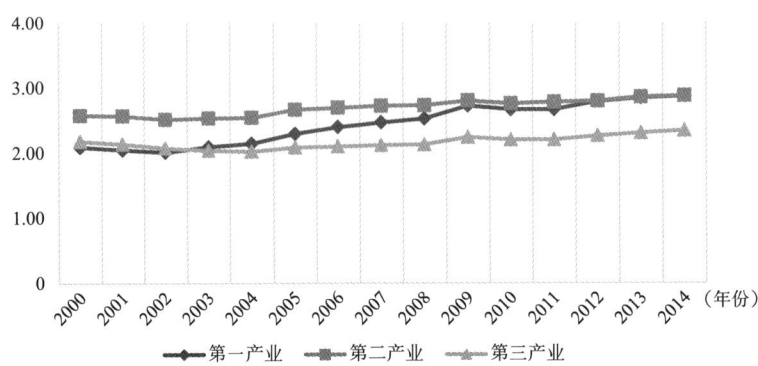

图 4-10 2000—2014 年中国三次产业在 DVC 中产出上游度指数变化趋势

图 4-11 给出了 2000—2014 年中国三次产业在全球价值链中产出上游度指数的变化趋势。从图中可以发现，我国第一产业在 GVC 中产出上游度指数 2000 年时为 4.92，2014 年时已经上升到 6.35，分析期间增加了 1.43，在三次产业中不但数值是最高的，上升幅度也是最为显著。第二产业在 GVC 中产出上游度指数从 2000 年的 4.74 上升到 2014 年的 5.28，分析期间大约上升了 0.54。第三产业在 GVC 中产出上游度指数从 2000 年的 4.65 上升到 2014 年的 5.25，分析期间上升了 0.60。对比世界和中国三次产业在全球价值链中产出上游度指标变化趋势可发现，两者之间存在以下不同：一是中国各产业在全球价值链中产出上游度指标高于世界平均水平；二是对于世界整体而言，第三产业在全球价值链中产出上游度指标数值在三次产业中是最高的，但对于中国而言，第三产业在全球价值链中产出上游度指标数值在三次产业中却是最低的。

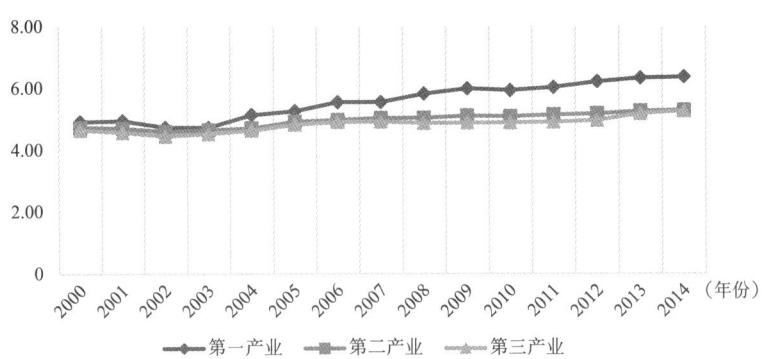

图 4-11 2000—2014 年中国三次产业在 GVC 中产出上游度指数变化趋势

图 4-12 给出了 2000—2014 年中国三次产业投入下游度指数的变化趋势。从图中可以发现，分析期初第一产业投入下游度指数 2000 年时为 2.01，在分析期间上升到 2014 年的 2.07，在三次产业中数值始终是最低的。第二产业投入下游度指数分析期间从 2000 年的 2.99 上升到 2014 年的 3.46，分析期间大约上升了 0.47，在三次产业中不但数值始终是最高的，而且增长幅度也是最为显著的。第三产业投入下游度指数从 2000 年的 2.31 下降到 2014 年的 2.23，分析期间下降了 0.08。对比世界和中国三次产业投入下游度指标变化趋势可发现，中国三次产业投入下游度指标数值均显著高于世界平均水平，说明中国各产业厂商到要素投入之间的距离同样超过世界平均水平。此外，对于世界整体而言，三次产业投入下游度指标均出现上升趋势，但对于中国而言，第三产业投入下游度指标不但没有上升，反而出现下降趋势，说明我国服务业部门厂商到要素投入的距离分析期间有所下降。对比中国三次产业产出上游度和投入下游度指标可发现，在上游度指标大幅度上升的同时，下游度指标增加幅度却非常有限，说明厂商到最终需求之间距离大幅度增加的同时，到生产要素之间的距离增加幅度却不明显。

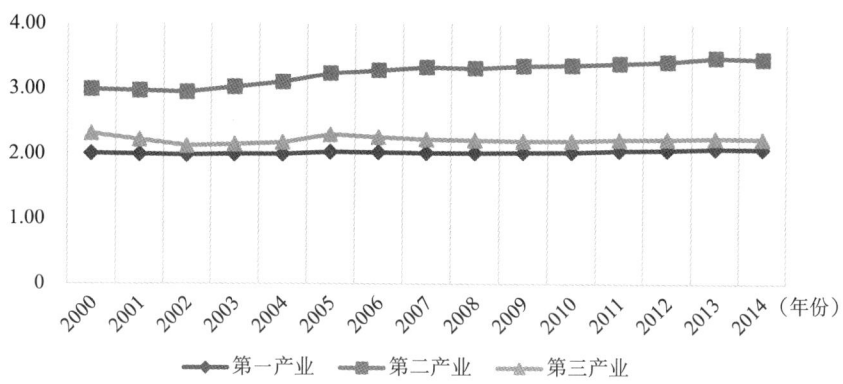

图 4-12　2000—2014 年中国三次产业投入下游度指数变化趋势

图 4-13 给出了 2000—2014 年中国三次产业在国内价值链中投入下游度指数的变化趋势。从图中可以发现，分析期初第一产业在 DVC 中投入下游度指数 2000 年时仅为 1.83，在三次产业中是最低的，在分析期间上升到 2014 年的 1.89，分析期间增加了 0.06。第二产业在 DVC 中投入下游度指数分析期间在三次产业中是最高的，从 2000 年的 2.66 上升到 2014 年的 3.09，分析期间大约上升了 0.43，上涨幅度也是最为显著的。第三产业在 DVC 中投入下游

度指数从 2000 年的 2.07 下降到 2014 年的 2.02，分析期间下降了 0.05。对比世界和中国三次产业在国内价值链中投入下游度指标变化趋势可发现，中国各产业在国内价值链中投入下游度指标高于世界平均水平，但两者之间的差距并不显著；此外，对于世界整体而言，第三产业在 DVC 中投入下游度指数是上升的，但中国第三产业在 DVC 中投入下游度指数却出现了下降趋势。

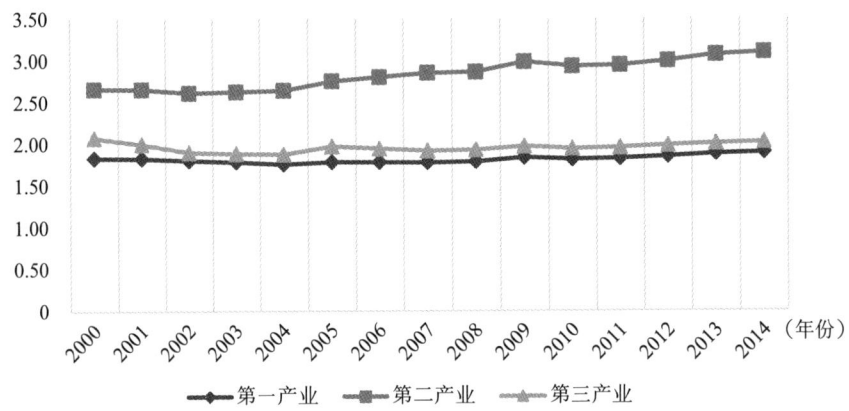

图 4-13　2000—2014 年中国三次产业在 DVC 中投入下游度指数变化趋势

最后，图 4-14 给出了 2000—2014 年中国三次产业在全球价值链中投入下游度指数的变化趋势。从图 4-14 中可发现，分析期初第一产业在 GVC 中投入下游度指数 2000 年时为 5.05，在分析期间上升到 2014 年的 5.52，分析期间增加了 0.47。第二产业在全球价值链中投入下游度指数从 2000 年的 4.92 上升到 2014 年的 5.67，分析期间大约上升了 0.75。第三产业在 GVC 中投入下游度指数从 2000 年的 5.07 上升到 2014 年的 5.53，分析期间上升了 0.46。对比中国三次产业在国内和全球价值链中投入下游度指标变化趋势可发现，中国各产业在国内价值链中的投入下游度指标不但远低于在全球价值链中水平，而且增加幅度也远低于全球价值链中投入下游度指标增加幅度，说明中国厂商到要素投入之间距离之所以增大，主要是由于参加国际分工所致。

二、中国在全球价值链中的地位指数

产出上游度和投入下游度指标只是测度了厂商在生产链中到最终需求和要素投入两端的距离，并不能反映其在全球价值链的地位。借鉴 Koopman 等（2010）的思路，本书构建了以下地位指数，以测度一个国家（行业）在全球价值链中的地位：

$$\text{GVC\_status}_{ir} = \ln(1 + TV_{ir}/Ex_{ir}) - \ln(1 + FV_{ir}/Ex_{ir}) \quad (4-3)$$

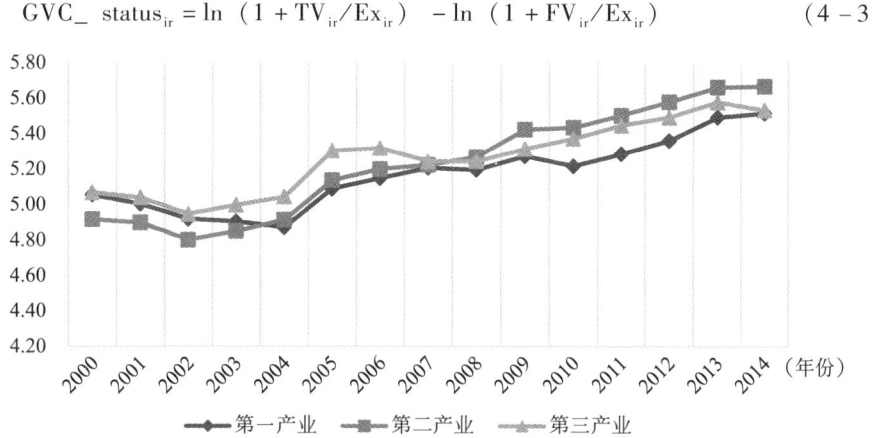

图 4-14　2000—2014 年中国三次产业在 GVC 中投入下游度指数变化趋势

在公式（4-3）中，Ex_{ir} 为国家 i 行业 r 出口商品的数量。TV_{ir} 定义为国家 i 行业 r 初次投入中为国外最终产品所吸收的部分，其与出口数量的比值在一定程度上测度了该国（行业）的对外前向关联程度；FV_{ir} 定义为国外初次投入为国家 i 行业 r 最终产品所吸收的部分，相似的，其与出口数量的比值测度了该国（行业）的对外后向关联程度。TVir 和 FVir 结合在一起，则反映了一个国家（行业）在全球价值链中的地位。

图 4-15 给出了 2000—2014 年中国经济整体及三次产业在 GVC 中地位的变化趋势。从图中可以发现，与中国经济整体相关的 GVC 地位指数曲线在期初为负且接近于零，且在分析期间保持在零点附近小幅波动，说明我国出口商品中所含有的国外增加值，与被国外最终产品所吸收的本国增加值基本相等。但对于三次产业而言，其在全球价值链中的地位相互间存在较大的差异。对于第一产业而言，与其相关的 GVC 地位指数始终为正，且在中国加入 WTO 之后呈现出快速上升趋势，从 2002 年的 0.28 增加到 2014 年的 0.75，说明我国农业部门出口商品中含有的国外增加值，数值上小于被国外最终产品吸收的本国增加值，且分析期间两者的差距越来越大。与第一产业不同，我国第二产业 GVC 地位指数始终为负，且在中国加入 WTO 后绝对数值有所增大，从 2000 年的 -0.04 下降到 2005 年的 -0.1，并逐步回升到 2014 年的 -0.04，说明我国第二产业出口商品中含有的国外增加值大于本国增加值被国外最终产品吸收部分，分析期间两者之间差距经历了"小—大—小"的过程。第三产业 GVC 地位指数介于第一产业和第二产业之间，分析期间始终为正，说明

第三产业出口商品中国外增加值被本国最终产品吸收部分小于本国增加值被国外最终产品吸收部分。分阶段来看,在金融危机爆发之前,我国第三产业 GVC 地位指数上升幅度并不显著,仅从 2000 年的 0.13 上升到 2008 年的 0.16,但近年来却出现了快速上升趋势,在较短时间内就上升到 2014 年的 0.24。

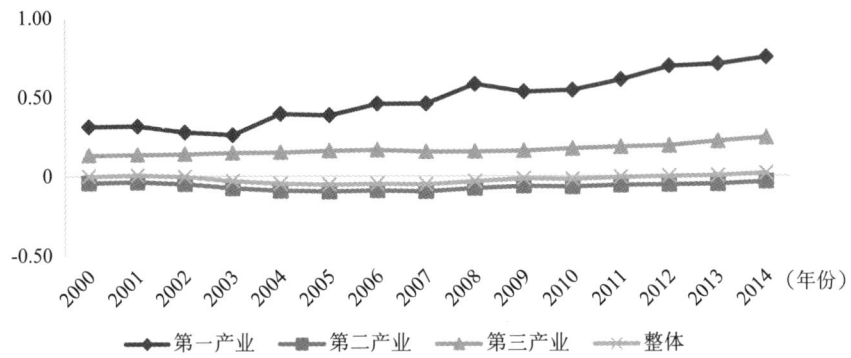

图 4-15　2000—2014 年中国经济整体及三次产业在 GVC 中地位变化趋势

图 4-16 给出了 2000—2014 年中国制造业在全球价值链中地位指数的变化趋势。从图中可以发现,分析期间制造业整体在全球价值链中的地位指数从 2000 年的 -0.06 下降到 2005 年的 -0.12,再逐步上升到 2014 年的 -0.05,分析期间上升了 1 个百分点。根据上文全球价值链中地位指数的定义,2000—2014 年中国制造业在 GVC 中地位指数始终为负,说明制造业出口商品中国外增加值被本国最终产品吸收部分数值高于自身增加值被国外最终产品吸收部分,且随着中国加入 WTO,两者之间的差距也在迅速拉大,应该与我国制造业主要通过"加工贸易"方式参与国际分工有关。但随着我国制造业在全球价值链地位的变化,两者的差距也逐年缩小。

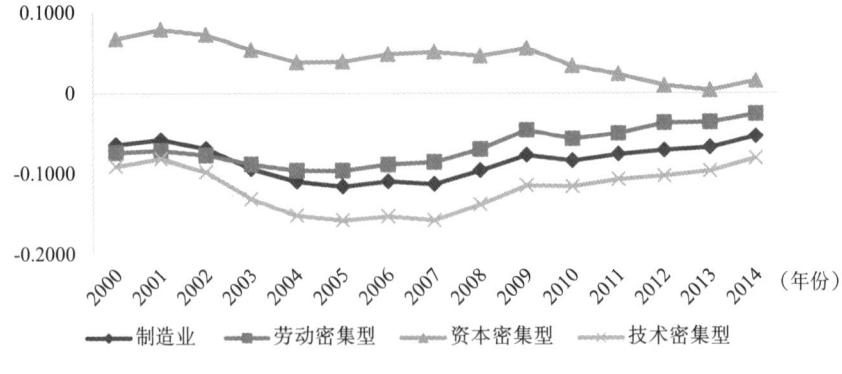

图 4-16　2000—2014 年中国制造业在 GVC 中地位指数的变化趋势

为了对中国制造业在全球价值链中地位指数的变化给出合理解释,表4-5给出了2000—2014年制造业出口商品中TV(被国外最终使用吸收的国内增加值)和FV(被国内最终使用吸收的国外增加值)所占比例。从表中可以发现,2000年我国制造业出口商品中TV占比大约为7.93%,同期FV所占比重为15.08%,后者要远远高于前者。在中国加入WTO后,随着大量制造业企业通过"加工贸易"方式参与国际分工,制造业出口商品中TV所占比重下降到2005年的最低点6.99%,而FV占比重增加到2005年的最高点20.18%。在此之后,制造业出口商品中TV所占比重上升的同时,FV所占比重逐步下降,2008年国际金融危机虽然对其产生了一定影响,但并没有改变两者的变化趋势。2014年,我国制造业出口商品中TV所占比重为7.8%,与期初相比几乎没有变化,而FV所占比重为13.73%,比期初大约下降了1.35个百分点,应与我国制造业部门中本土中间品替代了部分进口中间品有关。

表4-5　2000—2014年中国制造业出口商品中TV和FV所占比例　　单位:%

年份	制造业		劳动密集型制造业		资本密集型制造业		技术密集型制造业	
	TV/Ex	FV/Ex	TV/Ex	FV/Ex	TV/Ex	FV/Ex	TV/Ex	FV/Ex
2000	7.93	15.08	4.85	12.91	18.16	10.44	8.08	18.39
2001	8.02	14.47	4.75	12.51	18.77	9.73	8.28	17.47
2002	8.04	15.80	4.85	13.29	18.54	10.25	8.05	19.22
2003	7.63	18.29	4.72	14.42	18.26	12.10	7.27	22.36
2004	7.56	20.08	4.87	15.48	18.15	13.71	6.70	24.24
2005	6.99	20.18	4.49	15.08	18.77	14.21	6.13	24.30
2006	7.27	19.74	4.76	14.48	19.22	13.60	6.29	23.89
2007	7.06	19.88	4.55	13.92	19.65	13.69	6.01	24.14
2008	7.53	18.40	5.06	12.66	19.13	13.75	6.26	22.02
2009	7.19	15.80	5.21	10.15	18.99	12.55	6.13	19.04
2010	7.68	17.13	5.40	11.56	18.50	14.55	6.72	19.87
2011	8.14	16.70	5.99	11.43	17.84	15.05	7.11	19.24
2012	7.82	15.78	6.20	10.20	14.66	14.66	6.83	18.41
2013	7.76	15.29	6.06	9.95	14.90	14.47	6.98	17.84
2014	7.80	13.73	6.24	9.02	14.59	12.83	6.99	15.99

进一步深入观察后可发现,不同类型的制造业部门在全球价值链中地位变化趋势存在较大的差异。对于劳动密集型制造业而言,其在全球价值链中

的地位指数分析期间始终为负，在中国加入 WTO 后从 2002 年的 -0.08 下降到 2005 年的 -0.1，但在此之后呈现出明显的上升趋势，2014 年在全球价值链中的地位指数为 -0.025，分析期间上升了 0.05。为了对我国劳动密集型制造业在全球价值链地位指数变化给出合理解释，表 4-5 给出了分析期间其出口商品中 TV 和 FV 占比情况。表 4-5 数据表明，劳动密集型制造业 TV 占出口比例 2000 年仅为 4.85%，在三种不同类型制造业部门中是最低的，加入 WTO 后稍有下降，但在 2007 年后出现了明显的上升趋势，直到 2014 年达到最高点 6.24%。与其相反，劳动密集型制造业出口商品中国外增加值占比从 2000 年的 12.91% 上升到 2004 年的最高点 15.48%，在此之后逐步回落到 2014 年最低点 9.02%。正是由于分析期间 TV 和 FV 占比变化趋势不同，导致全球价值链中的地位指数有所上升。以上分析说明，在分析期初我国劳动密集型制造业主要还是通过"加工贸易"方式参与国际分工，导致出口商品中国外的增加值比例超过了自身增加值被国外最终产品吸收部分比例，但是随着我国劳动密集型企业参与国际分工方式的转变，其出口商品中所含国外增加值比例逐步下降，国内增加值比例逐步上升。

对于资本密集型制造业部门而言，2000—2014 年其在全球价值链中的地位指数始终为正，在中国加入 WTO 之前从 2000 年的 0.07 上升到 2001 年的 0.08，在中国加入 WTO 后下降到 2004 年的 0.04，再反弹到 2009 年的局部高点 0.06 后逐步下降到 2014 年的 0.2，分析期间下降了 0.05 左右。表 4-5 同样给出了分析期间其出口商品中 TV 和 FV 占比信息。从表中可以发现，我国资本密集型制造业部门出口商品中 TV 比例在制造业中是最高的，从 2000 年的 18.16% 上升到 2007 年的最高点 19.65% 后，下降到 2014 年的最低点 14.59，分析期间下降了接近 4 个百分点。同时，出口商品中的国外增加值所占比例从期初的 10.44% 上升到 2011 年的最高点 15.05% 后，下降到 2014 年的 12.83%，分析期间上升了 2.39 个百分点。以上系列数据说明，在分析期初我国资本密集型制造业部门出口商品中 TV 占比要远高于 FV 占比，但在分析期末两者已经比较接近，从而解释了其在全球价值链中的地位指数逐步下降的现象。

在三大类型制造业部门中，技术密集型制造业部门在全球价值链中的地位指数是最低的，且在分析期间始终为负，显然与计算机、电子和光学制造业、电气设备制造业等行业中企业主要通过"加工贸易"方式参与国际分工有关。在中国加入 WTO 之前，技术密集型制造业部门在全球价值链中的地位指数是上升的,但在中国加入 WTO 之后,就从 2001 年的 -0.08 快速下降到 2005 年的最低点 -0.16,但在此之后逐步回升到 2014 年的 -0.08,在 2005—2014 年上升了大约 0.08,说明在此期间我国技术密集型制造业部门在全球价值链中的地位逐步向上游攀升。表 4-5 中数据进一步表明,技术密集型制造业部门出口商品中 TV 占比从 2000 年的 8.08% 下降到 2007 年的最低点 6.01%,再逐步上升到 2014 年的 6.99%,分析期间呈现出"U 形"变化趋势,且期末数值比期初要低 1.09 个百分点。由于我国技术密集型制造业多以加工贸易方式参与国际分工,因此该部门出口商品中国外增加值 FV 占比在制造业中是最高的,从 2000 年的 18.39% 上升到 2005 年的最高点 24.3% 后出现了明显的下降趋势,2014 年约为 15.99%,分析期间下降了约 2.4 个百分点。以上分析说明,我国技术密集型制造业部门出口商品中,无论是 TV 还是 FV 都同时出现了下降现象,但由于后者下降的幅度更为显著,才使得分析期间该部门在全球价值链中分工地位有所提升。

三、小结

本部分构建了产出上游度、投入下游度、GVC 地位指数,从不同视角分析了全球化进程中我国在全球价值链中的分工位置(地位),得到以下结论:

1. 中国三次产业产出上游度指标数值均显著高于世界平均水平,同时分析期间呈现上升趋势,说明中国三次产业厂商到最终需求之间距离要超过世界平均水平,且在全球化进程中有所扩大。

2. 中国三次产业投入下游度指标同样显著高于世界平均水平,同时分析期间增加幅度却非常有限,说明中国三次产业厂商到要素投入之间的距离同样超过世界平均水平,但在全球化进程中并没有明显扩大。

3. 与中国经济整体相关的 GVC 地位指数曲线在分析期间保持在零点附近小幅波动,说明中国在全球价值链上位于中游位置。但对于三次产业而言,其在全球价值链中的地位相互间存在较大的差异。

4. 分析期间中国制造业在 GVC 中地位指数始终为负,随着中国加入 WTO,负数的绝对值有所扩大,2005 年以后逐步回升,说明制造业出口商品中国外增加值被本国最终产品吸收部分数值高于自身增加值被国外最终产品所吸收部分,应该与我国制造业主要通过"加工贸易"方式参与国际分工有关,2005 年以后该指标有所回升说明近年来中国制造业在 GVC 中地位有所提升。

第三节 全球化进程中的产业国际竞争力

一、显性比较优势指数

在国际贸易理论中，一般采用显性比较优势（Revealed Comparative Advantage, RCA）指数度量一个国家各部门在国际中的竞争力。传统 RCA 指数用一国某部门出口总值占比与世界整体该部门出口总值占比的比值确定，如果 RCA 指数大于 1，说明该国这一部门具有显性比较优势；反之，如果 RCA 指数小于 1，说明该国这一部门具有显性比较劣势。

RCA0 = 国家某部门出口商品数量占比/世界整体该部门出口商品数量占比

但正如王直等（2015）指出的，一个国家某部门出口商品中不但可能包括其他部门的增加值，而且可能包括国外的增加值，因此传统的 RCA 指数仅考虑了出口商品的数量，而忽略了国际和国内生产分工带来的影响，并不能准确测度一个国家相关部门在国际出口的显性比较优势。因此，需要基于出口部门增加值的视角，客观地测度生产分工背景下的显性比较优势。

借鉴王直等（2015），本书将基于增加值贸易的显性比较优势指数定义如下：

RCA1 = 国家出口商品中隐含的部门增加值占比/世界整体出口商品中隐含部门增加值占比

图 4-17 给出了 2000—2014 年基于增加值视角下中国三次产业部门显性比较优势指数的变化优势。从图中可以发现，我国第一产业 RCA 指数从 2000 年的 2.19 缓慢下降到 2007 年的 2.06，然后快速下降到 2014 年的 1.5，一方面说明第一产业的出口具有显性的比较优势，但另一方面也说明分析期间第一产业显性比较优势有所下降，特别是 2008 年之后呈现出快速下降的趋势。与第一产业不同，我国第二产业 RCA 指数从 2000 年的 1.16 上升到 2004 年的最高点 1.22，在此之后缓慢下降到 2014 年的 1.11，说明我国第二产业的出口具有显性比较优势，但该优势在分析期间呈现出"先上升、再下降"的"倒 U 形"变化趋势。我国第三产业 RCA 指数从 2000 年的 0.71 一度下降到 2005 年的最低点 0.66，然后逐步上升到 2014 年的 0.82，说明我国第三产业的出口

具有显性比较劣势，但分析期间劣势在逐步缩小。

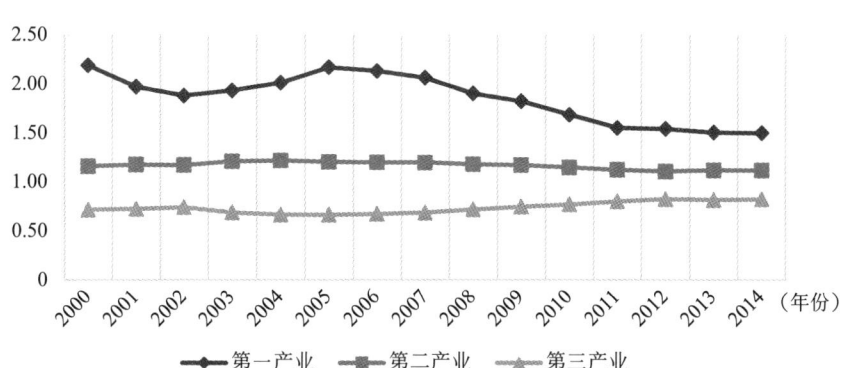

图 4-17 2000—2014 年基于增加值视角下中国三次产业显性比较优势指数变化趋势

为了进行对比分析，图 4-18 给出了 2000—2014 年基于出口商品数量的中国三次产业显性比较优势指数变化趋势。从图中可以发现，我国第一产业该指标数值从 2000 年的 0.74 下降到 0.25，说明我国第一产业出口数量占比比世界平均水平低，而且分析期间两者的差距在逐步扩大。第二产业对应数值从 2000 年的 1.08 上升到 2007 年的 1.16，受到金融危机影响后下降到 2011 年的 1.13，在此之后逐步上升到 2014 年的最高点 1.17，说明我国第二产业在出口竞争中具有显性比较优势，在分析期间虽然受到金融危机的冲击，但优势水平仍然呈现出扩大的趋势。第三产业对应数值从 2000 年的 0.80 下降到 2007 年的 0.58，受到金融危机影响后不降反升，进一步增加到 2012 年的 0.70，在此之后逐步下降到 2014 年的 0.61，说明我国第三产业在出口竞争中具有显性比较劣势，且在分析期间劣势进一步加大。

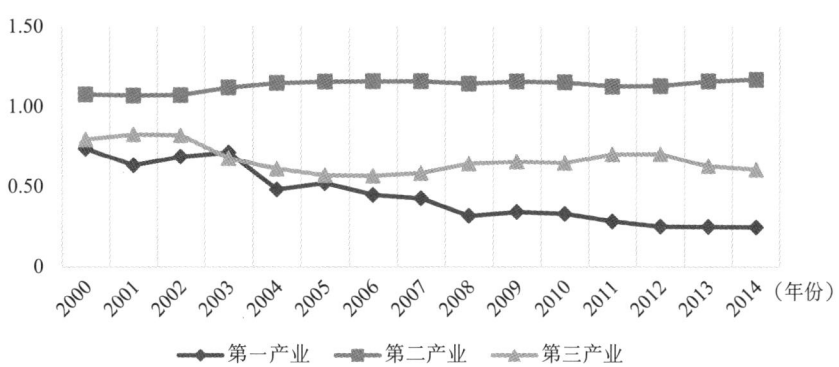

图 4-18 2000—2014 年基于出口商品数量的中国三次产业显性比较优势指数变化趋势

对比图 4-17 和图 4-18 可发现，基于不同视角下中国各产业部门显性比较优势指数具有较大的差异。对于第一产业而言，如果基于出口商品数量视角则在国际竞争中处于比较劣势位置，但如果基于增加值视角，在国际竞争中处于较为明显的优势位置；对于第二产业而言，虽然两者视角下在国际竞争中都处于比较优势位置，但从出口商品数量视角其比较优势是不断扩大的，从增加值视角其比较优势却有所下降；相似的，对于第三产业而言，虽然两者视角下在国际竞争中都处于比较劣势位置，但从出口商品数量视角其劣势分析期间有所扩大，相反，从增加值视角其劣势在不断减弱。

不同视角下我国各产业部门之所以显性比较优势指数变化趋势不同，主要与生产分工背景下出口商品中内涵了其他部门的增加值有关。表 4-6 给出了 2000—2014 年世界与中国三次产业部门出口增加值占比变化趋势。从表中可发现，对于第一产业而言，世界整体出口商品中所包含的该部门增加值占比从 2000 年的 3.66% 上升到 2014 年的 4.46%，同期中国出口商品中第一产业增加值占比从 2000 年的 8.01% 下降到 2014 年的 6.68%，两者不同变化趋势决定了增加值视角下我国第一产业呈现出下降趋势。对于第二产业而言，世界整体出口商品中该部门增加值占比从 2000 年的 52.2% 下降到 2014 年的 50.7%，而中国出口商品中第二产业增加值占比从 2000 年的 60.47% 增加到 2006 年的最高点 63.04%，再下降到 2014 年的 56.52%，导致增加值视角下我国第二产业在国际竞争中比较优势有所下降；分析期间世界整体出口商品中第三产业增加值占比维持在 44% 附近小幅波动，而中国出口商品中第三产业增加值占比从期初的 31.52% 上升到期末的 36.8%，决定了增加值视角下我国第三产业虽然处于劣势，但与世界整体水平之间的差距在不断缩小。

表 4-6 2000—2014 年世界与中国三次产业部门出口增加值占比变化趋势　　单位:%

	年份	2000	2001	2002	2003	2004	2005	2006	2007	2008	2009	2010	2011	2012	2013	2014
世界	第一产业	3.66	3.78	3.77	3.85	3.81	3.63	3.58	3.70	3.73	4.11	4.17	4.31	4.31	4.53	4.46
	第二产业	52.20	50.98	50.90	51.07	51.60	52.39	52.72	51.89	52.14	49.88	51.6	52.54	52.05	51.31	50.70
	第三产业	44.13	45.24	45.34	45.08	44.59	43.98	43.69	44.41	44.14	46.01	44.23	43.14	43.64	44.16	44.84

续表

年份		2000	2001	2002	2003	2004	2005	2006	2007	2008	2009	2010	2011	2012	2013	2014
中国	第一产业	8.01	7.44	7.08	7.43	7.67	7.86	7.63	7.62	7.07	7.48	7.03	6.69	6.64	6.81	6.68
	第二产业	60.47	59.86	59.41	61.70	62.76	63.00	63.04	62.00	61.31	58.24	59.03	58.86	57.47	57.24	56.52
	第三产业	31.52	32.70	33.51	30.88	29.57	29.15	29.33	30.38	31.61	34.27	33.95	34.45	35.89	35.95	36.80

在全球垂直专业化分工背景下，最终产品和中间产品的出口对于一个国家或产业国际竞争力将产生什么影响？为了对这一问题给出客观回答，图4－19给出了2000—2014年增加值贸易视角下中国三次产业不同分类出口商品的显性比较优势。从图中可以发现，对于第一产业而言，基于最终产品的显性比较优势从2000年的2.21下降到2014年的1.46，基于中间产品的显性比较优势从2000年的2.0下降到2014年的1.38，分析期间前者要明显高于后者，说明我国农业部门最终产品出口比中间产品出口更具有显性比较优势。进一步深入观察可发现，基于最终产品的显性比较优势分析期间下降了0.75，同期基于中间产品的显性比较优势分析期间下降了0.62，说明对于农产品而言，无论是最终产品还是中间产品出口的显性比较优势分析期间都出现了下降趋势，但是前者下降的幅度更为显著。

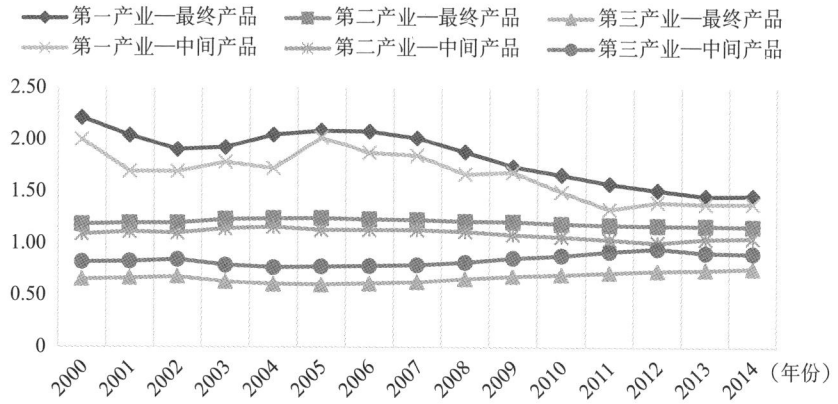

图4－19　2000—2014年增加值视角下中国三次产业不同分类出口商品显性比较优势指数变化趋势

图 4-19 同时给出了 2000—2014 年增加值贸易视角下中国第二产业不同分类出口商品的显性比较优势。对于以工业部门为主的第二产业而言，以最终产品形式出口商品的显性比较优势从 2000 年的 1.19 上升到 2004—2005 年的最高点 1.24 后，逐步下降到 2014 年的 1.16。在此同时，以中间产品形式出口商品的显性比较优势从 2000 年的 1.09 上升到 2004 年的最高点 1.16 后，逐步回落到 2014 年的 1.05。以上数字说明，一方面，全球化进程中我国第二产业最终产品国际贸易的显性比较优势超过中间产品贸易，两者之间的差异不显著；另一方面，分析期间无论是最终产品贸易还是中间产品贸易，我国第二产业的国际竞争力在加入 WTO 后均有所上升，但近年来都出现了明显的下降趋势。

对于我国第三产业而言，图 4-19 给出了 2000—2014 年不同分类商品出口的显性比较优势。从图中可以发现，以最终产品形式出口的服务业商品显性比较优势在中国加入 WTO 之后出现短暂下降现象，从 2002 年的 0.68 下降到 2005 年的最低点 0.6，但在 2005 年之后单调上升到 2014 年的 0.76，分析期间上升了 0.1。与最终产品贸易相似的是，以中间产品形式出口的服务业商品显性比较优势在中国加入 WTO 后也出现短暂下降现象，从 2002 年的 0.85 下降到 2004 年的最低点 0.77，但与最终产品贸易不同之处在于，服务业中间品出口显性比较优势在 2012 年上升到最高点 0.95，并在此之后回落到 2014 年的 0.91，分析期间上升了 0.08。以上分析说明，对于我国第三产业而言，无论是最终产品贸易还是中间产品贸易，其显性比较优势指数表示的国际竞争力都低于世界平均水平，但分析期间呈现出不断上升的趋势。在第三产业内部，最终产品贸易的国际竞争力明显低于中间品贸易的国际竞争力，两者在分析期间特别是 2012 年以后出现了不同的变化趋势。

在全球化进程中，中国制造业以"加工贸易"方式参与国际分工，成为举世瞩目的"世界工厂"。在此过程中，中国制造业的国际竞争力如何变化？图 4-20 给出了 2000—2014 年增加值视角下中国制造业不同分类出口商品的显性比较优势指数变化趋势。从图中可以发现，对于中国制造业整体而言，其显性比较优势指数从 2000 年的 1.24 单调上升到 2008 年的最高点 1.44，受到金融危机冲击后逐步下降到 1.34，分析期间约上升了 0.1。进一步将出口分为最终产品和中间产品出口后发现，我国制造业最终产品出口的国际竞争力从 2000 年的 1.19 上升到 2008 年的最高点 1.28 后，逐步下降到 2014 年的 1.21，分析期间上升幅度并不明显。与最终产品不同，我国制造业中间产品出口的国际竞争力从 2000 年的 1.22 快速上升到 2008 年的最高点 1.58，由于受到金融危机冲击影响回落到 2009 年的 1.48，再反弹到 2011 年的 1.52 后逐步下降到 2014 年的 1.45，在分析期间约上升了 0.23。以上分析说明，我国制造业在国际上具有较为明显的显性比较竞争优势，虽然受到 2008 年金融危机的冲击近年来有所下降，但在 2000—2014 年整体上是呈现出上升趋势的。此外，对于中间产品和最终产品出口而言，我国制造业中间产品出口竞争力显著超过最终产品出口竞争力，而且在分析期间上升幅度更为显著。最后，我国制造业出口竞争力的提升主要来源于中间产品的出口。

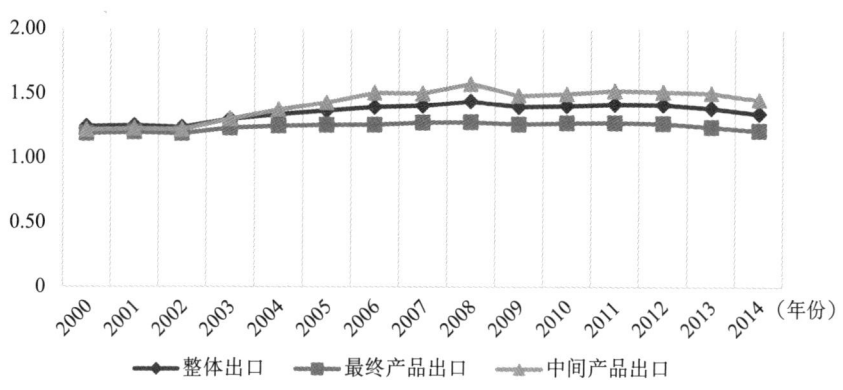

图 4-20　2000—2014 年增加值视角下中国制造业不同分类出口显性比较优势指数变化趋势

图 4-21 给出了 2000—2014 年增加值视角下我国不同类型制造业部门出口的显性比较优势指数变化趋势。从图中可发现，劳动密集型制造业部门的显性比较优势指数在三者中是最高的，分析期间从 2000 年的最高点 2.25 下降到 2014 年的最低点 1.74，分析期间下降了 0.51，在三种类型制造业是唯一显性比较优势指数呈现下降趋势的部门。资本密集型制造业部门的显性比较优势指数从期初的 1.18 上升到 2007 年的最高点 1.44，然后逐年下降到 2014 年的 1.28，分析期间上升了大约 0.1。对于技术密集型制造业部门而言，2000 年其显性比较优势指数约为 0.86，说明当时该部门国际竞争力处于相对劣势位置，但随着中国加入 WTO，该部门显性比较优势指数上升到 2010 年的最高点 1.28，在此之后逐步回落到 2014 年的 1.2，分析期间上升了 0.34，在三大制造业部门中增长幅度是最为显著的。以上分析说明，对于劳动、资本和技术密集型制造业部门而言，劳动密集型部门国际竞争力是最为显著的，但分析期间呈现下降趋势；技术密集型部门国际竞争力在三者是最弱的，但分析

期间上升的幅度最为显著；资本密集型部门国际竞争力介于两者之间。

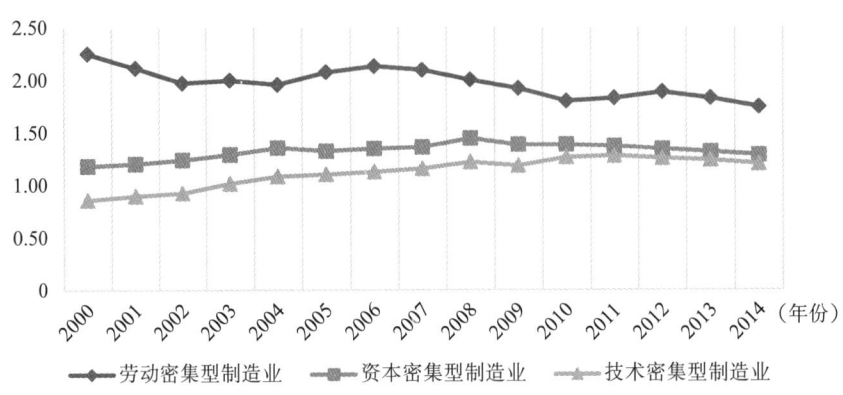

图 4-21 2000—2014 年增加值视角下我国不同类型制造业出口显性比较优势指数变化趋势

表 4-7 给出了 2000—2014 年中国不同类型制造业部门分类出口的显性比较优势指数变化趋势。从表中可以发现，对于劳动密集型制造业部门而言，分析期初基于最终产品贸易的国际竞争力显著高于中间产品的国际竞争力，前者从 2000 年的 2.14 下降到 2014 年的 1.54，分析期间下降了 0.6 左右，后者则从 2000 年的 1.87 上升到 2007 年的最高点 1.97，再缓慢下降到 2014 年的 1.8，分析期间仅下降了 0.07，说明我国劳动密集型制造业部门国际竞争力的下降主要是由于最终产品贸易引起的，中间产品贸易只起到极为有限的作用。与劳动密集型制造业相比，我国资本密集型制造业基于最终产品贸易的国际竞争力从 2000 年的 1.23 上升到 2008 年的最高点 1.45，受到金融危机影响后逐步下降到 2014 年的 1.28，分析期间上升了约 0.05，同时期基于中间产品贸易的国际竞争力从 2000 年的 1.25 上升到 2008 年的最高点，再逐步下降到 2014 年的 1.39，分析期间上升了 0.14，说明无论是基于最终产品贸易和中间产品贸易，我国资本密集型制造业部门的国际竞争力分析期间都得到了有效提升，其中基于中间产品贸易的国际竞争力提升效果更为显著一些，但受到 2008 年金融危机的影响，两者近年来都出现了不同程度的下降。技术密集型制造业部门基于最终产品贸易的显性比较优势指数 2000 年时约为 0.76，说明在加入 WTO 前该部门最终产品贸易的国际竞争力低于国际平均水平，但在期末已经上升到 1.04，稍高于国际平均水平，分析期间增加了 0.28。对于中间产品贸易而言，我国技术密集型制造业部门 2000 年显性比较优势指数约为 0.97，稍低于国际平均水平，但分析期间得到了快速攀升，2014 年该指数已

经上升到 1.37，分析期间上升了 0.4 左右，已经显著高于国际平均水平。

表 4-7　2000—2014 年中国不同类型制造业部门分类出口显性比较优势指数变化趋势

年份	最终产品贸易			中间产品贸易		
	劳动密集型制造业	资本密集型制造业	技术密集型制造业	劳动密集型制造业	资本密集型制造业	技术密集型制造业
2000	2.14	1.23	0.76	1.87	1.25	0.97
2001	2.03	1.26	0.79	1.73	1.26	1.02
2002	1.89	1.30	0.83	1.66	1.29	1.02
2003	1.88	1.34	0.91	1.70	1.38	1.11
2004	1.81	1.38	0.97	1.76	1.48	1.17
2005	1.86	1.36	0.95	1.93	1.44	1.25
2006	1.88	1.36	0.96	2.08	1.49	1.32
2007	1.88	1.38	0.98	1.97	1.49	1.35
2008	1.76	1.45	1.02	1.94	1.58	1.44
2009	1.67	1.44	1.02	1.92	1.47	1.34
2010	1.59	1.42	1.09	1.77	1.48	1.42
2011	1.61	1.39	1.10	1.84	1.47	1.45
2012	1.64	1.35	1.08	1.94	1.46	1.40
2013	1.59	1.31	1.06	1.89	1.44	1.41
2014	1.54	1.28	1.04	1.80	1.39	1.37

最后，表 4-8 给出了 2000—2014 年中国制造业各部门显性比较优势（RCA）指数变化趋势的详细数据。从表中可以发现，除了制药业、金属冶炼和压延业、汽车及其他运输设备等少数行业外，中国绝大部分制造业部门分析期间 RCA 指数大于 1，说明这些部门出口具有显性比较优势，其中优势较强的包括纺织业、木材加工业、非金属制品业、家具及其他制造业等。在 18 个制造业部门中，分析期间 RCA 指数减弱的有 8 个部门，包括食品制造业、纺织业、打印与传媒业、炼焦业、化学制品业、制药业、橡胶制品业以及家具及其他制造业，其中纺织业和家具及其他制造业期初时 RCA 指数为 3.52 和 2.3，分别排在制造业部门的第一位和第二位，但在分析期末已经分别下降为 2.77 和 1.51，分析期间分别下降了 0.75 和 0.79，在所有制造业部门中下降幅度也是最为显著的。RCA 指数增加的有 10 个部门，包括木材加工业、造纸

业、非金属制品业、金属制品业、金属冶炼和压延业、计算机和电子及光学、电气设备制造业、机械设备制造业以及运输设备制造业等。计算机、电子及光学 2000 年时 RCA 指数仅为 1.03，说明其显性比较优势并不明显，但在分析期末已经上升到 1.78，在制造业部门中上升幅度是最为显著的。

表 4-8 2000—2014 年基于出口增加值的中国制造业各部门显性比较优势指数变化趋势

年份	2000	2001	2002	2003	2004	2005	2006	2007	2008	2009	2010	2011	2012	2013	2014
食品制造业	1.2	1.1	1.03	1.06	1.09	1.17	1.19	1.18	1.17	1.08	1.11	1.13	1.18	1.14	1.09
纺织业	3.52	3.29	3.03	3.19	3.24	3.39	3.4	3.38	3.3	3.23	3.16	3.12	3.04	2.93	2.77
木材加工业	1.43	1.49	1.46	1.5	1.69	1.68	1.89	1.95	1.94	2.17	1.81	1.98	2.14	2.13	2.02
造纸业	0.87	0.96	1.04	1.03	1.01	0.96	0.99	0.99	1.03	1.05	0.99	1.05	1.1	1.04	1.02
打印及传媒业	1.43	1.53	1.61	1.45	1.28	1.06	1.04	0.96	0.99	1.13	1.11	1.18	1.3	1.31	1.28
炼焦业	1.36	1.28	1.29	1.14	1.18	1.12	1.15	1.27	1.24	1.28	1.5	1.2	1.12	1.14	1.13
化学制品业	1.21	1.22	1.18	1.26	1.23	1.34	1.36	1.38	1.49	1.27	1.22	1.33	1.25	1.21	1.19
制药业	0.34	0.29	0.27	0.31	0.31	0.3	0.32	0.34	0.35	0.3	0.33	0.31	0.33	0.34	0.32
橡胶制品业	1.55	1.64	1.67	1.6	1.58	1.49	1.5	1.43	1.44	1.38	1.34	1.37	1.38	1.37	1.32
非金属制品业	1.81	1.56	1.4	1.37	1.4	1.49	1.54	1.51	1.6	1.73	1.7	1.85	1.95	2.02	1.88
金属制品业	1.39	1.54	1.64	1.89	1.94	1.87	1.85	1.81	2.03	1.85	1.77	1.76	1.64	1.56	1.56
金属冶炼和压延业	0.72	0.72	0.74	0.74	0.82	0.83	0.89	0.93	0.92	0.95	0.88	0.89	0.96	0.95	0.92
计算机、电子及光学	1.03	1.21	1.31	1.53	1.69	1.68	1.72	1.68	1.68	1.69	1.86	1.84	1.87	1.85	1.78
电气设备制造业	1.39	1.46	1.5	1.47	1.5	1.6	1.53	1.54	1.69	1.56	1.76	1.82	1.87	1.83	1.81
机械设备制造业	0.84	0.88	0.95	1	1.05	1	1.09	1.25	1.3	1.33	1.28	1.29	1.18	1.2	1.16
汽车、拖车和半挂车	0.26	0.27	0.29	0.3	0.3	0.32	0.34	0.42	0.47	0.54	0.59	0.59	0.56	0.58	0.57
其他运输设备	0.4	0.4	0.45	0.57	0.57	0.56	0.59	0.67	0.75	0.76	0.91	0.89	0.82	0.76	0.7
家具及其他	2.3	2.09	1.95	1.94	1.6	2.03	2.17	2.11	1.82	1.71	1.28	1.35	1.62	1.56	1.51

二、小结

本部分构建了显性比较优势指数，从增加值贸易视角分析了全球化进程

中我国在全球价值链中的产业国际竞争力,得到以下结论:

1. 我国第一产业出口具有显性的比较优势,但分析期间显性比较优势有所下降,特别是 2008 年之后呈现出快速下降的趋势;第二产业的出口具有显性比较优势,在分析期间呈现出"先上升、再下降"的"倒 U 形"变化趋势;第三产业出口具有显性比较劣势,但分析期间劣势在逐步缩小。

2. 将贸易方式区分为中间产品(中间品)贸易和最终产品(最终品)贸易后,可发现我国农业部门的最终产品出口比中间产品出口更具有显性比较优势,我国第二产业最终产品出口的显性比较优势超过中间产品贸易,但两者之间的差异并不显著,同时呈现出入世后有所上升,但近年来下降的共同趋势。对于我国第三产业而言,无论是最终产品贸易还是中间产品贸易,国际竞争力都低于世界平均水平,但分析期间呈现出不断上升的趋势。

3. 我国劳动密集型制造业部门国际竞争力的下降主要是由于最终产品贸易引起的,中间产品贸易只起到极为有限的作用;无论是基于最终产品贸易还是中间产品贸易,我国资本密集型制造业部门的国际竞争力在分析期间都得到了有效提升,其中中间产品贸易提升效果更为显著一些;技术密集型制造业部门中间产品贸易的国际竞争力要高于最终产品贸易,分析期间的上升趋势也更为显著,说明我国技术密集型制造业部门国际竞争力的提升主要与中间产品贸易有关。

第四节 本章结语

本章利用 2000—2014 年世界投入产出表(WIOD)等提供的数据,构建了垂直专业化分工等一系列指数,测度了全球化进程中我国各产业部门在国际分工的参与程度、在全球价值链中所处的分工位置以及各产业部门的出口竞争力,主要结论如下:

(1)无论是表示出口商品中内涵国外增加值的垂直专业化分工指数,还是与所有最终产品生产及投入要素相关的参与指数和分工指数,我国相关指标分析期间都呈现出"先上升、再下降"的变化趋势,2008 年爆发的金融危机使得曲线出现了向下的缺口,但并没有改变曲线向下运动的变化趋势,说明我国经济整体在全球价值链中的参与(分工)程度在 2005 年之后呈现出不断下降的趋势。

(2) 中国三次产业产出上游度指标数值均显著高于世界平均水平，同时分析期间呈现上升趋势，说明中国三次产业厂商到终端需求之间距离要超过世界平均水平，且在全球化进程中有所扩大。三次产业投入下游度指标同样显著高于世界平均水平，同时分析期间增加幅度却非常有限，说明中国三次产业厂商到投入要素之间的距离同样超过世界平均水平，但在全球化进程中并没有明显扩大。GVC 地位指数曲线在分析期间保持在零点附近小幅波动，说明中国在全球价值链上位于中游位置。中国制造业在 GVC 中地位指数始终为负，2005 年以后逐步回升，说明近年来中国制造业在 GVC 中地位有所提升。

(3) 我国第一产业出口具有显性的比较优势，但分析期间显性比较优势有所下降，特别是 2008 年呈现出快速下降的趋势；第二产业的出口具有显性比较优势，在分析期间呈现出"先上升、再下降"的"倒 U 形"变化趋势；第三产业出口具有显性比较劣势，分析期间劣势在逐步缩小。将贸易方式区分为中间品贸易和最终品贸易后，可发现我国农业部门的最终产品出口比中间产品出口更具有显性比较优势，第二产业最终产品出口的显性比较优势要超过中间产品贸易，但两者差异并不显著，对于第三产业而言，无论是最终产品贸易还是中间产品贸易，国际竞争力都低于世界平均水平，但分析期间呈现出不断上升的趋势。

结合本章的研究结果，提出政策建议如下：

(1) 中国在新一轮全球化进程中要进一步加大对外开放的力度。要在新一轮全球化进程中有所作为，我国就必须进一步加大对外开放的力度。特别在近年来贸易保护主义流行的背景下，中国加大对外开放力度不但提高了本国相关行业的生产效率，同时还体现了一个大国的责任和担当。因此，尽管当前中美之间尚存在相当大的差距，中国必须志存高远且未雨绸缪，要有在新一轮全球化中发挥更重要功能的信心和准备。

(2) 要通过"一带一路"的实施，扩大中国对于世界经济的影响力。中国在融入全球化的进程中，在对外部经济的感应度大幅度提升同时，影响力却没有得到同步的提高，究其原因，与中国长期以来以"加工贸易"方式参与国际分工有关。因此，在新一轮全球化进程中，中国要抓住全球价值链重构的机遇，加强对周边国家，特别是发展中国家的联系，扩大自身在国际事务中的影响能力。要协调好与发达国家之间关系，在全球化进程中各国早已形成了"你中有我、我中有你"的经济体系，轻率地引发贸易争端，不仅对本国经济造成负面影响，更伤害了整个国际分工体系。

（3）要在广阔的内需基础上推动新一轮全球化。长期以来，我国企业以"加工贸易"方式参与国际分工，所生产的产品主要是满足国际市场的需要，导致国内需求和出口商品之间出现结构背离现象。随着中国进入新的发展阶段，我国社会主要矛盾已经转化为人民日益增长的美好生活需要和不平衡不充分的发展之间的矛盾。因此，在新一轮全球化进程中，我国企业要利用广阔的内需市场，构建以我为主的全球价值链，以主动积极的方式参与国际分工。要将全球价值链升级和国内产业升级结合起来，在新一轮全球化进程中加强产业融合，推动制造业向全球价值链中高端转移，同时利用制造业优势带动服务业的发展。

（4）要通过技术能力提升和品牌建设等，提升中国在全球价值链中的分工位置和地位。本章研究表明，我国三次产业无论是产出上游度还是投入下游度指标，在数值上均显著高于世界平均水平，说明中国三次产业厂商到终端需求以及投入要素之间的距离要超过世界平均水平。此外，与中国经济相关的 GVC 地位指数曲线在分析期间保持在零点附近小幅波动，说明中国经济在全球价值链整体上位于中游地位。在新一轮全球化中，中国要通过加大 R&D 投入和拓展销售渠道，向"微笑的曲线"两端攀升，提升中国在全球价值链中的分工位置和地位。

第五章

全球空间关联视角下的中国经济增长

第一节 空间关联视角下经济增长研究的文献综述

推动一个国家或地区经济增长的动力源泉是什么？这在经济学界是一个永恒的话题。改革开放40多年来，中国经济取得了举世瞩目的成就，被国内外称为"增长奇迹"。但在经历了40多年的高速增长之后，中国经济自2012年开始出现明显减速现象，GDP增长率从2011年的9.5%逐步下降到2016年的6.7%，引起了全世界的广泛关注。世界银行在《东亚复兴：关于经济增长的观点》等报告中指出，"一国从中等收入向高收入迈进的发展机制，与实现起飞的机制有着根本的区别"。因此，在此承前启后的关键时刻，重新审视中国起飞阶段的经济增长动力机制及其演化路径，具有重要的理论价值与现实意义。

长期以来，经济学家在分析一个国家或地区经济增长源泉时，一般都沿袭 Solow（1957）的增长核算研究思路，从供给视角将经济增长分解成要素投入和全要素生产率等部分（董敏杰和梁咏梅，2013；郑京海和胡鞍钢，2005）。与以上文献不同，部分学者从最终需求视角对中国经济增长源泉展开研究。沈利生（2009）利用投入产出方法，测算了消费、投资和出口"三架马车"对于中国经济生产的拉动作用，认为2002年以后消费的拉动作用在下降，出口的拉动作用在上升，因此必须扩大消费的拉动作用。刘瑞翔和安同良（2011）构建了一个基于最终需求的增长核算框架，对1987—2007年中国经济增长动因进行分析，发现中国经济增长主要源于最终需求的拉动，但全球化进程也对其驱动机制产生了根本性的影响。

通过对以上文献梳理可以发现，在现有增长核算框架之下，无论是基于供给视角还是需求视角，其共同点都是将经济增长归因于其内部自身因素[①]，却忽视了一个基本事实：即在全球经济一体化背景下，跨国企业根据各国或地区的资源禀赋及比较优势，对分散在世界各地的生产资源进行整合，将生产流程中的各工序在不同国家或地区重新配置，最终形成了国际垂直专业化分工体系。在这一体系之下，各国或地区通过中间产品贸易组成全球性生产网络，相互间产生技术联系和关联效应。在现有国际分工体系之下，一个国家或地区的经济增长，不仅取决于其自身的最终需求和生产技术，还与国际分工体系以及该国在全球价值链中所处位置有关。因此，要在全球一体化背景下分析中国经济增长源泉，就必须考虑世界各国经济空间关联带来的影响。

事实上，已有部分文献采用计量工具考察空间溢出与经济增长之间关系，发现伴随着中国局域性的空间聚集特征日趋显著的同时，空间溢出效应对地区经济发展产生了重要影响。从现有研究方法来看，测度空间溢出主要包括空间计量（Ying，2000；潘文卿，2012）、构建相关指标（Brun 等，2002）以及 VAR 模型（李敬等，2014）等。但上述研究方法更多是考察中国区域之间的空间关联，而忽视中国与其他国家之间的经济关联。此外，上述研究方法无法考察各区域之间的反馈效应，更无法体现出各区域在生产过程中的分工合作关系。相比较而言，多区域投入产出方法不但可以同时考察区域间溢出和反馈效应，还可以借助于中间投入矩阵分析区域间分工合作关系。因此，在研究区域间溢出效应时，人们越来越多地将眼光投到多区域投入产出方法上（潘文卿，2015）。

由于受到数据可得性的限制，早期学者主要利用亚洲投入产出数据，针对东亚地区国家相互间经济空间关联展开研究（Kuwamori 和 Okamoto，2007；Meng 和 Inomata，2009），国内只有张亚雄和赵坤（2005）、潘文卿（2015）等少数学者利用中国区域间投入产出表，研究国内各地区间的技术溢出和反馈效应。近年来，随着全球增加值贸易研究升温，包括世界投入产出数据库（WTOD）和全球贸易分析模型（GTAP）数据库在内的国际投入产出数据库不断得到完善。Johnson 和 Noguera（2012）利用经济合作与发展组织

[①] 驱动经济增长的"三驾马车"包括消费、投资和出口，其中出口商品虽然在境外消费，但却在境内生产，因此从 GDP 核算视角可将其视为国内因素。

(OECD)投入产出数据,发现在1970—2009年生产碎片化现象日趋严重。Timmer 等(2014)对全球价值链进行了分解,发现全球价值链中资本和高技能劳动者所占比重有所增加,但不同发展阶段国家相互间又有所差异。袁志刚等(2014)运用全球投入产出模型,对中国生产服务业的发展动因展开分析。尽管以上文献从多维视角研究全球化对增加值贸易或产业结构变迁产生的影响,但目前尚无学者利用投入产出方法,基于全球空间关联视角对中国经济高速增长背后的动力源泉展开深入研究。

与已有文献相比,本章创新之处主要体现在以下方面:(1)利用多区域投入产出模型,从全球经济空间关联视角分析中国经济增长的动力来源,对中国经济高速增长现象提供了一种全新的解释;(2)构建了一种新型增长核算框架,将经济增长分解为增加值率效应、国内乘数效应、反馈效应、外部溢出效应以及国内外需求效应等部分,从不同视角重新认识中国经济增长背后的驱动机制;(3)基于全球投入产出模型特点,定义了增加值基准的国际分工率、感应度以及自我依存度等系列指标,对全球经济空间关联给出了更为准确的测算结果。

第二节 空间关联模型构造与经济增长核算

一、全球投入产出模型构造及经济空间关联度的测算

在全球投入产出模型中,世界各国经济相互作用并被视为一个整体,因此与单区域模型相比,多区域投入产出模型更多包含了空间关联信息。为了更清楚体现其特点,我们给出了一张全球投入产出模型简表(见表5-1)。

表5-1　　　　　全球投入产出模型简表

	中间使用			最终使用			总产出
	国家1	…	国家n	国家1	…	国家n	
国家1	z_{11}	…	z_{1n}	f_{11}	…	f_{1n}	y_1
…	…	z_{rs}	…	…	f_{rs}	…	…
国家n	z_{n1}	…	z_{nn}	f_{n1}	…	f_{nn}	y_n

续表

	中间使用			最终使用			总产出
	国家 1	...	国家 n	国家 1	...	国家 n	
增加值	v_1	...	v_n				
总投入	y_1	...	y_n				

在表 5-1 中，全球投入产出模型由 n 个国家组成。其中，表中元素 z_{rs} 表示 r 国对 s 国提供的中间投入品数量，增加值用 v 表示，总产出等于总投入并用 y 表示，最终产品用 f 表示，对应的向量（矩阵）用相应大写字母表示。

根据表中水平方向的平衡关系，并将中间品消耗量矩阵 Z 表示为中间消耗系数矩阵 A 和总产出向量 Y 相乘形式后，可得到：

$$AY + F = Y \tag{5-1}$$

进一步将公式（5-1）变形后得到：

$$Y = (I - A)^{-1} F \tag{5-2}$$

公式（5-2）中，I 为单位矩阵，$B = (I - A)^{-1}$ 为完全消耗系数矩阵，即我们所熟知的 Leontief 逆矩阵。与传统投入产出模型相似，在全球投入产出模型中，我们用下面两个指标基于产值角度描述世界各国经济的空间关联结构：

$$\text{Back}_j = \sum_{i=1}^{n} b_{ij} \quad \text{Forw}_i = \sum_{j=1}^{n} b_{ij} \tag{5-3}$$

在传统投入产出模型中，公式（5-3）中两个指标分别反映了产业之间的前向和后向关联程度，但在全球投入产出模型中却被赋予了新的内涵。其中：前者反映一个国家经济与外部世界的后向空间关联程度，其经济学含义是该国家单位最终品生产拉动的世界各国产出的总和；后者表示一个国家经济与世界各国的前向空间关联程度，其经济学含义是如果世界所有国家同时增加单位最终品生产，则该国因此而被诱发出的生产值。

虽然以上两个指标从生产视角描述了国际空间关联结构，但其不足之处在于没有与各国分工合作过程中创造出来的新增价值联系起来。进一步的，假设 A_v 为增加值系数矩阵，其对角元素 $a_{vi} = v_i / y_i$ 表示国家 i 单位产出对应的增加值。则根据投入产出理论，可得到增加值表达式为：

$$\text{Val} = A_v B F = B_v F \tag{5-4}$$

将式（5-4）中的 $A_v B$ 记作增加值诱发系数矩阵 B_v，其元素 b_{vij} 表示国家 j 每单位最终生产诱发产生的国家 i 增加值。需要指出的是，由于全球投入产出模型并不存在进口中间投入品，因此任何国家单位最终品生产诱发的增加值也为单位值①，即如果将矩阵 B_v 中每一列视为向量，则将其元素相加之和等于1。虽然矩阵 B_v 中每一列向量元素之和相同，但其组成结构却具有明确的经济学意义：该矩阵中对角线元素 b_{vii} 为国家 i 单位最终品生产诱发自身增加值比例，b_{vij} 为国家 i 单位最终品生产诱发国家 j 增加值比例。类似的，将矩阵 B_v 中 i 行所有元素相加，其经济学含义是当世界各国同时增加单位最终品诱发的国家 i 新增价值数值。因此，可进一步定义增加值基准的国际分工率和感应度指标如下：

$$\text{VBack}_j = \sum_{i=1, i \neq j}^{n} b_{v_{ij}}, j = 1, \cdots, n \quad \text{VForw}_i = \sum_{j=1}^{n} b_{v_{ij}}, i = 1, \cdots, n \quad (5-5)$$

前者表示一个国家单位最终品生产诱发其他国家增加值的比例，反映了国际分工体系中该国最终品生产在经济关联后对其他国家 GDP 的拉动程度；后者表示世界各国增加单位最终品生产诱发本国增加值水平，反映了该国在国际分工体系中提供新增价值的能力。

以上关于世界各国经济的空间关联分析，主要基于 Leontief 逆矩阵和增加值诱发系数矩阵展开，并没有考虑最终需求规模带来的影响（size effect）。借鉴 Meng 和 Inomata（2009）的思路，在公式（5-4）基础上可以将国家 i 的增加值表示为：

$$\text{Val}_i = \sum_{j=1}^{n} v_i b_{ij} f_j \quad (5-6)$$

公式（5-6）说明，在全球投入产出分析框架下，由于世界各国通过中间品贸易形成生产网络并相互关联，一个国家的增加值不仅取决于境内最终品的生产，还依赖于境外最终品生产的拉动。我们用经济依存度指标表示国家 i 对国家 j 的依存程度，具体可表示为：

$$\text{Ind}_{ij} = \frac{v_i b_{ij} f_j}{\text{Val}_i} \quad (5-7)$$

Ind_{ij} 表示国家 i 增加值总量中由国家 j 最终品生产诱发部分所占比例，该比例数值越大，说明国家 i 经济对于国家 j 依存程度越大。当公式（5-7）中 j = i 时，该系数反映了一个国家经济对于自身的依存程度，该指标数值越大，说明一个国家经济对于外部依赖程度越低，反之则越高。

---

① 在常见单区域投入产出模型中，最终需求值等于其诱发产生的国内增加值与相关的完全消耗进口中间投入品数量之和，因此单位最终需求诱发得到的增加值一般小于1。

二、全球空间关联视角下中国经济增长源泉的分解

正如上文指出的，在全球投入产出模型框架下，由于各国间通过中间产品贸易组成全球性生产网络，一个国家的经济不仅与其自身生产技术及最终需求等内部因素相关，还取决于全球投入产出结构以及其他国家最终品生产的拉动。因此，在对中国经济进行增长核算时，就必须考虑外部因素变化对中国经济增长的影响。

假设两个不同时期 t 和 t+1，并用上标表示，同时考虑不同结构分解方向带来的结果差异，则在此期间增加值的差异可以表示为：

$$\Delta Val = V^{t+1}B^{t+1}F^{t+1} - V^tB^tF^t = \underbrace{\frac{1}{2}\Delta V (B^{t+1}F^{t+1} + B^tF^t)}_{\text{增加值率变化效应}} +$$

$$\underbrace{\frac{1}{2}(V^{t+1}\Delta BF^t + V^t\Delta BF^{t+1})}_{\text{全球投入产出结构变化效应}} + \underbrace{\frac{1}{2}(V^tB^t + V^{t+1}B^{t+1})\Delta F}_{\text{最终品产出变化效应}} \quad (5-8)$$

公式（5-8）将所有国家的增加值变化分解成三个部分，即增加值率变化效应、全球投入产出结构变化效应和最终品产出变化效应。但在本章分析框架下，还可以将后两项进行更加深入的分解。

采用类似于 Miller 和 Blair（2009）研究方法，Leontief 逆矩阵可进一步分解为 B = M + N + T，其中：

$$M = \begin{pmatrix} (I-A_{11})^{-1}, & L, & 0 \\ L, & (I-A_{ii})^{-1}, & 0 \\ 0, & L, & (I-A_{nn})^{-1} \end{pmatrix} \quad N = \begin{pmatrix} B_{11} - (I-A_{11})^{-1}, & L, & 0 \\ L, & B_{ii} - (I-A_{ii})^{-1}, & 0 \\ 0, & L, & B_{nn} - (I-A_{nn})^{-1} \end{pmatrix}$$

$$T = \begin{pmatrix} 0, & L, & B_{1,n} \\ L, & 0, & B_{i,n} \\ B_{n,1}, & L, & 0 \end{pmatrix} \quad (5-9)$$

公式（5-9）中，M 为国内乘数系数矩阵，其对角线上元素 $(I-A_{ii})^{-1}$ 表示 i 国采用国内中间品而产生的国内乘数效应。N 为反馈系数矩阵，其对角线上元素 $B_{ii} - (I-A_{ii})^{-1}$ 表示 i 国从国外进口中间产品而对自身带来的反馈效应。T 为溢出系数矩阵，其中元素 B_{ij}（$i \neq j$）表示 i 国向国外出口中间产品而产生的外部溢出效应。

根据公式（5-9），可以将投入产出结构变化进一步分解成与国内乘数矩

阵、反馈矩阵以及溢出矩阵相关的三部分，即 $\Delta B = \Delta M + \Delta N + \Delta T$。相应的，可进一步将最终品产出分解成境内和境外两部分，即 $\Delta Y = \Delta Y^d + \Delta Y^s$，则增加值变化可分解为：

$$\Delta Val = \underbrace{\frac{1}{2}\Delta V \cdot (B_{t+1}Y_{t+1} + B_t Y_t)}_{\text{增加值率变化效应}} + \underbrace{\frac{1}{2}(V_{t+1}\Delta MY_t + V_t \Delta MY_{t+1})}_{\text{国内乘数变化效应}} +$$

$$\underbrace{\frac{1}{2}(V_{t+1}\Delta NY_t + V_t \Delta NY_{t+1})}_{\text{反馈效应}} + \underbrace{\frac{1}{2}(V_{t+1}\Delta TY_t + V_t \Delta TY_{t+1})}_{\text{溢出效应}} +$$

$$\underbrace{\frac{1}{2}(V_t B_t + V_{t+1} B_{t+1}) \cdot \Delta Y^d}_{\text{境内最终品变化效应}} + \underbrace{\frac{1}{2}(V_t B_t + V_{t+1} B_{t+1}) \cdot \Delta Y^s}_{\text{境外最终品变化效应}} \quad (5-10)$$

通过以上公式，可发现在现有国际分工体系下，一个国家或地区的经济增长不仅取决于其自身因素（增加值率变化效应、国内乘数变化效应和境内最终品变化效应），而且与外部因素（由进口中间产品产生的反馈效应、出口中间产品产生的溢出效应和境外最终品变化效应）密切相关。因此，与传统增长核算框架相比，本章从更为宏观的视角对经济增长源泉进行深入探索。

三、数据来源及处理

本章采用欧盟委员会资助的世界投入产出数据库（WIOD）进行分析。该数据库包括了 27 个欧洲国家以及世界上其他地区的 13 个主要国家和地区 1995—2011 年 17 张投入产出表数据，具体包括以下四方面内容：1995—2011 年世界投入产出数据、1995—2011 年 40 个国家（地区）的投入产出数据、部分年份各国（地区）社会经济核算数据以及环境数据。在本章核算过程中，主要考虑两方面的数据处理，即价格和汇率波动对于中国经济增长的影响。对于前者，目前国内外大多采用双重平减（Double Deflation）方法（袁志刚等，2014；Miller 和 Blair，2009），但这种方法不足之处在于，增加值只是作为平衡项进行处理，导致得到的结果并不能反映经济增长的事实。所幸的是，WIOD 除了提供 1995—2011 年 17 张当年价投入产出表之外，还提供了 1996—2009 年 14 张用上一年度价格表示的可比价投入产出表。如果简单采用同一年份的当年价表和可比价表进行比较，反向推导得到价格指数序列，则在平减过程中将难以满足表中数据平衡的要求。因此，我们采用以下步骤进行处理：（1）利用 t 期的当年价表和 t+1 期的可比价表逐次进行 SDA 分析，从而得到了 14 组基于不同年份的可比价数据，对其他的 2009—2011 年数据可采用当年价表近似得到，则合计得到 16 组数据；(2) 利用《中国统计年鉴》提供的历年平均汇率，将得到的 16 组数据转化为当年汇率水平下的人民币价值；(3) 对于 1995—2009 年 14 组基于不同年份可比价数据，可根据 WIOD 每一期当年价表和可比价表数据进行比较，对于 2009—2011 年两组数据，则利用历年《中国统计年鉴》提供的当年价和可比价 GDP 数据进行比较，在得到历年增加值价格指数序列后，进一步将其转换成 1995 年价格指数，并对步骤 (2) 所得数据进行平减，最终得到去除价格和汇率影响之后的增加值数据。

第三节　中国经济对外空间关联现状及其演化特征

在上文模型中，我们定义了多个指标，从不同角度描述全球经济的空间关联程度。图 5-1 首先给出 1995—2011 年世界整体及中国前（后）向经济关联度的变化趋势。从图中可以发现，世界经济整体关联度从 1995 年的 1.99 增长到 2011 年的 2.12，说明国际分工体系的建立使得世界各国经济关联程度有了一定程度提升。对于中国而言，1995 年前向和后向关联度两者之间差异并不明显，分别为 2.33 和 2.30，略高于当时的世界平均水平。但在 2011 年，中国经济前向关联度指标达到了 4.26，相比 1995 年增长了 1.83 倍。相比较而言，2011 年中国后向经济关联度仅为 2.55，1995—2011 年变化并不明显。以上分析说明两点：第一，随着国际分工体系的建立，中国经济在此期间顺利融入全球价值链之中；第二，中国经济在受外部世界的影响日益加深的同时，对于其他国家的影响并不明显。

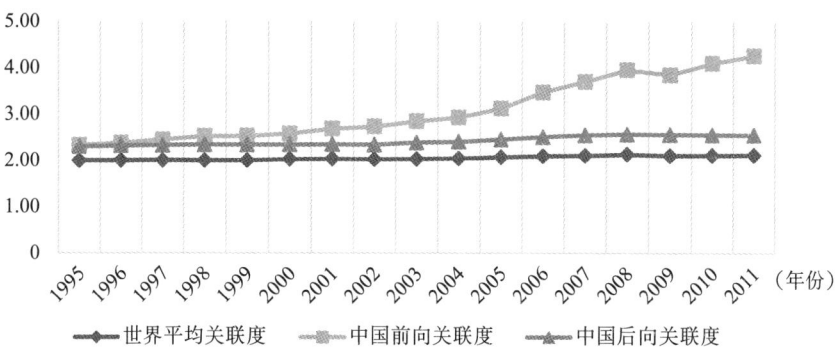

图 5-1　1995—2011 年世界整体及中国前（后）向经济关联度的变化趋势

表 5-2 进一步给出了 1995—2011 年中国经济整体及三次产业前向关联度的空间分布变化趋势[1]。从表中可发现,分析期间中国与其他经济体前向关联程度普遍有所提升,其中,与欧盟和亚洲经济体之间前向关联度分别从期初的 0.13 和 0.06 增加到期末的 1.21 和 0.41,增加幅度尤为显著。对于第一产业而言,其前向关联度从 1995 年的 1.52 小幅上升到 2011 年的 1.6,分析期间增加并不显著。与其形成明显对比的是,第二产业前向关联度从 1995 年的 3.48 增加到 2011 年的 8.03,其中,与欧盟和亚洲经济体之间前向关联度从期初的 0.26 和 0.12 增加到期末的 2.65 和 0.95。第三产业前向关联度从 1995 年的 1.98 增加到 2011 年的 3.14,其中,自身增加单位最终品生产拉动产出值分析期间几乎保持不变,欧洲、北美、亚洲和其他经济体增加单位最终品生产拉动产出值的总和则从期初的 0.18 增加到期末的 1.26,出现了较大幅度的提升。以上分析说明,分析期间中国经济对于外部世界感应程度有所提升,在地域层面主要体现在欧洲和亚洲等经济体,在行业层面集中在第二和第三产业。

表 5-2　1995—2011 年中国经济前向关联度的空间分布

行业	年份	欧洲	北美	亚洲	其他	自身	合计
整体	1995	0.13	0.02	0.06	0.03	2.08	2.33
	2011	1.21	0.16	0.41	0.22	2.26	4.26
第一产业	1995	0.04	0.01	0.02	0.01	1.45	1.52
	2011	0.16	0.02	0.06	0.03	1.34	1.60
第二产业	1995	0.26	0.04	0.12	0.07	3.00	3.48
	2011	2.65	0.37	0.95	0.50	3.56	8.03
第三产业	1995	0.11	0.01	0.04	0.02	1.80	1.98
	2011	0.82	0.08	0.23	0.13	1.88	3.14

表 5-3 给出了 1995—2011 年中国经济整体及三次产业后向关联度的空间分布变化趋势。从表中发现,中国每新增加单位最终品的生产带动的产出值从 1995 年的 2.3 增加到 2011 年的 2.55,其中,境内和境外产出值分别从期初的 2.08 和 0.22 增加到期末的 2.26 和 0.29,说明分析期间中国经济对于外

---

[1] 这里将世界投入产出表中 40 个经济体进行了分类,其中欧洲包括欧盟 27 个国家,北美包括美国、加拿大和墨西哥,亚洲包括日本、韩国、印度尼西亚、印度、中国台湾地区,其余经济体统一标志为"其他"。

部世界的影响力并没有得到有效提升。分行业来看，第一产业和第三产业后向关联度从1995年的1.89和2.18上升到2011年的2.1和2.25，在分析期间几乎没有增长。与其形成明显对比的是，第二产业后向关联度从1995年的2.83上升到2011年的3.31，分析期间增加了0.48，在三次产业中增长幅度是较为显著的。深入观察表5-3后发现，我国第二产业每新增单位最终产品，所带动内、外部产出值从1995年的2.5和0.33增加到2011年的2.83和0.48，说明其对外部上游经济体的影响力是极其有限的，同时在分析期间并没有得到有效提升。

表5-3　　　　　1995—2011年中国经济后向关联度的空间分布

行业	年份	欧洲	北美	亚洲	其他	自身	合计
整体	1995	0.04	0.03	0.10	0.05	2.08	2.30
	2011	0.05	0.04	0.08	0.12	2.26	2.55
第一产业	1995	0.02	0.02	0.05	0.03	1.76	1.89
	2011	0.03	0.02	0.08	0.05	1.92	2.10
第二产业	1995	0.05	0.05	0.15	0.08	2.50	2.83
	2011	0.08	0.06	0.14	0.21	2.83	3.31
第三产业	1995	0.04	0.03	0.08	0.05	1.99	2.18
	2011	0.04	0.03	0.06	0.08	2.04	2.25

在考虑了新增价值因素之后，表5-4进一步给出1995—2011年中国经济国际分工率的空间分布特征。从表中可以发现，中国经济整体每单位最终品产出诱发外部经济体的新增价值，在分析期初主要体现在亚洲经济体上，但在分析期末更多体现在包括大量中小发展中经济体在内的"其他"经济体中。在三次产业中，第一和第三产业国际分工率分析期间变化幅度有限，第二产业每单位最终品产出诱发外部经济体的新增价值，从1995年的0.13增加到2011年的0.2，是导致中国经济国际分工率上升的主要原因。仔细观察可发现，中国第二产业每单位最终品诱发外部经济体新增价值中，与欧洲和北美相关部分在分析期间数值较低且上升幅度有限，与亚洲相关部分分析期间从0.06下降为0.05。与以上地区形成明显对比的是，第二产业每单位最终品诱发"其他"经济体的新增价值，从1995年的0.03上升到2011年的0.09，不但在分析期末数值最高，而且增加幅度也是最为显著的，这就说明考虑新增价值因素后，中国对外影响力提升主要体现在包括大量中小发展中经济体在

内的其他经济体。

表 5-4　　　1995—2011 年中国经济国际分工率的空间分布

行业	年份	欧洲	北美	亚洲	其他	自身
整体	1995	0.02	0.02	0.04	0.02	0.90
	2011	0.02	0.02	0.03	0.05	0.87
第一产业	1995	0.01	0.01	0.02	0.02	0.94
	2011	0.01	0.01	0.02	0.04	0.92
第二产业	1995	0.02	0.02	0.06	0.03	0.85
	2011	0.03	0.03	0.05	0.09	0.78
第三产业	1995	0.02	0.02	0.03	0.02	0.91
	2011	0.02	0.01	0.02	0.03	0.90

表 5-5 给出了 1995—2011 年中国经济基于增加值的感应度系数变化趋势，该系数反映世界各经济体共同增加一单位最终品产出时诱发中国经济新增价值的程度。从表中发现，中国经济基于增加值的感应度系数从 1995 年的 0.99 增加到 2011 年的 1.48，其中，1995 年中国经济对外感应度系数合计仅为 0.09，但到 2011 年已上升到 0.61，在分析期间有了较大幅度的提升。具体到产业部门而言，第一产业对外感应度始终处于较低水平，在整体感应度中所占比例也较小，第二和第三产业对外感应度分别从期初的 0.14 和 0.1 大幅度增加到期末的 1.01 和 0.68。进一步观察表 5-5 可发现，分析期间我国与世界各经济体间经济感应度出现普升现象，其中，与欧洲和亚洲经济体间感应度从 1995 年的 0.05 和 0.02 上升到 2011 年的 0.38 和 0.12，在所有地区中上升幅度是最为显著的，是导致中国经济对外感应度上升的主要原因。

表 5-5　　　1995—2011 年中国经济基于增加值的感应度空间分布

行业	年份	欧洲	北美	亚洲	其他	自身	合计
整体	1995	0.05	0.01	0.02	0.01	0.90	0.99
	2011	0.38	0.05	0.12	0.07	0.87	1.48
第一产业	1995	0.02	0.00	0.01	0.01	0.89	0.93
	2011	0.09	0.01	0.03	0.02	0.79	0.94
第二产业	1995	0.07	0.01	0.04	0.02	0.86	1.00
	2011	0.60	0.08	0.21	0.11	0.80	1.81

续表

行业	年份	欧洲	北美	亚洲	其他	自身	合计
第三产业	1995	0.06	0.00	0.02	0.01	0.93	1.03
	2011	0.44	0.04	0.12	0.07	1.02	1.70

上文分析主要基于Leontief逆矩阵和增加值诱发系数矩阵展开，并没有考虑最终品生产规模带来的影响（size effect）。图5-2给出考虑最终品生产规模后，1995—2011年中国经济整体及各产业自我依存度的变化趋势。从图中可以发现，中国经济自我依存度从1995年的91.04%下降到2011年的87.97%，在分析期间合计下降了3.07个百分点。其中，第二产业自我依存度在三次产业中始终是最低的，下降幅度也是最为显著的，从1995年的89.46%下降到2011年的85.67%，分析期间合计下降了3.79个百分点。与第二产业不同，第一产业自我依存度在三次产业中是最高的，并从1995年的93.56%下降到2011年的90.69%，在分析期间下降了2.87个百分点。第三产业虽然自我依存度要高于第二产业，但其下降幅度在三者中是最低的，从分析期初的91.79%下降到期末的89.82%，在分析期间仅下降了1.97个百分点。以上分析从静态角度说明，在全球产品内分工背景下，中国经济虽然主要依赖境内最终品生产的拉动，但自我依存度在分析期间不断下降，其中，以工业部门为主的第二产业下降程度是最为显著的。

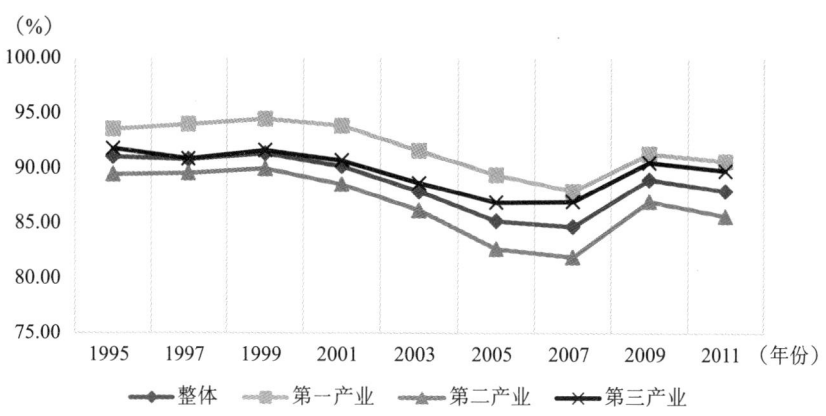

图5-2 1995—2011年中国经济整体及各产业自我依存度变化趋势

为了深入分析境外最终品生产对中国经济产生的影响，表5-6给出了1995—2011年中国经济整体及各产业对外依存度的空间分布。表中数字说明，分析期间中国经济对外依存度从 1995 年的 8.96% 上升到 2011 年的 12.03%，分析期间增加了 3.07 个百分点。其中，中国经济对北美地区依存度从期初的 1.78% 上升到期末的 2.92%，分析期间增加了 1.14 个百分点，在所有地区中上升幅度是最为显著的。与北美地区不同，分析期间中国经济对于亚洲地区依存度仅上升了 0.15 个百分点，在所有地区中是最低的，说明 1995—2011 年中国经济在对亚洲地区依存度几乎不变的同时，对美国为首的北美国家依存度有所上升。在三次产业中，不同产业依赖的地区又有所区别。其中，第一产业部门对外依存度的增加更多体现在"其他"经济体，即数量众多的发展中经济体。第二产业部门对外依存度增长主要体现在北美地区和"其他"经济体，两者在分析期间分别增长了 1.21% 和 1.39%。第三产业对北美地区依存度从 1995 年的 1.34% 上升到 2011 年的 2.43%，在所有区域中增长幅度是最为显著的。

表 5-6　1995—2011 年中国经济整体及各产业对外依存度的空间分布　　单位:%

行业	年份	欧洲	北美	亚洲	其他	合计
整体	1995	2.09	1.78	2.88	2.20	8.96
整体	2011	2.79	2.92	3.03	3.30	12.03
第一产业	1995	1.37	1.29	2.23	1.55	6.44
第一产业	2011	2.10	2.26	2.32	2.63	9.31
第二产业	1995	2.15	2.30	3.38	2.71	10.5
第二产业	2011	3.20	3.51	3.51	4.10	14.33
第三产业	1995	2.43	1.34	2.56	1.88	8.21
第三产业	2011	2.50	2.43	2.66	2.58	10.18

具体到国家层面，中国经济对外依赖较为显著的国家包括美国和日本，分析期间（1995—2011 年）其对外依存度均值分别为 2.26% 和 1.19%。图 5-3 给出了 1995—2011 年中国经济对于美国和日本历年依存度数值。从图中可发现，两者呈现出完全不同的变化趋势。在分析期初，中国经济对美国和日本依存度差别并不明显，均在 1.5% 左右。但在分析期末，中国经济对于美国依存度增加到 2.32%，在分析期间上升了 0.79 个百分点，对于日本依存度却下降到 2011 年的 0.99%，在分析期间下降了 0.45 个百分点。如果深入到产业层面分析，可发现中国经济对于美国依赖程度增加主要源自于第二和第三产业，特别是第三产业对美国依存度增加了 0.89%，在三次产业部门中是

最高的。相对应的是，中国经济对于日本依存度下降则主要与第二产业有关，相应依存度下降了 0.64%，说明中国工业在以加工贸易融入国际分工体系过程中，降低了对于日本经济的依赖程度。

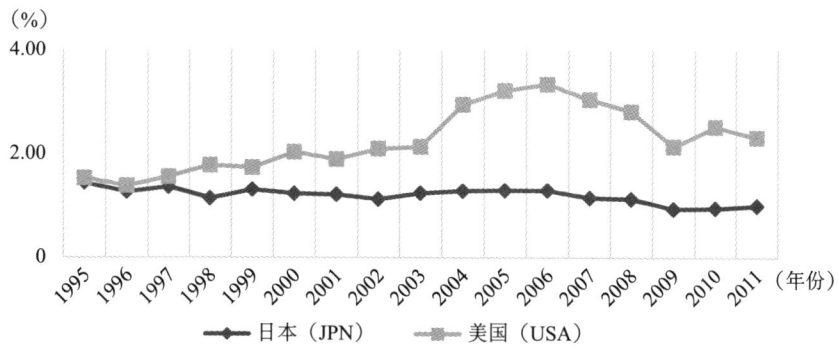

图 5-3　1995—2011 年中国经济对于美国和日本依存度变化趋势

第四节　全球空间关联视角下中国经济增长的动因分解

通过上文分析，我们对中国经济对外空间关联现状及其演化规律有了深入认识，并了解到在国际垂直专业化分工体系之下，由于经济体通过中间产品贸易组成全球性生产网络，相互间产生技术联系和关联效应，因此一个经济体的经济增长不仅取决于自身因素，还与全球投入产出结构和境外最终品产出变化密切相关。因此，在全球空间关联视角下探寻中国经济的增长动力源泉，将使得我们从一个更为宏观的视角了解中国经济发展动因，从而更好地把握其未来的发展趋势。

一、国际分工体系下各经济体经济增长动力源泉的横向比较

为了更好研究国际分工对中国经济增长的影响，表 5-7 首先给出了 1995—2011 年中、美、日、欧盟以及新兴经济体经济增长的因素分解。从表中可以发现，在分析期间中国经济从 1995 年的 7 280 亿美元增长到 2011 年的 39 808.43 亿美元，年均增长率达到了 11.2%，在所有经济体中排在首位。在此同时，欧盟、美国和日本在分析期间 GDP 年均增长率分别为 2.12%、

2.78%和1.52%，以巴西、印度和俄罗斯为代表的新兴国家GDP年均增长率为6.54%。横向比较来看，发达国家由于人均GDP已经达到较高水平，因此在分析期间经济增长较为缓慢。相反，包括中国在内的新兴经济体显示了强劲发展势头，成为世界经济增长近20年来的主要动力引擎。

表 5-7　　　1995—2011年中、美、日、欧盟以及新兴经济体的
经济增长的因素分解　　　　　　　　单位：亿美元

	增加值率效应	国内乘数效应	反馈效应	溢出效应	境内最终品效应	境外最终品效应	合计
欧盟	-7 626.31	-258.78	108.28	3 325.41	29 729.76	7 731.54	33 009.90
美国	490.89	-3 065.50	71.07	-100.83	39 408.45	4 098.60	40 902.67
日本	1 004.13	-2 506.34	22.15	-731.25	12 918.55	3 604.87	14 312.11
中国	-2 826.54	825.10	105.99	3 729.95	29 351.46	1 342.48	32 528.45
新兴经济体	-768.19	-528.90	20.79	1 799.91	21 899.17	1 053.08	23 475.85

在全球一体化进程中，由于各经济体在国际分工体系中位置不同，从而导致其经济增长动力机制相互间又有所不同。对于增加值率效应而言，仅有美国和日本两国为正，而欧盟、中国和其他新兴经济体都出现了负值。深入分析可知，各国增加值率效应之所以出现分化，与其在国际分工体系中所承担的角色有关。美国和日本之所以增加值率效应为正，是由于其比较竞争优势更多体现在服务业领域，由于服务业增加值率普遍要低于工业部门，由此带来的结构效应导致其增加值率效应为正。相反，包括欧盟、中国等在内的经济体在国际分工中竞争优势更多体现在制造业领域，从而导致其增加值率效应出现负值。

根据上文表述，全球投入产出结构变化可进一步分解成国内乘数效应、反馈效应以及溢出效应三部分，其中，国内乘数效应主要与单位产出中自身中间产品的消耗比例相关。从表5-7中可发现，仅有中国的国内乘数效应出现正值，其余经济体皆为负值。究其原因，由于全球化进程中进口中间品带来的替代效应，大多数经济体单位产出消耗的本土中间品数量是下降的，但对于中国而言，在国际分工体系中"世界工厂"定位使得工业部门发展带来的结构效应超过了替代效应，导致国民经济整体中单位产出的国内中间产品消耗比例有所增加。反馈效应反映了进口中间品对本国经济的间接影响。表5-7结果显示，在国际分工体系形成过程中，所有经济体通过进口国外中间

品都对本经济体经济带来正面影响,其中对于欧盟和中国的影响要更为显著。溢出效应反映了出口中间产品对本国经济的影响,分析结果显示,美国和日本的溢出效应为负值,而其他经济体溢出效应皆为正值,说明在国际分工体系构建过程中,美国和日本受到其他国家生产变化的影响在减弱,与此同时,欧盟和包括中国在内的新兴国家对外感应度有所增强。

在全球投入产出框架下,由于世界各国相互间经济关联效应,一个国家的经济增长同时依赖境内和境外最终品生产的拉动。在表5-7中,境外最终品生产对于不同经济体的拉动效应有较大差异。对于欧盟、美国和日本等发达国家而言,境外最终品生产对其经济增长的拉动约占到总量的23.42%、10.02%和25.19%。相反,境外最终品生产对于中国和其他新兴经济体的拉动效果并不显著,仅占到各自经济增长总量的4.13%和4.28%。究其原因,与处于不同发展阶段国家最终品生产数量增长速度存在差异有关。一方面,发达国家的跨国企业在全球产品内分工格局下,通过外包或FDI等方式将产品生产工序中的装配环节配置在发展中国家,另一方面,在不同发展阶段世界各国对于最终产品的需求增长幅度不同。两者结合导致发达国家境内最终产品生产数量增长缓慢的同时,发展中国家境内最终产品生产得以迅速增长,最终导致境外最终品生产对于不同经济体的拉动效应出现较大差异。

二、1995—2011年中国经济增长动因的纵向分析

表5-8给出了1995—2011年中国经济整体及三次产业增加值增长的因素分解。对于中国经济整体而言,增加值率效应、国内乘数效应和境内最终品效应分别为-26 366亿元、11 794亿元和191 461亿元,内部因素贡献度合计为82.92%,相对应的,反馈效应、溢出效应和境外最终品效应分别为747亿元、28 111亿元和7 574亿元,外部因素贡献度合计为17.08%。分行业来看,我国第二产业无论是增长规模还是增长率,在三次产业中都是最高的;与第二产业恰好相反,第一产业无论增长规模还是增长率,在三次产业中都是最低的;第三产业则介于两者之间。深入观察可发现,内部因素对于三次产业增长贡献度分别为83.46%、79.05%和88.47%,相对应的,外部因素对于三次产业贡献度为16.54%、20.95%和11.53%,说明在经济全球一体化进程中,我国不同产业部门的经济增长源泉也有所差异,外部因素在工业经济增长中发挥了重要作用,服务业部门增长则更多依赖于内部因素。

表 5-8　1995—2011 年中国整体及三次产业增加值增长的因素分解

单位：亿元（1995 年价格）

行业	增长率	增加值率效应	国内乘数效应	反馈效应	溢出效应	境内最终品效应	境外最终品效应	合计
第一产业	3.97%	-636	-4 059	31	1 205	13 441	497	10 480
第二产业	10.84%	-27 061	15 496	558	19 937	106 519	4 669	120 118
第三产业	10.77%	1 331	357	158	6 969	71 501	2 408	82 724
整体	9.87%	-26 366	11 794	747	28 111	191 461	7 574	213 322

上文已经指出，中国经济的增加值率效应在分析期间始终为负，显然与工业化进程中单位产出的中间品投入比例增加相关。图 5-4a 给出了 1995—2011 年中国经济整体及各产业中间品投入系数的变化趋势。从图中可以发现，中国经济整体中间品投入系数从 1995 年的 0.61 增加到 2011 年的 0.67，合计增加了 0.06。分产业来看，第一产业中间品投入系数在三次产业中是最低的，增长的幅度也很小，对中国经济增加值率效应的影响并不显著。相反，第二产业的中间品投入系数不但在三次产业中是最高的，而且在分析阶段增长的幅度也是最明显的，合计增长了 6.75 个百分点，是导致中国经济增加值率效应为负的主要原因。与第一产业和第二产业不同，第三产业中间品投入系数在分析期间不但没有上升，反而从 1995 年的 0.48 下降到 2011 年的 0.46。可以预期的是，随着后工业化阶段服务业在国民经济中所占比例逐步提升，增加值率对经济增长的负面影响将逐步减弱甚至消失。

表 5-8 进一步给出了国内乘数效应对中国经济增长的影响。表中数据表明，虽然 1995—2011 年国内乘数效应对中国经济影响为正，但在 2001 年年底入加入 WTO 之前，国内乘数效应对中国经济影响并不显著，在加入 WTO 之后，国内乘数效应出现了明显变化，2003—2007 年最高为 8 369 亿元，对该阶段中国经济增长的贡献度为 12.06%。由于国内乘数效应主要与生产过程中本土中间品的投入比例有关，图 5-4b 给出了 1995—2011 年中国整体及各产业本土中间品投入系数变化趋势。从图中可发现，在加入 WTO 之前，中国经济本土中间品投入系数维持在 0.56 附近小幅波动，但在加入 WTO 之后，本土中间品投入系数迅速增加到 2009 年的 0.61。进一步观察可发现，第一和第三产业本土中间品投入系数分析期间增加幅度有限，相反，第二产业本土中间品投入系数在加入 WTO 之前维持在 0.64 附近，但在加入 WTO 之后快速增加到 2009 年的 0.7。以上分析说明，在中国加入 WTO 并承担"世界工厂"角

色之后，越来越多工业品被配置在中国境内组装生产，从而导致国内乘数效应对中国经济产生正面影响。

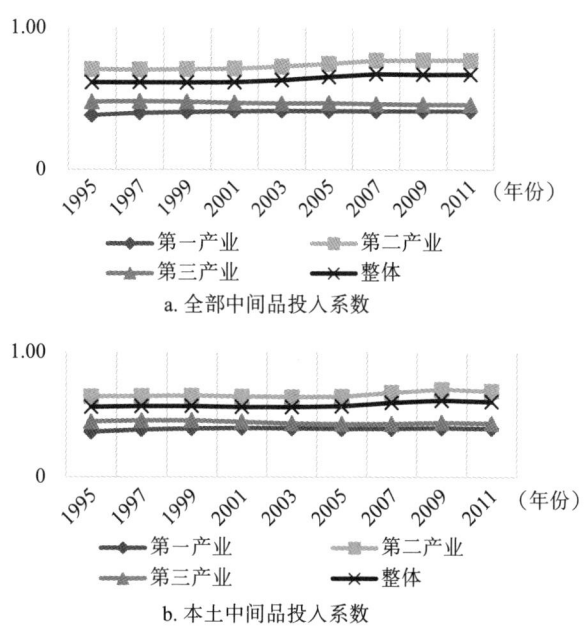

图 5-4　1995—2011 年中国经济整体及各产业（本土）中间品投入系数的变化趋势

反馈效应主要与国民经济生产过程中进口中间品的使用有关。单位产出中采用进口中间产品比例越高，反馈效应越明显，反之则越弱。从表 5-8 可发现，反馈效应对中国经济的影响并不明显，在 1995—2011 年仅为 747 亿元，约占到经济增长总量的 0.35%。分阶段来看，反馈效应经历了一个先增加再下降的过程，在 2007—2011 年甚至出现负值。为了找出其中原因，图 5-5 给出了 1995—2011 年中国经济整体及各产业进口中间品的变化趋势。从图中发现，整体进口中间品比例从 1995 年逐年上升，在 2004 年达到了最高点后逐步回落，并在 2009 年后有所反弹。分产业来看，第二产业进口中间品比例是最高的，第三产业次之，第一产业最低。可以预期的是，随着服务业部门的快速发展，反馈效应对中国经济增长的影响将微乎其微。

从表 5-8 可发现，1995—2011 年外部对中国经济的溢出效应为 28 111 亿元，约占到该阶段经济增长总量的 13.18%，是驱动中国经济高速增长的重要因素之一。图 5-6 给出了分析阶段分产业溢出效应的变化趋势，除了因 1998 年和 2008 年两次金融危机导致溢出效应为负之外，其余年份其他经济体对中国经济的溢出效应都为正值,并在2005—2006年达到最高值后有所回落。进一步观察图5-6可发现,外部世界对中国经济的溢出效应主要体现在第二产业,说明国际分工体系中"世界工厂"的定位决定了中国对于外部市场具有严重的依赖性,这与上文空间关联分析时所得的结果是完全一致的。以上分析说明,溢出效应和中国2001年加入WTO密切相关,其对中国经济产生的正向冲击将会随着时间的推移而逐步减弱。

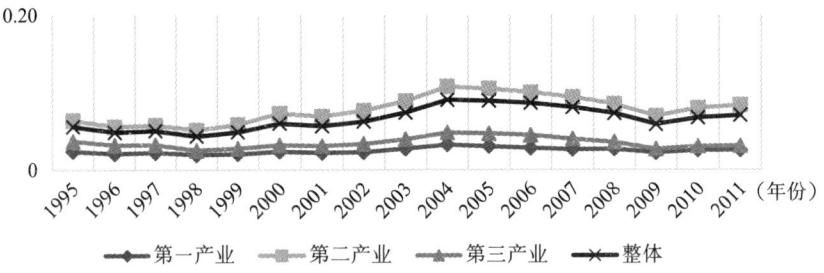

图5-5　1995—2011年中国经济整体及各产业中进口中间品投入系数的变化趋势

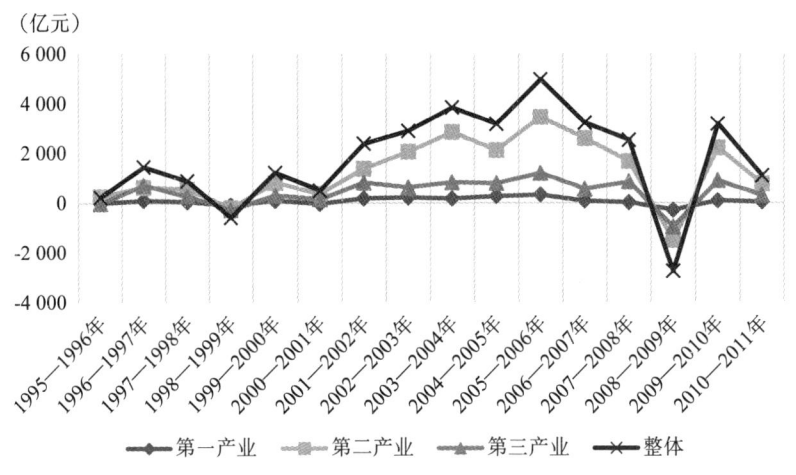

图5-6　1995—2011年中国经济及各产业溢出效应变化趋势

表5-8给出了最终品产出变化对于中国经济增长的影响。在1995—2011年最终品产出效应合计为19.91万亿元,其中,与境内最终品产出变动相关的经济增长部分为19.15万亿元,与境外最终品产出变动相关的经济增长部分为0.76万亿元,说明中国经济高速增长更多依靠境内而非境外最终品生产的拉动。表5-9进一步给出了1995—2011年境内三次产业部门最终品产出的增长率。从表中可发现,不同产业部门间存在较大差异,其中第一产业在

1995—2011 年年均增长率为 1.6%，在三次产业部门中是最低的。第二产业在分析期间年均增长率为 11.71%，在三次产业中位于首位，特别在中国加入 WTO 后的 2003—2007 年，该指标数值一度高达 15.5%，呈现出强劲的发展趋势。我国第三产业境内最终品产出同样保持了较高增长水平，分析期间年均增长率高达 10.8%，但与第二产业不同的是，加入 WTO 对第三产业最终品生产的影响并不明显，说明中国在国际分工体系中"世界工厂"的定位，更多地促进了我国第二产业而非第三产业的发展。

表 5-9　　1995—2011 年境内和境外三次产业部门最终品产出分阶段年均增长率

单位:%

行业	1995—1999 年		1999—2003 年		2003—2007 年		2007—2011 年		1995—2011 年	
	境内	境外	境内	境外	境内	境外	境内	境外	境内	境外
第一产业	3.49	1.66	0.12	1.45	-3.82	1.49	6.91	6.62	1.60	2.78
第二产业	8.12	2.72	11.77	1.30	15.50	3.67	11.57	1.64	11.71	2.33
第三产业	11.19	3.47	10.48	2.64	11.75	3.05	9.79	2.48	10.80	2.91

表 5-9 同时给出了分析期间境外三次产业部门最终品产出分阶段的年均增长率。对比境内和境外数据可发现，两者不同之处体现在以下几方面：首先，与境内各产业最终品产出增长率存在较大差异不同，境外三次产业最终品产出在 1995—2011 年平均增长率相互之间差异并不显著；其次，对于第二产业而言，其最终产品年均增长率在中国和世界各国三次产业中分别位于首位和末位，说明在全球产品内分工体系形成过程中，工业最终品生产过程中装配环节逐步转移到中国境内；最后，两者的最终使用结构不同。对于世界其他国家而言，分析期间消费和投资需求占比始终维持在 80% 和 20% 左右，保持稳定的最终需求结构。与其形成鲜明对比的是，中国最终使用中消费需求占比从期初的 62.11% 下降到期末的 51.72%，投资需求所占比例从 1995 年的 37.89% 上升到 2011 年的 48.28%，说明中国经济在依赖投资驱动同时却抑制了消费需求，是一种粗放型的增长方式。

第五节　本章结语

本章利用 1995—2011 年世界投入产出表，分析了中国经济对外空间关联的现状及演化规律，并对中国经济增长动因进行结构分解，从全球经济的空间关联角度解释中国经济高速增长现象,得到以下结论:(1)在分析期间,中国经济前向关联度指标大幅度增加的同时,后向关联指标变化并不显著,考虑到新增价值因素之后,中国经济在自身国际分工率提升的同时,对外部感应程度有了大幅度提升。(2)通过考察对外依存度指标可发现,分析期间中国经济在对亚洲地区依赖程度下降的同时,对北美区域依赖度有所上升,具体来讲,在对美国依存度增加的同时,对日本依存度有所下降。(3)横向比较可发现,由于各经济体在产业结构分布和全球价值链中所处位置不同,导致其经济增长动力源泉有着较大的差异。(4)纵向分析发现,伴随着中国逐渐融入全球产品内分工体系,经济增长动力机制也在不断发生变化。

本章分析说明,中国经济过去 10 多年来高速增长是外部因素和内部因素共同影响的结果。对于外部因素而言,全球投入产出结构变化带来正向的反馈效应和溢出效应以及境外最终品生产效应;对于内部因素而言,虽然增加值率效应为负,但参与国际分工带来的国内乘数效应和境内最终品生产效应保证了其持续稳定的增长。然而我们也看到,随着进入中等收入阶段,中国经济将面临新的严峻挑战:一是全球投入产出结构变化对中国经济的正面冲击大多是短期和暂时的,随着时间推移而将有所减弱;二是以投资为主的最终品使用结构将不可持续。针对中等收入阶段中国经济增长动力的转换,我们提出以下建议:(1)中等收入阶段随着生产要素价格的上升,中国制造业原有的比较优势已逐步消失,应加强创新,通过技术能力提升和产业链升级塑造新的比较优势,把中国参与全球产业竞争的水平和层次提升到新高度。(2)就最终品使用结构角度而言,中国当前面临的困难主要来自消费需求不足和对投资的过度依赖,因此政府要调整现有的收入分配体系,通过培育稳定的消费市场避免最终需求结构的扭曲。(3)在过去几十年,中国以加工贸易方式参与国际分工,经济虽然取得高速增长却消耗了大量的资源,因此是不可持续的。中国在新常态阶段,随着经济增长方式转变以及在全球价值链中位置的攀升,可能会出现经济增长速度下降的同时,经济增长质量大幅度提高的现象。唯有如此,才能实现中华民族伟大复兴的宏伟目标。

第六章

沿海地区与内陆省份经济增长的比较测度

第一节 价值链视角下经济增长与贸易核算研究的综述

20世纪80年代以来，国际分工格局发生了重大变化，为百废待兴的中国带来了巨大机遇。在此过程中，中国的对外经济贸易取得了举世瞩目的成就，进出口总额从1978年的206.4亿美元上升到2018年的46 224.2亿美元，已超过美国成为世界第一贸易大国，成为拉动中国经济增长的主要动力源泉。但在中国开放进程中，由于各地区资源禀赋、产业结构及经济发展水平不同，导致对外发展存在较大差异。相关数据表明，中国加入WTO以来，约有80%的出口集中在东部沿海发达地区，内陆地区超过20个省份的出口数量合计仅在20%。面对如此巨大的地区差异，人们很自然会提出以下问题：各地区参与国际分工程度差异是否会为其经济增长带来影响？或者更进一步的，东部沿海地区在参与全球价值链分工的同时，如何通过国内价值链带动内陆省份发展呢？哪些省份及行业搭上了东部沿海地区出口的便车以及带动效应有多大？以上系列问题的研究，无论是在理论研究还是在实际应用层面，都具有极其重要的意义。

长期以来，学者们在研究区域经济增长差异时，一般都将其归因于"物"和"人"两方面的因素（张鹏飞等，2018）。所谓"物"的因素，主要基于新古典经济学的分析框架，将地区间经济增长绩效差异归因于基础设施建设、人力资本、生产效率以及金融深化等因素（张军等，2007；蔡昉和王德文，2002；吴延兵，2008）。所谓"人"的因素，一般从地方政府行为特征角度，将地区间经济增长绩效差异归因于官员的激励和行为选择。例如，Qian 和 Weingast（1997）认为财政分权能够在一定程度上抑制中央政府的过度干预，为地方官员提供了促进经济增长的激励。也有学者认为，地方晋升"锦标赛"的制度安排在区域经济发展中发挥重要作用，能力高的地方官员会为了晋升推动经济增长，那些在晋升中处于劣势的官员则倾向于将财政收入用于增进自身福利（周黎安，2007；皮建才，2012）。

与以上文献不同，近年来已有学者将空间特征与区域经济增长差异联系起来，发现伴随着中国经济空间聚集特征日趋显著的同时，空间溢出效应对地区经济增长发挥了重要影响。Ying（2000）发现中国存在着"内核地区对外围地区"的空间溢出效应，并指出区域经济增长相互间存在着较强影响。Groenewold 等（2007、2008）采用 VAR 模型，通过脉冲响应函数模拟地区间的溢出效应，发现不同地区间的溢出效应存在着较大差异。与以上文献主要关注各大地区间溢出效应不同，潘文卿（2012）对中国 31 个省份间的空间关联特征与经济增长因素进行分析，发现空间溢出效应是中国地区经济发展不可忽视的重要影响因素，这种空间溢出效应会随着市场潜能的增大而增大，也会随着地区间距离间隔的增加而减少。以上文献共同之处在于，运用空间统计和计量方法测度地区间空间关联程度以及对经济增长的影响，但不足之处在于，这些研究方法无法体现出各区域在生产过程中的分工合作关系，同时也很难研究地区间通过出口而产生的溢出效应，即无法对全球价值链和国内价值链之间的融合互动给出确切的答案。

另外，刘志彪和张少军（2009）认为东部地区在加入全球价值链时定位在低端位置，在某种程度上把中西部地区压制在原材料和劳动力要素供应商的地位，使得地区间经济发展差异持续扩大。随着劳动力要素价格上升和贸易摩擦加剧，一旦以外资为主体的国际代工者选择产业外移而不是向内地迁移，除了对东部沿海地区带来较大冲击之外，还会对西部地区经济发展带来消极影响。为了在动态竞争中实现价值链攀升及区域良性互动，就必须在东部沿海地区原有全球价值链的基础上，通过产业内迁和产业链的延伸大力发展国内价值链。遗憾的是，刘志彪和张少军（2009）的相关研究仅局限在定性分析层面，并没有采用科学定量的方法对国内价值链进行深入研究。

近年来，全球价值链分工体系的形成，使得出口商品中的新增价值往往来源于多个国家和地区，因此基于全球价值链分工的视角研究区域经济发展，已成为国际贸易领域经济学者们的关注焦点。Hummels 等（2001）率先利用投入产出表数据构建垂直专业化分工指数（VSI），以测度一个国家或地区参与全球垂直专业化分工的水平，在学术界产生了深远影响。后来的学者利用多国投入产出模型及数据，在 Hummels 等（2001）基础上对增加值贸易核算展开了更加深入的研究（Timmer 等，2014）。Koopman 等（2014，以下简称 KWW 模型）提出了一个较为完善的增加值贸易核算框架，将出口商品分解为被国外吸收的本国增加值、出口后又返回国内的本国增加值、国外增加值以及重复核算项四个部分；Wang 等（2013）和王直等（2014）进一步将增加值贸易核算扩展到多个层面（包括国内/部门、双边以及双边/部门层面等），并在国内外得到了广泛的应用。

随着中国国内区域间投入产出表的发布，国内价值链及其与全球价值链之间的融合互动逐渐纳入学者们的研究视角。苏庆义（2016）在 KWW 模型（2014）基础上率先构建了一国内部地区出口增加值的核算框架，并在此基础上进行中国省级出口的增加值分解及其研究，得到了一系列有价值的结论。与苏庆义（2016）研究视角不同，李根强和潘文卿（2016）从增加值流转的视角，利用国内区域间投入产出数据，将国内价值链和国外价值链整合到一个统一框架下，从多维度考察了中国各区域对于全球价值链的嵌入模式。以上研究主要基于国内区域间投入产出表展开，但由于该投入产出表中出口栏目数据较为简单，导致很难得到全球价值链和国内价值链互融的详细信息，此外，也使得省级出口的核算分解不能进一步拓展到双边以及双边/部门等层面。

为了解决国内区域间投入产出表贸易核算时出口信息不足的问题，国内外学者开始将国内投入产出表与世界投入产出表结合起来。Meng 等（2013）率先将 2007 年中国八大区域投入产出表嵌入对应年份的世界投入产出表中，提供了一个全球价值链和国内价值链相互融合的分析框架。后来的学者纷纷借鉴 Meng 等（2013）的思路，将国内区域投入产出表嵌入对应年份的全球投入产出表中，对于中国各区域在全球价值链以及国内价值链中的嵌入位置和参与程度进行了实证研究（倪红福和夏杰长，2016；李善同等，2018）。与以上研究不同，潘文卿和李根强（2018）使用中、日、韩三方研究机构编制的 2005 年各国多区域投入产出表，从增加值供给和需求双重视角，考察了中国各区域在参与全球价值链以及国内价值链过程中相互间及与其他国家的互动关系。

以上文献综述说明，全球价值链与国内价值链的互动和融合已成为当前贸易核算领域的研究前沿，但现有文献侧重于研究我国各地区相互间的互动以及增值收益，却对我国各地区间的经济增长差异关注不够。除此之外，在全球价值链与国内价值链融合背景下，东部沿海地区出口是否带动内陆省份的经济发展？目前尚没有文献专门针对这一问题展开深入研究。在数据时效性上，现有文献主要采用 2007 年之前数据，没有考虑 2008 年金融危机对全球价值链及国内价值链演变和融合带来的影响。与已有文献相比，本章的创新之处体现在：首先，在研究视角上，与现有文献将区域经济差异归因于制度安排以及要素投入等因素不同，本章基于价值链分工角度分析中国各区域间经济增长差异并对其进行测算；其次，在研究对象上，本章首次基于 GVC 和 NVC 融合互动视角，对沿海地区出口如何带动内陆省份经济发展进行深入研究，在选题方面有一定创新；最后，在数据方面，我们将国内区域间投入产出表嵌入对应的世界投入产出表中，并将其更新到 2012 年，从而为分析 2008 年金融危机对我国各地区参与 GVC 和 NVC 分工的影响提供可能。

第二节 嵌入式投入产出模型构造及经济增长核算方法

一、嵌入式投入产出模型构造及经济增长核算

为了分析参与全球价值链和国内价值链分工对我国各地区经济发展的影响，本部分将区域间投入产出表嵌入世界投入产出表之中。表 6-1 为嵌入式投入产出模型简表。

表 6-1　　　　　　　嵌入式多国跨地区投入产出模型简表

	国家（地区）		中间使用				最终使用				总产出
			国家 1		国家 2	国家 3	国家 1		国家 2	国家 3	
			地区 a	地区 b			地区 a	地区 b			
中间投入	国家 1	地区 a	z_{aa}	z_{ab}	z_{a2}	z_{a3}	y_{aa}	y_{ab}	y_{a2}	y_{a3}	x_a
		地区 b	z_{ba}	z_{bb}	z_{b2}	z_{b3}	y_{ba}	y_{bb}	y_{b2}	y_{b3}	x_b
	国家 2		z_{2a}	z_{2b}	z_{22}	z_{23}	y_{2a}	y_{2b}	y_{22}	y_{23}	x_2
	国家 3		z_{3a}	z_{3b}	z_{32}	z_{33}	y_{3a}	y_{3b}	y_{31}	y_{33}	x_3

续表

国家（地区）	中间使用				最终使用				总产出
	国家 1		国家 2	国家 3	国家 1		国家 2	国家 3	
	地区 a	地区 b			地区 a	地区 b			
增加值	va_a	va_b	va_2	va_3					
总投入	x_a	x_b	x_2	x_3					

表 6-1 中嵌入式投入产出模型包括 3 个国家，其中国家 1 包括地区 a 和地区 b。Z 是中间品投入使用矩阵，其中元素 z_{ij} 表示 i 国（地区）向 j 国（地区）所提供的中间产品数量。增加值 VA 为行向量，表中元素 va_i 表示国家（地区）i 的增加值。总产出 X 为列向量，国家（地区）i 的产出用 x_i 表示。Y 为最终产品使用矩阵，y_{ij} 表示 i 国（地区）向 j 国（地区）提供的最终产品数量。

与单国或多国模型相似，在嵌入式投入产出模型中，水平方向上总产出等于中间产品使用与最终产品使用之和，反映了产品生产出来之后的使用结构，用矩阵形式表示为：

$$\begin{bmatrix} x_a \\ x_b \\ x_2 \\ x_3 \end{bmatrix} = \begin{bmatrix} A_{aa}, & A_{ab}, & A_{a2}, & A_{a3} \\ A_{ba}, & A_{bb}, & A_{b2}, & A_{b3} \\ A_{2a}, & A_{2b}, & A_{22}, & A_{23} \\ A_{3a}, & A_{3b}, & A_{32}, & A_{33} \end{bmatrix} \begin{bmatrix} X_a \\ X_b \\ X_2 \\ X_3 \end{bmatrix} + \begin{bmatrix} Y_{aa} + Y_{ab} + Y_{a2} + Y_{a3} \\ Y_{ba} + Y_{bb} + Y_{b2} + Y_{b3} \\ Y_{2a} + Y_{2b} + Y_{22} + Y_{23} \\ Y_{3a} + Y_{3b} + Y_{32} + Y_{33} \end{bmatrix} \quad (6-1)$$

公式（6-1）中 A 为直接消耗矩阵，其中元素 $A_{ij} = z_{ij}/x_j$ 表示 j 国（地区）单位产品中间投入中来自 i 国（地区）的部分。将以上公式进一步变形后得到：

$$\begin{bmatrix} x_a \\ x_b \\ x_2 \\ x_3 \end{bmatrix} = BY = \begin{bmatrix} B_{aa}, B_{ab}, B_{a2}, B_{a3} \\ B_{ba}, B_{bb}, B_{b2}, B_{b3} \\ B_{2a}, B_{2b}, B_{22}, B_{23} \\ B_{3a}, B_{3b}, B_{32}, B_{33} \end{bmatrix} \begin{bmatrix} Y_a \\ Y_b \\ Y_2 \\ Y_3 \end{bmatrix} = \begin{bmatrix} B_{aa}, B_{ab}, B_{a2}, B_{a3} \\ B_{ba}, B_{bb}, B_{b2}, B_{b3} \\ B_{2a}, B_{2b}, B_{22}, B_{23} \\ B_{3a}, B_{3b}, B_{32}, B_{33} \end{bmatrix} \begin{bmatrix} Y_a, 0, 0, 0 \\ 0, Y_b, 0, 0 \\ 0, 0, Y_2, 0 \\ 0, 0, 0, Y_3 \end{bmatrix} u$$

(6-2)

公式（6-2）中 u = [1, 1, 1, 1]'，B = $(I-A)^{-1}$ 为列昂惕夫逆矩阵，其中元素 B_{ij} 为对应的分块子矩阵。将 $\hat{V}$ 记为增加值系数矩阵且其对角线元素 $V_{ii} = va_i/x_i$，则 $\hat{V}BY$ 可表示为：

$$\hat{V}B\hat{Y} = \begin{bmatrix} V_aB_{aa}Y_a, & V_aB_{ab}Y_b, & V_aB_{a2}Y_2, & V_aB_{a3}Y_3 \\ V_bB_{ba}Y_a, & V_bB_{bb}Y_b, & V_bB_{b2}Y_2, & V_bB_{b3}Y_3 \\ V_2B_{2a}Y_a, & V_2B_{2b}Y_b, & V_2B_{22}Y_2, & V_2B_{23}Y_3 \\ V_3B_{3a}Y_a, & V_3B_{3b}Y_b, & V_3B_{32}Y_2, & V_3B_{33}Y_3 \end{bmatrix} \quad (6-3)$$

在以上矩阵中，元素 $V_iB_{ij}Y_j$ 表示 j 国（地区）所生产最终产品 Y_j 通过经济关联诱发 i 国（地区）增加值，因此，公式（6-3）中 a 地区的增加值可进一步表示为：

$$va_a = V_aB_{aa}Y_a + V_aB_{ab}Y_b + V_aB_{a2}Y_2 + V_aB_{a3}Y_3 \quad (6-4)$$

通过公式（6-4），即可得到 a 地区自身增加值的构成来源，即由本地区生产的最终产品 Y_a 拉动部分 $V_aB_{aa}Y_a$，本国其他地区生产的最终产品 Y_b 拉动部分 $V_aB_{ab}Y_b$，以及其他国内生产最终产品拉动部分（$V_aB_{a2}Y_2 + V_aB_{a3}Y_3$）。

由于在跨国（地区）模型中，有 $\sum V_iB_{ij} = 1$，因此将公式（6-3）中与 a 地区相关的矩阵元素纵向相加，则可以得到：

$$Y_a = V_aB_{aa}Y_a + V_bB_{ba}Y_a + V_2B_{2a}Y_a + V_3B_{3a}Y_a \quad (6-5)$$

通过公式（6-5），a 地区生产的最终产品其所含增加值包括三部分：本地区提供的新增价值 $V_aB_{aa}Y_a$、本国其他地区提供的新增价值 $V_bB_{ba}Y_a$，以及其他国家提供的新增价值（$V_2B_{2a}Y_a + V_3B_{3a}Y_a$）。

由于本部分侧重研究参与价值链分工对于区域经济增长的影响，因此可在单国（地区）投入产出框架下将产出 X 表示为：

$$X = LY + (B - L)Y = LY^d + LY^f + LA^fBY \quad (6-6)$$

公式（6-6）中 $L = (I - A^d)^{-1}$，即在单国（地区）框架下，一个国家（地区）产出 X 可分为三部分：一是满足本土最终需求 Y^d 部分的产出 LY^d；二是最终品 Y^f 出口拉动的产出 LY^f；三是中间产品 A^fBY 出口拉动的产出 LA^fBY。用矩阵形式将增加值 VA 进一步表示为：

$$VA = V \cdot X = V \cdot \{LY + (B - L)Y\} = VLY^d + VLY^f + VLA^fBY = VLY^d + VLY^f + VLA^fX \quad (6-7)$$

在公式（6-7）中，V 为增加值率矩阵，其对角线元素 $v_{ii} = va_i/x_i$ 为增加值率。令 $VLY^f = VLY^{f\_reg} + VLY^{f\_int}$ 以及 $VLA^fX = VLA^fX^{reg} + VLA^fX^{int}$，其中，$Y^{f\_reg}$、$Y^{f\_int}$ 分别为流出到国内其他区域和其他国家的最终产品向量，A^fX^{reg}、A^fX^{int} 分别为流出到国内其他区域和其他国家的中间产品向量，则公式（6-6）可表示为：

$$VA = \underbrace{VLY^d + VLY^{f\_reg} + VLY^{f\_int}}_{\substack{\text{最终产品贸易} \\ \text{LVC}}} + \underbrace{VLX^{reg} + VLX^{int}}_{\substack{\text{中间产品贸易} \\ \text{NVC和GVC}}} \quad (6-8)$$

对于地区 a 或者 b 而言，前三项为通过本地价值链（Local Value Chains, LVC）组装生产所得增加值收益，第四项和第五项分别为参与 NVC 和 GVC 分工所得增加值收益。令 t 期和 t+1 期增加值记为 VA^t 和 VA^{t+1}，则两期间的经济增长可以表示为：

$$\Delta VA = VA_{t+1} - VA_t = \Delta VLY^d + \underbrace{\Delta VLY^{f\_reg} + \Delta VLY^{f\_int}}_{\text{最终产品贸易拉动增长}} + \underbrace{\Delta VLX^{reg} + \Delta VLX^{int}}_{\text{中间产品贸易拉动增长}}$$
$$(6-9)$$

通过公式（6-9）可测算得到贸易拉动的经济增长，但我们更希望深入了解的是，我国沿海地区在参与国际分工时，有无通过国内价值链带动内陆地区的经济增长？或者换句话说，沿海地区出口商品中所含内陆地区新增价值是多少？为回答该问题，就需要对沿海出口商品进行增加值贸易核算。先将流出境内的商品可表示为：

$$E = Y^f + A^f X \quad (6-10)$$

需要指出的是，由于流出商品中存在重复核算项，因此不能采用 VBE 来直接测算出口商品中隐含的国内增加值。① 为了去除出口商品中重复核算带来的影响，将公式（6-6）代入后可得到：

$$E = Y^f + A^f LY^d + A^f (BY - LY^d) \quad (6-11)$$

观察公式（6-11）可发现，出口商品可分为三部分，第一部分是最终产品出口部分 Y^f；第二部分是中间产品出口且为进口国直接使用部分 $A^f LY^d$；第三部分是中间产品出口且到进口国后进一步流出部分 $A^f (BY - LY^d)$。因此，对于出口商品而言，前两项在通过海关时仅核算一次，但最后一项则存在重复核算的现象。

将公式（6-11）中出口商品重复核算项去除后可得到：

$$E^y = Y^f + A^f LY^d \quad (6-12)$$

参照公式（6-3），可以将该部分商品出口拉动的增加值用矩阵 $\overset{\Delta}{V}\overset{\Delta}{B}E^y$ 表示为②：

---

① 国内大量文献采用 VBE 公式直接测算出口拉动的国内增加值，从而高估了出口的拉动效应。
② 笔者用本部分提供的核算方法和 KWW 模型（2014）同时进行测算，验证后发现两者得到的结论是完全一致的。

$$\overset{\Delta}{V}B\overset{\Delta}{E}^y = \begin{bmatrix} V_aB_{aa}E_a^y, & V_aB_{ab}E_b^y, & V_aB_{a2}E_2^y, & V_aB_{a3}E_3^y \\ V_bB_{ba}E_a^y, & V_bB_{bb}E_b^y, & V_bB_{b2}E_2^y, & V_bB_{b3}E_3^y \\ V_2B_{2a}E_a^y, & V_2B_{2b}E_b^y, & V_2B_{22}E_2^y, & V_2B_{23}E_3^y \\ V_3B_{3a}E_a^y, & V_3B_{3b}E_b^y, & V_3B_{32}E_2^y, & V_3B_{33}E_3^y \end{bmatrix} \quad (6-13)$$

和上文相似,以上矩阵中元素 $V_iB_{ij}E_j^y$ 表示剔除掉重复核算项的 j 国 (地区) 出口 E_j^y 通过经济关联拉动 i 国 (地区) 的增加值。由于通过公式(6-9) 已得到出口商品拉动本地的增加值收益,因此此处仅需要得到出口商品所含其他国家 (地区) 增加值即可。

以地区 a 为例,其流出商品中所含增加值包括三部分:一是本地区提供的新增价值 $V_aB_{aa}E_a^y$;二是本国地区 b 提供的新增价值 $V_bB_{ba}E_a^y$;三是国家 2 和国家 3 提供的新增价值 ($V_2B_{2a}E_a^y + V_3B_{3a}E_a^y$)。因此,地区 a 流出商品中所含的其他国家 (地区) 增加值为:

$$va_a^{else} = V_bB_{ba}E_a^y + V_2B_{2a}E_a^y + V_3B_{3a}E_a^y \quad (6-14)$$

借鉴 Hummels 等 (2001),可将一国 (地区) 流出商品中所含的其他国家 (地区) 的增加值定义为垂直专业化分工水平,则对于地区 a 其整体垂直专业化分工水平为:

$$VS_a = (V_bB_{ba}E_a^y + V_2B_{2a}E_a^y + V_3B_{3a}E_a^y) / E_a \quad (6-15)$$

进一步的,可根据流出商品中所含外部增加值来源将地区 a 的垂直化分工水平分解为:

$$FVS_a = (V_2B_{2a}E_a^y + V_3B_{3a}E_a^y) / E_a \quad DVS_a = V_bB_{ba}E_a^y / E_a \quad (6-16)$$

在公式 (6-16) 中,FVS_a 为国际专业化分工指数,用流出产品中国外增加值所占比例表示;相对应的,DVS_a 为国内专业化分工指数,用流出产品中国内其他地区增加值占比表示。两者分别反映了地区 a 参与国际垂直专业化分工及国内垂直专业化分工的程度。

进一步将流出商品分为国内贸易和国际贸易两部分,则地区 a 通过国际贸易出口商品 ($y_{a2} + y_{a3} + y_{a2} + y_{a3}$) 所含外部增加值为:

$$va_a^{else\_for} = (V_bB_{ba} + V_2B_{2a} + V_3B_{3a})(y_{a2} + y_{a3} + A_{a2}L_{22}y_{22} + A_{a3}L_{33}y_{33})$$
$$(6-17)$$

其中,地区通过出口商品拉动地区 b 的新增价值为:

$$va_a^{else\_forb} = V_bB_{ba}(y_{a2} + y_{a3} + A_{a2}L_{22}y_{22} + A_{a3}L_{33}y_{33}) \quad (6-18)$$

通过以上系列分析,可得到东部沿海出口商品中所含国内各地区及国外的增加值，从而为测算东部沿海出口对于内陆省份经济发展的带动效应提供可能。

二、数据来源

目前学术界广泛应用的跨国投入产出表主要包括：欧盟资助开发的 WIOD（World Input Output Data）、普渡大学的 GTAP（Global Trade Analysis Project）数据库以及日本经济研究所（IDE-JETRO）提供的东亚国际投入产出表（Asian International IO tables）。以上数据库虽然提供了世界各国在全球价值链中的基本信息，却没有考虑一国不同地区在全球化进程中的分工与合作关系。中国、日本和韩国三方研究机构共同编制了 2005 年各国（地区）投入产出表（TIIO），该表将中、日、韩各区域及东亚主要经济体纳入一个经济系统中，但遗憾的是，该表后来没有进一步编制。鉴于此，本书尝试将区域间投入产出表嵌入世界投入产出表中，构建了 2002 年、2007 年、2012 年三张多国跨地区嵌入式投入产出表，侧重分析中国加入 WTO 以来国内价值链和全球价值链的互动和融合。

国内目前使用的区域间投入产出表主要有两大来源：一是国内信息中心编制的 1997 年、2002 年及 2007 年《中国区域间投入产出表》，该表提供了中国八大区域的投入产出信息；另一个是中国科学院区域可持续发展分析与模拟重点实验室编制的 2007 年和 2012 年 30（31）省份区域间投入产出表。为了分析中国加入 WTO 以来东部地区出口对内陆省市的拉动效应，本书采用 2002 年中国八大区域间投入产出表与 2007 年和 2012 年 30（31）省份区域间投入产出表，并将其嵌入对应年份的世界投入产出表中，具体过程如下：（1）将中国区域间投入产出表通过汇率换算及量纲统一，转换为可以与 WIOD 对接的中国区域间投入产出表；（2）不包括中国各地区在内的世界各国间的投入产出数据仍沿用原有 WIOD 数据不变；（3）以 WIOD 数据为目标变量，对中国区域间投入产出数据、出口数据、进口数据、产出值和增加值进行调整；（4）从水平方向和垂直方向进行平衡调整，平衡调整后的误差项归于 ROW（Rest of the World）一栏中。

第三节 分工视角下我国区域经济增长的测度与比较分析

一、2002—2012 年各地区垂直专业化分工水平测度

在对我国沿海地区和内陆省份经济增长比较测度之前，本节先借鉴 Hummels 等（2001）和李善同等（2018）的思路，用流出商品中所含外部增加值占比衡量各地区垂直专业化分工水平。从表 6-2 可发现，中国各地区垂直专业化分工的平均水平从 2002 年的 18.92% 上升到 2007 年的 25.39% 后再下降到 2012 年的 20%，分析期间上升了 1.08 个百分点，说明在此期间各地区垂直专业化分工水平虽然有所反复，但整体上是有所提高的。除了东北地区之外，其余三大板块同时呈现出"先上升、再下降"的"倒 U 形"特征，其中，东部地区垂直专业化分工水平始终是最高的，中部地区在分析期初垂直专业化分工水平要比西部地区稍低一些，但在分析期末已经超过了西部地区。与以上地区不同，东北地区垂直专业化分工水平从 2002 年的 14.37% 上升到 2007 年的 17.53%，在此后不但没有下降，反而进一步上升到 2012 年的 19.42%，分析期间呈现出单调递增的变化趋势，说明东北地区流出商品中所含外部增加值占比是持续上升的。

表 6-2 2002—2012 年中国各区域基于 GVC 和 NVC 的垂直专业化分工水平　　单位:%

地区	2002 年			2007 年			2012 年		
	NVC	GVC	合计	NVC	GVC	合计	NVC	GVC	合计
东部	5.92	15.45	21.37	13.38	15.98	29.35	7.39	14.70	22.09
中部	8.29	3.19	11.48	9.71	6.91	16.63	11.56	4.26	15.82
西部	9.59	3.81	13.40	10.95	6.36	17.31	9.52	5.69	15.21
东北	7.51	6.86	14.37	8.87	8.66	17.53	11.11	8.31	19.42
平均	6.68	12.24	18.92	12.29	13.11	25.39	8.56	11.44	20.00

将我国各地区流出商品中所含外部增加值分解为国内和国外两部分后，即可进一步得到该地区基于 NVC 和 GVC 的垂直专业化分工水平，具体如表 6-2 所示。从表中可发现，中国各地区基于 NVC 的垂直专业化分工平均水平

从2002年的6.68%上升到2007年的12.29%后再下降到2012年的8.56%，期末比期初高了约1.88个百分点，说明分析期间中国各地区国内垂直专业化分工平均水平是上升的。令人意外的是，中国各地区基于GVC的垂直专业化分工平均水平从2002年的12.24%上升到2007年的13.11%，由于受到2008年金融危机的影响下降到2012年的11.44%，分析期间不但没有上升，反而下降了0.8个百分点，说明中国各地区在积极参与NVC分工的同时，在GVC中的参与度却有所下降。值得指出的是，李根强和潘文卿（2016）年使用1997—2007年中国国内区域间投入产出表测算后发现，各区域在1997—2007年逐步由内向型垂直专业化向外向型垂直专业化转变，而我们得到的结论与其并不一致。究其原因，与本书使用2002—2012年数据并由此考虑金融危机带来的冲击有关。

进一步观察表6-2可发现，中国不同地区垂直专业化分工水平是有所差异的。对于东部地区而言，其国际垂直专业化分工水平要远高于国内分工水平，即东部地区流出商品中所含国外增加值比例要远高于国内其他地区增加值占比，这显然与该地区长期以来通过加工贸易方式参与国际分工有关。分析期间，东部地区国内垂直专业化分工水平从2002年的5.92%上升到2012年的7.39%，而同时期国际垂直专业化分工水平从期初的15.45%下降到期末的14.70%，说明东部地区国际垂直专业化分工水平下降的同时，国内垂直专业化分工水平却有所上升。与东部地区相比，中西部地区垂直专业化分工水平呈现出完全相反的趋势，即国内分工水平要远高于国际分工水平，说明中西部地区更多是参与国内而非国际的分工。与以上地区都不同，东北地区面向国内和国际的垂直专业化分工水平相差并不明显。

上文用流出商品中所含外部增加值比例表示垂直专业化分工水平，但随着而来的问题是：国际贸易和国内贸易商品中所含外部增加值来源结构有什么差异呢？表6-3给出了2002—2012年各区域国际（国内）贸易流出商品中所含外部增加值占比结构。从表6-3可发现，对于国际贸易而言，东部地区出口商品中无论国外增加值（FV）还是国内增加值（DV）比例分析期间增长都较为缓慢；与东部地区不同，中西部及东北地区出口商品中两者均呈现出明显的增长趋势。进一步观察表6-3后可发现，东部地区出口商品中所含外部增加值比例在分析期初是最高的，但分析期间增长较为缓慢；与东部地区不同，中西部及东北地区出口商品中所含外部增加值比例在分析期初并不高，但在分析期间快速上升，到分析期末与东部地区已相差无几，其中东北地区甚至已经超过东部地区。

表 6-3　　2002—2012 年各区域国际（国内）贸易流出商品中
所含外部增加值占比结构　　　　单位:%

贸易	地区	2002 年			2007 年			2012 年		
		DV	FV	合计	DV	FV	合计	DV	FV	合计
国际贸易	东部	5.90	17.64	23.54	15.14	19.70	34.84	7.82	17.77	25.59
	中部	7.91	3.33	11.24	14.49	11.13	25.62	15.35	5.69	21.04
	西部	12.61	5.16	17.77	15.87	10.48	26.35	15.11	8.53	23.64
	东北	6.96	7.44	14.40	12.02	13.13	25.15	15.82	11.03	26.85
国内贸易	东部	5.95	12.80	18.75	11.28	11.56	22.84	6.97	11.70	18.67
	中部	8.36	3.16	11.52	8.92	6.21	15.13	10.78	3.97	14.75
	西部	8.94	3.52	12.46	10.24	5.76	16.00	8.23	5.03	13.26
	东北	7.79	6.56	14.35	8.00	7.43	15.43	10.00	7.67	17.67

观察表 6-3 可发现，分析期间中国各地区国内贸易流出商品所含外部增加值比例，无论在绝对水平还是增加幅度上，均低于国际贸易流出商品所含外部增加值比例，说明出口更加有利于各地区垂直专业化水平的提升。对于东部地区而言，出口与国内贸易商品中国内增加值占比差异并不明显，所含外部增加值结构差异主要体现在国外增加值上，即出口商品中国外增加值比例远高于境内流通商品中所含国外增加值比例，显然与东部地区通过加工贸易方式参与国际分工有关；对于中西部及东北地区而言，无论是出口还是境内流通商品中所含国内其他地区增加值均远高于国外增加值，说明这些地区更多的是通过正常贸易方式参与国际分工之中。基于以上分析可发现，由于中国 80% 的对外出口集中在东部沿海地区，这就导致该地区国际垂直专业化分工水平要远高于国内分工水平，相对应的，内陆地区国内垂直专业化分工水平要高于国际分工水平。

二、分工视角下各地区增加值核算与比较分析

利用上文构建的增加值核算框架，测算得到 2002—2012 年中国加入 WTO 后各区域参与不同价值链分工的增加值构成，具体结果可见表 6-4。从表中可以发现，对于中国整体而言，各地区增加值绝大部分来自本地价值链

(LVC) 所得，其所占比例从 2002 年的 78.25% 下降到 2007 年的 67.45% 再上升到 2012 年的 72.12%，在此期间呈现出"U形"变化趋势且有所下降，说明分析期间各省份对本地价值链的依存程度是有所下降的。与其恰好相反的是，各地区参与国内价值链（NVC）和（GVC）所产生的增加值所占比例分析期间呈现"倒U形"变化趋势且有所上升。进一步观察可发现，在 NVC 和 GVC 两条价值链中，我国各地区不但对于前者的依存程度整体上要高于后者，而且分析期间通过前者产生的增加值占比增幅也要高于后者，说明国内价值链而非全球价值链在我国各区域经济发展中发挥着更为重要的作用。

表 6－4　2002—2012 年中国各区域参与不同价值链分工产生增加值占比　　单位:%

地区	2002 年			2007 年			2012 年		
	LVC	NVC	GVC	LVC	NVC	GVC	LVC	NVC	GVC
东部	76.29	13.39	10.32	66.42	19.38	14.14	70.73	17.51	11.75
中部	79.76	17.30	2.94	71.87	24.97	2.98	74.90	21.76	3.18
西部	83.12	14.50	2.38	67.97	28.76	3.21	72.62	23.80	3.58
东北	77.75	14.88	7.37	62.97	30.71	6.25	72.89	23.15	3.96
平均	78.25	14.48	7.27	67.45	22.96	9.60	72.12	20.08	7.80

表 6－4 同时给出了 2002—2012 年中国各地区参与不同价值链分工产生的增加值所占比例。从表中可以发现，中国四大经济板块增加值构成既有共同之处，又存在一定差异。共同之处包括以下三点：一是各地区对于 LVC 依存度最高，NVC 次之，对于全球价值链依存度最低；二是对于 LVC 依存度呈现下降趋势的同时，对于 NVC 依存度呈现上升趋势；三是分阶段来看，分析期间对于 LVC 依存度呈现出"U形"趋势，对于 NVC 和 GVC 依存度呈现相反的"倒U形"变化趋势。差异之处在于，东部地区对于 GVC 的依存度在四大板块中始终是最高的，分析期间从 2002 年的 10.32% 上升到 2007 年的 14.14% 后下降到 2012 年的 11.75%，分析期末比期初高了 1.43 百分点；与东部地区相似，中部地区对于 GVC 的依存度从 2002 年的 2.94% 上升到 2012 年的 3.18%，但不同的是，中部地区对于全球价值链的依存度上升主要体现在 2007—2012 年。西部地区对于 GVC 的依存度上升幅度并不显著，但对于 NVC 的依存度却从 2002 年的 14.50% 上升到 2012 年的 23.8%，大幅度上升了 9.3 个百分点；与其他地区都不同，东北地区对于 GVC 的依存度从 2002 年的 7.37% 下降到 2012 年的 3.96%，在四大板块中是唯一下降的地区，说明东北地区在此期间参与全球价值链分工程度明显下降。

根据上文所述，与本地价值链相关的增加值又可进一步分为三部分：为满足本地最终需求所创造的新增价值、以最终产品形式流出国内或国外拉动的增加值。表 6-5 进一步给出了 2002—2012 年中国各区域本地价值链产生的增加值构成。从表中可发现，对于我国区域经济整体而言，为满足本地最终需求所创造的新增价值占 GDP 比重从 2002 年的 63.76% 下降到 2007 年的 49.29%，再上升到 2012 年的 56.14%，分析期间下降了 7.62 个百分点。同时，最终产品流出国内和国外拉动的增加值占比，分别从 2002 年的 6.36% 和 8.09% 变为 2012 年的 8.51% 和 7.37%。由于表 6-4 中参与 NVC 和 GVC 分工部分增加值为中间产品流出所拉动，因此结合表 6-4 和表 6-5 可发现，商品流出拉动我国区域经济增加值占 GDP 总量比重从 2002 年的 36.24% 上升到 2012 年的 43.86%，其中，国内贸易拉动的增加值占比从 2002 年的 20.83% 上升到 2012 年的 28.59%，国际贸易拉动的增加值占比从 2002 年的 15.36% 下降到 2012 年的 15.17%，说明国内贸易对于区域经济的影响更为显著。

深入观察表 6-5 可发现，在四大板块内部，东部地区自身需求拉动比例始终是最低的，分析期间下降幅度在四大板块中也是最小的。与其形成鲜明对比的是，西部地区 2002 年自身需求拉动比例在四大板块中是最高的，但分析期间下降了 12 个百分点，下降幅度也是最为显著的。结合表 6-4 可知，四大经济板块对于商品流通的依存度均有所增强，其中，分析期间国际贸易拉动东部地区增加值占比保持在 23% 附近波动，国内贸易拉动增加值占比从 2002 年的 20.1% 上升到 2012 年的 26.68%。与东部地区不同，对中西部地区而言，国内和国际贸易拉动增加值占比均产生明显变化，其中，国内贸易拉动部分占比分别从 2002 年的 23.16% 和 20.8% 上升到 2012 年的 29.19% 和 30.87%，国际贸易拉动部分占比分别从期初的 4.36% 和 4.34% 上升到期末的 5.73% 和 6.93%。与以上地区都不同的是，东北地区国内贸易拉动部分比例从期初的 20.33% 上升到期末的 33.53%，在四大板块中上升幅度是最为显著的，但国际贸易拉动部分比例却从 2002 年的 10.73% 下降到 2012 年的 7.4%，是四大板块中唯一下降的地区。

表 6-5　　2002—2012 年中国各区域本地价值链产生的增加值构成　　单位：%

地区	2002 年			2007 年			2012 年		
	本地需求拉动	最终产品流出		本地需求拉动	最终产品流出		本地需求拉动	最终产品流出	
		国内	国际		国内	国际		国内	国际
东部	56.30	6.72	13.22	44.87	7.70	15.51	50.77	9.17	11.43

续表

地区	2002年 本地需求拉动	2002年 最终产品流出 国内	2002年 最终产品流出 国际	2007年 本地需求拉动	2007年 最终产品流出 国内	2007年 最终产品流出 国际	2012年 本地需求拉动	2012年 最终产品流出 国内	2012年 最终产品流出 国际
中部	72.44	5.86	1.42	58.74	8.05	2.20	62.04	7.43	2.55
西部	74.86	6.30	1.95	53.88	10.31	2.18	62.86	7.07	3.35
东北	68.93	5.46	3.36	47.47	9.33	4.58	59.25	10.38	3.44
平均	63.76	6.36	8.09	49.29	8.36	9.73	56.14	8.51	7.37

三、分工视角下各地区经济增长核算与比较分析

在考虑了价格及汇率波动因素之后，2002—2012年我国GDP从2002年的121 858.9亿元增加到2012年的328 846.9亿元，分析期间年平均增长率约为10.44%。图6-1给出了我国各区域参与不同类型价值链分工对其经济增长的贡献度。从图中可以发现，2002—2012年本地价值链对我国各地区经济平均贡献度为68.53%，参与国内价值链和全球价值链分工对其贡献度分别为23.39%和8.08%，说明本地价值链对于区域经济增长贡献度最高，国内价值链分工次之，全球价值链分工贡献度最低。分地区来看，不同区域参与价值链分工对经济增长的贡献度各具特色，其中，分析期间全球价值链分工对东部地区经济增长贡献度高达12.67%，在四大经济板块中是最高的；对于中部地区而言，超过3/4的GDP是由本地价值链拉动的，该比例在所有地区中是最高的；国内价值链分工对于西部地区的贡献分析期间达到了28.13%，在所有地区中是最为显著的。与以上地区都不同，分析期间全球价值链分工对东北地区经济增长贡献度仅为1.66%，在所有地区中是最低的。

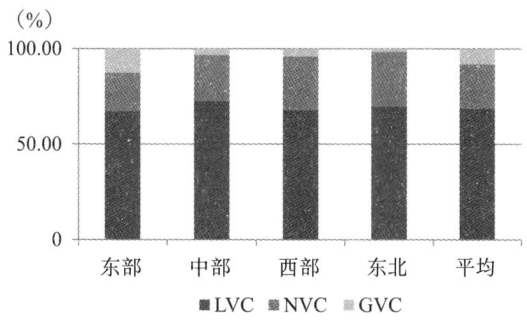

图6-1　2002—2012年中国各区域参与不同类型价值链分工对经济增长贡献度

为了分析外部冲击对我国各地区经济增长的影响，图6-2进一步给出了不同阶段我国各地区参与价值链分工对经济增长的贡献度。从图中可发现，我国区域经济增长在不同阶段参与价值链分工的构成具有明显差异。以整体平均水平为例，在2002—2007年参与NVC和GVC分工对经济增长的贡献度分别为34.44%和12.84%，但在2007—2012年却下降为14.98%和4.46%，相反，本地价值链对经济增长贡献度却从52.72%上升到80.56%，说明由于受到2008年金融危机带来的外部冲击的影响，我国各地经济增长减少了对于外部的依赖，更多依赖本地价值链的拉动。分地区而言，参与GVC分工对东部地区经济增长贡献度从2002—2007年的19.1%下降到2007—2012年的6.37%，下降幅度在四大板块中是最为显著的。与其恰好相反的是，参与GVC分工对中部地区经济增长贡献度从2002—2007年的3.06%上升到2007—2012年的3.49%，是四大经济板块中唯一上升的地区。西部地区和东北地区相似之处在于，分析期间参与NVC分工对于这两个地区经济增长的贡献度出现了显著下降，但两者区别在于，参与GVC分工对于西部地区经济增长贡献度虽有所下降但不明显，相反，参与GVC分工对东北地区经济增长贡献度从2002—2007年的4.23%下降到2007—2012年的0.16%，这也是分析期间全球价值链分工对其贡献度仅为1.66%的直接原因。

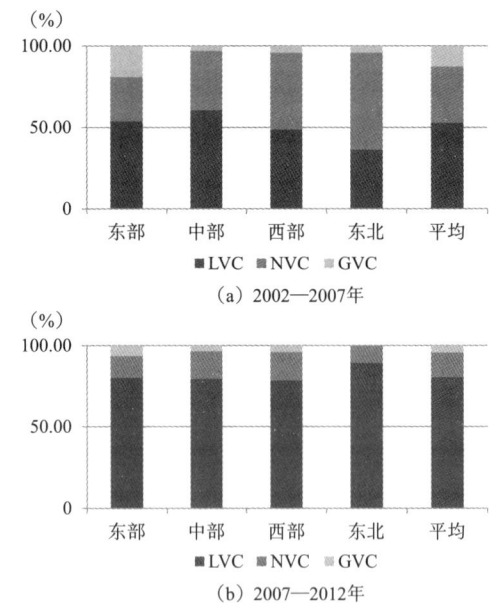

图6-2 不同阶段中国各区域参与各种类型价值链分工对其经济增长贡献度

在上文基础上，表6-6进一步给出了2002—2012年中国各地区与各价值链分工相关部分的增长率。从表中可发现，分析期间我国各区域参与NVC、GVC和LVC分工部分的增长率依次为14.11%、11.19%和9.54%，说明我国各地区经济增长虽然主要依赖LVC拉动，但是相关部分增长率却低于经济整体水平，相反，参与NVC和GVC分工是推动我国经济高速增长的重要原因。分阶段来看，分析期间我国区域平均增长率从2002—2007年的11.64%下降到2007—2012年的9.25%，大约下降了2.39个百分点。深入观察可发现，在中国经济整体增长减速的同时，LVC拉动部分经济增长率却有所上升，从2002—2007年的8.37%上升到2007—2012年的10.72%。相反的，与NVC、GVC相关部分的经济增长率却从2002—2007年的22.39%和18.1%下降到2007—2012年的6.39%和4.69%。以上分析说明，2008年爆发的金融危机对中国经济产生了较大的冲击，使得中国各地区经济增长模式在此期间逐渐从外向型向内向型转变。

表6-6 2002—2012年中国各区域参与不同价值链分工部分增加值的增长率　单位:%

地区	2002—2007年				2007—2012年				2002—2012年			
	LVC	NVC	GVC	整体	LVC	NVC	GVC	整体	LVC	NVC	GVC	整体
东部	9.07	20.74	19.41	12.12	8.99	5.47	3.72	7.64	9.03	12.85	11.29	9.85
中部	8.73	19.47	11.34	10.98	11.61	7.69	12.14	10.70	10.16	13.42	11.74	10.84
西部	7.78	28.68	19.09	12.19	13.60	7.94	14.56	12.12	10.65	17.86	16.81	12.16
东北	4.65	26.19	5.63	9.15	13.20	3.89	0.31	9.94	8.84	14.50	2.93	9.55
平均	8.37	22.39	18.10	11.64	10.72	6.39	4.69	9.25	9.54	14.11	11.19	10.44

分地区来看，2002—2012年西部地区经济增长率为12.16%，在四大板块中位于首位，显然与2000年以来中央实施的"西部大开发"战略有关。其中，由国内价值链拉动部分的经济增长部分达到了17.86%，显然与西部地区向全国提供大量包括原材料在内的中间品有关。中部地区经济增长率在分析期间为10.84%，在四大板块中仅次于西部地区位于第二位。在拉动中部地区的三大动力来源中，通过国内价值链和全球价值链拉动部分的增长率要高于本地价值链，但三者差异并不明显。东部和东北地区分析期间经济增长率分别为9.85%和9.55%，在四大经济板块中位于后两位。深入观察可发现，两者经济增长率位于后两位的背后原因有一定的相似之处，即GVC分工部分的经济增长率都出现明显下降，其中，东部地区GVC拉动部分增长率从2002—

2007 年的 19.41% 下降到 2007—2012 年的 3.72%，同期东北地区则从 5.63% 下降到 0.31%。仔细观察表 6-6 可发现，虽然参与 GVC 部分拉动的经济增长率出现大幅度下降，但东北地区在 2007—2012 年经济整体增长率不降反升，究其原因：一是东北本地价值链拉动的增加值在 GDP 总量中占比较高；二是这部分增加值在 2007—2012 年增长率达到 13.2%。

由于与本地价值链相关的经济增长包括本地需求和最终产品流出拉动两部分，因此为了分析商品流通对于区域经济增长的影响，本书将相关部分提取出来并与中间产品流出部分列于表 6-7。从表中可以发现，分析期间区域经济中与商品贸易相关部分的增长率约为 12.55%，与经济整体增长率相比约高 2.11 个百分点，其中，最终产品贸易拉动部分的增长率为 11.48%，中间产品贸易拉动部分的增长率为 13.21%，说明分析期间中间产品贸易增长更为快速。分阶段来看，最终产品和中间产品贸易拉动部分增长率从 2002—2007 年的 16.83% 和 21.03% 下降到 2007—2012 年的 6.38% 和 5.9%，在分析期间都呈现出明显下降趋势，其中，中间产品贸易拉动部分增长率下降幅度要更为显著。分地区来看，东部地区无论是最终产品贸易还是中间产品贸易，分析期间拉动经济的增长率在四大板块中都是较低的，究其原因，与东部地区参与国内和国际分工水平较高导致边际增长率递减有关。和东部地区恰好相反的是，西部地区在期初时参与国内和国际分工水平较低，当其顺利融入国际和国内分工体系时，商品贸易特别是中间产品贸易对其经济的拉动效应就显得较为明显。

表 6-7 2002—2012 年不同类型商品贸易流通拉动中国各区域经济的增长率　单位：%

地区	2002—2007 年			2007—2012 年			2002—2012 年		
	最终产品	中间产品	平均	最终产品	中间产品	平均	最终产品	中间产品	平均
东部	15.01	20.17	17.92	5.41	4.74	5.01	10.10	12.19	11.28
中部	19.86	18.42	18.81	10.05	8.20	8.72	14.85	13.19	13.65
西部	22.47	27.49	25.93	7.40	8.69	8.33	14.69	17.71	16.80
东北	20.19	20.83	20.65	9.18	3.32	5.08	14.55	11.73	12.60
平均	16.83	21.03	19.42	6.38	5.90	6.07	11.48	13.21	12.55

表 6-8 进一步给出了 2002—2012 年国内贸易和国际贸易拉动我国各区域经济的增长率。从表中可以发现，2002—2012 年国内贸易和国际贸易拉动我

国区域经济增长率分别为13.99%和10.28%,结合上文可知,和国际贸易相比,国内贸易不仅在中国经济增长中所占份额较大,而且作为动力引擎所拉动部分的经济增长也更为迅速。

分阶段来看,2002—2007年国内和国际贸易拉动区域经济增长率分别为21.1%和16.98%,但在2007—2012年均呈现出明显的下降趋势,分别下降到7.3%和3.95%。以上数据说明,在2008年金融危机爆发之前,国内贸易和国际贸易对于我国区域经济增长都产生了显著的推动作用,但在2008年金融危机爆发之后,无论是国际贸易还是国内贸易的推动作用均出现了明显下降趋势,相比较而言,国际贸易下降幅度更大。

表6-8 2002—2012年国内贸易和国际贸易拉动中国各区域经济的增长率　　单位:%

地区	2002—2007年		2007—2012年		2002—2012年	
	国内贸易	国际贸易	国内贸易	国际贸易	国内贸易	国际贸易
东部	18.85	17.11	7.39	2.63	12.97	9.63
中部	19.41	15.36	7.99	12.92	13.56	14.13
西部	27.44	17.42	6.77	17.54	16.65	17.48
东北	25.16	9.60	5.95	1.62	15.15	5.53
平均	21.10	16.98	7.30	3.95	13.99	10.28

分地区来看,分析期间两种贸易拉动效应在不同板块中存在较大差异。其中,东部地区由国际贸易拉动的经济增长率从2002—2007年的17.11%下降到2007—2012年的2.63%,但同期国内贸易拉动的经济增长率却从18.85%下降到7.39%,国际贸易拉动经济增长率下降程度显著超过国内贸易拉动部分,说明东部省份处于沿海开放地区,受到外部的冲击也更为显著。对于中西部地区而言,由于外向型经济整体处于发展的初期阶段,导致分析期间国际贸易拉动的经济增长率整体上要高于国内贸易,但是对于地区经济增长的贡献度却比较低。与以上地区都不同,东北地区2007—2012年国内贸易拉动的经济增长率为5.95%,与其他地区相比差异并不明显,国际贸易拉动部分的经济增长率却从2002—2007年的9.6%下降为2007—2012年的1.62%,说明东北地区在2007年之后的国际贸易,特别是中间产品国际贸易的增速放缓,是近年来其经济发展在国内逐步掉队的直接原因。

综合上文可发现,一个地区在GVC或NVC上的专业化分工水平,与相应价值链带来的经济增长效应并不存在简单的对应关系。如何对此现象给出合理的解释？我们认为，这两者之所以不存在直接对应关系与这两个指标的定义有关。现有文献一般将某国（地区）单位出口商品中所含国（地区）外增加值定义为该国（地区）在 GVC 或 NVC 上的垂直专业化分工水平。但参与 GVC 或 NVC 分工带来的经济增长效应取决于两个因素，一是中间产品流出的数量，二是单位流出商品中所含的国内增加值。所以，在跨区域投入产出表中，一个国家（地区）在 GVC 或 NVC 上的专业化分工水平主要取决于中间产品的投入结构，参与 GVC 或 NVC 分工带来的经济增长效应更多取决于中间产品的分配结构，正是由于以上因素的不同，才导致两者之间并不存在直接的对应关系。

第四节　沿海地区出口对内陆省份经济增长的带动效应

通过上文分析可以发现，在经济全球化与区域一体化背景下，中国各地区垂直专业化分工有了一定程度的提高，但在金融危机等外部冲击下，国内和国际分工水平出现了分化，将必然对各地区经济发展带来影响。在上文基础上，本部分希望进一步回答以下问题，即东部沿海地区在积极参与全球价值链分工的同时，有无通过国内价值链带动了内陆地区的经济发展？

表 6-9 给出了 2002—2012 年中国各区域及不同分类商品的出口金额及其结构。从表中可发现，东部地区出口商品金额要远高于其他地区，所占份额从 2002 年的 86.92% 下降到 2012 年的 82.77%，分析期间下降了 4.15 个百分点。与东部地区不同，中、西部地区出口商品所占份额虽然不高，但分析期间分别从 2002 年的 4.23% 和 3.88% 上升到 2012 年的 6.12% 和 7.42%，分别上升了 1.89 和 3.54 个百分点。东北地区 2002 年出口商品占比为 4.97%，在四大板块中位于第二位，但到 2012 年已经下降为 3.7%，在四大板块中位于末位。以上分析说明，东部地区出口商品金额远超其他地区，但分析期间增长速度要低于中、西部地区，导致其在全国总量中所占份额有所下降。此外，东北地区出口商品金额增速在四大板块中位于末位，导致其所占份额出现了大幅度下降，这也进一步验证了上文所得的东北地区与贸易相关的经济增长效应有所放缓的观点。

表 6－9　2002—2012 年中国经济各区域不同分类商品出口金额及所占份额

地区		2002 年			2007 年			2012 年		
		中间品	最终品	合计	中间品	最终品	合计	中间品	最终品	合计
东部	出口金额(亿美元)	1 283.47	1 707.87	2 991.34	5 389.6	6 102.13	11 491.73	8 915.06	8 899.16	17 814.21
	占比(%)	81.69	91.32	86.92	85.64	90.34	88.07	81.8	83.75	82.77
中部	出口金额(亿美元)	98.42	47.03	145.45	297.23	217.26	514.49	721.22	595.56	1 317.78
	占比(%)	6.26	2.51	4.23	4.72	3.22	3.94	6.62	5.61	6.12
西部	出口金额(亿美元)	74.29	59.4	133.69	301.99	209.82	511.82	835.78	760.84	1 596.62
	占比(%)	4.73	3.18	3.88	4.8	3.11	3.92	7.67	7.16	7.42
东北	出口金额(亿美元)	115.04	55.93	170.97	304.27	225.71	529.98	426.01	369.74	795.75
	占比(%)	7.32	2.99	4.97	4.83	3.34	4.06	3.91	3.48	3.7

进一步将出口商品分为中间品和最终品后可发现，中国中间品和最终品出口金额从 2002 年的 1 571 亿美元和 1 870 亿美元，增加到 2012 年的 10 898 亿美元和 10 625 亿美元，分析期间分别增加了 5.94 倍和 4.68 倍，说明对于中国整体而言，中间品出口的增速比最终品出口更快。具体到各地区而言，东部地区中间品出口占比几乎保持不变，最终品出口占比下降了 7.57 个百分点，说明东部地区最终品出口增速低于全国平均水平。与东部地区恰好相反，东北地区最终品出口占比稍有增长的同时，中间品出口占比从期初的 7.32% 大幅度下降到期末的 3.91%，说明分析期间东北地区出口之所以放缓与中间品有关。与东部和东北地区不同，中、西部地区无论是中间品还是最终品的出口占比，分析期间都出现了较为明显的上升趋势，说明中西部外向型经济在此期间产生了突飞猛进的发展。

由于 2002—2012 年中国出口主要集中在东部地区，因此东部地区出口目的国及其拉动效应成为本书的关注焦点。从表 6－10 可以发现，东部地区出口到包括大量发展中国家在内的"其他"地区商品无论是出口金额还是增长幅度都是最为显著的；与"其他"地区相反，东部地区出口到北美和亚洲的出口金额分析期间分别增加 3.7 倍和 3.87 倍，增长幅度是最低的。东部地区出口到欧洲国家的出口金额在各国中并不高，分析期间增长 4.8 倍，增长幅度介于两者之间；从出口份额来看，东部地区出口到亚洲的周遍国家商品所占份额分析期间呈现出单调下降趋势，并从期初的 20.68% 下降到期末的 16.74%；出口到欧洲与北美商品所占份额受 2008 年金融危机冲击后在 2007—2012 年出现显著下降现象。与欧美相反，东部沿海地区出口到发展中国家为主的"其他"地区所占份额从 2002 年的 40.5% 上升到 2007 年的 42.75% 后，进一步快速上升到 2012 年的 49.56%，分析期间呈现出单调上升趋势，说明在此期间中国企业为了抵御金融危机带来的冲击，在出口欧美商品受阻的情况下，加大对南美、非洲地区以及俄罗斯等国家出口的力度。

表 6-10　2002—2012 年东部沿海出口到世界主要地区的金额及所占份额

地区		2002 年			2007 年			2012 年		
		中间品	最终品	合计	中间品	最终品	合计	中间品	最终品	合计
北美	出口金额(亿美元)	199.35	499.85	699.2	838.74	1 632.92	2 471.66	1 183.98	2 105.89	3 289.87
	占比(%)	15.53	29.27	23.37	15.56	26.76	21.51	13.28	23.66	18.47
欧洲	出口金额(亿美元)	195.98	272.01	468	985.09	1 160.05	2 145.14	1 444.18	1 269.67	2 713.85
	占比(%)	15.27	15.93	15.65	18.28	19.01	18.67	16.2	14.27	15.23
亚洲	出口金额(亿美元)	281.08	331.43	612.51	1 116.43	845.76	1 962.19	1 637.61	1 344.43	2 982.04
	占比(%)	21.9	19.41	20.68	20.71	13.86	17.07	18.37	15.11	16.74
其他	出口金额(亿美元)	607.05	604.58	1 211.64	2 449.34	2 463.39	4 912.74	4 649.28	4 179.17	8 828.45
	占比(%)	47.3	35.4	40.5	45.45	40.37	42.75	52.15	46.96	49.56

表 6-11 给出了 2002—2012 年内陆省份新增价值中由东部地区出口拉动部分及其占比。从表 6-11 可以发现，东部地区出口拉动内陆省份增加值从 2002 年的 1 459.79 亿元上升到 2012 年的 8 721.82 年亿元，其在地区 GDP 中占比也从 2002 年的 2.65% 上升到 2007 年的 6.25% 后，再下降到 2012 年的 3.44%，分析期间上升了约 0.79 个百分点。分产品来看，东部地区最终品出口拉动内陆省份增加值始终比中间品大，中间品和最终品分别从 2002 年的 508.29 亿元和 951.49 亿元增加到 2012 年的 3 395.28 亿和 5 326.54 亿元。分行业来看，分析期初内陆省份农业部门受东部地区出口拉动的影响并不明显，但在分析期间呈现出快速增长趋势，相关部分从 2002 年的 114.01 亿元增加到 2012 年的 1 074.06 亿元，在三次产业中增长是最为迅速的。与农业部门相比，东部地区出口对于内陆省份服务业的影响要稍弱一些，2012 年东部地区出口拉动新增价值占比仅为 2.52%，在三次产业中是最低的。内陆省份第二产业增加值中由东部地区出口拉动部分占比从 2002 年的 4.12% 上升到 2007 年的最高点 8.64% 后再回落到 2012 年的 4.28%，在三次产业中始终是最高的，说明东部地区出口对内陆省份带动效应主要体现在第二产业上。

表6-11 2002—2012年内陆省份新增价值中由东部地区出口拉动部分及其占比

行业		2002年			2007年			2012年		
		中间品	最终品	合计	中间品	最终品	合计	中间品	最终品	合计
一产	增加值(亿元)	30.87	83.13	114.01	315.77	759.11	1 074.84	374.41	699.65	1 074.06
	占比(%)	0.31	0.84	1.15	1.74	4.19	5.93	1.11	2.07	3.17
二产	增加值(亿元)	348.96	626.14	975.09	1 800.68	2 925.94	4 726.66	2 062.57	3 072.05	5 134.62
	占比(%)	1.48	2.65	4.12	3.29	5.35	8.64	1.72	2.56	4.28
三产	增加值(亿元)	128.46	242.21	370.69	609.79	1 049.35	1 659.13	958.31	1 554.83	2 513.14
	占比(%)	0.60	1.12	1.72	1.31	2.25	3.56	0.96	1.56	2.52
合计	增加值(亿元)	508.29	951.49	1 459.79	2 726.24	4 734.4	7 460.63	3 395.28	5 326.54	8 721.82
	占比(%)	0.92	1.73	2.65	2.28	3.97	6.25	1.34	2.10	3.44

上文分析表明，中国东部地区出口对于内陆地区的拉动效应更多体现在第二产业，那么，在第二产业各部门间又有什么区别呢？表6-12进一步给出了2002—2012年中国东部地区出口对于内陆地区第二产业各部门的拉动效应。从表中可以发现，东部地区出口对于内陆地区采掘业的拉动效应最为显著，并从2002年的7.71%上升到2007年的最高点15.63%，受到金融危机影响后下降到2012年的10.09%，分析期间增长了2.38%。与采掘业相比，东部地区出口对于内陆地区制造业的拉动效果并不显著，分析期间从2002年的4.80%上升到2007年的8.44再下降到2012年的3.76%。东部地区出口对于内陆地区电力、热水及煤气生产供应业的拉动效应介于采掘业和制造业之间，从2002年的5.19%上升到11.50%后再下降到4.70%，分析期间稍有下降。值得指出的是，与以上产业部门都不同，东部地区出口对于内陆地区建筑业几乎没有产生拉动效应，究其原因，应与建筑业自身特征有关，该行业参与外部分工程度较低，主要依靠当地经济最终需求的拉动。以上分析说明，中国内陆省份主要通过向东部地区提供矿产资源以及电力、热水及煤气的方式参与到国际分工之中。

表6-12 2002—2012年中国东部地区出口对于内陆省份第二产业各部门的拉动效应   单位:%

行业	2002年			2007年			2012年		
	中间品	最终品	合计	中间品	最终品	合计	中间品	最终品	合计
采掘业	4.82	2.90	7.71	6.43	9.21	15.63	4.56	5.53	10.09
制造业	3.25	1.55	4.80	3.05	5.38	8.44	1.37	2.39	3.76

续表

行业	2002 年			2007 年			2012 年		
	中间品	最终品	合计	中间品	最终品	合计	中间品	最终品	合计
电力、热水及煤气生产供应业	3.32	1.88	5.19	4.62	6.88	11.50	1.90	2.80	4.70
建筑业	0.07	0.04	0.11	0.03	0.05	0.09	0.04	0.06	0.10

表6-13给出了2002—2012年中国内陆地区增加值中由东部地区出口拉动部分所占比重情况。从表中可以发现，中部省份增加值中由东部地区出口拉动部分占比从2002年的3.13%上升到2012年的3.80%，在内陆地区中该比例始终是最高的，说明东部沿海地区出口对于中部省份经济影响较为明显。在产业部门层面，中部地区2002年农业增加值中由东部地区出口拉动部分占比仅为1.77%，在各产业中是最低的，分析期末已经上升为3.47%，在各产业中增加幅度最为显著。东部地区出口对中部地区工业增加值拉动效应是最为显著的，从2002年的4.66%上升到2007年的最高点8.38%再下降到2012年的4.41%，分析期间下降了0.25个百分点。相对而言，东部地区出口对于中部服务业增加值的拉动效应变化并不明显，在分析期间从2002年的2.02%上升到2012年的3.13%。以上分析说明，东部地区出口对于中部地区增加值拉动效果较为显著，且近年来逐步从工业部门向农业和服务业部门转移。

表6-13　2002—2012年中国东部地区出口拉动内陆省份增加值占比　　单位:%

地区	行业	2002 年			2007 年			2012 年		
		中间品	最终品	合计	中间品	最终品	合计	中间品	最终品	合计
中部	农业	0.45	1.32	1.77	1.81	4.20	6.01	1.17	2.29	3.47
	工业	1.58	3.08	4.66	3.09	5.29	8.38	1.64	2.76	4.41
	服务业	0.66	1.36	2.02	1.25	2.19	3.45	1.17	1.96	3.13
	合计	1.03	2.11	3.13	2.19	3.94	6.14	1.40	2.39	3.80
西部	农业	0.21	0.49	0.70	1.59	3.90	5.49	1.08	1.98	3.06
	工业	1.49	2.60	4.09	3.74	6.02	9.76	1.75	2.39	4.15
	服务业	0.54	1.00	1.55	1.52	2.61	4.13	0.71	1.08	1.78
	合计	0.85	1.52	2.36	2.50	4.31	6.81	1.24	1.81	3.05
东北	农业	0.19	0.38	0.56	1.97	4.91	6.88	1.01	1.73	2.74
	工业	1.26	1.92	3.18	2.90	4.23	7.13	1.82	2.45	4.26
	服务业	0.56	0.89	1.45	0.99	1.63	2.62	1.07	1.76	2.83
	合计	0.85	1.32	2.17	2.04	3.31	5.34	1.41	2.08	3.49

注：由于东部地区出口对于内陆省份建筑业的拉动效果不明显，因此本表将其忽略不计。

西部地区2002年增加值中约有2.36%是由东部地区出口拉动的，该比例介于中部和东北地区之间，分析期间上升到2007年的最高点6.81%后再下降到2012年的3.05%，变化幅度在内陆省份中是最为显著的。具体到产业层面，东部地区出口对西部地区农业部门拉动效应从2002年的0.70%上升到2012年的3.06%，分析期间增加2.36个百分点。对于西部地区工业部门而言，东部地区出口对其增加值拉动效应从2002年的4.09%上升到2007年的最高点9.76%，受到金融危机冲击后下降到2012年的4.15%，分析期间几乎没有发生显著变化。对于西部地区服务业而言，东部地区出口对其拉动效应从2002年的1.55%上升到2012年的1.78%，无论是数值本身还是增加幅度都是较低的。以上分析说明，在2008年金融危机发生之前，东部沿海地区出口拉动了西部地区经济，特别是工业部门的发展，但受到外部冲击影响，东部沿海地区出口对于西部地区的带动效应在2008年之后出现明显下降。

对于东北地区而言，其增加值中由东部地区出口拉动部分占比2002年约为2.17%，在内陆地区中位于末位，说明东部地区出口对其经济增长拉动效应并不明显，但到2012年已增加到3.49%，分析期间增长幅度在内陆地区中是最为显著的。在各产业部门中，东部地区出口对东北地区农业部门拉动效应分析期初仅为0.56%，分析期间上升到2007年的6.88%后再下降到2012年的2.74%，分析期间呈现出较为明显的"倒U形"变化趋势。对于工业部门而言，东部地区对其拉动效应从2002年的3.18%上升到2007年的7.13%后，再下降到2012年的4.26%，分析期间增加1.08个百分点，在三次产业部门中始终是最为显著的。与工业和农业部门不同，东部地区出口对东北地区服务业部门拉动效应从2002年的1.45%上升到2012年的2.83%，分析期间呈现出单调上升趋势。以上分析说明，尽管分析期间东北地区自身直接参与国际分工水平有所下降，但通过国内价值链分工间接参与东部沿海地区出口水平却有所上升。

图6-3进一步给出了2007年和2012年东部沿海地区出口对内陆省份经济的拉动效应。从图中可发现，陕西2007—2012年新增价值中约有7.79%是由东部地区出口拉动的，该比例在中国所有内陆省份中是最高的；除此之外，在此期间内蒙古和新疆新增价值中东部地区拉动部分占比均超过7%，在中国内陆省份中位于第二位和第三位。与以上省份不同，四川、湖北以及辽宁三省新增价值中由东部地区出口拉动部分占比均值分别为2.23%、2.61%和3.22%，在中国内陆省份中位于后三位。仔细分析后可发现，四川、湖北以

及辽宁分别是中国西部、中部以及东北地区的经济大省，在各自经济板块中处于相对核心的位置，并通过对外辐射带动周遍省份的发展，从而决定了这三省经济发展更多依赖于自身而非东部地区出口的带动。除此之外，从图6-3还可以发现，所有内陆省份2012年增加值中由东部地区出口拉动部分占比均低于2007年的对应值，即由于受到2008年金融危机的影响，中国东部地区对内陆省份经济的拉动效应出现普降趋势。

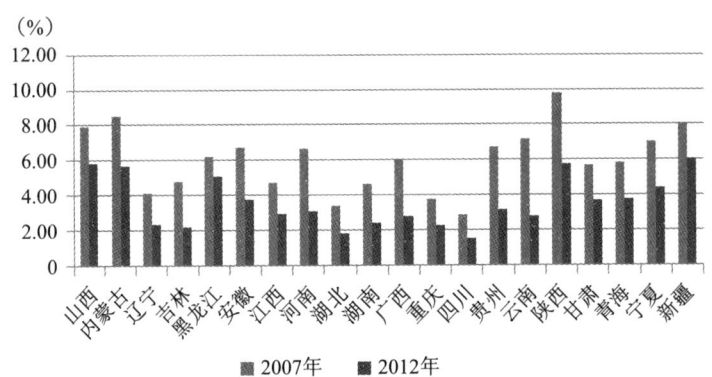

图6-3　2007年和2012年中国东部沿海地区出口对内陆省份经济的拉动效应

第五节　本章结语

改革开放以来，中国外贸存在严重的地区间失衡现象，大量的出口集中在东部沿海发达地区，导致地区间经济增长出现明显的差异。本书利用2002年、2007年及2012年嵌入式投入产出表数据，从分工视角对我国东部沿海地区和内陆省份间经济增长差异进行测度分析，得到以下结论：（1）中国各地区垂直专业化分工整体水平2002—2012年有所上升，但面向国内外的垂直分工水平存在差异，其中，东部地区国际垂直分工水平要远高于国内分工水平，中、西部地区国内垂直分工水平要高于国际分工水平，东北地区两者相差并不明显。受到2008年金融危机的影响，各地区国际垂直分工水平呈现出下降趋势。（2）分析期间各地区参与NVC和GVC产生增加值占比呈现"倒U形"变化趋势且有所上升，其中，国内价值链而非全球价值链在我国各区域经济发展中发挥着更为重要的作用。对于四大经济板块而言，增加值构成既有共同之处，又存在一定差异。（3）我国各地区经济增长主要依赖本地价值链拉动，但相关部分增长率却要低于经济整体水平，相反，参与国内价值链和全球价值链分工是驱动我国经济高速增长的重要原因。由于受到外部冲击的影响，各地经济 2008 年以来减少对于外部的依赖，更多依赖本地价值链的拉动。（4）由于中国东部地区企业大多通过加工贸易方式参与国际分工，因此东部沿海地区出口对内陆省份的拉动效应并不显著，在行业层面主要体现在农业、矿采业和电力、热水及煤气生产供应业等，说明内陆省份主要通过向东部地区提供生产能源和原材料的方式间接参与到国际分工之中。

在本章所得结论的基础上，提出以下政策建议：

1. 东部地区在对外开放的同时，更要进一步加大对内开放的力度；长期以来，中国东部沿海地区通过加工贸易方式参与国际分工，导致其出口商品中国外增加值份额远高于内陆省份增加值份额，从而对内陆省份经济发展拉动效应并不显著。因此，东部地区在对外开放同时，更需要进一步加大对内陆省份的开放力度。

2. 推动区域一体化，打破地区间行政壁垒，加快商品特别是中间品在国内市场的流通。本书研究表明，中间品在国内市场的流通是构建国内价值链的前提条件，长期以来中国地方保护主义盛行，使得国内统一的大市场难以形成，加大了商品的流通成本。因此，当前要加强各地区间的协调机制建设，推动区域一体化进程。

3. 东部地区自身产业转型升级的同时，要带动内陆省份在全球价值链中的升级。本书研究指出，中国内陆省份主要通过向东部地区提供生产能源和原材料方式间接参与到国际分工之中。因此，东部地区在自身产业转型升级的同时，要通过产业转移、技术扩散等方式，带动内陆省份在全球价值链中的升级。

4. 在逆全球化背景下，要构建较为完整的国内价值链抵御外部冲击带来的风险。本章研究表明，由于受到 2008 年金融危机冲击，中国各地区垂直专业化水平从开放逐步向内向转变。但整体而言，中国当前国内价值链的建设尚不完善，各地区间的分工合作仍处于较低水平，因此为抵御外部冲击带来的风险，必须加强和完善国内价值链的构建。

第七章

进口替代下的全球生产链重构及对中国经济增长的影响

第一节 全球生产链重构研究的文献综述

20世纪下半叶以来,以国际生产分割、全球采购为代表的新型生产和贸易模式取代传统的生产贸易模式,促使全球生产链(Global Production Chain,GPC)不断延伸和拉长,逐步形成国际分工新型体系,在提高生产效率的同时,也给发展中国家带来新的机遇。在此过程中,中国以劳动力要素禀赋优势参与国际分工,取得举世瞩目的发展成就,进出口总额从1978年的206.4亿美元上升到2019年的45 761.26亿美元,成为拉动我国经济增长的主要动力源泉。但就在人们尚在享受全球化带来福利时,2008年世界金融危机和近期新冠肺炎疫情的爆发,给全球化的未来带来了不确定性。此外,以"英国脱欧"和美国"川普新政"为标志,发达国家贸易保护主义盛行,更是给经济全球化蒙上了一层阴影。在外部充满不确定性以及各国参与国际分工的比较优势发生改变背景下,现有的全球生产链分工体系将产生哪些变化?进一步的,全球生产链重构将如何影响中国经济增长和转型?以上一系列问题的回答,对于中国经济可持续发展具有极其重要的意义。

生产链(Production Chain)的概念最早源自于亚当·斯密关于劳动分工思想的阐述。在亚当·斯密经典巨著《国富论》中,其通过著名的"制针"例子说明劳动分工对于提高劳动效率和增进国民财富的巨大作用,但由于受到时代的制约,早期研究主要局限于企业的内部活动,可以理解为产品链而非产业链。马歇尔进一步将劳动分工的思想拓展到企业层面,强调企业与企业之间的分工与合作，一般被认为是产业链理论真正的起源。在20世纪80年代之后，随着信息技术发展和运输成本的降低，跨国企业根据各国或地区的资源禀赋及比较优势，在全球范围内重新进行配置生产工序，使得全球生产链（GPC）得以形成，并与全球价值链一起成为学者们关注的焦点。两者的区别主要在于，生产链关注的是从初次投入到最终产品整个链条中不同工序的安排和组织，价值链更加关注在此过程中的价值创造和收益分配。[①] 近年来，国内外研究侧重关注全球价值链重构对社会经济发展产生的影响。

一个国家或地区在全球价值链中的分工地位取决于外部环境及其自身资源禀赋，当外部环境与资源禀赋发生变化时，跨国企业关于原材料采购来源、生产选址以及目标市场等一系列决策都将随之改变，从而导致全球价值链发生重构。Milberg和Winkler（2010）最先明确提出GVC重构的概念与分析框架，并采用Hirschman–Herfindahl指数测度了各国的贸易集中度，发现"采购者主导"的全球价值链趋于集中，而"生产者主导"的全球价值链趋于分散。麦肯锡在一份研究报告中指出，当前全球价值链重构具有以下趋势：（1）贸易占总产出的比重出现下降。（2）贸易结构发生变化，其中，货物贸易比例下降的同时，服务业贸易比例有所上升。如果考虑无形资产、知识产权转移的话，服务业贸易约占到贸易总量的一半以上。（3）劳动密集型产品贸易占比下降，知识和技术密集型产品贸易占比上升。（4）汽车、电子等分工环节较多的产业链进一步区域化和本土化（MGI，2019）。究其原因，UNDP（2019）认为全球价值链重构主要取决于以下三方面因素，分别是以人工智能（AI）和5G通信等为代表的新一代技术革命、全球范围内的气候变化以及日趋严格的环境规制、以中国为代表的新兴市场崛起以及贸易政策不确定的增加。

近年来，由于劳动力、土地等要素成本的上升，跨国公司是否会通过价值链重构将在中国境内的生产环节转移到更具比较优势的境外地区，吸引了国内外学者的广泛关注。田文等（2015）表明，全球价值链重构在中国并没有大规模出现，但存在重构的某种趋势，最可能出现重构的并不是劳动密集型产品，而是机电产品和高新技术产品。此外，除了比较优势发生变化之外，外部冲击以及贸易摩擦也可能导致全球生产链或价值链的重构。与田文等（2015）等相似，余振等（2018）发现，随着中国制造业在全球价值链上的赶

[①] 下文根据不同情境对生产链和价值链进行选择性的使用，在涉及价值创造和收益分配时使用价值链，反之，则使用生产链。

超与攀升,中美贸易摩擦有其内在的必然性,参与全球价值链重构对中美贸易摩擦存在"催化剂效应"和"润滑剂效应"。杨军等(2020)进一步发现,中美贸易摩擦对中国参与全球价值链分工产生了负面影响,但同时也深化了中国参与区域价值链分工的程度,特别是电子、汽车等行业在区域价值链中的参与程度。以上研究主要集中在全球价值链重构现状与趋势、产生的原因以及对中国制造业转移带来的影响等方面,不足之处在于并未将其与中国经济增长和转型联系起来。

在主流经济增长理论中,全要素生产率是驱动经济增长的重要源泉,因此,大量的文献侧重研究发展中国家参与 GVC 分工对其生产率的影响。Keller(2004)认为参与价值链分工存在中间品效应,即通过接触到价格低廉或者质量优质的中间品,从而减少生产成本及提高产品质量。与 Keller(2004)不同,Chiarvesio 等(2010)认为参与 GVC 分工会面临国际市场的竞争压力,从而促使企业提高自身的生产效率。Baldwin 和 Yan(2014)更进一步认为,企业参与 GVC 分工可以进入更大市场,通过扩大经济规模提升生产效率。与以上文献不同,部分学者认为,发展中国家与发达国家在科技发展方面存在一定差距,导致本土企业在全球价值链体系中只能从事低附加值、高能耗的加工组装环节,从而被"俘获"在全球价值链中创新能力较低、低附加值的生产组装环节(Humphtry,2002;Gereffi,2001;Costinot 等,2013)。但遗憾的是,以上文献均侧重于分析全球价值链分工带来的生产率效应,并没有直接测算参与全球价值链分工对于本国经济增长的影响。

与以上文献不同,部分学者利用投入产出分析法,分析一个国家参与全球价值链分工对其经济社会发展的影响。早期文献使用单国投入产出模型,根据中国企业主要通过加工贸易方式参与国际分工的特点(刘遵义等,2007),或在有效区分不同贸易方式及所有制企业前提下(Ma 等,2015),测算出口对于国内增加值和就业效应的影响。近年来,随着全球增加值贸易研究的升温,包括 WTOD 等在内的国际投入产出数据库不断得到完善,使得多区域投入产出方法得到广泛应用。部分学者则在多国投入产出框架下,测算出口商品中所含增加值结构(Koopman 等,2014;王直等,2014)、劳动力就业效应(Timmer 等,2014,Dai 等,2019)以及在全球价值链中的嵌入位置(Antras 等,2012;Miller 和 Temurshoev,2017)。另外,刘瑞翔等(2017)利用 1995—2014 年世界投入产出表,从全球空间关联角度对中国经济增长源泉进行分解,发现 20 年来中国经济高速增长是内、外因素共同作用的结果,全球投入产出结构变化对中国经济的冲击大多是短期和暂时的,以投资为主的国内最终品生产结构在中等收入阶段将不可持续。但遗憾的是,刘瑞翔等(2017)并没有对全球生产链重构产生的经济增长效应投入足够的关注。

与已有文献相比,本章创新主要体现在以下方面:首先,与现有文献侧重关注全球价值链重构不同,本章从产品的跨国生产组织方式入手,侧重探讨全球生产链重构及其对中国经济增长和转型的影响;其次,研究发现中国企业近年来采用国内中间品代替进口中间品,导致外部关联度降低的同时,内部关联度有所增加,并对中国经济增长产生持久的影响;最后,本章的创新之处还在于考虑加工贸易和非加工贸易(正常生产)之间的差异。众所周知,加工贸易与非加工贸易具有不同的生产组织方式,因此,基于异质性视角分析外部冲击对全球生产链重构及两种贸易方式的差异,对于理解中国近年来经济增长减速背后的成因具有重要的意义。

第二节 全球生产链重构的理论模型与数据来源

一、异质性视角下的全球投入产出模型

在本章的分析框架之下,对外贸易被区分为加工贸易和非加工贸易两类,因此与常见的多区域投入产出模型相比,本章的理论模型提供了生产链内部更多的关联信息。为了更清楚地体现其特点,我们给出了一张区分加工贸易和非加工贸易的全球投入产出模型简表,具体如表7-1所示。

表7-1 区分加工贸易和非加工贸易的全球投入产出模型简表

		中间使用				最终使用			总产出
		国家1	...	中国		国家1	...	国家n	
				正常生产	加工贸易				
国家1		z_{11}	...	z_{1nor}	z_{1pro}	f_{11}	...	f_{1n}	y_1
...		...	z_{rs}	...	...	...	f_{rs}	...	...
中国	正常生产	z_{nor1}	...	z_{nornor}	z_{norpro}	f_{n1}	...	f_{nn}	y_n
	加工贸易	z_{pro1}	...	0	0	f_{np1}	...	0	y_{np}

续表

	中间使用			最终使用			总产出
	国家 1	...	中国		国家 1	...	国家 n	
			正常生产	加工贸易				
增加值	va_1	...	va_{nor}	va_{pro}				
总投入	y_1	...	y_{nor}	y_{pro}				

在表 7-1 中，全球投入产出模型由 n 个国家组成。其中，元素 z_{rs} 表示 r 国对 s 国提供的中间投入品数量，增加值用 v 表示，总产出等于总投入并用 y 表示，最终品用 f 表示，对应的向量（矩阵）用相应大写字母表示。与其他国家不同，由于中国经济包括正常生产和加工贸易两部分，基于加工贸易的特点，其生产出来的产品不在本国销售，全部出口到国外，因此在表 7-1 中相应位置元素均设置为 0。

在全球投入产出表中，水平方向表示产品生产出来以后的使用去向，其中包括中间品和最终品，进一步对国家进行区分后，又可以表示本国使用和出口到其他国家使用两部分；垂直方向表示产品生产过程中的投入结构，其中，初次投入用增加值表示，中间投入又可以进一步区分为本国和进口两部分。在全球产品内分工体系之中，世界各国通过中间品贸易组成一张全球性生产网络，根据各国的资源禀赋及比较优势，在全球范围内重新组织生产，提高生产效率和增进福利的同时也带来了风险。

现有文献一般采用贸易强度（Trade Intensity）、GVC 参与度或者分工位置来描述全球价值链的重构和演变（MGI，2019；余振等，2018）。但笔者认为，贸易强度（Trade Intensity）只是给出贸易数量在总产出中所占比例，并没有描述生产链组织生产的详细信息；GVC 参与度或者分工位置改变只是生产方式在全球范围内变化的结果而非原因。因此，与以上文献不同，本章直接用经济关联指标描述以中间产品为纽带的国际分工合作情况。其中，对于国家 i 而言，其与下游国家之间的前向关联系数可以表示为[1]：

$$LF_i = \frac{\sum_{j=1}^{n} z_{ij}}{y_i} = \frac{\sum_{j \neq i} z_{ij}}{y_i} + \frac{z_{ii}}{y_i} (i = 1, 2, \cdots, n-1) \tag{7-1}$$

---

[1] 关联系数包括直接关联系数和完全关联系数，前者测算地区（产业）间的直接关联程度，后者测算包括直接关联和间接关联在内的完全关联程度。本章主要涉及的是直接关联系数。

在公式（7-1）中，第一项 $\sum_{j\neq i} z_{ij}/y_i$ 表示国家 i 与其他国家之间的外部前向关联，反映国家 i 与其他国家之间的前向外部关联程度，z_{ii}/y_i 表示国家 i 自身的内部关联，反映国家 i 单位产品中使用本国中间品的比例。

由于中国企业的生产活动包括正常生产和加工贸易两种方式，因此，可以将中国经济的前向关联度指标表示为：

$$LF_{CHN} = \frac{\sum_{j=1}^{n} z_{norj} + \sum_{j=1}^{n} z_{proj}}{y_{nor} + y_{pro}} \tag{7-2}$$

公式（7-2）中分母（$y_{nor} + y_{pro}$）表示中国的总产出是由正常生产得到的产出 y_{nor} 和加工贸易得到的产出 y_{pro} 两部分组成，分子表示生产出来的中间品包括正常生产部分 $\sum_{j=1}^{n} z_{norj}$ 以及加工贸易部分 $\sum_{j=1}^{n} z_{proj}$。但对于中国而言，其正常生产和加工贸易两种方式在全球生产链中的关联度是不同的，因此，可进一步得到：

$$LF_{CHN\_nor} = (\sum_{j=1}^{n} z_{norj})/y_{nor} \quad LF_{CHN\_pro} = (\sum_{j=1}^{n} z_{proj})/y_{pro} \tag{7-3}$$

同理，国家 i 与上游国家之间的后向关联系数可以表示为：

$$LB_i = (\sum_{j=1}^{n} z_{ji})/y_i = (\sum_{j\neq i} z_{ji})/y_i + \frac{z_{ii}}{y_i} \tag{7-4}$$

公式（7-4）说明后向关联系数等于垂直方向上的中间投入之和与总投入之间的比值，其中，第一项 $\sum_{j\neq i} z_{ji}/y_i$ 表示国家 i 与其他国家之间的外部后向关联，第二项 z_{ii}/y_i 表示国家 i 自身的内部关联。需要指出的是，公式（7-1）和公式（7-4）中的第二项是相等的。

对于中国而言，由于存在正常生产和加工贸易两种方式，其直接后向关联度系数指标可以表示为：

$$LB_{CHN} = \frac{\sum_{i=1}^{n} z_{inor} + \sum_{i=1}^{n} z_{ipro}}{y_{nor} + y_{pro}} \tag{7-5}$$

同样的，正常生产和加工贸易两种方式的直接后向关联度系数指标分别表示为：

$$LB_{CHN\_nor} = (\sum_{i=1}^{n} z_{inor})/y_{nor} \quad LB_{CHN\_pro} = (\sum_{i=1}^{n} z_{ipro})/y_{pro} \tag{7-6}$$

全球生产链在构建完成后并不是一成不变的，生产技术的进步、参与国家比较优势的变化、外部冲击以及贸易政策的变化都会导致全球生产链不断地重构与演变，并会影响参与国家在链条中的参与度、分工位置和垂直专业化分工水平，最终会对参与国的经济增长产生影响。本章将侧重分析全球生产链重构对经济增长带来的影响。

根据全球投入产出表中水平方向的平衡关系，可得到总产出等于中间使用和最终使用两部分之和，用矩阵形式表示为：

$$AY + F = Y \tag{7-7}$$

公式（7-7）中 $Z = AY$ 为中间产品使用部分，F 为最终产品使用部分，将公式（7）变形后可得到：

$$Y = BF = (I - A)^{-1} F \tag{7-8}$$

公式 7-7 中 $B = (I - A)^{-1}$ 为完全消耗系数矩阵，即我们所熟知的 Leontief 逆矩阵。进一步的，假设 V 为增加值系数对角矩阵，其对角线元素 $v_i = va_i/y_i$ 表示国家 i 单位产出对应的增加值，除对角线之外的元素皆为零，则相应的增加值可以表示为：

$$VA = VBF \tag{7-9}$$

通过公式（7-9），就可以得到全球投入产出表中所列各国的增加值。其中，国家 i 的增加值可以表示为：

$$Va_i = \sum_{j=1}^{n} v_i b_{i,j} f_j \tag{7-10}$$

公式（7-10）说明，在全球投入产出分析框架下，由于世界各国通过中间品贸易形成生产网络并相互关联，一个国家的增加值并不仅取决于境内最终品的生产，还依赖于境外最终品生产的拉动。

假设两个不同时期 t 和 $(t+1)$，并用上标表示，同时考虑不同结构分解方向带来的结果差异，则在此期间增加值的差异可以表示为：

$$\Delta Val = V^{t+1} B^{t+1} F^{t+1} - V^t B^t F^t = \underbrace{\frac{1}{2} \Delta V (B^{t+1} F^{t+1} + B^t F^t)}_{\text{增加值率变化效应}} +$$

$$\underbrace{\frac{1}{2} (V^{t+1} \Delta BF^t + V^t \Delta BF^{t+1})}_{\text{全球投入产出结构变化效应}} + \underbrace{\frac{1}{2} (V^t B^t + V^{t+1} B^{t+1}) \Delta F}_{\text{最终品产出变化效应}} \tag{7-11}$$

公式（7-11）将增加值变化分解成三个部分，即增加值率变化效应、完全消耗系数变化效应和最终品产出变化效应。但在本章分析框架下，还可以将后两项进行更加深入的分解。其中，Leontief 逆矩阵可进一步分解为 $B = M + N + T$，其中：

$$M = \begin{pmatrix} L_{11}, \cdots, 0 \\ \cdots, L_{ii}, 0 \\ 0, \cdots, L_{nn} \end{pmatrix} \quad N = \begin{pmatrix} B_{11} - L_{11}, \cdots, 0 \\ \cdots, B_{ii} - L_{ii}, 0 \\ 0, \cdots, B_{nn} - L_{nn} \end{pmatrix} \quad T = \begin{pmatrix} 0, B_{1,i}, B_{1,n} \\ B_{i,1}, 0, B_{i,n} \\ B_{n,1}, B_{n,i}, 0 \end{pmatrix} \quad (7-12)$$

公式（7-12）中，M 为国内乘数系数矩阵，其对角线上元素 $L_{ii} = (I - A_{ii})^{-1}$ 表示 i 国采用国内中间品而产生的国内乘数效应。N 为反馈系数矩阵，其对角线上元素 $B_{ii} - (I - A_{ii})^{-1}$ 表示 i 国从国外进口中间品而对自身的反馈效应。T 为溢出系数矩阵，其中元素 B_{ij}（$i \neq j$）表示 i 国向国外出口中间品而产生的外部溢出效应。

根据公式（7-12），可以将投入产出结构变化进一步分解成与国内乘数矩阵、反馈矩阵以及溢出矩阵相关的三部分，即 $\Delta B = \Delta M + \Delta N + \Delta T$。相应的，可进一步将最终品产出分解成境内消费 Y^d 和境外消费 Y^s 两部分，因此，可以将最终产品需求变化表示为 $\Delta Y = \Delta Y^d + \Delta Y^s$，其中，$Y^d = Y^{d-own} + Y^{d-im}$，即境内消费的最终品包括国内厂商生产部分 Y^{d-own} 和从国外进口部分 Y^{d-im}，以及 $Y^s = Y^{s-ex} + Y^{s-else}$，即境外消费的最终品包括国内出口部分 Y^{s-ex} 和从国外厂商生产部分 Y^{s-else}，则增加值变化可分解为：

$$\Delta Val = \underbrace{\frac{1}{2} \Delta V \times (B_{t+1} Y_{t+1} + B_t Y_t)}_{\text{增加值率变化效应}} + \underbrace{\frac{1}{2} (V_{t+1} \Delta MY_t + V_t \Delta MY_{t+1})}_{\text{国内乘数变化效应}} + \underbrace{\frac{1}{2} (V_{t+1} \Delta NY_t + V_t \Delta NY_{t+1})}_{\text{反馈效应}} + \underbrace{\frac{1}{2} (V_{t+1} \Delta TY_t + V_t \Delta TY_{t+1})}_{\text{溢出效应}} + \underbrace{\frac{1}{2} (V_t B_t + V_{t+1} B_{t+1}) \times \Delta Y^{d\_own}}_{\text{国内厂商生产的境内最终品变化效应}} + \underbrace{\frac{1}{2} (V_t B_t + V_{t+1} B_{t+1}) \times \Delta Y^{d\_im}}_{\text{国外进口的境内最终品变化效应}} + \underbrace{\frac{1}{2} (V_t B_t + V_{t+1} B_{t+1}) \times \Delta Y^{s\_ex}}_{\text{国内出口的境外最终品变化效应}} + \underbrace{\frac{1}{2} (V_t B_t + V_{t+1} B_{t+1}) \times \Delta Y^{s\_else}}_{\text{境外厂商生产的最终品变化效应}} \quad (7-13)$$

通过以上公式可发现，增加值率效应、国内乘数变化效应、反馈效应和溢出效应均与中间品投入结构变化有关，即与全球生产率重构有关，因此在现有国际分工体系下，一个国家或地区的经济增长不仅取决于国内外最终产品的市场需求，还取决于全球产业链重构带来的影响。

二、数据来源及处理

自从著名经济学家里昂惕夫开创性的研究以来，投入产出方法已被学者们广泛应用在社会经济问题研究的多个领域。其中，多区域投入产出（Multi-Regional Input Output，MRIO）模型可借助于中间投入矩阵分析区域间分工合作关系，近年来在国际贸易领域得到广泛应用。当前学术界主要应用五个主要的多区域投入产出数据库进行分析，具体包括：与环境经济核算系统（SEEA）兼容的 EXIOBASE 数据库、包含 190 个国家/地区的匹配环境和社会卫星核算账户 Eora 数据库、世界投入产出数据库（World input-output database，WIOD）、欧盟统计局与欧盟委员会的联合研究中心（JRC）共同发起的 Eurostat 数据库以及 OECD（经济合作与发展组织）编制的 OECD_ICIO 数据库。

与其他数据库不同，OECD_ICIO 数据库对加工贸易占有突出地位的中国和墨西哥的产品部门进行了分解，其中将中国的制造业部门根据贸易方式的不同进一步区分为加工贸易出口企业（Processing Exporters，PRO）和非加工贸易出口企业（Non-processing Goods Exporters，NPR）。由于这两种方式具有不同的投入产出结构，因此全球价值链重构对其产生的影响也存在明显差异。由于本章基于异质性视角分析全球价值链重构及其对中国经济增长的影响，因此选择 OECD_ICIO 数据库展开分析。需要指出的是，由于在本章分析框架下，中国经济由正常生产和加工贸易两部分组成，因此可以通过公式（7-13），分别对这两部分进行单独的核算，然后将核算得到的结果进行加总，从而得到中国经济整体的核算结果。

第三节 进口替代下的生产链重构特征及其演变趋势

在分析我国产业链重构之前，图 7-1 给出了 2005—2015 年世界整体的经济关联系数，该系数用中间品在总产出（总投入）中所占比例表示。[①] 从图中可以发现，对于世界整体平均水平而言，经济关联系数从 2005 年的 48.77% 上升到 2015 年的 50.3%，分析期间上升了 1.53 个百分点，说明在此期间世界经济中间品在总产出中所占的比例是有所提高的。分阶段来看，2005—2008 年经济关联系数上升 1.59 个百分点，2008 年国际金融危机带来的

---

① 对于世界经济整体而言，中间品投入数量等于中间品使用数量，因此前向关联系数等于后向关联系数。

冲击使其从 2008 年的 50.36% 短暂下降到 2009 年的 48.76% 后逐步回升，2011—2015 年维持在 50.3% 左右小幅波动。进一步区分内部关联系数和外部关联系数后可发现，内部关联系数在 2005—2010 年保持稳定，而在 2011—2015 年从 41.24% 上升到 2015 年的 42.53%。同期外部关联系数从 2005 年的 7.64% 上升到 2008 年最高点 8.78%，受到国际金融危机冲击后下降到 2009 年最低点 7.39%，然后反弹到 2011 年的 8.76% 后逐步下降到 2015 年的 7.77%。以上分析说明：（1）2005—2015 年世界经济整体关联程度是有所上升的，但主要与 2005—2008 年的外部关联度有关，说明国际分工整体水平在此期间有一定提升；（2）2008 年爆发的金融危机对世界各国内部经济关联程度影响甚微，相反，对于外部关联度产生了短暂的负面影响；（3）2011 年涌现的逆全球化浪潮使得国际经济关联程度下降的同时，提升了世界各国内部的经济关联度。

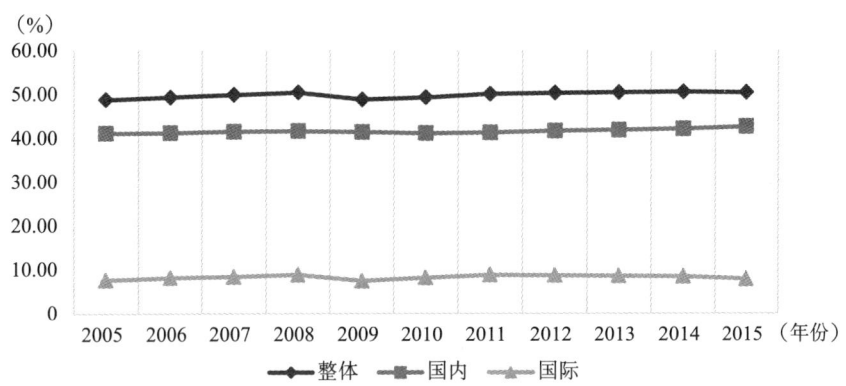

图 7-1 2005—2015 年世界经济平均经济关联度的演变趋势

为了比较分析包括中国在内的世界各国产业链重构基本特征及其差异，将世界各国（地区）划分为以发达经济体为主的 OECD 国家、以发展中经济体为主且不包括中国在内的非 OECD 国家（地区）以及中国。表 7-2 给出了 2005—2015 年中国、OECD 国家以及非 OECD 国家（地区）的经济前向关联度，该指标用投入产出表中的分配系数表示，反映了一个国家（地区）产出中用于中间品使用的比例。从表中可以发现，以发达经济体为主的 OECD 国家经济前向关联度从 2005 年的 46.62% 上升到 2008 年最高点 47.94% 后，受到国际金融危机冲击下降到 2009 年最低点 46.08%，2011 年回升到 47.37% 后又缓慢下降到 2015 年的 46.4%，分析期间稍有降低。非 OECD 国家（地区）前向关联度在2005—2008年变化并不明显，受到金融危机冲击后从2008年的53.74%下降到2009年的52.03%，稍有回升后受到逆全球化的影响又进一步从2011年的52.73%下降到2015年的51.12%，在2005—2015年分析期间下降了2.7个百分点，下降幅度超过OECD国家。与以上国家（地区）都不同，中国经济前向关联度从2005年的58.88%上升到2007年的60.53%后，受到国际金融危机冲击下降到2010年最低点56.68%，在逆全球化的环境下却逆势上升到2015年的最高点60.95%，分析期间上升2.07个百分点，呈现出相对独立的演变趋势。

表7-2　2005—2015年中国、OECD国家以及非OECD国家（地区）经济前向关联度　　　　　　　　　　　　　　　　　单位:%

年份	OECD国家			非OECD国家（地区）（不包括中国）			中国		
	内部	外部	合计	内部	外部	合计	内部	外部	合计
2005	44.88	1.74	46.62	45.38	8.44	53.82	51.92	6.95	58.88
2006	45.09	1.91	47.00	45.20	8.77	53.97	52.49	7.22	59.71
2007	45.51	2.08	47.59	45.00	8.28	53.28	53.58	6.96	60.53
2008	45.66	2.28	47.94	45.10	8.65	53.74	53.09	6.69	59.78
2009	43.96	2.12	46.08	45.22	6.82	52.03	53.50	4.87	58.37
2010	44.31	2.42	46.74	44.95	7.35	52.29	51.20	5.38	56.58
2011	44.70	2.67	47.37	44.55	8.19	52.73	52.06	5.36	57.42
2012	44.52	2.75	47.27	44.39	7.90	52.30	54.03	4.91	58.94
2013	44.42	2.83	47.25	44.30	7.50	51.80	54.66	4.70	59.36
2014	44.40	2.84	47.24	44.15	7.26	51.40	55.36	4.66	60.02
2015	43.62	2.77	46.40	44.77	6.35	51.12	56.51	4.44	60.95

进一步区分内部和外部前向关联后可以发现，OECD国家和非OECD国家（地区）内部经济关联度较为相似，分析期间均有所降低且幅度有限，但外部前向关联度却存在明显的差异。其中，OECD国家外部前向关联度从2005年的1.74%上升到2015年的2.77%，2008年国际金融危机和2011年以来的逆全球化虽然使其上升趋势有所放缓，但分析期间仍增加了1.03个百分点，说明发达国家在此期间出口的中间品占比不降反升。与OECD国家相比，非OECD国家（地区）外部前向关联度数值要高得多，由于受到金融危机和逆全球化浪潮冲击的影响，从2005年的8.44%下降到2015年的6.35%，分析

第七章　进口替代下的全球生产链重构及对中国经济增长的影响 | 171

期间降低 2.09 个百分点，说明新兴经济体在此期间出口的中间品占比出现明显下降。与以上国家不同，中国经济内部关联度从 2005 年的 51.92% 短暂下降到 2010 年的 51.2% 后，又继续上升到 2015 年的 56.51%，分析期间大幅上升了 4.59 个百分点。同时，中国经济对外前向关联度在受到金融危机冲击后下降到 2009 年的 4.87%，2011 年回升到 5.36% 后受到逆全球化影响继续下滑到 2015 年的 4.44%，分析期间下降 2.51 个百分点。结合上文可发现，中国经济前向关联度之所以呈现出相对独立的演变趋势，主要与中间品使用过程中的进口替代有关。

表 7-3 给出了 2005—2015 年中国、OECD 国家以及非 OECD 国家（地区）的经济后向关联度，该指标用中间品投入在总投入中占比表示，反映了一个国家或地区的生产投入结构。从表 7-3 可以发现，无论是以发达经济体为主体的 OECD 国家，还是以新兴经济体为主的非 OECD 国家（地区），其经济后向关联度分析期间都呈现出下降趋势，分别从 2005 年的 47.18% 和 51.22% 下降到 2015 年的 46.47% 和 50.58%。相反，中国经济后向关联度从 2005 年的 60.37% 上升到 2015 年的 61.43%，分析期间增加了 1.06 个百分点。进一步区分内部和外部后向关联可发现，对于 OECD 国家而言，外部后向关联度从 2005 年的 2.31% 上升到 2015 年的 2.85%，在分析期间上升了 0.54 个百分点；对于非 OECD 国家（地区）而言，其经济后向关联度从 2005 年的 5.84% 下降到 2015 年的 5.81%，在分析期间仅降低了 0.03 个百分点。与以上国家都不同，中国经济对外后向关联度从 2005 年的 8.44% 下降到 2015 年的最低点 4.91%，分析期间下降了 3.53 个百分点，在所有国家（地区）中下降幅度是最为显著的。以上分析说明，中国经济后向关联度在分析期间之所以增加，同样与国内中间品在中间品投入总量中占比大幅度上升有关。

表 7-3　2005—2015 年中国、OECD 国家以及非 OECD 国家（地区）经济后向关联度[①]

单位:%

年份	OECD 国家			非 OECD 国家（地区）（不包括中国）			中国		
	内部	外部	合计	内部	外部	合计	内部	外部	合计
2005	44.88	2.31	47.18	45.38	5.84	51.22	51.92	8.44	60.37

[①] 表 7-2 和表 7-3 中的内部关联度分别用本国生产的中间品在总产出或总投入中占比表示，由于总产出等于总投入，因此两表中的内部关联度是相同的。

续表

年份	OECD 国家			非 OECD 国家（地区）（不包括中国）			中国		
	内部	外部	合计	内部	外部	合计	内部	外部	合计
2006	45.09	2.64	47.73	45.20	5.89	51.09	52.49	8.32	60.81
2007	45.51	2.71	48.22	45.00	5.98	50.98	53.58	7.78	61.36
2008	45.66	3.12	48.78	45.10	5.98	51.08	53.09	7.38	60.47
2009	43.96	2.45	46.42	45.22	5.41	50.63	53.50	5.92	59.41
2010	44.31	2.91	47.22	44.95	5.54	50.49	51.20	6.74	57.94
2011	44.70	3.37	48.07	44.55	5.68	50.22	52.06	7.13	59.19
2012	44.52	3.38	47.90	44.39	5.64	50.04	54.03	6.46	60.49
2013	44.42	3.28	47.70	44.30	5.64	49.94	54.66	6.13	60.79
2014	44.40	3.16	47.56	44.15	5.77	49.92	55.36	5.83	61.19
2015	43.62	2.85	46.47	44.77	5.81	50.58	56.51	4.91	61.43

以上分析说明，在 GPC 重构过程中，中国、OECD 国家以及非 OECD 国家（地区）相互间存在明显差异。其中，以发达经济体为主的 OECD 国家无论是经济前向关联还是后向关联，其数值在所有国家中都是最低的，相反，中国的经济前向和后向关联度指标数值都是最高的，而以新兴经济体为主的非 OECD 国家（地区）介于两者之间。除此之外，在受到外部冲击之后，各国家（地区）经济关联度也呈现出不同的反应。对于 OECD 国家而言，内部关联度有所下降的同时，外部关联度不但没有下降，反而有所增加，但整体关联度是下降的；对于非 OECD 国家（地区）而言，内部和外部关联度都有所下降，且外部前向关联度比后向关联度下降幅度要更为显著；与以上国家都不同，中国经济出现国内中间品代替进口中间品现象，使得对外关联度出现显著下降的同时，内部关联度却出现了大幅度上升，且内部关联度上升幅度超过外部关联度下降幅度，从而导致整体关联度呈现明显上升趋势。

图 7-2 进一步给出了 2005—2015 年中国经济对外关联度的演变趋势。从图中可以发现，中国与 OECD 国家之间的经济前向和后向关联度分别从 2005 年的 4.85% 和 4.61% 下降到 2015 年的 2.59% 和 2.62%，分析期间分别减少了 2.26 和 1.99 个百分点，说明中国与 OECD 国家之间无论是前向还是后向关联度都出现了显著下降。与 OECD 国家不同，中国与非 OECD 国家（地区）之间的经济后向关联度从 2005 年的 3.83% 下降到 2015 年的 2.29%，同时期

前向关联度却从期初的 2.1% 下降到期末的 1.85%，下降幅度并不明显。以上分析说明，对于投入结构而言，中国单位产品中来自 OECD 国家和非 OECD 国家（地区）的进口中间品所占比例均有显著下降。相反，对于使用结构而言，中国单位产品中出口至 OECD 国家中间品比例出现明显下降趋势，但出口至非 OECD 国家（地区）中间品比例虽然有所下降，但下降幅度并不明显。

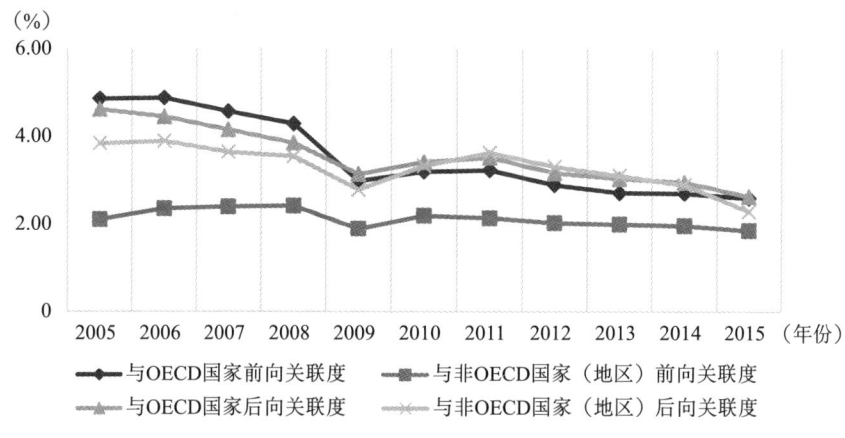

图 7-2　2005—2015 年中国经济对外关联度的演变趋势

MGI（2019）在研究报告中指出，在全球价值链重构过程中，部分生产链在减少对外关联度的同时，加强了地区内部的经济关联程度。那么，在全球生产链重构过程中，中国与各地区间的经济关联度如何变化呢？从表 7-4 可以发现，中国与亚洲周边国家（地区）之间的前向和后向关联度从 2005 年的 2.81% 和 5.21% 下降到 2015 年的 1.67% 和 2.44%，分析期间分别减少了 1.13 个和 2.77 个百分点，意味着中国与亚洲周边国家（地区）经济关联度在 2005—2015 年虽然是最高的，但下降幅度也是最为显著的。中国与北美地区之间的前向关联度仅次于亚太地区，在世界各地区中位于第二位，分析期间从 2005 年的 2.08% 下降到 2012 年的最低点 1.19% 后，再上升到 2015 年的 1.24%。与前向关联度相反，中国与北美地区后向关联度并不显著，分析期间从期初的 0.79% 下降到期末的 0.64%，说明中国经济接受北美地区辐射的感应度较强，但对其影响力较弱，两者在分析期间均有所下降。在此同时，中国与包括南美和非洲等地区在内的其他地区之间前向关联度从 2005 年的 0.64% 上升到 2015 年的 0.68%，后向关联度从 2005 年的 1.07% 上升到 2011 年的 1.59%，再逐步下降到 2015 年的 0.95%，说明中国经济接受南美及非洲等地区辐射的感应度较弱,但对其影响力却较强,恰好与北美地区形成鲜明的对比。中国与欧洲地区的前向和后向关联度分别从 2005 年的 1.44% 和 1.37% 下降到 2015 年的 0.85% 和 0.88%,说明分析期初中国与欧洲地区之间无论是影响力还是感应度均处于较高水平,但在分析期间出现明显下降趋势。

表 7-4　　2005—2015 年中国与不同地区之间经济关联度的演变趋　　单位:%

年份	前向关联					后向关联				
	亚太	欧洲	北美	其他	合计	亚太	欧洲	北美	其他	合计
2005	2.81	1.44	2.08	0.64	6.95	5.21	1.37	0.79	1.07	8.44
2006	2.82	1.55	2.09	0.77	7.22	5.07	1.30	0.78	1.18	8.32
2007	2.69	1.69	1.79	0.79	6.96	4.58	1.23	0.75	1.23	7.78
2008	2.55	1.55	1.70	0.89	6.69	4.11	1.20	0.71	1.37	7.38
2009	1.89	1.09	1.21	0.69	4.87	3.26	0.97	0.58	1.11	5.92
2010	2.10	1.23	1.29	0.76	5.38	3.70	0.98	0.66	1.39	6.74
2011	2.18	1.16	1.23	0.79	5.36	3.75	1.08	0.70	1.59	7.13
2012	1.94	0.99	1.19	0.79	4.91	3.30	1.03	0.66	1.47	6.46
2013	1.80	0.92	1.21	0.77	4.70	3.12	0.95	0.65	1.40	6.13
2014	1.80	0.93	1.20	0.73	4.66	2.89	1.00	0.64	1.31	5.83
2015	1.67	0.85	1.24	0.68	4.44	2.44	0.88	0.64	0.95	4.91

为了探索中国不同产业部门间产业链重构的差异,图 7-3 给出了 2005—2015 年中国三次产业经济关联度的演变趋势。从图 7-3 可以发现,对于以农业部门为主的第一产业而言,分析期间前向关联度数值要远远高于后向关联度,前者从 2005 年的 63.45% 上升到 2015 年的 68.54%,后者从期初的 34.59% 上升到期末的 48.76%,分别上升了 5.09 个和 14.17 个百分点,说明农业部门前向和后向关联度在分析期间均有所提高。与农业部门不同,以工业部门为主的第二产业前向关联度保持在 63% 左右小幅波动的同时,后向关联度从期初的 70.06% 上升到期末的 73.05%,说明 2005—2015 年中国工业部门产品被作为中间品使用的比例变化并不明显,但在自身生产过程中的中间品投入比例有了一定幅度的提高。与以上产业都不同,中国第三产业前向关联度从 2005 年的 47% 上升到 2015 年的 54.32% 的同时,后向关联度从期初的

43.34%下降到期末的40.47%,两者在2005—2015年的变化分别为增加7.32个百分点和减少2.87个百分点,说明分析期间我国服务业部门产出作为中间品使用比例有所提升,但自身单位产品中的中间品投入比例却出现一定幅度的下降。

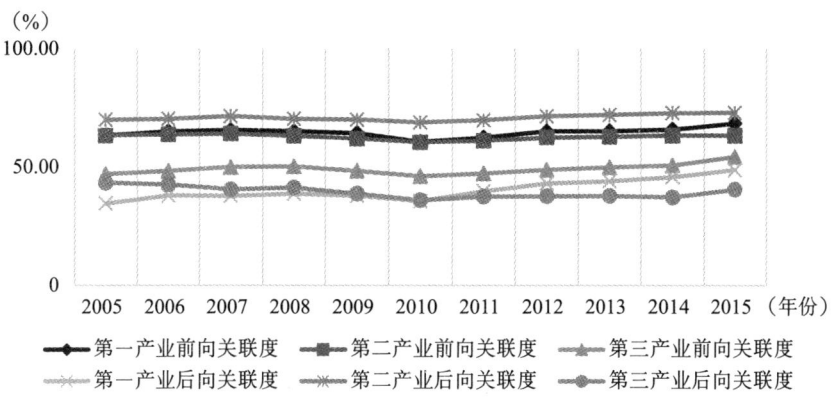

图7-3 2005—2015年中国三次产业经济关联度的演变趋势

表7-5进一步给出了2005—2015年中国经济三次产业部门内部和外部经济关联度的演变趋势。从表中可以发现,第二产业无论是前向还是后向对外经济关联度,在三次产业部门中都是最高的,两者分别从2005年的9.41%和10.88%下降到2015年的6.36%和6.68%,分析期间下降了3.05个和4.2个百分点,下降幅度也是最为显著的。与第二产业不同,第一产业前向和后向对外关联度在分析期初不但在三次产业部门中是低的,同时分析期间下降幅度也是最少的,仅下降了0.58个和0.27个百分点。与第一产业和第二产业部门相比,第三产业前向和后向对外关联度无论是期初的数值还是分析期间下降幅度都介于两者之间,分别从2005年的2.47%和3.96%下降到2015年的1.34%和1.82%。从中间品进口替代角度来看,三次产业部门间存在明显差异,其中,第一产业进口中间品投入比例几乎没有下降,但国内中间品的投入比例却出现大幅度上升;与第一产业不同,第二产业进口中间品投入比例显著下降的同时,国内中间品投入比例有所上升,且上升幅度稍大于下降幅度;与以上产业都不同,第三产业2005—2015年进口中间品和国内中间品的投入比例却同时出现一定幅度的下降,但在2010年之后,进口中间品继续下降,国内中间品投入比例却有所回升。

表 7-5　2005—2015 年中国三次产业部门经济内部和外部关联度的演变趋势　　单位:%

年份	前向关联						后向关联					
	第一产业		第二产业		第三产业		第一产业		第二产业		第三产业	
	内部	外部	内部	外部	内部	外部	内部	外部	内部	外部	内部	外部
2005	62.29	1.15	53.91	9.41	44.53	2.47	31.84	2.75	59.18	10.88	39.38	3.96
2006	64.17	0.98	54.07	9.72	45.79	2.56	35.00	2.96	59.66	10.74	38.97	3.64
2007	64.64	0.99	54.87	9.28	47.60	2.32	35.05	2.74	61.38	10.12	37.64	2.90
2008	64.43	0.76	53.99	9.17	48.20	2.02	35.98	2.76	60.75	9.63	38.35	2.98
2009	63.64	0.76	55.39	6.60	46.68	1.68	35.75	2.13	62.31	7.82	36.49	2.24
2010	59.85	0.86	53.18	7.31	44.43	1.66	33.21	2.41	60.03	8.94	33.67	2.34
2011	61.75	0.78	53.83	7.31	45.60	1.66	36.89	2.92	60.48	9.43	35.03	2.50
2012	64.52	0.66	55.84	6.68	47.24	1.57	40.31	2.77	63.02	8.49	35.31	2.35
2013	64.64	0.63	56.39	6.44	48.36	1.50	41.27	2.70	63.99	8.15	35.64	2.12
2014	65.33	0.60	57.06	6.39	49.18	1.49	43.04	2.70	65.09	7.77	35.26	1.98
2015	67.97	0.57	57.08	6.36	52.98	1.34	46.29	2.48	66.36	6.68	38.65	1.82

众所周知,中国在改革开放之初主要通过加工贸易方式参与到国际分工之中。与正常生产相比,加工贸易具有"两头在外"的特点,即生产过程中的原材料大部分来自境外,同时生产的产品也全部出口到国外,导致两者在全球生产链中具有不同的关联结构。那么,中国经济非加工贸易和加工贸易部分生产链结构存在什么差异?外部冲击对其产生的影响又有何不同?在展开深入分析之前,我们首先要对加工贸易产出的现状和发展有所了解。图7-4 给出了加工贸易产出在中国总出口、制造业产出以及制造业出口中占比的演变趋势。从图中可以发现,加工贸易产出在中国总出口中占比从 2005 年的 48.62% 下降到 2015 年的 39.43%,分析期间下降了 9.19 个百分点。由于中国加工贸易主要集中在制造业部门,图 7-4 同时给出了加工贸易在制造业产出及出口中占比演变趋势。从图中可以发现,加工贸易在制造业产出中占比从期初的 12.41% 下降到期末的 6.64%,分析期间下降了近一半。图 7-4 同时还给出加工贸易产品在制造业出口总量中所占比重,从图中可以发现,

加工贸易产品在我国制造业出口总量中所占比重从 2005 年的 55.43% 逐步下降到 2015 年的 44.28%，说明在加入 WTO 初期我国制造业主要通过加工贸易方式参与国际分工，但近年来非加工贸易在我国出口总量中占比呈现不断上升趋势。

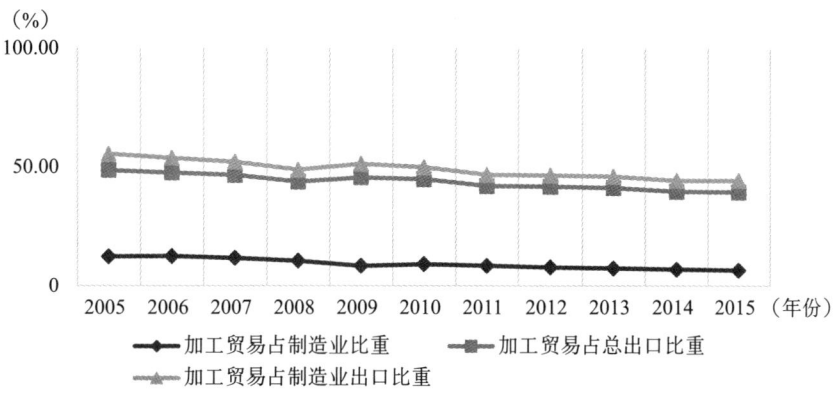

图 7-4 2005—2015 年加工贸易产品在中国总出口、制造业产出、制造业出口中占比演变趋势

在了解加工贸易基本信息之后，表 7-6 给出了 2005—2015 年中国制造业非加工贸易和加工贸易部分经济关联度的演变趋势。从表中可以发现，非加工贸易部分的前向关联和后向关联指标，分别从 2005 年的 70.2% 和 71.9% 上升到 2015 年的 72.66% 和 74.88%，期末比期初分别增加 2.46 个和 2.98 个百分点。进一步区分内部和外部关联后可发现，非加工贸易部分的内部前向关联度从 2005 年的 63.78% 上升到 2015 年的 67.55%，同时内部后向关联度从期初的 61.18% 上升到期末的 67.9%，两者在此期间分别增长 3.77 个和 6.72 个百分点。相对应的，非加工贸易外部前向和后向关联度分别从 2005 年的 6.42% 和 10.73% 下降到 2015 年的 5.11% 和 6.97%，两者分别下降了 1.31 和 3.76 个百分点。以上分析说明，分析期间我国制造业非加工贸易部分无论在投入还是使用方面，都在减少与外部关联程度，同时加强了内部自身的关联，且内部关联度上升幅度超过外部关联度下降幅度，从而导致整体关联度有所增加。此外，与前向关联相比，单位产品中来自国内中间品投入部分比例虽然稍低，但是上升的幅度却更为显著，相对应的，进口中间品投入比例下降也更为明显，导致后向关联度增加更为显著。

表 7-6　　2005—2015 年中国制造业非加工贸易和加工贸易两种方式经济关联度的演变趋势　　单位:%

年份	非加工贸易						加工贸易			
	前向关联			后向关联			前向关联	后向关联		
	内部	外部	合计	内部	外部	合计		内部	外部	合计
2005	63.78	6.42	70.20	61.18	10.73	71.90	50.14	57.35	23.31	80.65
2006	63.99	6.99	70.98	61.71	10.51	72.22	49.51	57.67	23.10	80.77
2007	65.28	7.01	72.29	63.06	10.02	73.08	47.66	59.39	21.88	81.27
2008	63.51	7.28	70.79	62.68	9.81	72.49	48.21	61.47	19.17	80.65
2009	65.25	4.70	69.95	64.14	8.15	72.28	48.09	63.94	15.66	79.60
2010	62.41	5.47	67.88	62.05	9.29	71.34	46.62	61.54	17.39	78.94
2011	62.81	5.87	68.68	62.48	9.92	72.40	46.20	62.59	16.94	79.53
2012	65.09	5.39	70.48	64.91	8.88	73.80	45.43	64.36	16.33	80.68
2013	65.46	5.13	70.60	65.79	8.47	74.27	47.10	64.67	16.51	81.19
2014	65.97	5.23	71.19	66.58	8.07	74.65	47.89	65.74	15.76	81.50
2015	67.55	5.11	72.66	67.90	6.97	74.88	52.12	65.84	15.19	81.04

同时，表 7-6 还给出我国加工贸易部分的经济关联的演变趋势。需要指出的是，由于加工贸易生产的产品只能销售到境外，因此其前向关联部分只包括外部关联，内部关联部分的数值为 0。从表中可以发现，加工贸易前向关联度从 2005 年的 50.14% 下降到 2012 年的最低点 45.43% 后快速上升到 2015 年的 52.12%，说明我国加工贸易方式生产的产品近年来更多是作为中间品出口到国外。与前向关联不同，我国加工贸易产品生产过程中包括国内和进口中间品的投入。从表中可以发现，分析期间加工贸易后向关联度从 2005 年的 80.65% 上升到 2015 年的 81.04%，分析期间上升幅度并不明显。但在其内部，国内中间品占比从期初的 57.35% 增加到期末的 65.84%，同时期进口中间品占比从 2005 年的 23.31% 下降到 2015 年的 15.19%，两者分别增加 8.49 个百分点和减少 8.12 个百分点。对比加工贸易和非加工贸易投入结构后可发现，加工贸易部分进口中间产品投入比例要远高于非加工贸易部分，这显然是由加工贸易"两头在外"的特点决定的。此外，在产业链重构过程中两者虽然都出现国内中间品代替进口中间品的现象，但非加工贸易部分国内中间品投入增加幅度超过进口中间品投入减少幅度，相反，对于加工贸易部分而言，进口中间品投入减少幅度和国内中间品增加幅度基本相当，导致整体后

向关联度在2005—2015年变化并不显著。

通过上文分析可知，与世界其他国家相比，中国产业链在重构过程中，投入产出结构呈现出较为独特的演变趋势，即在对外关联度下降的同时，内部关联度却出现了大幅度上升现象，国内中间品替代了部分进口中间品。究其原因，我们认为存在以下三方面因素：一是中国在进入中等收入阶段之后，旺盛的最终产品市场需求吸引了大量跨国企业的关注。MGI（2019）研究报告表明，中国每年大约消耗占世界总量40%的服装、28%的汽车以及38%的计算机及相关电子产品。随着在生产链上具有影响力的跨国企业（链主）生产环节转移到中国，大量的配套企业也随之而来，从而在统计数据层面出现进口替代现象。二是随着近年来技术能力的上升及国际竞争力的增强，中国本土企业在全球价值链体系中沿着"微笑曲线"不断向两端攀升，大量的本地民营企业为跨国企业（链主）提供配套服务，从而出现国内中间品替代进口中间品的现象。三是与中国在全球生产链中分工位置处于远端有关。Stockman（1988）研究表明，上游行业具有亲周期的特点，会放大来自下游行业的波动。其微观机理在于，由于中间品产生的乘数效应（Jones，2011），使得全球生产链具有传导和放大机制，因此当外部冲击产生并从消费者终端（HGIs）向生产链上游传导时，在生产链上分工位置离终端用户越远的行业或国家，受到的影响也就越大。由于中国在全球生产链分工的位置处于距离终端的最远段，因此在受到外部冲击时产生的影响也是最为显著的。为了缓解外部冲击带来的不确定性风险，企业将更多的生产环节放到中国境内，从而加速了中间品的进口替代进程。

第四节 全球生产链重构对我国经济增长的影响

全球生产链重构对我国经济社会发展产生的影响是多方面的。例如，全球生产链重构可以直接影响我国企业在生产链上的嵌入位置和嵌入水平；此外，当考虑到收益在全球生产链中分配时，其又可以影响我国在全球价值链上的增值能力和收入分配等。由于篇幅限制，本节侧重探讨全球生产链重构对我国经济增长产生的影响。

一、多维视角下中国经济在 2005—2015 年增长的描述

在研究生产率重构对中国经济增长影响之前,我们先要对中国经济在分析期间的增长有一个基本认识。图 7-5 给出了 2005—2015 年不同最终需求拉动中国经济的增长率。从图中可以发现,由内需拉动的经济增长率 2005 年约为 10.68%,为了抵消 2008 年国际金融危机冲击带来的负面影响,上升到 2009 年的最高点 16.83% 后再缓慢下降到 2015 年的 8.47%,分析期间保持相对稳定的状态。与内需不同,出口拉动部分经济增长率分析期初为 19.37%,远高于内需拉动部分增长率,但由于受到国际金融危机的冲击 2009 年下降到 -14.76%,快速反弹到 2010 年的 16.47% 后又逐步下降到 2015 年的 -0.35%,分析期间出现频繁波动的现象。进一步区分出口类别后可发现,分析期初非加工贸易和加工贸易拉动部分的经济增长率分别高达 19.82% 和 16.37%,但随后快速下降到 2009 年的 -15.37% 和 -9.93%,分别大幅度降低 35.19 个和 26.3 个百分点。由于金融危机带来的冲击是暂时的,2010 年非加工贸易和加工贸易拉动部分的经济增长率很快反弹到 15.85% 和 21.03%,但在此之后两者变化却存在较大差异,其中,非加工贸易拉动部分的增长率在 2011—2015 年保持缓慢下降趋势,加工贸易拉动部分的增长率快速下降到 2011 年的 1.65% 后保持低位运行。以上分析说明,内需拉动部分的增长率相对稳定,相反,出口拉动部分增长率受到外部冲击后出现明显波动,其中,对加工贸易拉动部分产生的影响尤为显著。

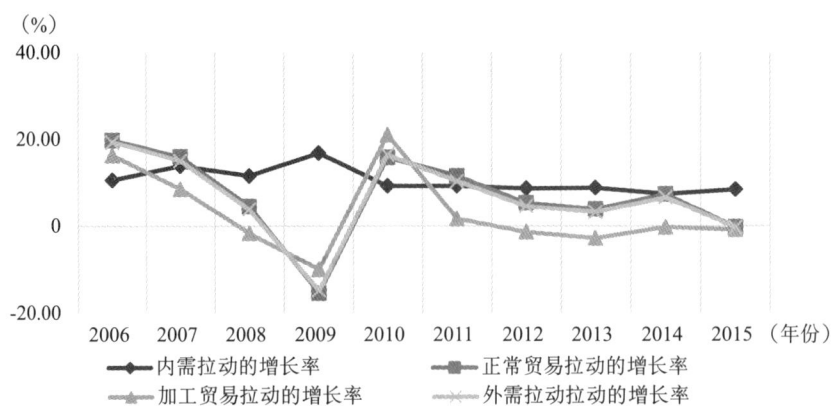

图 7-5 2005—2015 年不同最终需求拉动中国经济的增长率

进一步将最终需求分类后,表 7-7 给出了各类需求拉动增加值部分在不同阶段的增长率。从表中可以发现,2005—2015 年国内需求拉动部分的平均增长率高达 10.48%,远超过出口拉动部分的平均增长率。分阶段来看,内需拉动的经济增长率从 2005—2008 年的 12.07% 下降到 2008—2011 年的 11.75%,再进一步下降到 2011—2015 年的 8.37%,分析期间呈现出阶梯式下降的趋势。将内需进一步区分为消费和投资后可发现,消费拉动的经济增长率分析期间较为稳定且从 2005—2008 年的 9.43% 上升到 2011—2015 年的 9.73%,相反,投资拉动的增长率从 2005—2008 年的 15.85% 下降到 2008—2011 年的 14.24%,再进一步大幅度下降到 2011—2015 年的 6.76%。以上分析说明,内需之所以能作为中国经济增长的"稳定器",主要与消费做出的贡献有关,相反,投资对于我国经济增长的驱动效应近年来呈现出下降趋势。

表 7-7　2005—2015 年不同最终需求拉动部分中国经济的分阶段增长率　　单位:%

阶段	国内需求			非加工贸易出口			加工贸易出口		
	消费	投资	合计	中间品	最终品	合计	中间品	最终品	合计
2005—2008 年	9.43	15.85	12.07	14.07	12.97	13.29	9.35	5.68	7.52
2008—2011 年	9.72	14.24	11.75	6.36	1.62	3.03	5.88	0.76	3.48
2011—2015 年	9.73	6.76	8.37	3.20	4.43	4.04	-4.04	1.74	-1.35
2005—2015 年	9.64	11.65	10.48	7.31	6.05	6.42	2.78	2.61	2.70

与内需相比,分析期间出口拉动经济的增长率要低不少,其中,非加工贸易和加工贸易出口拉动部分增长率分别为 6.42% 和 2.7%,说明后者拉动部分的增长率要低于前者。分阶段来看,在金融危机爆发之前的 2005—2008 年,两者增长率分别为 13.29% 和 7.52%,说明中国加入 WTO 之后非加工贸易出口数量有了大幅度的提升。2008 年爆发的国际金融危机对两者都产生了负面冲击,使得增长率在 2008—2011 年下降为 3.03% 和 3.48%,与前一阶段相比分别减少 10.26 个和 4.04 个百分点。2011 年以后,非加工贸易驱动部分增长率不但没有下降,反而从 2008—2011 年的 3.03% 上升到 2011—2015 年的 4.04%,相反,加工贸易驱动部分的增长率从 2008—2011 年的 3.48% 下降到 2011—2015 年的 -1.35%,说明贸易摩擦的影响更多的是对加工贸易产生了负面的,这与上文得到结论是完全一致的。

二、生产链重构对中国经济增长影响的分析

上文从不同视角对中国经济在 2005—2015 年的增长特征进行了描述，但到底是哪些因素驱动或者阻碍了中国经济的增长呢？其中，生产链重构产生了什么影响？为了进一步找出分析期间中国经济增长背后的成因，表 7-8 给出了 2005—2015 年中国经济增长核算的分解结果。从表中可以发现，分析期间与国内市场和国外市场相关的经济增长分别占到增长总量的 82.66% 和 7.75%，与生产链重构相关的增加值率变化、国内乘数效应、溢出效应和反馈效应所占份额分别为 -9.37%、10.9%、7.97% 和 0.1%，四者合计约占到中国经济增长总量的 9.6%。以上系列数据说明，与市场相关的最终产品需求，特别是旺盛的国内需求是驱动中国经济在分析期间增长的主要原因，生产链重构通过多个渠道对中国经济产生影响，虽然不是驱动中国经济增长的主要因素，但整体上对经济增长产生了正面影响。

表 7-8　　2005—2015 年中国经济增长核算的分解结果　　单位:%

阶段		增加值率效应	国内乘数效应	溢出效应	反馈效应	内需效应		外需效应		合计
						本国生产	进口	出口	国外生产	
正常生产	2005—2008 年	0.37	1.87	7.82	0.03	76.59	0.09	9.06	4.16	100
	2008—2011 年	2.47	-3.54	2.42	0.00	89.62	0.18	6.68	2.17	100
	2011—2015 年	-25.43	28.8	11.76	0.22	83.00	0.03	2.44	-0.81	100
	2005—2015 年	-9.43	11.03	7.63	0.10	83.53	0.09	5.57	1.47	100
加工贸易	2005—2008 年	1.85	0.00	21.34	-0.05	1.20	0.63	54.11	20.93	100
	2008—2011 年	12.49	0.00	13.41	-0.02	1.78	1.68	56.27	14.40	100
	2011—2015 年	-165.2	0.00	325.33	2.92	9.27	-2.04	6.83	-77.15	100
	2005—2015 年	-2.89	0.00	34.92	0.13	1.90	0.94	52.40	12.60	100
整体	2005—2008 年	0.41	1.83	8.13	0.02	74.86	0.11	10.10	4.54	100
	2008—2011 年	2.63	-3.48	2.59	0.00	88.27	0.20	7.44	2.36	100
	2011—2015 年	-25.70	28.74	12.32	0.23	82.85	0.03	2.45	-0.91	100
	2005—2015 年	-9.37	10.90%	7.97	0.10	82.55	0.11	6.13	1.62	100

由于正常生产和加工贸易部分具有不同生产方式和目标市场，因此它们相互间的增长动力源泉具有明显差异。从表 7-8 可以发现，对于正常生产部

分而言，其经济增长源泉结构与中国经济整体较为相似。但深入观察可发现，与经济整体相比，正常生产部分更加依赖于国内自身因素（增加值率效应、国内乘数效应和国内生产的内需效应），对于外部因素（出口中间品产生的溢出效应和国外需求效应）依赖度要更低一些。相反，对于加工贸易部分而言，由于生产的产品全部销售到国外，因此对于国外因素更为依赖。需要注意的是，由于加工贸易生产的产品并不作为中间品用于自身生产，从而导致相应的国内乘数效应为0。此外，2005—2015年溢出效应和外需效应在加工贸易增加值增长总量中占比为34.92%和65%，这些指标均要远远高于经济整体和正常生产部分。值得指出的是，尽管加工贸易具有相对独特的经济增长源泉，但是由于在经济总量中所占比例较低，因此对中国经济整体增长的影响并不明显。

在探讨进口替代下的产业链重构对中国经济增长影响之前，先简单分析下国内外市场需求变化对中国经济增长产生的影响。表7-9给出了2005—2015年国内外最终需求的基本信息。从表中可以发现，国内最终需求从2005年的20 385.85亿美元上升到2015年的101 799.17亿美元，年均增长率约为17.45%。与旺盛的国内最终需求相比，国外最终需求增长速度要缓慢得多，从2005年的436 787.5亿美元上升到2015年的615 204.93亿元，分析期间年均增长率仅为3.48%。分阶段看，国内外最终需求在不同阶段的增长率存在明显差异。其中，2005—2008年国内和国外最终需求平均增长率分别为25.26%和9.43%，对于两者而言都是分析期间最高的，应与中国加入WTO后全球一体化整体水平得到提升有关。2008年国际金融危机爆发后，国内和国外需求增长率在2008—2011年下降到20.23%和3.47%，中国经济在此期间几乎没受到影响，应与中国政府在此期间采取逆周期的宏观调控政策有关。2011年之后，国外最终需求逐步放缓并出现下降趋势，说明国际市场整体上处于低迷之中，相反，国内最终需求增长率虽然有所下降，但在2011—2015年仍保持在9.76%的较高水平。

表7-9　　　　　2005—2015年国内外最终需求的基本信息

单位：亿美元（当年价）

年份	国内最终需求			国外最终需求			
	国外进口	国内生产	小计	正常出口	加工贸易	国外生产	小计
2005	1 462.45	18 923.40	20 385.85	1 541.45	1 692.28	433 553.77	436 787.50

续表

年份	国内最终需求			国外最终需求			
	国外进口	国内生产	小计	正常出口	加工贸易	国外生产	小计
2006	1 673.58	22 524.37	24 197.94	2 007.17	2 143.73	466 481.14	470 632.04
2007	1 982.98	28 764.17	30 747.15	2 625.84	2 788.31	521 286.72	526 700.87
2008	2 541.33	37 815.37	40 356.70	3 202.99	3 086.64	566 062.13	572 351.76
2009	2 460.10	43 920.42	46 380.51	2 852.06	2 675.51	529 999.17	535 526.74
2010	3 682.42	52 001.86	55 684.28	3 689.13	3 463.69	571 934.14	579 086.97
2011	4 726.84	65 404.95	70 131.79	4 794.90	4 128.47	625 192.32	634 115.68
2012	4 840.49	73 771.43	78 611.92	5 270.86	4 502.30	631 158.64	640 931.81
2013	5 340.76	83 688.67	89 029.43	5 790.02	4 652.44	639 913.61	650 356.06
2014	6 254.30	91 096.18	97 350.48	6 268.44	4 730.75	648 609.48	659 608.67
2015	5 574.77	96 224.40	101 799.17	5 772.20	4 150.80	605 281.93	615 204.93

上文已经指出，生产链重构对经济增长的影响具体包括增加值率效应、国内乘数效应、溢出效应和反馈效应四个方面，下面将依次展开分析。对于增加值率效应而言，其在经济总量中的份额从2005—2008年的0.41%上升到2008—2011年的2.63%，再显著下降到2011—2015年的-25.7%，分析期末比期初下降了26.11个百分点，说明分析期间增加值率的变化对经济增长产生了负面影响。图7-6给出了2005—2015年中国经济增加值率的演变趋势。从图中可以发现，中国整体增加值率从2005年的35.99%下降到2007年的34.59%，回升到2010年的37.93%后又进一步下降到2015年的34.74%。将中国经济进一步区分为正常生产及加工贸易后可发现，加工贸易部分增加值率要远低于正常生产部分，分析期间从2005年的17.18%上升到2010年最高点18.99%后下降到2015年的17.12%。由于我国加工贸易集中在制造业部门，为了便于比较，图7-6同时给出了我国制造业部门增加值率在2005—2015年的变化趋势。观察图7-6可以发现，中国制造业部门增加值率虽然低于经济整体数值，但是比加工贸易增加值率仍要稍高一些。进一步观察可发现，2001年年底中国加入WTO使得单位产品中的中间投入所占比例增加，导致增加值率有所下降；2008年国际金融危机冲击导致增加值率出现短暂上升；在近年来中间品的进口替代过程中，由于国内中间品增加比例要超过进口中间品减少比例，导致中间品投入比例增加及增加值率的进一步下降。

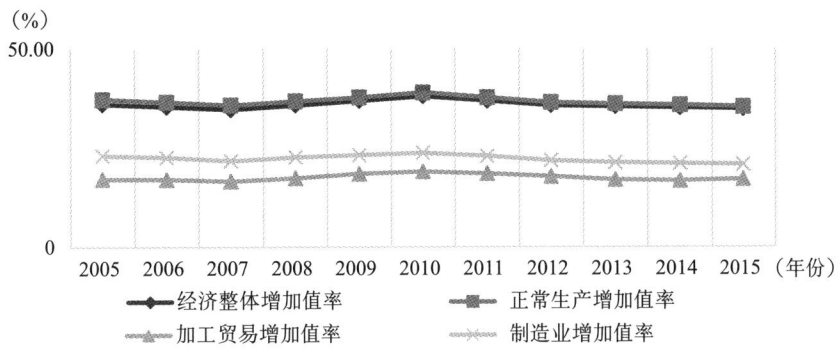

图 7-6　2005—2015 年中国经济增加值率的演变趋势

从表 7-8 可以发现，对于中国经济整体而言，国内乘数效应在经济增长总量中所占份额从 2005—2008 年的 1.83% 下降到 2008—2011 年的 -3.48% 后，再大幅度上升到 2011—2015 年的 28.74%。与中间品贸易相关的溢出效应和反馈效应分析期间存在一定差异，其中，与中间品出口相关的溢出效应在经济增长总量所占份额从 2005—2008 年的 8.13% 下降到 2008—2011 年的 2.59% 后，再上升到 2011—2015 年的 12.32%。与中间品进口相关的反馈效应所占份额围绕零点小幅波动，分析期间变化并不明显。因此，本部分将侧重讨论国内乘数效应和外部溢出效应，两者分别与中国经济内部和外部感应度有关。

表 7-10 给出了 2005—2015 年中国经济感应度的变化趋势。从表中可以发现，中国经济感应度从 2005 年的 3.83 上升到 2015 年的 6.9，分析期间增长了 3.07。进一步将其区分为内部和外部感应度后可发现，前者从期初的 2.01 上升到期末的 2.23，后者从 2005 年的 1.82 上升到 2015 年的 4.66，分析期间分别上升了 0.22 和 2.84，说明与内部感应度相比，外部感应度水平在分析期间提升更为快速。仔细观察表 7-10 可发现，国内乘数效应分析期间与内部感应度演变趋势几乎完全一致，在 2005—2008 年有所增长但幅度较小，2008—2011 年受到金融危机冲击后有所回调，但在 2011 年后由于国内中间品的替代效应有所增长。对比上文可发现，国内乘数效应与增加值率效应之间存在负相关的关系，究其原因，应与国内中间品与进口中间品间的替代效应有关。由于在品质和性能上存在差异，国内中间品和进口中间品之间并不是完全等量替代关系，因此，需要用更多数量的国内中间品来替代单位进口中间品，这就导致国内中间品份额增加的同时，中间品在单位产出中所占的份额也有所增加，最终导致增加值率下降和内部感应度的上升。

表 7–10　　2005—2015 年中国经济感应度的变化趋势

年份	外部感应度			内部感应度	合计
	OECD 国家	非 OECD 国家（地区）	小计		
2005	0.71	1.10	1.82	2.01	3.83
2006	0.87	1.33	2.20	2.02	4.22
2007	1.02	1.55	2.57	2.06	4.63
2008	1.13	1.72	2.85	2.02	4.87
2009	1.05	1.56	2.61	2.05	4.67
2010	1.13	1.62	2.75	1.95	4.70
2011	1.33	1.87	3.20	1.98	5.19
2012	1.52	2.14	3.66	2.07	5.73
2013	1.54	2.33	3.87	2.11	5.98
2014	1.69	2.56	4.25	2.15	6.41
2015	1.89	2.77	4.66	2.23	6.90

将外部感应度区分为来自 OECD 国家和非 OECD 国家（地区）的感应度后可发现，来自 OECD 国家的感应度从 2005 年的 0.71 上升到 2015 年的 1.89，分析期间增加 1.18，在此同时，来自非 OECD 国家（地区）的感应度从 2005 年的 1.1 上升到 2015 年的 2.77，分析期间增加 1.66，说明与发达国家相比，中国经济对于新兴经济体的感应度水平更高且提升更快。深入观察表 7–11 可以发现，除了 2008 年受到国际金融危机影响短期下降之外，中国经济对外感应度一直处于上升通道之中。基于上文分析可发现，2005—2015 年中国经济对外前向关联度整体上处于下降趋势，即单位产出中用于出口中间品的比例是下降的，为什么对外感应度却有所上升呢？作者认为应与直接消耗系数和直接分配系数的定义有关，即我们一般用分配系数分析前向关联度指标，用直接消耗系数测算 Leontief 逆矩阵并得到感应度指标的数值。与其他国家相比，中国经济在分析期间具有更快的发展速度，因此当中国出口的中间品在单位产出中比例下降的同时，这些中间品在进口国单位产出中占比却可能是上升的，这也应是中国对外前向关联度下降的同时，对外感应度却有所上升的主要原因。

表 7-11　2005—2015 年中国经济正常生产和加工贸易部分的感应度变化趋势

年份	正常生产				加工贸易			
	OECD 国家	非 OECD 国家（地区）	加工贸易	自身	OECD 国家	非 OECD 国家（地区）	正常生产	自身
2005	0.56	0.91	0.60	2.01	0.16	0.19	0	1.00
2006	0.69	1.11	0.61	2.02	0.18	0.22	0	1.00
2007	0.83	1.31	0.64	2.05	0.20	0.24	0	1.00
2008	0.93	1.48	0.62	2.02	0.21	0.24	0	1.00
2009	0.85	1.32	0.66	2.05	0.20	0.24	0	1.00
2010	0.92	1.36	0.61	1.95	0.21	0.26	0	1.00
2011	1.12	1.61	0.61	1.98	0.22	0.27	0	1.00
2012	1.29	1.86	0.68	2.07	0.23	0.29	0	1.00
2013	1.31	2.03	0.70	2.11	0.23	0.32	0	1.00
2014	1.45	2.25	0.73	2.15	0.24	0.32	0	1.00
2015	1.63	2.44	0.77	2.23	0.28	0.34	0	1.00

表 7-11 进一步给出了中国经济正常生产和加工贸易部分在 2005—2015 年的感应度变化趋势。从表中可以发现，对于加工贸易而言，由于其生产出来的产品并不面向国内市场，导致其国内消耗系数为零，相应的 Leontief 逆矩阵对角线元素则为 1，这也是表中其自身感应度系数为单位值的原因。基于相似的理由，加工贸易对于我国经济正常生产部分感应度为零，即正常生产部分增加最终需求，对加工贸易的影响为零。与加工贸易不同，我国经济正常生产部分的内部感应度从 2005 年的 2.01 上升到 2015 年的 2.23，与经济整体几乎完全一致。由于加工贸易生产过程中的中间品来自进口和国内正常生产的产出，因此正常生产部分对于加工贸易部分的感应度从 2005 年的 0.6 上升到 2015 年的 0.77。另外，正常生产和加工贸易对外感应度也存在较大差异。从表 7-11 可以发现，正常生产部分对于 OECD 国家和非 OECD 国家（地区）的感应度从 2005 年的 0.56 和 0.91 上升到 2015 年的 1.63 和 2.44，分析期间分别增加 1.07 和 1.53。相对应的，加工贸易部分对于 OECD 国家和非 OECD 国家（地区）的感应度从 2005 年的 0.16 和 0.19 上升到 2015 年的 0.28 和 0.34，分析期间仅分别增加 0.12 和 0.15。上文分析时已经指出，加工贸易对外前向关联度要远远高于正常生产，为什么其对外感应度反而更低呢？笔者

认为有两个原因：一是加工贸易自身单位产出中的中间品出口比例虽然较高，但其数量要远低于正常生产部分，从而导致其在进口国消耗系数中的比例也要更低一些；二是与其国内消耗系数为零有关，即自身的投入产出是国民经济运转的关键一环，在 Leontief 逆矩阵测算中起着乘子的作用，因此加工贸易虽然对外前向关联度较高，但由于其缺失自身投入产出关键环节，从而导致对外感应度较低。

最后，我们结合本部分的研究，探讨中国近年来经济增长减速背后的成因。中国经济增速由 2007 年的 14.2% 起逐步下降到 2018 年的 6.6%，引起了学者们的密切关注。针对中国经济减速的成因，当前学术界存在两种截然不同的观点。一种观点是以林毅夫教授为代表，认为外部冲击导致的出口下降、投资需求不足等周期性因素是中国经济增长减速的主要原因。另一种观点则以田国强教授为代表，认为中国经济增长近年来之所以放缓，周期性和外部性因素只是次要因素，其主要与经济增长动能转型和现代经济体系建设滞后等结构性因素有关。本研究结果表明，在国际垂直专业化分工体系中，外部冲击产生的影响不但是周期性的，同时也具有结构性特征。具体而言，外部冲击使得国际市场需求发生波动，导致中国出口直接拉动效应和国外需求间接溢出效应下降，因此具有周期性的特点，同时还使得全球生产链发生了重构，改变了中国经济的投入产出结构，使得中国经济增长动能发生了根本性的转变，从这个角度讲其又具有结构性特征。

三、生产链重构下中国"十四五"期间经济增长的预测

在对 2002—2015 年中国经济增长展开核算后，我们希望能够对生产链重构下中国经济在"十四五"期间的增长进行预测和展望。由于在本部分分析框架下，经济增长主要与国内外的市场规模以及产业链重构有关，因此，我们设定了以下四种情景展开分析：

情景一：国内外市场逐步恢复，国内中间品正常替代进口中间品。在这种假设下，世界其他市场增长率为 3%，中国市场维持在 6.5%；以 2010—2015 年变化幅度为基准，国内中间品在中间品总量中所占比例增加 50%，进口中间品占比减少 50%。

情景二：国内外市场持续低迷，但国内中间品正常替代进口中间品。在这种假设下，世界其他市场增长率为 1%，中国市场维持在 4% 左右；国内中

间品在中间品投入总量中所占比例增加 50%，进口中间品占比减少 50%。

情景三：国内外市场逐步恢复，国内中间品加速替代进口中间品。在这种假设下，世界其他市场增长率为 3%，中国市场维持在 6.5% 左右；以 2010—2015 年变化幅度为基准，国内中间品占比增加 100%，进口中间品占比减少 100%。

情景四：国内外市场持续低迷，国内中间品加速替代进口中间品。在这种假设下，世界其他市场增长率为 1%，中国市场维持在 4% 左右；国内中间品占比增加 100%，进口中间品占比减少 100%。

表 7-12 给出了中国经济在"十四五"期间增长率的模拟结果。对于中国经济整体而言，当国内外市场逐步恢复且国内中间品正常替代进口中间品的假设下，经济年均增长率约为 7.1%；反之，当国内外市场持续低迷且国内中间品正常替代进口中间品时，经济年均增长率约为 4.73%，说明我国的经济增长主要取决于国内外市场的恢复情况。进一步的，如果中间品加速进口替代，在国内外市场逐步恢复和持续低迷两种情景下，经济年均增长率分别为 7.22% 和 4.85%。对比以上数据可以发现，中间品的进口替代效应促进而非阻碍了中国经济增长。进一步区分正常生产和加工贸易后可发现，在情景一的假设前提下，正常生产部分"十四五"期间年均增长率为 7.19%，要稍高于经济整体水平，相反，加工贸易部分年均增长率为 -1.13%，说明加工贸易出口拉动的经济增长不但没有增加，反而有所下降。深入观察表 7-12 可发现，中间品的进口替代效应对于正常生产和加工贸易部分产生的影响有所差异。对于正常生产部分而言，无论国内外市场是否恢复，提高中间品的进口替代率均使其年均增长率有所上升；反之，对于加工贸易部分而言，提高中间品的进口替代率却使得其年均增长率有所下降。以上分析说明，进口替代下的产业链重构在促进正常生产经济增长的同时，对加工贸易产生了负面影响，但对中国经济整体的增长产生了正面影响。

表 7-12　中国经济在"十四五"期间年均增长率的模拟结果　　单位:%

情景	正常生产	加工贸易	经济整体
情景一	7.19	-1.13	7.10
情景二	4.79	0.11	4.73
情景三	7.32	-1.71	7.22
情景四	4.92	-0.43	4.85

第五节 结论与政策建议

在外部环境充满不确定以及自身比较优势发生变化的背景下，研究全球生产链重构及其对中国经济增长和转型的影响，具有极其重要的现实意义和理论价值。本章利用 OECD 编制的 ICIO 数据库，对加工贸易和非加工贸易进行有效区分，分析中间品进口替代下我国产业链重构及对经济增长的影响，得到结论为：（1）分析期间世界经济整体关联程度在 2005—2011 年有所上升，在 2011—2015 年变化并不显著。2008 年爆发的金融危机和 2011 年涌现的逆全球化对于全球产业链重构的影响有所不同；（2）在 2011—2015 年，中国经济普遍出现国内中间品代替进口中间品的现象，使得对外关联度显著下降的同时，内部关联度却呈现大幅度上升趋势；（3）分析期间，内需效应和外需效应分别占到中国经济增长总量的 82.66% 和 7.75%，产业链重构产生的效应占到 9.59%，说明旺盛的国内需求是驱动中国经济增长的主要源泉，但与中间品进口替代相关的生产链重构对经济增长产生了正面影响。最后，本章针对国内外市场恢复和产业链重构的不同情景进行了模拟分析。

根据本章所得结论展望未来中国经济发展，提出以下政策建议：

（1）要在广阔的内需市场基础上重构以我为主的全球生产链。本章研究结论表明，旺盛的国内需求是中国经济保持高速增长的基石。但长期以来，大量的国内企业通过加工贸易方式参与国际分工，生产的产品主要是满足国际市场的需要，导致国内需求和出口商品之间出现结构背离现象。因此，在新一轮全球化进程中，我国企业要利用广阔的内需市场，构建以我为主的全球产业链，以更加主动积极的方式参与国际分工。

（2）要加大技术研发的力度，要加强对生产链关键环节的控制力度。本章研究显示，为了应对发达国家贸易保护主义政策的实施，国内企业加大了进口中间品的替代力度，但国内中间品无论在技术还是品质层面，都与进口中间品存在一定差距，从而导致增加值率出现下降，并对中国经济增长产生负面影响。因此，国内企业要通过研发和创新，力争在生产链关键环节取得突破，防止被西方国家在关键环节卡脖子的现象发生。

（3）在当前逆全球化环境下韬光养晦，为中国在新一轮中全球化中崛起打下坚实基础。本章的结论表明,中国近年来经济增长之所以出现减速现象,很重要的原因就是近年来全球化进程放缓甚至逆转。因此,在当前贸易保护主义盛行的环境下,中国要韬光养晦,在修炼好内功的同时加大对外开放力度,为抓住下一轮全球化中的机遇打下坚实基础。

第八章

资源环境约束下中国经济增长绩效变化与因素分析

第一节 经济增长绩效相关研究的文献综述

自改革开放伊始，中国以40多年的经济高速增长举世瞩目，但与此同时，近年来中国经济愈加呈现出粗放型增长的态势，环境治理和环境问题日益突出。《2009年中国经济环境核算报告》显示，中国经济发展的环境污染代价持续上升，环境污染治理压力日益增大，2009年环境退化成本和生态破坏损失成本合计13 916.2亿元，较上年增加9.2%，约占当年GDP的3.8%。2010年，中国环境污染治理投资总额已达6 654.2亿元，比上年的4 525.3亿元大幅增加47.04%，占当年GDP的1.66%（国家统计局、环境保护部，2011）。若计算治污成本，许多产业发展得不偿失，如江西全省稀土行业多年的利润，还不足以治理赣州一地的稀土开采污染，仅赣州治污就需380亿元（曹开虎，2012）。环境资源约束正严重制约着经济可持续发展，因此节约资源、保护环境、转变经济增长方式，已成为当前中国面临的迫切问题。

可持续发展思想于1987年首次被联合国环境和发展委员会采纳，并被国际社会广泛接受（WCED，1987；United Nations，1993）。经济学家一般认为，如果经济增长主要依靠要素投入推动，那么就是粗放式、不可持续的，而相对应的，如果全要素生产率在经济增长中发挥重要作用，则为集约式和可持续的（Krugman，1994；Young，1995和2003）。改革开放以来中国经济持续高速增长引起了学者的广泛关注，众多文献利用全要素生产率分析方法，对中国经济增长绩效进行分析，但最终结论并非一致的。一些研究表明，中国经济增长在很大程度上依靠了全要素生产率（TFP）的贡献（World Bank，1997；Hu 和 Khan，1997），但也有学者持相反的观点，Zheng 等（2009）发现由于资本深化的加速，全要素生产率（TFP）增长在 1995—2005 年下降到 0.79%，其对经济增长的贡献也随之下降。尽管以上研究得到了许多富有成效的结论，但由于忽略了环境治理与环境问题，在资源环境日益成为经济增长硬约束的背景下，我们较难从以上研究中得到有关经济增长绩效的客观评价。

衡量环境治理对经济绩效的影响一般有两种思路：一是将环境污染作为要素投入进行处理（Berg 等，1992）；二是在方向性距离函数基础上，将环境污染作为非期望产出（Undesirable Output）处理，由于此种方法较为吻合实际生产过程，近年来得到了广泛的应用。国内早期的研究，如胡鞍钢等（2008）、涂正革（2008）只估算了资源环境约束下的技术效率，并没有涉及生产率的增长，王兵等（2010）、田银华等（2010）分别运用 L 指数和 Malmquist 指数，对 20 世纪 90 年代末期以来中国环境全要素生产率进行了测算，虽然呈现出了一些杰出的研究成果，但我们也不能长时期、全景式了解资源环境约束下中国经济增长绩效的动态演变规律。现有研究中，有两篇文献在此方面进行了尝试：陈诗一（2011）运用 1980 年以来行业数据，剖析了节能减排在发展方式转变中发挥作用的经济学机制，然而其研究主要集中在行业层面；庞瑞芝和李鹏（2011）则对 1985—2009 年中国省际工业部门的新型工业化增长绩效进行了核算，但没有将研究扩展到更能凸显宏观协同行为（赫尔曼·哈肯，1986）的整体区域经济层面。同时，现有生产率研究文献主要沿用 Fare（1994）的分解思路，将生产率增长分解成技术进步和效率变化等部分，其中技术进步表示技术边界向外扩张的程度，效率变化表示样本点到技术边界之间距离的变化。此种分解形象地描述了距离函数的特点，符合内生经济增长理论的思路，虽一经提出就得到广泛的应用，但其分解方法存在不足：人们很难了解各投入产出因素对于环境全要素生产率的影响，同时也难以得到技术边界和技术效率在不同方向变化的信息。

与现有研究相比，笔者研究的可能创新主要包括：（1）针对 SBM（Slack - Based Measure）方法和 Luenberger 函数特点，本章系统地提出了一种新型生产率指标构建与分解方法，不但有效地避免了生产率指数求解过程中可能存在的无可行解现象，而且可以得到多维空间中技术边界扩张（收缩）以及生产点与技术边界距离变化的详细信息。（2）利用 1989—2018 年中国省际数据，对资源环境约束下中国经济增长绩效的动态演变趋势进行了系统分析,发现了一个非常重要的现象:中国经济增长绩效近年来出现下降趋势,其中经济相对发达的东部地区下降趋势尤为明显。(3)利用新型生产率指数分解方法,详细分析各投入产出因素对于全要素生产率带来的影响。

第二节 资源环境约束下经济增长绩效的测度方法

利用全要素生产率指标,测度资源环境约束下中国经济增长绩效动态演变规律,我们首先需要构建科学客观的技术边界,然后将每一个省(市)视作生产决策单元,通过计算其与技术边界之间的距离测算技术效率,并在此基础上进一步计算得到生产率指数。本章主要涉及三个重要概念:(1)技术边界的构建,主要涉及环境技术概念。(2)生产点到技术边界之间距离的测度,主要介绍非径向、非角度的 SBM 方法。(3)环境全要素生产率指数的构建与分解。

一、环境技术与技术边界的构建

构建有效且准确的技术边界是进行技术效率和生产率分析的前提。在传统的投入产出分析框架中,不考虑环境治理对于生产效率的影响,但在资源环境约束日趋严格的背景下,环境治理必然会对生产效率产生影响。Fare 等(2007)提出了环境技术的概念,将期望产出和非期望产出同时纳入生产可能性集合之中。具体来说,考虑每一个省份使用 N 种投入 $x = (x_1, \cdots, x_N) \in R_N^+$,生产出 M 种期望产出 $y = (y_1, \cdots, y_M) \in R_M^+$,同时排放 K 种非期望产出 $b = (b_1, \cdots, b_k) \in R_K^+$。在每一个时期 t(t = 1, $\cdots$, T),第 i(i = 1, $\cdots$, I)个省份的投入产出值为 (x_i^t, y_i^t, b_i^t)。在生产可行集满足闭集和有界集、期望产出和投入为可自由处置、零结合公理以及联合弱可处置性等一系列假设下,可利用产出集 $P^t(x^t)$ 将环境技术表示为:

$$P^t(x^t) = \{(y^t, b^t) : \vec{\lambda}Y \geq y_{im}^t, \forall m; \vec{\lambda}B = b_{ik}^t, \forall k; \vec{\lambda}X \leq x_{in}^t, \forall n; \vec{\lambda} \geq 0\} \quad (8-1)$$

在公式(8-1)中,$\vec{\lambda}$ 为权重向量,Y、B 以及 X 为构建生产边界所需要的期望产出、非期望产出以及投入数据。需要指出的是,若生产技术为可变规模报酬(VRS),则需要增加 $\vec{\lambda}l = 1$ 的约束条件,其中 l 为元素全为 1 的向量，否则为不变规模报酬（CRS）。

二、SBM 方法

传统 DEA 方法在进行效率测度时是基于角度和径向的。基于角度意味着进行效率评估之前需要设定投入导向（Input–oriented）或产出导向（Output–oriented），因此不能同时从多角度对技术效率做出客观准确的评价。基于径向则意味着如果投入或产出存在非零松弛（Slack）时，传统的 DEA 方法不能测试出其带来的影响。因此，Tone（2001、2003）率先提出非径向、非角度的基于松弛的（SBM）方法，Fukuyama 和 Weber（2009）进一步将 SBM 方法与方向性距离函数相结合，为技术效率的测度给出了更为准确的结果。根据 Fukuyama 和 Weber（2009），我们将 SBM 方向性距离函数定义为[①]：

$$\vec{S}_v^t(x^{t,i}, y^{t,i}, b^{t,i}, g^x, g^y, g^b) = \frac{1}{3}\max\left(\frac{1}{N}\sum_{n=1}^{N}\frac{s_n^x}{g_n^x} + \frac{1}{M}\sum_{m=1}^{M}\frac{s_m^y}{g_m^y} + \frac{1}{K}\sum_{k=1}^{K}\frac{s_k^b}{g_k^b}\right)$$

s.t. $\vec{\lambda}Y - s_m^y = y_{im}^t$, $\forall m$; $\vec{\lambda}B + s_k^b = b_{ik}^t$, $\forall k$; $\vec{\lambda}X + s_n^x = x_{in}^t$, $\forall n$;

$\vec{\lambda} \geq 0$, $\vec{\lambda}1 = 1$; $s_n^x \geq 0$, $s_m^y \geq 0$, $s_i^b \geq 0$ (8-2)

公式（8-2）中（x_i^t, y_i^t, b_i^t）为 i 省份 t 时期投入产出数据，（g^x, g^y, g^b）为方向向量，（s_n^x, s_m^y, s_i^b）则表示投入和产出松弛的向量。与已有研究相区别，我们认为在环境无效率的主要来源中，投入过度、产出不足和环境治理所起作用基本相当，因此在目标函数中将投入、期望产出、非期望产出赋予相同的权重。求解以上的线性规划，则可以得到 i 省份在 t 时期基于环境考虑时的无效率值。为了得到无效率的具体来源，参照 Cooper 等（2007）和王兵（2010）的思路将无效率值分解为：

$$IE = \vec{S}_v^t = IE_v^x + IE_v^y + IE_v^b \quad (8-3)$$

其中投入、期望产出和非期望产出无效率值可分别表示为：

$$IE^x = \frac{1}{3N}\sum_{n=1}^{N}\frac{s_n^x}{g_n^x} \qquad IE^y = \frac{1}{3M}\sum_{m=1}^{M}\frac{s_m^y}{g_m^y} \qquad IE^b = \frac{1}{3K}\sum_{k=1}^{K}\frac{s_k^b}{g_k^b} \quad (8-4)$$

[①] 在王兵等（2010）、庞瑞芝和李鹏（2011）等的研究中，目标函数被表示为 $\vec{S}_v^t$（$x^{t,i}$, $y^{t,i}$, $b^{t,i}$, g^x, g^y, g^b）= $\frac{1}{2}\max\left[\frac{1}{N}\sum_{n=1}^{N}\frac{S_n^x}{g_n^x} + \frac{1}{M+K}\left(\sum_{m=1}^{M}\frac{s_m^y}{g_m^y} + \sum_{k=1}^{K}\frac{S_k^b}{g_k^b}\right)\right]$，由此可能带来一个问题：由于期望产出一般用 GDP 单一指标表示，非期望产出用一系列污染数据表示，则期望产出的权重与选用的污染指标数量有关，选用的污染指标越多，GDP 对应的权重越小，对全要素生产率影响也就越小。

由于投入存在人力、资本和能源等变量，非期望产出也包括废水、SO_2、烟尘和 CO_2 等多因素，因此可以将以上公式进一步分解，得到导致环境技术无效率性的详细信息，具体公式为：

$$IE = IE_{capital} + IE_{labour} + IE_{energy} + IE_{output} + IE_{water} + IE_{SO_2} + IE_{dust} + IE_{CO_2} \quad (8-5)$$

考虑到规模因素之后，无效率值可表示为：

$$IE_c = IE_v + SIE \quad (8-6)$$

公式（8-6）中下标"c"表示不变规模报酬（CRS），"v"表示可变规模报酬（VRS），SIE 表示规模无效率值，公式（8-6）说明不变规模报酬（CRS）下无效率值 IE_c 可分解成可变规模报酬（VRS）下无效率值 IE_v 和规模无效率值 SIE 两部分。

三、全要素生产率指数的构建与分解

在生产率研究中，Malmquist 指数长期以来被用于测算不同时期 TFP 的动态变化。在方向性距离函数得到广泛应用后，Chung, Fare 和 Grosskopf (1997) 结合 M 指数和方向性距离函数的特点，进一步将其扩展为 Malmquist 指数。需要指出的是，Malmquist 指数早期是在 Sheperd 距离函数基础上发展起来的，因此采用了乘法结构形式。与 Sheperd 距离函数不同，方向性距离函数是在 Luenberger 短缺函数基础上发展起来的，自身采用加法结构形式。考虑到方向性距离函数的特点，Chambers 等（1996）发展了一种新的生产率测度方法，即 Luenberger 生产率指标[①]。

根据 Chambers 等（1996），t 期和（t+1）期之间的 Luenberger 生产率指标可以表示为：

$$LTFP_t^{t+1} = \frac{1}{2}\{[IE_{c,t}(t) - IE_{c,t}(t+1)] + [IE_{c,t+1}(t) - IE_{c,t+1}(t+1)]\} \quad (8-7)$$

在公式（8-7）求解 $IE_{c,t}(t+1)$ 和 $IE_{c,t+1}(t)$ 的过程中，由于样本点并不参与技术边界的构建，因此常常存在不可行解的现象，由此导致得到的生产率结果可能存在偏差。针对这一问题，Dong（2009）提出了一种新的生产率指数构建思路，即利用分析期内全部数据构建技术边界，然后将所有的观察值在统一边界下进行效率评价，生产率指数则可根据相邻时期观察值技

[①] 根据 Diewert（2005）和王兵等（2010）的研究，本书将建立在差分基础上的测度称为指标（Indicator），并将建立在比率基础上的测度称为指数（Index）。

术效率的差异而得到。这种生产率构建方法的优点在于待评估的样本点必然包含在技术边界之内，从而有效地避免了不可行解问题。本书借鉴 Dong (2009) 的思想，提出了一种新型的 Luenberger 生产率指标构建方法。

先根据公式（8-2）求得两种技术边界下的环境无效率值 GIE 和 CIE，并将其进一步表示为：

$$GIE_c(t) = CIE_c(t) + TG_c(t) \quad (8-8)$$

公式（8-8）中 GIE 表示统一边界（跨期 DEA）下得到的环境无效率值，CIE 表示当期技术边界（当期 DEA）下得到的环境无效率值，下标"c"表示 CRS。在这里我们定义了一个新变量技术落差（Technology Gap, TG），在数值上等于 $GIE_c(t) - CIE_c(t)$，表示评价对象在两种不同技术边界测度下的效率差距。下文研究发现，该变量将统一边界和当期边界连接起来，为有效测度技术进步提供了可能。

由于跨期 DEA 中所有的样本点在同一边界下进行效率评价，因此与公式（8-7）先取相邻时期无效率差值再加以平均不同，Luenberger 生产率指标可通过公式（8-8）直接得到：

$$LTFP_t^{t+1} = GIE_c(t) - GIE_c(t+1) \quad (8-9)$$

在公式（8-9）中，如果在统一边界下生产决策单元（t+1）期效率高于 t 期效率，则相应的无效率值 $GIE_c(t+1)$ 要小于 $GIE_c(t)$，生产率结果为正，反之则为负。同理，可以进一步将全要素生产率分解为效率变化（LEC）和技术进步（LTP）两部分，具体为：

$$LEC_{t+1}^t = CIE_c(t) - CIE_c(t+1) \quad (8-10-1)$$

$$LTP_{t+1}^t = TG_c(t) - TG_c(t+1) \quad (8-10-2)$$

仔细观察可发现，公式（8-10-1）与传统的生产率指数分解相比并无任何差异，区别主要来自公式（8-10-2）。由于我们定义了技术落差变量 TG，则技术进步就可以用相邻时期技术落差的变化得到，若（t+1）期技术落差与 t 期相比有所减少，则说明在此期间技术取得进步且 LTP_{t+1}^t 为正，反之则说明技术退步且 LTP_{t+1}^t 为负。

考虑规模效率因素之后，可以将效率变化分解为纯效率变化（LPEC）和规模效率变化（LSEC），并进一步将技术进步分解为纯技术进步（LPTP）和技术规模变化（LTPSC）两个部分，具体为：

$$LPEC_{t+1}^t = CIE_v(t) - CIE_v(t+1)$$

$$LSEC_t^{t+1} = SIE_t(t) - SIE_{t+1}(t+1)$$

$$LPTP_t^{t+1} = TG_v(t) - TG_v(t+1)$$

$$LTPSC_t^{t+1} = [SIE_g(t) - SIE_c(t)] - [SIE_g(t+1) - SIE_{t+1}(t+1)] \quad (8-11)$$

尽管已对生产率指数进行了详尽的分解，但如果分解仅仅停留在以上层面，那么 Luenberger 函数的特点和优势并没有得到充分体现。实际上，传统的生产率分解方法不足之处在于，通过 LTP_t^{t+1} 或 LEC_t^{t+1} 的取值仅仅对技术是否取得进步，或者生产效率是否提升做出判断，但并没有回答这样的问题：在投入产出诸多因素中，哪些因素导致全要素生产率增加或减少、哪些因素导致生产技术取得进步或退步、哪些因素导致生产效率取得提升或下降？如果在传统 DEA 方法中由于测度角度单一，以上问题尚不突出的话，那么在方向性距离函数中，得到技术边界和技术效率在不同方向上变化的详细信息，对于我们找到提高全要素生产效率的对策就显得十分重要。本部分根据 SBM 方向性距离函数和 Luenberger 生产率指标的特点，在公式（8-9）基础上对其进一步深入分解：

$$LTFP_t^{t+1} = \underbrace{GIE_c^x(t) - GIE_c^x(t+1)}_{LTFP^x} + \underbrace{GIE_c^y(t) - GIE_c^y(t+1)}_{LTFP^y} + \underbrace{GIE_c^b(t) - GIE_c^b(t+1)}_{LTFP^b} \quad (8-12)$$

公式（8-12）将生产率 LTFP 分解成 $LTFP^x$、$LTFP^y$ 和 $LTFP^b$ 三部分，分别表示投入、期望产出和非期望产出对于环境全要素生产率的影响。由于生产率增长可分解成技术进步和效率变化等部分，其中技术进步表示技术边界向外扩张的程度、效率变化表示样本点到技术边界之间距离的变化。为更形象地体现新型生产率指数分解方法的经济学意义，公式（8-10-1）和公式（8-10-2）可进一步分解为：

$$LEC_t^{t+1} = \underbrace{CIE_c^x(t) - CIE_c^x(t+1)}_{LEC^x} + \underbrace{CIE_c^y(t) - CIE_c^y(t+1)}_{LEC^y} + \underbrace{CIE_c^b(t) - CIE_c^b(t+1)}_{LEC^b}$$

$$LTP_t^{t+1} = \underbrace{TG_c^x(t) - TG_c^x(t+1)}_{LTP^x} + \underbrace{TG_c^y(t) - TG_c^y(t+1)}_{LTP^y} + \underbrace{TG_c^b(t) - TG_c^b(t+1)}_{LTP^b} \quad (8-13)$$

在公式（8-13）中，LTP 指标被分解成 LTP^x、LTP^y 和 LTP^b，而相应的 LEC 指标同样被分解成 LEC^x、LEC^y 和 LEC^b，分别表示投入、产出和环境治理对于技术进步与效率改善的贡献。与传统分解方法相比，本章提供的新型生产率指数分解方法，可以将全要素生产率、技术进步和效率改善与投入产出因素联系起来,从而对全要素生产率变化规律有更加深入且直观的认识。

四、数据来源

本章希望通过相对较长时期的投入产出数据分析,得到资源环境约束下中国全要素生产率变化的演变规律,研究主要集中在 1989—2018 年的 30 年间。我们的数据集合中并没有包括高度自治的香港特别行政区、澳门特别行政区以及台湾地区,也没有包括数据不全的西藏地区。期望产出、非期望产出和投入数据主要来源于历年的《中国统计年鉴》《中国环境年鉴》以及《中国能源统计年鉴》。投入包括三种生产要素:资本存量、劳动力、能源,期望产出选用各个省份以 2000 年为基期的实际地区生产总值,非期望产出选择了废水、SO_2、烟尘排放三个指标。此外,资本存量采用常见的"永续盘存法"估算得到;在衡量劳动力投入时,由于无法取得劳动力素质和劳动力时间的相关数据,本章采用各省份历年从业人员数作为劳动力投入指标;期望产出选用各省份以 2000 年为基期的 GDP。

第三节 中国经济增长绩效测度结果与相关分析

一、环境技术效率结果

我们采用上文介绍的方法,采取跨期 DEA 和当期 DEA 两种方法构建技术边界,计算中国各省份 1989—2018 年环境技术无效率值。由于跨期 DEA 方法采取 1989—2018 年数据构建统一技术边界,因此与当期 DEA 相比计算得到的结果要大一些。表 8-1 中列出了两种方法下的环境技术无效率值,为了避免由于技术边界变动而导致不同时点技术效率无法准确比较的问题,本部分对于环境无效率的分析主要基于跨期 DEA 方法的结果①。

数据表明,1989—2018 年中国环境技术无效率平均值为 0.3583。在投入、产出和环境治理三项因素中,与产出相关的无效率值最低,仅为 0.0335,

---

① 本章计算了 CRS 和 VRS 两种假设下的环境无效率值,但本部分分析为基于 VRS 假设下的结果。

说明在中国经济高速增长背景下，产出并不是无效率的主要原因。与产出相比，投入因素对中国环境效率的负面影响要更大些，与其相关的无效率值为 0.1081。在与投入相关的三项子因素中，由资本使用不当导致的无效率值为 0.0005，在三者之中最低，而与劳动和能源投入相关的无效率值大体相当，分别为 0.0568 和 0.0508。与投入和产出相比，由于环境治理导致的环境无效率值要高得多，具体数值为 0.2167，约占到环境无效率值总量的 60.48%。此处，我们选择了废水、SO_2、烟尘排放三个指标代表环境治理，从结果上看，烟尘排放和 SO_2 对于环境无效率造成的污染较大，废水产生的负面影响较小。如果我们将能源从投入要素中单列出来，可发现由于能源效率低下和环境治理产生的无效率值合计为 0.2675，约占到无效率总量的 74.65%，说明节能减排对中国经济可持续发展至关重要。

由于中国幅员辽阔，对于中国不同区域而言，其环境技术效率数值存在较大差异。从表 8-1 中可看出，对于较发达的东部地区而言，其在分析期间环境技术无效率平均值约为 0.2942，要远远低于全国的平均水平，其中若用当期 DEA 方法测度时，上海、广东等东部省份在部分年份无效率值为 0，意味着这几个省份位于当期技术边界上。与东部相比，在考虑资源环境约束下西部地区的技术效率无疑要低得多，在分析期间约为 0.4577，在四大经济板块中是最低的，其中贵州、陕西、云南和甘肃的环境效率在全国位于靠后的位置。中部和东北地区环境技术无效率平均值差别不大，分别为 0.4091 和 0.42，介于东部和西部地区之中。值得重视的是，不同区域之间其环境技术无效率的来源有所差异。对于东部地区而言，无论在投入、产出效率方面，还是在环境保护方面，都要远远超过全国的平均水平，但是在投入、产出和环境治理三者之中，环境治理仍是其无效率的主要来源。与东部地区不同，西部地区无论在投入、产出效率方面，还是在环境保护方面，都要远远落后于全国的平均水平，其中投入和环境治理两个指标均排名全国的末位。对于中部和东北地区而言，尽管双方无效率值差异并不大，但其来源却同中存异：两者在投入和环境治理两个因素的差别并不大，因此期望产出效率不足成为东北地区落后于中部地区的主要原因。以上分析说明，在分析期间中国东部沿海地区在投入、产出以及环境治理三方面都远远超过全国平均水平，相反，西部地区在以上三个方面均落后于全国平均水平，东北和中部地区之间的差距主要体现在经济发展的产出层面。

表 8–1　1989—2018 年中国区域环境无效率平均值及相关来源分解

类别	区域	总量	投入	投入子因素			产出	环境治理	环境治理子因素		
				资本	劳动	能源			废水	SO_2	烟尘排放
GIE	全国	0.3583	0.1081	0.0005	0.0568	0.0508	0.0335	0.2167	0.0437	0.0856	0.0874
	东部	0.2943	0.0862	0.0006	0.0452	0.0404	0.0182	0.1899	0.0379	0.0761	0.0759
	中部	0.4091	0.1297	0.0000	0.0728	0.0569	0.0370	0.2423	0.0521	0.0932	0.0970
	西部	0.4577	0.1403	0.0010	0.0738	0.0655	0.0621	0.2553	0.0510	0.1024	0.1019
	东北	0.4200	0.1220	0.0006	0.0548	0.0666	0.0593	0.2387	0.0434	0.0911	0.1042
CIE	全国	0.2355	0.0698	0.0054	0.0306	0.0338	0.0274	0.1383	0.0182	0.0595	0.0606
	东部	0.1391	0.0405	0.0048	0.0158	0.0199	0.0079	0.0908	0.0120	0.0407	0.0381
	中部	0.3328	0.1038	0.0037	0.0549	0.0452	0.0382	0.1908	0.0298	0.0782	0.0828
	西部	0.3625	0.1064	0.0058	0.0522	0.0484	0.0639	0.1922	0.0228	0.0851	0.0843
	东北	0.3157	0.0878	0.0111	0.0199	0.0568	0.0447	0.1832	0.0174	0.0744	0.0914

二、环境全要素生产率结果及相关分解

与环境技术效率指标不同，环境全要素生产率指数是一种动态测算方法，可以更有效地对各省份不同时期环境技术效率是否取得进步做出判断。与已有文献相比，本章采取了一种新型的生产率指数构建方法，可以有效地避免生产率求解过程中存在的不可行解问题，从而得到更为准确和客观的结果。首先按照公式（8-8）至公式（8-10），得到 Luenberger 生产率指标数值并将其分解成纯效率变化（LPEC）、纯技术进步（LPTP）、规模效率变化（LSEC）和技术规模变化（LTPSC）四部分，具体结果可见表 8-2。从表 8-2 可以看出，在 1989—2018 年中国环境全要素生产率平均增长率（LTFP）约为 0.09%，该数值比王兵（2010）和刘瑞翔等（2012）的结果要低一些，究其原因，除了与本部分目标函数权重设定以及具体指标选取等因素有关之外，主要与研究选择的时期有关。从整体上看，与效率改善相关的环境全要素生产率（LEC）为 -0.76%，说明如果用当期数据构建技术边界进行效率评估的话，中国环境效率并没有得到有效改善。与此不同的是，与技术进步相关的环境全要素生产率增长率（LTP）为 0.85%，说明技术进步是导致中国环境全要素生产率增长的主要原因，这与以往的研究（郑京海和胡鞍钢，2005）一致。考虑到规模效应之后，可发现由于规模扩大而导致生产率有所

下降，其中 LSEC 为 -0.46%，LTPSC 为 0.07%，两者合计为 -0.39%。

表 8-2　中国各地区环境全要素生产率指数及其成分的平均增长率　　　　单位:%

区域	LTFP	LEC	LEC 构成成分		LTP	LTP 构成成分	
			LPEC	LSEC		LPTP	LTPSC
全国	0.09	-0.76	-0.30	-0.46	0.85	0.78	0.07
东部	0.25	-0.81	-0.08	-0.73	1.07	1.01	0.06
中部	-0.02	-0.52	-0.24	-0.28	0.50	0.50	0
西部	-0.11	-0.80	-0.75	-0.05	0.69	0.50	0.20
东北	-0.28	-0.96	-0.84	-0.12	0.68	0.63	0.05

对比表 8-1 和表 8-2 可发现，虽然中国不同地区间环境效率有很大差异，但是除了东北地区之外，各地区间环境全要素生产率差别并不明显。东部沿海地区环境效率虽然在全国处于领先，但其环境全要素生产率增长水平在分析期间平均值仅为 0.25%，说明东部地区在分析期间虽然有所上升，但是上升幅度并不显著。深入分析可发现，东部地区内部环境全要素生产率出现了分化，尽管北京、天津、上海等省份生产率为正且排名在全国位于前列，但广东、海南、福建的生产率却出现负值，这是东部地区环境全要素生产率上升幅度并不显著的主要原因。中部地区环境效率水平虽然远低于东部地区，但其全要素生产率指数下降并不显著，在分析期间约为 -0.02%，除了湖北和山西为正之外，包括安徽、江西、湖南等在内的各省差异并不明显。与中部地区相比，西部地区环境全要素生产率数值要更低一些，在 1989—2018 年约为 -0.11%，但在其内部出现明显分化，其中，四川、重庆、宁夏、陕西等省份环境全要素生产率为正，云南、广西、青海等省份全要素生产率显著为负。与其余经济板块相比，东北地区经济绩效在分析期间下降是最显著的，环境全要素生产率指数均值仅为 -0.28%，其中，辽宁、吉林和黑龙江在分析期间全要素生产率指数分别为 -0.36%、-0.21% 和 -0.33%，说明在分析期间东北地区经济效率出现了明显的滑坡。

图 8-1 给出了中国环境全要素生产率 1989—2018 年的变化趋势。从图中可看出，在 1989—2018 年中国环境全要素生产率指数出现了几个较为明显的高峰和低谷。第一个高峰产生于 1991—1994 年，其中 1992 年出现中国环境全要素生产率指数最高点 6.72%，在 1995—1996 年短暂下降后又很快恢复为正值，应与邓小平南方谈话激发了市场经济改革的红利有关。第二个高峰产生

于 2002 年之后，2004 年和 2005 年分别高达 2.81% 和 2.93%，应与中国在 2001 年年底加入 WTO 有关。需要指出的是，经常有学者将中国经济效率下滑与 2008 年国际金融危机联系起来，但本书的数据表明，从 2006 年开始，中国全要素生产率指数就出现了恶化趋势，而金融危机加剧了这一趋势，并使得 2009 年到达最低点 -3.16%。随着中国经济进入减速通道，全要素生产率在 2006—2015 年长达 10 年时间内持续为负，是导致全要素生产率均值在分析期间出现负值的主要原因。从 2016 年开始，中国经济绩效出现上升趋势，其中，2016 年和 2018 年分别高达 1.62% 和 1.15%。

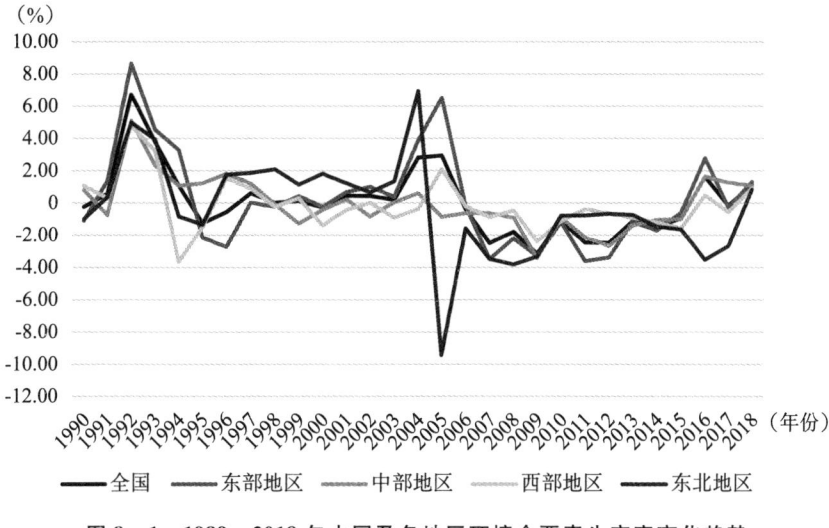

图 8-1　1989—2018 年中国及各地区环境全要素生产率变化趋势

由于中国地大物博，不同区域所处发展阶段以及经济结构存在较大差异，因此分析不同区域在资源环境约束下全要素生产率的变动趋势可能会有新的发现。图 8-1 表明，中国东部地区生产率发展变化趋势与全国基本相同，分别在 1992 年和 2005 年达到两个极值点，相应数值为 8.65% 和 6.52%，均远远高于全国水平，说明其在中国经济改革开放过程中具有举足轻重的地位。与东部地区相比，中部地区与其既存在相似之处，又有明显差异。相似之处在于，在邓小平南方谈话之后，中部地区省份的经济效率同样得到较大幅度提升，但不同之处，中国加入 WTO 对中部地区带来的冲击并不显著，在 2005 年东部地区经济绩效大幅度提升的同时，中部地区省份环境全要素生产率指数已经进入漫长的下降通道，但在 2016 年之后出现强劲的上升趋势。尽管西部地区在经济发展水平上与东部、中部还有一定差距，但其环境全要素生产率增长水平在相当一段时间内位于前列，特别是在 2007 年之后东部和中部地区环境全要素生产率快速下降的背景下，西部地区虽然也有所下降但幅度相对缓和，展示了较大的发展潜力。与以上地区不同，东北地区在 1989—2004 年环境全要素生产率均值为 1.66%，在四大经济板块中是最高的，但 2005—2017 年均显著为负，从而使得其环境全要素生产率均值远低于全国平均水平，与东北经济在此期间发生"坍塌"显著有关。

通过上文分析，我们发现中国环境全要素生产率在分析期间出现了明显的起伏现象，特别是近年来逐步从负向正转变。由于全要素生产率对经济增长的贡献程度是判断经济发展方式的主要依据，因此，该现象是否说明中国经济增长正在发生变化，而且导致中国经济增长绩效下降背后的因素有哪些？这就需要我们从新的视角对其变化机理进行探究。

第四节　资源环境约束下中国经济增长绩效变化的因素分析

本书鉴于 SBM 方法和 Luenberger 函数的特点，发展了一种全新的生产率指数分解方法，基于各投入产出因素对环境全要素生产率及各子项进行进一步分解，期望直接找到影响其变化的原因。首先，我们从静态视角将生产率分解成与各因素相关的部分，分析各因素对于生产率影响程度；其次，根据生产率（包括技术进步和效率变化）的定义，将环境效率的变化与生产率结合起来分析，从动态视角寻找影响生产率变化的内在动因。

根据上文公式（8-12），表 8-3 将 1989—2018 年生产率均值直接分解成与各投入、产出因素相关的部分。表中数据表明，分析期间投入、产出因素对于中国经济增长绩效影响并不相同，其中，产出对于经济增长绩效产生了负面影响，投入和环境治理促进了中国经济增长绩效。从表 8-3 可以发现，与产出相关的生产率为 -0.24%，该结论与刘瑞翔等（2012）得到的结论恰好相反，究其原因，应与中国经济 2007 年以后增长减速相关。与 GDP 代表的期望产出不同，环境治理代表的非期望产出则对中国经济绩效产生了正面影响，与其相关的生产率约为 0.12%，说明此期间中国在环境治理方面取得了一定成效。在废水、SO_2、烟尘排放三个指标中，废水对于经济绩效提升产生显著的正面影响，在分析期间促进生产率提升 0.15%，相反，SO_2 对于分析期间中国经济绩效产生了负面影响，使得生产率下降 0.03%，烟尘排放对于中国经济绩效的影响并不显著。与以环境治理为代表的非期望产出相似，投入效率提升对中国经济绩效产生显著的正面影响且相关生产率高达0.21%，其中，资本在分析期间对生产率影响为-0.02%，说明在分析期间资本的使用效率稍有下降；而与劳动和能源相关的全要素生产率分别约为0.11%和0.12%，说明劳动和能源的使用效率有所提高。如果将能源投入和环境治理合在一起分析，可发现与节能减排相关的生产率值约为0.24%，说明节能减排已经成为提升中国经济增长绩效的主要途径。必须指出的是，在分析期间中国环境全要素生产率之所以提升并不显著，主要与中国经济2007年以后出现的持续减速现象有关，是中国经济从高速增长向高质量发展转型经历的必然阶段。随着中国经济成功转型和逐步企稳，未来中国经济增长绩效的提升将存在较大的空间。

表8-3 1989—2018年基于不同投入、产出要素的中国环境全要素生产率变化分解结果

单位:%

地区	数值	投入	投入子因素			产出	环境治理	环境治理子因素		
			资本	劳动	能源			废水	SO_2	烟尘
全国	0.09	0.21	-0.02	0.11	0.12	-0.24	0.12	0.15	-0.03	0.00
东部	0.25	0.18	-0.02	0.12	0.09	-0.03	0.10	0.12	-0.04	0.01
中部	-0.02	0.26	0.00	0.08	0.18	-0.44	0.17	0.19	-0.04	0.01
西部	-0.11	0.18	-0.03	0.09	0.12	-0.36	0.06	0.14	-0.04	-0.04
东北	-0.28	0.29	-0.02	0.15	0.16	-0.79	0.22	0.25	-0.05	0.02

从区域层面来看，资源环境约束下中国不同地区全要素生产率的影响因素具有很大差异。对于东部地区而言，与产出相关的生产率数值为-0.03%，是对东部地区经济绩效产生负面影响的主要因素。进一步观察表8-3可发现，与其他地区相比，产出对于东部地区产生的负面效应是最低的，说明受到国内外诸多不利因素的叠加影响，东部地区经济增长速度虽然也有所下降，但与其他地区相比，下降幅度是最不显著的。与产出相反，东部地区与投入和环境治理相关的全要素生产率数值分别为0.18%和0.1%，该数值低于中部和东北地区，仅高于或与西部地区持平，究其原因，应与同国内其他地区相比，东部地区在要素投入和环境治理效率已经处于较高水平，很难得到较大的提升空间有关。

除了东部地区之外，中、西部以及东北地区环境全要素生产率不但数值

均为负值，而且分解后的结构也较为相似。对于投入指标而言，与中部和西部相关的数值分别为 0.26% 和 0.18%，东北地区要稍高一些，约为 0.29%。深入观察可发现，在与投入相关的诸多因素中，能源和劳动投入均对各地区经济绩效的提升产生显著的正面影响，资本对于中部地区影响甚微，对于西部和东北地区影响为负。与投入相似，资源环境的改善也是中、西部以及东北地区经济增长绩效提升的重要原因，相关的生产率分别为 0.17%、0.06% 和 0.22%，说明这些地区在环境治理领域虽然和东部地区存在差距，但是分析期间治理效率得到了明显的提升。与投入和环境治理不同，产出对于中、西部及东北地区经济绩效产生了显著的负面影响。其中，由于产出效率下降使得中、西部全要素生产率指数下降 -0.44% 和 -0.36%，是导致这两个地区环境全要素生产率为负值的主要原因。与中、西部地区相比，东北地区与产出相关的生产率为 -0.79%，说明东北地区经济绩效之所以在分析期间显著下降，与其经济增长速度近年来出现大幅度下降密切相关。

以上仅是从静态角度将生产率进行分解，分析各投入、产出因素在 1989—2018 对于生产率的影响程度，并没有对其动态演变趋势给出合理解释。我们利用第二节定义的三个变量：基于统一边界测度的环境无效率 GIE、当期边界测度的环境无效率 CIE 和技术落差 TG，由于 LTFP、LEC、LTP 数值可分别由这三个变量相邻时期的差值得到，因此只要找到这三个变量在分析期间的变化路径，就能够对中国经济增长绩效、技术进步和效率改善的演变趋势给出合理解释。

图 8-2 给出了 1989—2018 年中国及各地区 GIE 及相关成分变化趋势。根据公式（8-9），生产率实际上是各省份相邻时期在统一边界下效率评价 GIE 的差值，如果后一时期无效率值比前一时期低，则生产率数值为正，反之则为负。图 8-2 中显示，对于中国整体而言，除了 1995—1996 年环境无效率值短暂上升之外，其在 1989—2005 年呈现单调下降的趋势，从 1989 年的 0.4489 下降到 2005 年的最低点 0.2584，在此之后逐步回升到 2018 年的 0.4118，这也导致生产率在分析期间呈现先上升、再下降的主要原因。将环境无效率值进一步分解成与投入、产出和环境治理相关的部分后可发现，1989—2005 年无论是投入产出效率，还是环境治理效率都得到有效提升，其中，与污染相关的无效率值从 1989 年的 0.2544 下降到 2005 年的 0.1649，在此期间降低了 0.0896，是导致全要素生产率上升的主要原因；与投入和产出相关的无效率值从 1989 年的 0.1386 和 0.0559 下降到 2005 年的 0.0907 和

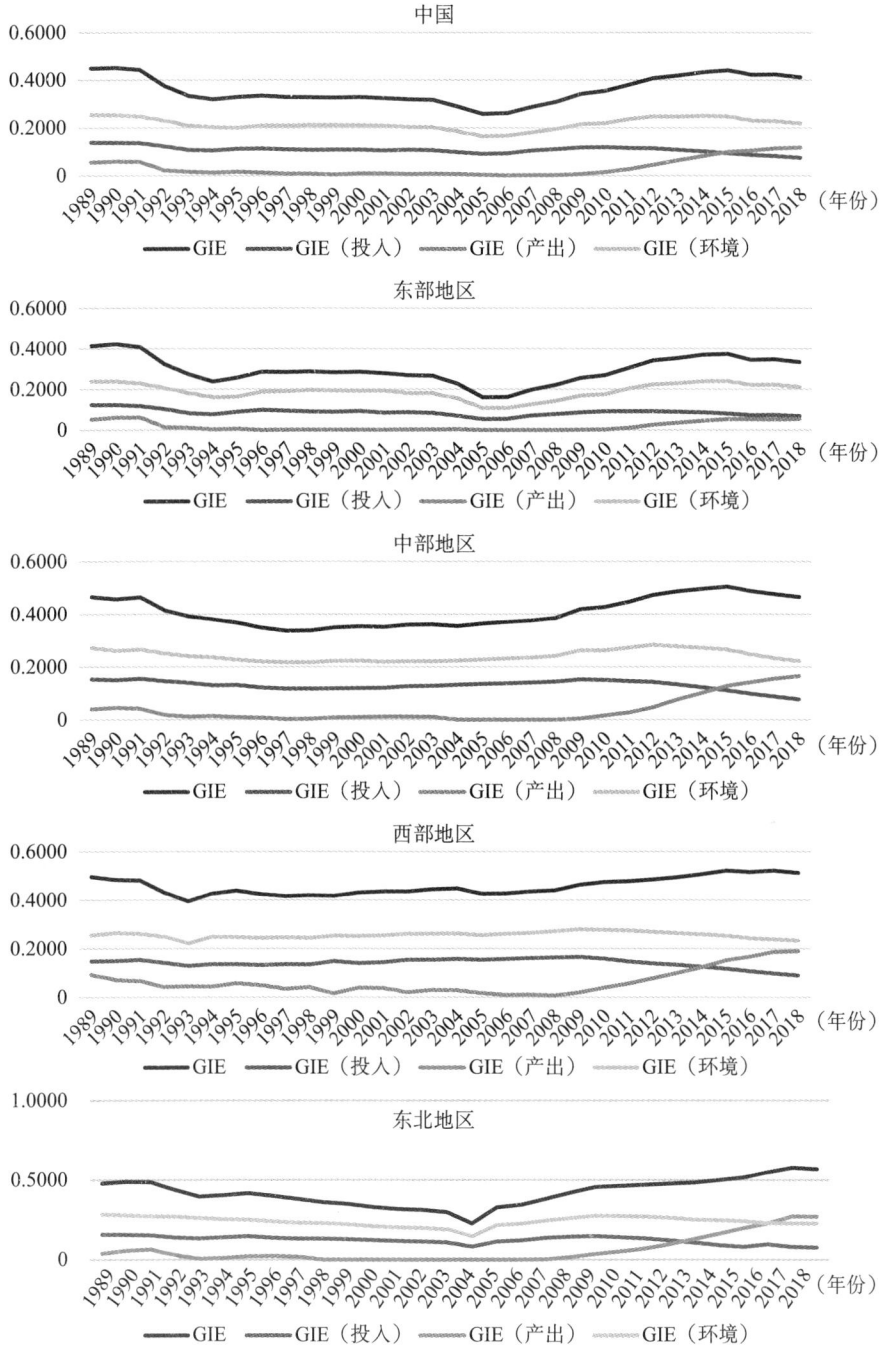

图 8 - 2 中国及各地区 1989—2018 年环境无效率 GIE 及相关成分变化趋势

0.0028，在此期间分别减少了 0.0479 和 0.0531，是导致全要素生产率上升的次要原因。在 2005 年之后，与投入相关的无效率值进一步下降到 2018 年的 0.0749，说明投入效率在此期间不但没有下降，反而有所上升。与其有所不同的是，同时期与产出和环境治理相关的无效率值上升到 2018 年的 0.1184 和 0.2185，说明环境治理和产出效率下降是中国环境全要素生产率在 2005—2018 年下降的主要原因。

对于不同地区而言，影响其经济增长绩效的原因也有所差异。从图 8-2 可以看出，东部地区无论是投入、产出或环境治理效率方面，在全国都居于领先地位。其中，东部地区与期望产出相关的无效率值分析期初为 0.0518，但由于该地区经济长期以来保持高速增长，因此相关的曲线在 1991 年之后呈现出快速下降趋势且在 1994—2010 年接近于 0，但在 2011 年之后呈现出逐年上升的趋势，到 2018 年已经高达 0.0547，期末的数比期初高了约 0.003，说明产出之所以对东部地区经济绩效产生负面影响，与 2011 年以后该地区经济增长放缓有关。与产出指标相反，东部地区与投入和环境治理的无效率指标数值从 1989 年的 0.1228 和 0.2385，下降到 2005 年的最低点 0.0526 和 0.1079 后再上升到 2015 年的 0.0809 和 0.2394，后又逐步回落到 2018 年的 0.0681 和 0.2104，期末数值比期初数值分别低了 0.0547 和 0.0281。以上分析说明，在要素投入、环境治理和产出三项因素中，前两者促进东部地区经济增长绩效的提升，后者则对东部地区经济绩效产生了负面影响，但 2015 年之后随着东部地区经济逐步企稳，该地区的经济绩效正呈现出快速上升趋势。

图 8-2 同样给出了中、西部地区 1989—2018 年与各投入产出因素相关的环境效率变化趋势。从图中可发现，对于中部地区而言，其投入和污染效率与西部地区差别并不是很大，但在产出方面相应的无效率值要比西部地区明显低得多，这也验证了上文的发现，即中、西部地区的区别主要在于经济发展层面。中部地区环境全要素生产率变化值在分析期间接近于 0，说明该地区经济绩效变化并不显著，究其原因，一方面投入和环境治理效率有所提升，相关的无效率值分别从 1989 年的 0.1533 和 0.2715 下降到 2018 年的 0.0776 和 0.2227，另一方面产出效率有所下降，相应的无效率值从期初的 0.0407 上升到期末的 0.165，两者相互抵消所致。对于西部地区而言，分析初期其在期望产出效率方面与东部和中部地区存在较大差距，1989 年相应的无效率值高达 0.0931，但在此之后随着经济的快速发展，2008 年已经下降到 0.0066，与中部和东部的差距已逐步缩小。随着 2007 年后经济增长的减速，西部地区与

产出相关的无效率值迅速增加到 2018 年的 0.1901，比 1989 年提高了约 0.0969，这也是西部地区环境全要素生产率指数在分析期间下降的主要原因。除此之外，西部地区分析期间环境治理效率并没有得到有效提升，相应的无效率值从 1989 年的 0.2553 下降到 2018 年的 0.2328，在分析期间仅减少了 0.0225，在四大经济板块中是最低的，说明西部地区如果不重视环境治理，未来经济增长绩效未必乐观。

东北地区与投入相关的无效率数值从 1989 年的 0.1568 下降到 2018 年的 0.0749，分析期间减少了 0.082。与投入相似，与环境治理相关的无效率数值从期初的 0.2828 下降到期末的 0.2259，在 1989—2018 年减少了 0.0569。经过与东部和中西部地区对比分析后可发现，无论是投入还是环境治理效率，东北地区都取得较好的效果，说明该地区在分析期间经济绩效的下降，与投入和环境治理效率关系不大。相反，东北地区与产出相关的无效率值 1989 年为 0.039，不但低于中、西部地区，也低于东部地区，说明东北地区产出效率在分析期初处于全国的前列。在中国经济高速增长过程中，东北地区产出无效率值快速下降，在 1998—2007 年接近于 0，说明在此期间东北地区的产出位于对应的前沿面上。但随着国内外环境的变化，以及东北地区自身市场化改革的滞后，东北地区产出无效率值快速上升到 2018 年的 0.2688，在 1989—2018 年上升了 0.2297，是东北地区经济绩效在分析期间下降的主要原因。值得指出的是，2015 年之后东部地区经济已触底回升，中、西部以及东北地区却呈现出进一步下滑的趋势制约了自身经济增长绩效的上升。

图 8-3 刻画了 1995—2010 年中国及各地区在当期 DEA 方法下得到的环境无效率指标（CIE）变化趋势。根据公式（8-10-1），LEC 等于各省份相邻时期 CIE 的差值，如果 CIE 后一时期数值比前一期低，说明效率有所改善且 LEC 为正，反之则说明效率恶化且 LEC 为负。从图 8-3 可看出，对中国整体而言，相关 CIE 在 1989 年约为 0.2102，短暂下降后逐步增加到 1998 年的 0.2539，逐步下降到 2004 年的最低点 0.1304 后上升到 2018 年的 0.4118，期末时期的 CIE 比期初要高 0.2016，这是导致 LEC 为负的直接原因。深入分析可发现，与产出相关的 CIE 从 1989 年的 0.0074 上升到 2018 年的 0.1184，在分析期间上升了 0.111，约占到 CIE 上升总量的 55.05%，说明 1989—2018 年经济效率之所以下降，主要是由于期望产出效率下降所致。除产出之外，与投入和环境治理相关的 CIE 在分析期间都有所上升，其中与投入相关的 CIE 在 1989—2018 年上升了 0.0123，与环境治理相关的 CIE 上升了 0.0783，分别

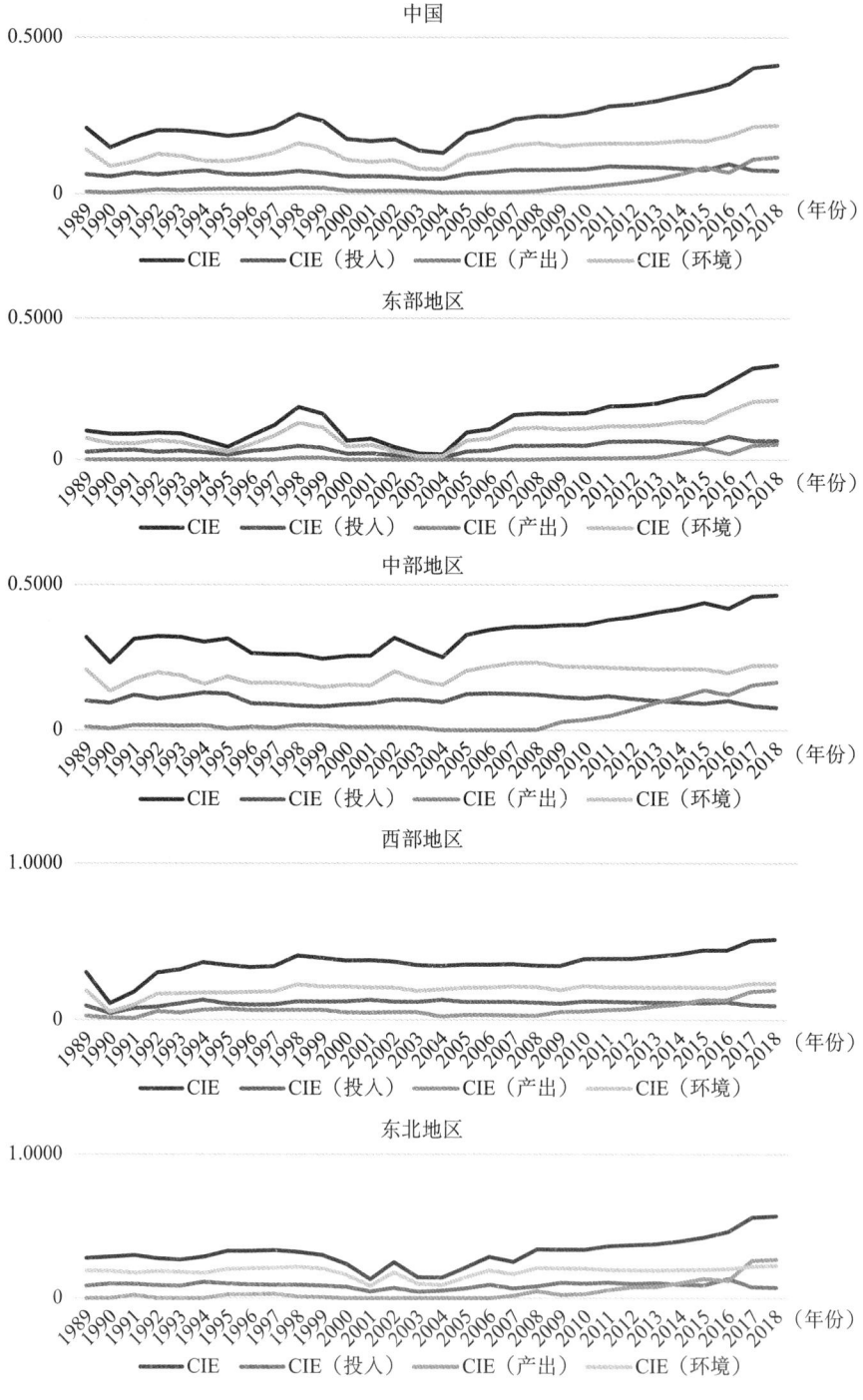

图 8-3 中国及各地区 1989—2018 年环境无效率 CIE 及相关成分变化趋势

占到 CIE 上升总量的 6.1% 和 38.84%，说明投入和环境治理是导致中国经济效率下降的次要因素。若将各投入、产出因素单独分析，在资本、劳动力、能源三项投入因素中，劳动力是导致效率下降的主要原因，而在与环境治理相关的三项指标中，SO_2 和烟尘排放对于效率下降的影响更大一些。

图 8-3 表明，东部地区 CIE 从 1989 年的 0.1018 下降到 1995 年的局部低点 0.0448，1998 年上升到局部极值点 0.1853，再下降到 2004 年的最低点 0.0192 后出现陡峭的上升趋势，在较短时间内上升到 2018 年的 0.3333。在各相关因素中，对东部地区影响最为明显的为环境治理，相关的 CIE 从 1989 年的 0.075 上升到 2018 年的 0.2104，约占到 CIE 上升总量的 58.51%。此外，与投入和产出相关的 CIE 分别从 1989 年的 0.0268 和 0 上升到 2018 年的 0.0681 和 0.0547，约占到 CIE 上升总量的 17.84% 和 23.65%。，以上分析说明，东部地区经济效率的下降主要与环境治理有关，但是投入和产出效率下降也对其产生了负面影响。对于中、西部地区而言，其 CIE 在分析期初差异并不明显，1989 年数值分别为 0.3188 和 0.3023，但前者下降到 2004 年的最低点 0.25 后持续上升到 2018 年的 0.4652，说明中部地区经济绩效在 2004 年之前是有所上升的，但在此之后有所下降；后者则从 1990 年的 0.1051 上升到 1998 年的 0.4093，回落到 2009 年的 0.3437 后再上升到 2018 年的 0.5130，说明西部地区经济效率在 1998—2009 年相当长的时间内是上升的，但从 2010 年开始出现下降趋势。东北地区的 CIE 在 1989 年约为 0.2769，该数值仅低于东部地区，而高于中、西部地区，说明分析期初东北地区经济效率在全国还是处于前列的。与其他地区不同的是，东北地区 CIE 在 1989—1997 年有所上升后，从 1998 年开始逐步下降到 2001 年的最低点 0.2123，在此之后逐步上升到 2018 年的 0.5695，说明由于国有企业改革等多方面原因，在全国其他地区经济绩效尚未下降之前，东北地区经济绩效就出现了大幅度的下降。

图 8-4 描绘了 1995—2018 年中国及各地区技术落差 TG 及相关成分的变化趋势。根据公式（8-10-2），LTP 等于相邻时期 TG 的值，我们可以根据 TG 在分析期间数值变化对技术进步的演变趋势给出解释。对比图 8-3 和图 8-4 可发现，环境效率和技术落差两者基本呈现出反向的变化趋势，除了中间一段时期之外，TG 都呈现出下降的趋势，这可说明主要是效率变化（LEC）而不是技术进步（LTP）导致中国经济增长绩效近年来出现下降的趋势。从图形上看，尽管在中途出现过起伏，但 TG 最终都趋向于 0，说明随着时间的推移，当期数据构建的技术边界与全部数据构建的统一边界趋向一致。

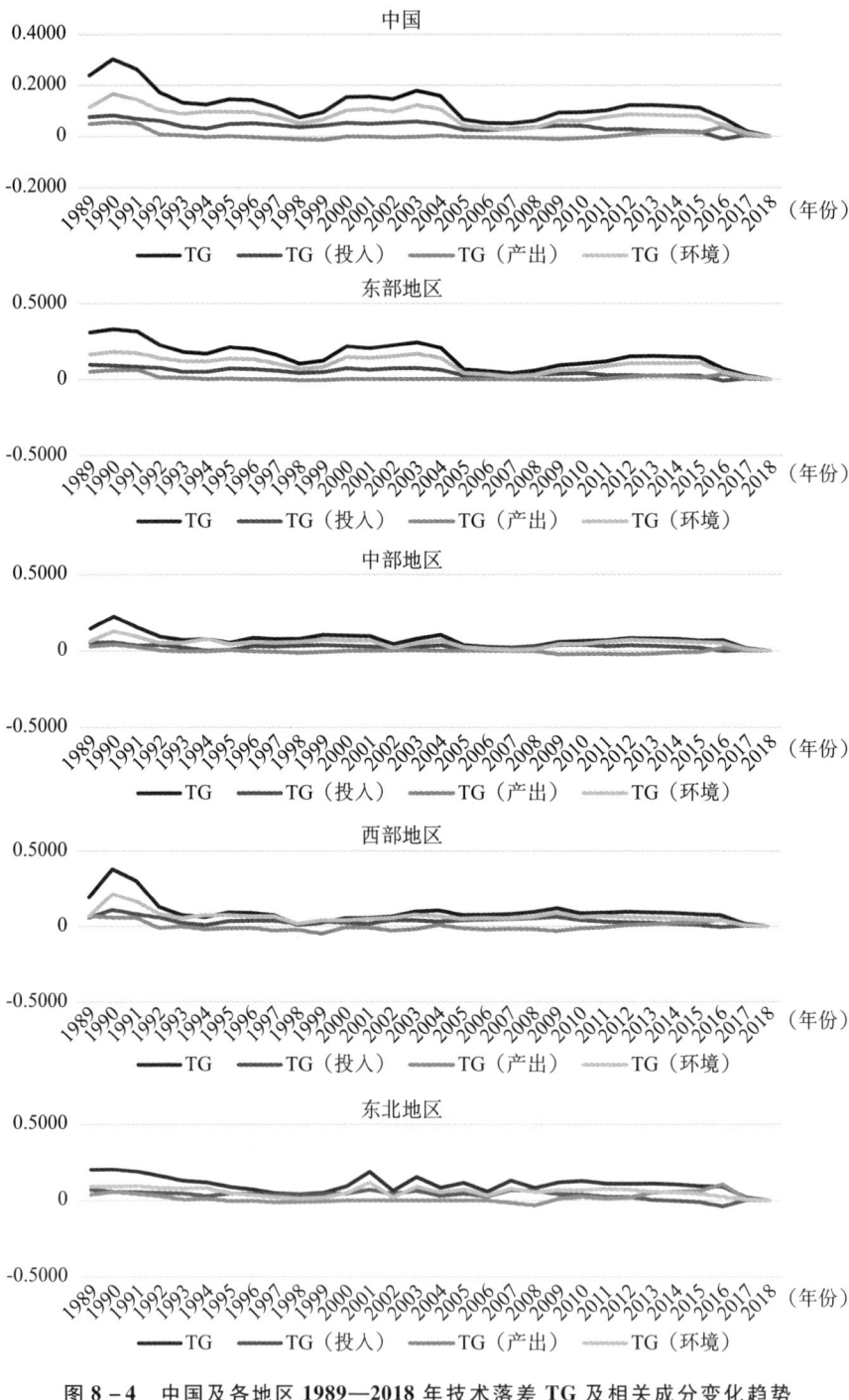

图 8-4 中国及各地区 1989—2018 年技术落差 TG 及相关成分变化趋势

从投入、产出各因素来看，与环境治理相关的 TG 下降最为明显，其次是与投入相关的 TG，而与产出相关的 TG 在分析期间下降最为缓慢。仔细分析图 8-4 可发现，中国不同地区技术进步的来源有很大差异。对于东部地区而言，TG 在分析期间合计下降了 0.3114，在各个地区中下降幅度是最为显著的，说明东部地区在分析期间技术取得显著进步，其中，其与环境治理相关的 TG 下降最为迅速，在分析期间减少 0.1636，而与投入和产出相关的 TG 指标仅下降 0.096 和 0.0518。与东部地区相比，中部地区 TG 指标在分析期间下降 0.1467，其中，要素投入和环境治理对于技术进步所起的作用基本相当，相应的 TG 指标分别下降了 0.0531 和 0.0642，产出对技术进步的影响同样并不显著，相应 TG 指标分析期间仅下降 0.0294。与前两者不同的是，对于西部地区而言，产出和环境治理是其技术进步的主要原因，与其相关的 TG 值分别下降了 0.0682 和 0.0681，而投入对于技术进步的影响要小一些，相关 TG 值下降了 0.0579。东北地区虽然在分析期间环境全要素生产率下降较为显著，但在技术进步方面取得明显改善，TG 在 1989—2018 年下降 0.2018，其中，与环境治理和投入相关的 TG 指标分别下降 0.0923 和 0.0705，与产出相关的 TG 指标下降 0.039，再次说明东北地区经济绩效之所以下降，是由于经济效率下降而非技术进步引起的。

第五节　本章结语

本章结合 SBM 方法和 Luenberger 函数特点，提出了一种新型的生产率指数构建和分解方法，利用 1989—2018 年中国省际数据，测度了中国东部、中部、西部地区及各省份环境效率及环境全要素生产率，对资源环境约束下中国经济增长绩效变化趋势进行了因素分析。研究发现，在资源环境约束背景下，能源消耗和环境治理已经成为中国经济增长无效率的主要来源，但不同区域之间环境技术效率存在较大差异，由东到西呈现出明显的阶梯式分布，中国东部沿海地区在投入、产出以及环境污染三方面都远远超过全国平均水平，相反，西部地区在以上三个方面均落后于全国平均水平，东北和中部地区之间的差距主要体现在经济发展的产出层面。中国 1989—2018 年的环境全要素生产率为 0.09%，其主要来源于技术进步而非效率改善。分阶段来看，资源环境约束下中国经济增长绩效在 1989—2005 年呈现出上升趋势，在

2005—2015 年出现下降趋势，但在 2015 年之后又呈现出上升趋势。将 1989—2018 年环境全要素生产率均值分解后发现，分析期间环境治理和投入效率上升对于中国经济增长绩效产生了正面影响，2005 年之后的经济增长减速对于经济增长绩效产生了负面影响，说明在分析期间中国环境全要素生产率之所以提升并不显著，主要与中国经济 2007 年以后出现的持续减速现象有关，是中国经济从高速增长向高质量发展转型经历的必然阶段。随着中国经济成功转型和逐步企稳，未来中国经济增长绩效的提升将存在较大的空间。

针对资源环境约束下中国近年来经济增长绩效下降的现象，我们不仅可以通过新型指数分解方法，分析投入、产出因素对于技术进步和效率改变的影响，直接找到导致中国整体环境生产率下降的原因，而且根据中国不同区域资源禀赋、产业结构和发展阶段存在较大差别的特点，可以进一步探究影响不同地区经济增长绩效变化的相关因素，从而得到更为具体和更有针对性的对策建议。为提升中国经济增长绩效，我们建议如下：

（1）摒弃 GDP 增长崇拜，将发展目标从经济数量扩张转向经济质量提高。本章研究表明，一方面，与 GDP 相关的无效率指标处于较低水平，继续通过产出扩张提高生产率空间有限；另一方面，投入效率不足和环境治理已成为近年来中国经济增长绩效下降的主要原因。因此，我们必须通过对 GDP 预期目标的调整，减少对资源环境的消耗，实现更长时期、更高水平、更好质量的可持续发展。可喜的是，2015 年以来中国经济在逐步企稳的同时，在节能减排方面取得明显的成就，促使环境全要素生产率逐步从负向正转变，表明中国在提升经济增长质量方向上迈出了关键一步。

（2）不但要通过技术进步，更要通过效率改善提高中国经济增长绩效。众多文献已表明，中国经济增长绩效是由技术进步而非效率改善推动的，本章研究更进一步发现，中国经济增长绩效近年来下降主要与效率变化有关，特别与东部沿海地区近年来节能减排效率改善趋缓有关。因此，我们在加强技术引进和自主创新的同时，尤其要注重与节能减排相关的技术吸收和应用推广。

（3）以区域的资源禀赋、发展阶段特征引领经济增长质量。中国幅员辽阔，不同区域在资源禀赋、产业结构和发展阶段存在较大差别，研究发现各区域不但环境无效率来源不同，决定其生产率的因素也有很大差异。因此，在具体制定提高经济增长绩效对策时，应注意到东部、中部、西部地区及省际的地区差异，找到影响各区域经济增长质量的具体投入与产出因素，并结合自身的特点制订切实、可行的发展政策方案。

（4）投资自然资本，实施可持续发展。就全球范围而言，人们喜欢把增长作为表现创造力的方式并沉溺其中，事实上地球的承载力已达极限。基于人造资本与自然资本（产出自然资源流的存量）的互补性、部分的替代性（赫尔曼·E. 戴利，1996），我们应将可再生资源与不可再生资源区别对待与投资，合理配置对自然资本的维持性投资与净投资，在可能的范围内，把不可再生的自然资本尽量转变为可再生的替代物。地球是我们人类唯一的家园！

第九章

城市化、人力资本与经济增长质量

党的十九大报告指出"我国经济已由高速增长阶段转向高质量发展阶段",这是继经济发展进入新常态后,针对国内外环境的新变化,特别是发展条件的新变化做出的重大判断。改革开放40多年,我国经济保持了年均近10%的高速增长,与此同时,占全球经济总量的比重也不断提升。长期以来,我国采用政府深度干预资源配置的非均衡增长方式,具体包括要素价格扭曲、能源消耗与环境污染、压低社会福利水平等系列手段,以期达到在较短时间内赶超发达国家的目标,虽然取得了增长的奇迹,但不可避免地产生了较多的问题,如产能过剩、产业结构失衡、收入差距拉大、实体和虚拟经济失衡等,代表着经济增长质量的全要素生产率(TFP)指标近年来也出现了明显的下降趋势,因此随着经济发展进入新常态,高速增长以及片面追求增长速度已不再是中国经济的现实特征,提高我国经济的增长质量具有重要的理论和现实意义。作为我国经济转型发展的汇聚点,城市化一直备受关注,从供给侧结构性改革,到扩大内需、促进产业升级,都能在城市化推进过程中找到了重要抓手,随着我国经济增长方式的转变,城市化在我国经济发展中的重要地位越发凸显,城市化已成为供给侧和需求侧结构性改革的最大潜力,是实现"一带一路"倡议和经济结构有效调整的主要依托。可以说城市化不仅仅是中国经济发展的驱动力,也是未来生产率提高的驱动力。因此,探讨城市化和经济增长质量两者之间的关系,对于提升城市化水平和提升经济增长质量都具有现实意义。

城市化推进经济增长质量提升的一个重要机制是人力资本积累,作为生产要素之一的人力资本是经济增长的源泉,对于一国或者一个地区经济稳定、持续地增长具有重要的推动作用。随着城市化水平的提高,城市经济聚集,城市收入水平提高，城市便捷的生活方式、工作环境以及城市高层次的教育资源，具有强大的磁场效应，吸引着人们从农村或者小城市迁移到更发达的城市生活、工作。于是，人力资本作为重要的生产要素就流向了城市。人力资本的持续积累，在提高劳动生产率的同时，也有利于经济增长方式的集约化转变以及优化产业结构，提高经济增长的质量。自 2008 年国际金融危机以来，由于外部环境和内部条件的变化，我国逐渐转变了经济发展方式，然而资金、劳动力等生产要素的粗放投入仍然是增长的来源。技术进步和技术创新缓慢、人力资本投入不高、劳动者素质参差不齐、经济结构不合理等问题严重制约着总体效益的提高。在这样的背景下，对城市化、人力资本和经济增长质量的关系进行研究具有重要的理论和实践意义。

第一节　经济增长质量相关研究的文献综述

由于人力资本的依附性特征，常与劳动力紧密联系在一起，人力资本的积累首先能提高劳动生产率，然后通过"外部效应"又能提高其他要素的生产率，因此许多学者从人力资本能够提高要素生产率的角度作为人力资本与经济增长质量关系的切入点开展研究。由于狭义的经济增长质量反映的就是要素的生产率问题，所以这些文章事实上都提及了人力资本与经济增长质量之间的关系，只是没有确切提到"经济增长质量"这个概念。逯进和贺晓丽（2007）虽然提到了"人力资本"和"经济增长质量"这两个名词，但也只是通过将人力资本纳入经济增长的方程测算各生产要素对经济增长的作用大小，本质上仍旧属于人力资本与经济增长的研究范畴。Aiyar 和 Feyrer（2002）的研究表明，人力资本能够显著提高全要素生产率。刘海英等（2004）利用基尼系数的计算方法量化了人力资本均化指标，并通过实证分析得出了人力资本均化程度提高能够提高经济增长质量的结论。赖明勇等（2005）研究了在开放情况下，人力资本水平与东道国的技术吸收能力、经济增长稳态之间的关系，认为人力资本的投资对技术吸收能力的提高具有重要作用。李变花（2005）的研究表明，人力资本会通过提高劳动生产率、促进科技进步、资源整合及人的全面发展这四个方式提高经济增长的质量。铁明太（2009）研究发现，人力资本除了能促进经济增长外，还可作为经济增长的缓冲剂，达到减缓经济波动的目的。此外，他还指出提高人力资本能够相应地"促进绿色

GDP 的增长、提高投资效率、减少物质投入从而促进经济又好又快发展，提高经济增长质量"。刘海英（2005）通过研究表明，人力资本具有收益递增的特征，正是因为这个特征决定了人力资本作为提高经济增长质量的重要途径的必然性；同时，高质量的经济增长，必须综合考虑技术进步因素，而发展和研究是一种技术进步，需要匹配更高水平的人力资本，因此特别强调了经济增长质量对人力资本的需求。魏下海（2009）利用我国数据，对人力资本、对外开放度与全要素生产率的关系进行了实证分析，结果表明两者对全要素生产率有积极的正向影响。周路（2015）使用我国 1990—2011 年的统计数据，通过研究人力资本、创新能力与经济增长的关系，认为教育人力资本、劳动力再培训、劳动力身心健康、创新能力和经济增长质量之间存在长期的均衡关系，而且均会促进经济增长质量的提高，但不同的因素对经济增长质量的影响程度存在一定差别，其中教育人力资本对经济发展的影响程度最大。郭英彤等（2017）认为，人力资本的水平不仅能够显著地影响经济增长，而且对经济增长具有很强的促进作用，是未来经济增长的新动力所在。

在城市化与经济增长质量的关系方面，大部分学者都比较关注城市化与经济增长的研究。Marshall（1890）最早开始探索城市化与经济增长的关系问题。他认为技术的外溢会导致工业集聚进而能够促进经济增长。Berry（1965）的研究发现城市化与经济增长存在高度的相关性，而后 Northam（1975）提出城市化水平与经济增长存在着线性关系，Lucas（1988）则首次明确地提出了城市化与经济增长的命题。20 世纪 90 年代以来，新经济地理学派开始兴起，该学派以规模经济、不完全竞争为研究基础，提出了人口迁移模型、投入产出驱动模型并揭示人口与经济在空间活动规律以及城市化与经济增长的因果机制。Shatter（1996）研究发现工业化水平、人均国内生产总值、出口贸易与城市化率呈现一致性。Kao 和 Coskey（1998）的研究表明，城市化能够有效提高人均资产与人均国内生产总值。Strobl 和 Bertinelli（2003）通过研究发现城市发展能有力地促进了经济增长。虽然国内学者对城市化与经济增长关系的研究起步较晚，但很多学者对两者的关系研究做了有益的探索。王小鲁（2000）研究发现，城市化对我国经济增长的贡献会达到 5 个百分点以上。刘耀彬（2006）认为，我国的城市化和经济增长是相互推进的，呈现阶段性的特征。郭文杰（2006）的研究表明，城市化促进生产要素向城市聚集，而城市数量和规模的提升又能够促进经济的发展和结构的转变。曾国平和袁孝科（2010）通过对服务业、城市化与经济增长的关系研究发现，经济增长带动了城市化的发展。闫晓红（2011）认为，总体上城市化会促进经济增长，但不是所有省份都如此，因此还要注意过度城市化问题。聂华林、韩燕和钱力（2012）的研究发现我国的城市化对经济增长存在显著的区域性差异。郝寿义、范晓莉（2012）和项本武、张鸿武（2013）运用了面板计量方法度量了城市化和经济增长之间的长期均衡和短期动态关系，结果表明两者之间存在长期显著的正相关关系。吕健（2011）和洪彦、王列辉等（2015）主要从城市化驱动经济增长的角度开展了空间计量研究，得出的结论也大致相同：城市化与经济增长均存在着空间自相关。

通过以上文献综述可以发现，虽然目前为止学术界对于城市化、人力资本和经济增长质量单独或者两者相结合的研究很多，但将三者结合起来进行研究的还比较少，特别是实证分析。在可以查阅到的文献中，虽然有的学者标题是城市化与经济增长质量或者人力资本与经济增长质量，但在用模型进行实证分析时选取的指标却还是 GDP，并没有用经济增长质量指标，而本章则使用具有代表性的全要素生产率反映经济增长质量。在目前要求转方式、调结构，不仅要数量更要质量的情况下，城市化、人力资本和经济增长质量愈加受到重视，对这三者的关系进行研究，具有现实意义。

第二节 空间面板计量模型与数据来源

空间计量经济学与传统计量经济学的两个重要的区别为：一是认识到空间依赖性和空间异质性的存在；二是介绍了空间计量模型中的要素量化问题。应用空间计量模型的前提就是研究对象具有空间自相关性，因此先要进行空间自相关分析。

一、空间自相关分析

空间自相关是指一些变量在同一个分布区内的观测数据之间潜在的相互依赖性。空间位置越邻接，属性越趋同，空间现象就越相似，即地理学第一定律：任何东西和别的东西之间都是相关的，但近处的东西比远处的东西相关性更强，这种相关性又叫空间依赖。各种经济现象由于受空间依赖的影响，彼此之间可能不是相互独立的，而是相关的。在空间计量经济学中，这种相关性通过空间自相关统计量莫兰指数（Moran's I）衡量。莫兰指数用于检验整个研究区中邻接地区是相似、相异（空间正相关、负相关），还是独立的。全域空间相关（Gobal Spatial Autocorrelation）是从区域空间的整体刻画经济活动的空间分布情况。其计算及检验过程如下：

$$\text{Moran's I} = \frac{n}{\sum_{i=1}^{n}\sum_{j=1}^{n}W_{ij}} \cdot \frac{\sum_{i=1}^{n}\sum_{j=1}^{n}W_{ij}(X_i - \overline{X})(X_j - \overline{X})}{\sum_{i=1}^{n}(X_i - \overline{X})^2} \quad (9-1)$$

其中，X_i 表示第 i 地区的观测值，在这里表示城市化和各集聚外部性变量；n 表示地区总数（如省域和城市等），为空间地理距离权重矩阵。Moran's I 指数的取值范围在 -1 到 1 之间，在给定的显著性水平下，Moran's I 值大于 0 表示正相关，表明具有相似属性的观测值在空间上呈现集聚分布状态，反之，则表明具有相异属性的观测值呈集聚状态。

空间权重矩阵表示空间单元之间相互依赖与相互关联的程度，本章选择各地区地理区位是接近的空间特征作为权重设置（Ertur 和 Koch，2007；钟昌标，2010），根据已有研究，主要包括空间邻接权重矩阵和地理距离权重矩阵。其中，空间邻接权重矩阵的对角元素是 0，其他元素满足：若两地区相邻则取 1，否则就取 0。空间邻接标准认为地区之间的空间关联仅取决于两者是否相邻，而地理距离标准可以考虑更远地区之间的空间互动。本章采用距离平方的倒数建立地理距离权重矩阵 W，其元素满足：对角元素为 0，非对角元素为两地区之间距离平方的倒数。

二、空间面板计量模型

（一）空间滞后模型（SLM）

空间滞后模型（Spatial Lag Model，SLM）最早是针对截面数据的分析提出的，主要描述的是空间实质相关，它通常被假定是空间自回归过程，因此又被称为空间自回归模型。其表达式为：

$$y = \rho W_y + X\beta + \varepsilon \quad (9-2)$$

其中，y 是因变量；X 是自变量；W 是空间权重矩阵；W_y 是因变量空间滞后项，反映邻接区域因变量对区域因变量的影响；ρ 是空间自回归系数；β 是自变量的参数；ε 是残差项。

(二) 空间误差模型 (SEM)

空间误差模型 (Spatial Error Model, SEM) 是分析误差项之间是否存在序列相关的模型, 它能够反映邻接区域解释变量对因变量的误差冲击对区域因变量的空间影响。当地区之间的相互作用由于所处的相对位置不同而存在差异时, 一般会采用该模型。其表达式为:

$$y = X\beta + \mu \qquad \mu = \lambda W\mu + \varepsilon \tag{9-3}$$

其中, y 是因变量; X 是自变量; W 是空间权重矩阵; ε 是回归残差向量; λ 是自回归系数, 用来衡量样本观测值中的空间依赖作用, 即相邻地区的观测值对本地区观测值的影响方向和程度。

(三) 空间杜宾模型 (SDM)

空间杜宾模型 (Spatial Durbin Model, SDM) 是在空间滞后模型的基础上发展起来的, 它不仅考虑了因变量的空间相关性, 而且考虑到了自变量的空间相关性。该模型的数学表达式为:

$$y = \rho W_y + X\beta + WX\theta + \varepsilon \tag{9-4}$$

其中, y 是因变量; x 是自变量; w 是空间权重矩阵; w_y 是因变量空间滞后项, 反映邻接区域因变量对区域因变量的影响; β 是自变量的系数; ρ 是空间滞后项 W_y 的系数; WX 是自变量空间滞后项, 反映邻接区域解释变量对区域因变量的空间影响; θ 是自变量空间滞后项的系数; ε 是残差项。当 $\theta = 0$ 时, SDM 转换为 SLM; 当 $\theta + \rho\beta = 0$ 时, SDM 转化为 SEM。

(四) 空间计量模型的选择

由于空间效应的存在, 空间计量模型一般将空间滞后变量和空间相关误差项作为模型的解释变量, 这样使得最小二乘法 (OLS) 的估计结果对 SLM 有偏且非一致, 对 SEM 无偏但非有效, 因此一般采用极大似然法 (ML) 进行估计。对于 SLM 和 SEM 这两个模型哪一个结果更为适用, 一般可采用空间相关极大似然估计的假设检验 Lagrange Multiplier (lag)、Lagrange Multiplier (error) 及其稳健形式 Robust Lagrange Multiplier (lag)、Robust Lagrange Multiplier (error) 等方法。如果 Lagrange Multiplier (lag) 比 Lagrange Multiplier (error) 在统计上更为显著, 则适用 SLM; 反之, 则适用 SEM。如果 Lagrange Multiplier (lag) 和 Lagrange Multiplier (error) 在统计上都显著, 则由 Robust

Lagrange Multiplier（lag）和 Robust Lagrange Multiplier（error）决定适用哪种模型，其判断方法和前者相同。如果两者都显著，则采用 SDM。

进一步判断 SDM 能否简化为 SLM 或者 SEM，则通过 Wald 检验。如果 θ=0 和 θ=-ρβ 同时被拒绝或者同时无法被拒绝，那么 SDM 是估计空间面板模型的最佳选择；如果 θ=0 无法被拒绝，且 LM（Robust LM）也指向 SLM，那么 SLM 则更好地拟合了空间面板数据；如果 θ=-ρβ 无法被拒绝且 LM（Robust LM）也指向 SEM，那么 SEM 是空间计量估计中的最优模型；如果 LM（Robust LM）指向的模型与 Wald 检验结果不一致，则 SDM 更适用于估计空间面板模型，这是因为 SDM 同时是空间自回归和空间误差模型的一般化形式。

第三节　城市化、人力资本影响经济增长质量的实证分析

一、变量选取及数据来源

1. 全要素生产率（TFP）。全要素生产率是经济增长质量的关键，因此本章将全要素生产率作为被解释变量。根据研究需要，用 DEA-Malmquist 指数方法估算 31 个省域 2001—2015 年的全要素生产率。而先要确定的是研究时段每年的物质资本存量。在计算资本存量时，选择 2000 年我国固定资本形成总额比上折旧率与研究时段固定资产投资形成平均增长率之和作为各省域基期的资本存量。在固定资产折旧率方面，参考单豪杰（2008）的研究结果，将固定资产折旧率设定为 10.96%。由于我国经济发展的状况不能满足使用永续盘存法迭代公式，因此资本存量计算将采用永续盘存法的原始公式。这样，配合研究期内各省域就业人数及以 2000 年为基期的各省域 GDP 数据，计算可得我国 31 各省域的全要素生产率，由于 DEA-Malmquist 指数方法得出的全要素生产率是从（t+1）年开始的，为了防止共线性问题，我们直接从（t+1）年即 2001 开始取变量值，就得到了 2001—2015 年各省域的全要素生产率。

2. 城市化水平（lnURB）。本章采用人口城市化率表征城市化，即用各省域研究期内各年度城镇人口占总人口的比例进行计算，这里取对数进行处理。

3. 人力资本水平（lnEDU）。舒尔茨在首次比较完整地提出了人力资本理论后，认为以往经济学中的难题——产出的增长超过投入要素的增长的差额部分用人力资本理论可以得到很好地解释，可以理解为人力资本是产出效率提高的原因，人力资本因素提高了经济增长的质量。然而，对人力资本的度量却一直是个难题，不同研究者对人力资本的度量方法存在较大差异。这里我们采用大多数学者使用的各省域的平均受教育年限的对数衡量人力资本的存量。

4. 其他变量。INV 代表固定资本投资效率，用各省域地区生产总值比上固定资本形成总额得到；TRA 表示公路交通密度，通过各省域公路里程数除以省域面积得到；lnPGDP 是各省域的人均实际 GDP 的对数，代表经济发展水平；lnURB * lnEDU 则是各省域城市化水平与人力资本水平的交互项，能够反映城市化和人力资本的相互作用。

本章样本为 2001—2015 年全国 31 个省域。上述各指标所需要的数据均根据 2001—2015 年的《中国统计年鉴》《中经网统计数据库》《EPS 中国区域经济数据》统计数据整理计算所得。

二、Moran 指数检验

本章采用地理距离矩阵对研究期内 31 个省域样本数据做全局空间自相关性检验，分析在地理空间上是否具有相关性（见表 9 – 1）。

表 9 – 1　　　　　　　　全局莫兰指数计算结果

Moran's I	Z 值	P 值
0.0833	6.1589	0.0000

由表 9 – 1 中数据可知，研究期内全局 Moran 指数在 1% 的显著性水平下显著且为正值，显示了明显的空间自相关性。这意味着我国相邻省域的经济增长质量并不是相互独立的，而是相互影响的。因此，对各省域城市化、人力资本和经济增长质量进行研究时，不能忽视空间因素，应该在经济模型中引入地理空间变量并纳入空间效应的影响，而普通的计量模型已不再适用，需采用能够克服该问题的空间计量经济学模型。

三、实证结果分析

(一) 空间面板模型的选择和设定

为了进行比较,先给出经典线性回归模型的 OLS 估计结果,如表 9 – 2 所示。由表 9 – 2 的检验结果可以看出,OLS 估计的拟合优度为 0.3693,说明拟合程度较差,这可能与忽略了空间依赖性有关,它和自然对数似然函数值(Log L)作为衡量模型拟合优度的指标,将在下文中与空间计量模型的估计结果进行比较。此外,从 OLS 估计的 LM 及 Robust LM 检验结果可知,SLM 与 SEM 两者均通过了相关的(Robust)LM 检验,表明应该考虑选用的是 SDM。

表 9 – 2　　　　　　　　　　OLS 估计结果

变量	OLS 模型
intercept	– 0.142107 (– 0.767871)
lnURB	0.253261 *** (4.974438)
lnEDU	0.309426 *** (3.956271)
INV	0.024655 *** (7.290756)
TRA	0.003667 (0.771384)
lnPGDP	0.024062 *** (3.990972)
lnURB · lnEDU	– 0.099226 *** (– 4.275104)
R^2	0.3693
log L	913.5881
LM (lag)	14.4539 ***
Robust LM (lag)	13.6747 ***
LM (error)	31.3637 ***

续表

变量	OLS 模型
Robust LM (error)	30.5846***

注:*、**、***分别为10%、5%和1%的水平下的显著性检验。

根据表9-3的估计结果，进一步可以得到，空间滞后和空间误差的Wald统计量均在10%统计检验水平上不显著，即无法拒绝原假设 $\theta = 0$ 和 $\theta = -\rho\beta$，也证实了SDM既可简化为SLM也可简化为SEM，具体选择哪个模型要根据三个模型进一步的估计结果确定。此外，SDM的Hausman检验通过1%显著性检验，即随机效应模型被拒绝，如果选择SDM进行估计则应当采用固定效应模型。

表9-3　　　　　　　　　Wald和Hausman检验

检验	统计值	P值
Wald test spatial lag	33.3007	9.18E-06
Wald test spatial error	35.9734	2.79E-06
Hausman test	57.4641	0.0000

为了便于比较，本章借助MatlabR2014a对SLM、SEM和SDM分别进行了空间固定、时间固定和双固定效应的面板数据计量估计（见表9-4）。在经济增长质量和城市化与人力资本的模型中，双固定的面板SDM估计结果在Log L似然值和R^2拟合值上要优于表9-2的传统面板模型和表9-4中的其他空间面板模型。因此，本章将选择时间和空间双固定的面板SDM对我国各省域经济增长质量和城市化与人力资本的关系展开实证分析。

（二）直接效应和间接效应分析

表9-5给出了SDM双固定模型下的直接效应、间接效应和总效应的估计结果。从城市化的角度看，在1%的显著性水平上，城市化直接效应的回归结果为0.8261，说明本省域的城市化水平与经济增长质量呈现同方向的变化，城市化率的提高能够带动城市地区的经济增长质量。这主要是因为人口城市化率的提高反映了城市人口数量的上升，这种人口聚集不仅能够增加城市消费，而且可以促进人才的引进和技术进步，进而使城市经济质量得以增长。同时，城市化对经济增长的间接效用在5%的显著性水平上为-1.5587，说明本省域城市化率的提高会抑制邻接省域的经济增长质量的提高，或者说邻接

表 9-4　SLM、SEM、SDM 模型结果比较

自变量	面板 SLM 模型			面板 SEM 模型			面板 SDM 模型		
	空间固定	时间固定	双固定	空间固定	时间固定	双固定	空间固定	时间固定	双固定
lnURB	0.7762*** (7.7272)	0.2233*** (4.6673)	0.6088*** (5.9877)	0.7804*** (7.3917)	0.2231*** (4.6394)	0.5906*** (5.8091)	0.7861*** (7.1436)	0.2676*** (5.1965)	0.8035*** (7.2619)
lnEDU	1.3506*** (7.3575)	0.3718*** (4.9243)	1.0994*** (6.0860)	1.3272*** (7.0312)	0.3625*** (4.7336)	1.0735*** (5.9107)	1.3604*** (7.1569)	0.4285*** (5.3433)	1.3317*** (7.0635)
INV	0.0400*** (7.4360)	0.0183*** (4.7942)	0.0459*** (8.6042)	0.0442*** (8.0337)	0.0180*** (4.6411)	0.0457*** (8.4609)	0.0500*** (9.0600)	0.0203*** (4.7459)	0.0505*** (9.1833)
TRA	-0.0156* (-1.7194)	0.0060 (1.2859)	-0.0300*** (-3.0471)	-0.0249** (-2.4414)	0.0042 (0.9197)	-0.0290*** (-2.9647)	-0.0302*** (-2.8388)	0.0078 (1.3761)	-0.0262** (-2.4675)
lnGDP	0.0786*** (6.4604)	0.0503*** (6.6282)	0.1575*** (7.2525)	0.0867*** (6.6356)	0.0464*** (6.1232)	0.1580*** (7.1329)	0.1675*** (7.8431)	0.0542*** (6.3780)	0.1369** (6.1784)
lnURB·lnEDU	-0.4040*** (-7.8132)	-0.1061*** (-4.8040)	-0.3188*** (-6.0538)	-0.3976*** (-7.3599)	-0.1048*** (-4.6961)	0.3128*** (-5.8811)	-0.3850*** (-7.0723)	-0.1267*** (-5.3116)	-0.3697*** (-6.7104)
W·lnURB							-1.3130** (-2.5636)	-0.6362 (-1.6149)	-1.7159* (-1.9176)
W·lnEDU							-2.1166** (-2.0492)	-1.2295 (-1.5312)	-2.7140 (-1.5442)
W·INV							-0.0686*** (-3.5964)	-0.0177 (-0.6193)	-0.0790* (-1.7157)

续表

自变量	面板 SLM 模型			面板 SEM 模型			面板 SDM 模型		
	空间固定	时间固定	双固定	空间固定	时间固定	双固定	空间固定	时间固定	双固定
W·TRA							0.0446* (1.9290)	-0.0284 (-0.6985)	-0.1096 (-1.3842)
W·lnPGDP							-0.1310** (-2.3992)	0.1590** (2.3585)	-0.5673*** (-3.1789)
W·lnURB·lnEDU							0.5581** (2.0530)	0.2272 (1.1642)	0.7441 (1.5127)
W·dep. var.	0.3840*** (4.0893)	-0.5790*** (-3.4803)	-0.3000*** (-1.8245)				0.4600*** (5.1896)	-0.5130*** (-2.8299)	-0.2830* (-1.7046)
spat. aut.				0.5010*** (5.9507)	-0.4230** (-2.3770)	-0.0073 (-0.0505)			
R^2	0.5631	0.4721	0.6304	0.5389	0.4520	0.6226	0.6073	0.4870	0.6563
Log L	996.2487	951.1284	1 037.871	1 000.272	948.5883	1 034.875	1 019.970	958.5224	1 055.098

注：*、**、***分别为10%、5%和1%的水平下的显著性检验。

省域城市化水平的提高会降低本省域的经济增长质量。这主要是因为城市化水平的提高需要大规模的投资和大量的劳动力,因此会在一定程度上挤占邻接省域的投资和劳动力,从而抑制邻接省域经济增长质量的提高。

表 9-5　　　　　　　　SDM 时空固定模型空间效应分解

变量	直接效应	间接效应	总效应
lnURB	0.8261*** (7.4588)	-1.5587** (-2.1194)	-0.7326 (-1.0039)
lnEDU	1.367915*** (7.2131)	-2.495695* (-1.7045)	-1.127780 (-0.7750)
INV	0.0518*** (9.2716)	-0.0731* (-1.9819)	-0.0213 (-0.5736)
TRA	-0.0251** (-2.2521)	-0.0828 (-1.3024)	-0.1079* (-1.7598)
lnGDP	0.1439*** (6.5658)	-0.4807*** (-3.1283)	-0.3368** (-2.1095)
lnURB·lnEDU	-0.3797*** (-7.0127)	0.6822 (1.6822)	0.3025 (0.7442)

注:*、**、*** 分别为 10%、5% 和 1% 的水平下的显著性检验。

人力资本水平在 1% 的水平下具有显著的直接效应,而间接效应则在 5% 的水平上不显著。这表明本省域人力资本水平的提高对于提高本省域的经济增长质量具有显著的正向影响,而对邻接省域经济增长质量没有显著影响。究其原因,主要是因为提高本省域人力资本水平是提高劳动生产率和投入产出率的有效途径。在经济转型时期,劳动生产率的提高是推动本地经济增长方式实现根本转变的主导因素,是提高能源利用率和资金利税率的先决条件。人力资本理论及其以后的新经济增长理论认为,人力资本是提高劳动生产率的根本途径。在物质条件一定的条件下,人力资本水平和劳动生产率是正向相关关系,人力资本水平越高,劳动者素质就越高,劳动生产率也就越高,从而经济增长质量也就越高。

固定资产投资效率的直接效应为正且均显著,说明本省域固定资产投资水平的提高对本省域的经济增长质量具有正向促进作用。固定资产投资效率的间接效应为负且在 5% 的水平上不显著,说明邻接省域的固定资产投资水平的高低对本省域经济增长质量没有显著影响。

公路交通密度对经济增长质量的直接效应为负且在5%的水平上显著，表示本省域公路交通密度的提高不仅不会提高本省域经济增长质量，反而会使之降低。这主要是因为公路的建造和使用成本较高，增加公路交通密度一定程度上会降低资源配置效率，从而降低本省域的经济增长质量。

在人均地区生产总值方面，直接效应与经济增长质量呈显著正相关，与之相反，间接效应与经济增长质量呈显著负相关。这主要是因为人均地区生产总值的提高会促进本省域消费结构的升级，进而带动投资结构和生产结构的升级，从而促进经济增长质量的提高。另外，本省域人均GDP的增加意味着本地吸引了更多的投资和劳动力，从而挤占了邻接省域的资本和劳动力的投入，进而对邻接省域的经济增长质量产生负的影响。

和城市化水平与人力资本水平单独对经济增长质量的直接效应为正不同，城市化水平与人力资本水平的交叉项系数的直接效应显著为负，原因可能是在人口城市化过程中，有很大一部分城市户籍者是学历不高的征地农民和低端产业的劳务人员，当这些人构成的相对较低的人力资本水平产生的效应超过城市相对较高的人力资本水平产生的效应时，便会抑制经济增长质量的提高。此外，城市化水平与人力资本水平交互作用的溢出效应并不显著，原因在于人口流动强度会因为空间距离延长而减弱，除个别吸引力特别强的地区外，人口城市化进程中的新增人口多源自本省域单元内，因而对邻接省域经济增长质量的溢出效应并不显著。

第四节 本章结语

本章利用空间计量方法对中国省域经济增长质量影响因素进行了实证分析，结果表明SDM更适合表现中国省域经济增长质量的空间依赖性，SDM的各项统计性质均优于经典计量模型，在一定程度上可以克服经典计量模型设定偏误的问题，表明空间计量模型实证结果和由此引出的政策建议更有说服力。本章基于全面、客观的原则对中国31个省域2001—2015年的经济增长质量水平进行测度，并对其影响因素进行深刻剖析，通过空间效应分解为直接效应、间接效应以及总效应的结果表明：中国各省域人口的城市化、人力资本水平、固定资产投资效率和人均地区生产总值对于本省域的经济增长质量存在显著的促进作用；公路交通密度和城市化与人力资本的交叉作用对本省域的经济增长质量存在显著的反向作用；邻接省域的城市化水平和人均地区生产总值对于本省域的经济增长质量具有显著的负向影响；邻接省域的人力资本水平、固定资产投资效率和公路交通密度在一定程度上会抑制本省域经济增长质量的提高，但是这种影响不显著；邻接省域的城市化与人力资本水平的交互作用对于本省域的经济增长质量存在着正向作用，但这种影响并不显著。

中国各省域的经济增长质量受空间交互影响的作用明显，未来中国各省域在提高经济增长质量的过程中不仅要重视本省域城市化水平、人力资本水平、固定资产投资效率、公路交通密度和人均地区生产总值等要素的作用，也要注意邻接省域相关政策变动对本省域经济增长质量的影响。

首先，各省域在制订新型城镇化发展策略时，不仅要考虑对本省域发展的促进作用，也要思考对邻接省域的影响，特别是要考虑到对邻接省域具有显著负向影响的因素，避免提高本省域经济增长质量的同时制约了邻接省域的发展，进而形成恶性竞争。为了消除城镇化过程中各省域的重复建设和恶性竞争，需要从国家层面建立宏观调控机制，促进各省域之间新型城镇化的协调发展。

其次，各省域政府应该加大对专业化人力资本的投资，整体提高各省域的人力资本水平，尽快建立和发展人才市场，加强和完善劳动力市场的管理，促进劳动力、人才的合理流动和优化配置，最大限度地发挥人力资本的潜力。第一，政府应该实施人才优先投资的政策。教育是人力资本积累最主要的方式，政府应该优先保证对教育的投入，增加教育人力资本投资的比重，探索教育投入绩效评估体系，提高教育投资的效益。第二，优化教育层次。重点是优化初等、中等和高等教育结构以及职业教育的比例，使教育结构与提高经济增长的质量相适应。第三，创新高校培养模式。建立学校、研究院与企业之间的人才交流机制，促进知识和技术的流动与共享。

最后，固定资产投资作为拉动经济增长的"三驾马车"之一，对调整和优化经济结构、促进经济健康持续发展发挥了重要作用。固定资产对经济发展拉动效应主要表现在直接拉动与投资关联度比较高的行业如工程机械、建材、机电装备生产等行业的发展，带动了建筑安装、房地产业的发展；企业通过更新改造实现扩大再生产；通过基础设施建设改善投资环境带动经济发展；促进第三产业发展和劳务市场繁荣，增加就业岗位，进而提高经济增长质量。因此，各省域要不断开拓投资领域，积极有效推行政府和社会资本合作的模式，加强投资力度、扩大投资规模、拓宽投资领域、优化投资结构，使固定资产投资对经济增长质量贡献率保持较高的水平。此外，还要继续大力发展经济，进一步加大减税力度，扶持中小企业发展，在社会保障方面承担起更大的责任，缩小贫富差距，不断提高地区生产总值和人均地区生产总值，从而提高本省域的经济增长质量。

第十章

区域一体化、资源配置效率与经济增长质量——来自长三角26个城市的实证

第一节 区域一体化影响资源配置效率的文献综述

随着我国经济进入新常态，经济增长速度从高速增长转入中高速增长，以大规模要素投入拉动经济增长的粗放型发展模式难以为继。因此，党的十九大报告指出当前阶段我国经济发展要转变发展方式、优化经济结构、转换增长动力。生产要素投入扩张的不可持续性制约着我国的经济增长。不但如此，资源在不同部门、不同行业以及不同区域之间的资源错配，带来较低的资源配置效率，也严重影响了我国经济的持续健康发展。在生产技术是凸性的条件下，资源的最优配置状态下，资源在不同企业间的边际报酬相同，资源错配（Misallocation）指的是资源的配置背离效率原则，在不同横截面上的边际报酬呈现出差异，从而造成加总的全要素生产率（TFP）和社会总产出的损失（Hsieh 和 Klenow，2009）。具体体现在资源错配会造成价格的扭曲，提高企业融资门槛，抑制企业的创新活动，从而影响经济的可持续发展（韩剑和郑秋玲，2014），而且区域内部的资源错配往往要比行业和部门的资源错配更加严重（Evans，2003）。我国独特的户籍制度和强大的政府干预限制了资本和劳动力的有效、合理的流动。由于"晋升锦标赛"机制的驱使（周黎安，2007），地方官员为获得晋升而相互竞争，其衍生出的地方保护主义和市场分割行为严重扭曲了资本、劳动等生产要素的配置状况。长江三角洲（以下简称长三角）城市群是我国经济发展水平最高、开放程度最高、创新能力最强、区域经济一体化程度最高的城市群之一。一方面，随着"一带一路"

倡议和打造"长江经济带"战略的实施，长三角正处于建设具有全球影响力的世界级城市群的重大机遇期。另一方面，人口压力突出、生态恶化、城市建设无序蔓延、资源利用效率低下、城市群发展质量不高等问题愈加严重（刘志彪，2019）。2018年11月，习近平总书记在中国国际进口博览会上宣布将长三角一体化上升为国家战略，对于长三角一体化进程进行了具体的规划。2019年5月13日中央政治局审议的《长江三角洲区域经济一体化发展规划纲要》中明确提出，长三角一体化上升为国家战略是党中央做出的重大决策部署，上海、江苏、浙江、安徽要增强一体化意识，强化创新驱动，提升产业链水平，扎实推进一体化发展。这些都说明现阶段长三角经济的发展已经不仅仅是数量的增加，对于经济增长质量的提升，特别是资源配置的效率问题更加关注。深化供给侧结构性改革，推动经济发展质量变革、效率变革、动力变革，有效改善和解决资源错配问题已经成为当前我国区域经济发展过程中的重中之重。那么，区域经济一体化如何影响区域内部的资源配置状况，区域经济一体化是否能改善区域内部的资源错配，关于这两个问题的回答，对于区域经济的发展，特别是促进区域内部资源的优化配置具有重大意义。

从现有的国内外文献来看，研究资源配置的扭曲程度主要从两个方向展开。第一个方向是先对地区或者企业层面的全要素生产率进行估算，然后直接对全要素生产率（TFP）进行分解，以TFP的方差或者OP协方差（Olley和Pakes，1996）表示资源错配程度。Hopenhayn（1993）；Epifini和Gancia（2011）等使用这种方法研究了美国制造业的资本错配程度和劳动力错配程度。聂辉华和贾瑞雪（2011）、Brandt（2012）等学者使用中国工业企业数据库研究了资源错配对中国工业企业层面的全要素生产率造成的损失。这一方向的研究方法虽然可以从计量的角度准确测算出其中一种或者几种生产要素的资源错配状况，但是对于一些无法显性表示的因素难以直接度量，例如制度因素对于资源错配具有显著影响，却无法准确测度由制度原因造成资源错配的具体程度。第二个方向是间接测算，不纠结于造成资源错配的原因，相反通过分析所有因素整体对资源错配造成的影响，构建TFP与资源错配的数理关系，测算出资源错配程度。这种方法的理论逻辑是资源错配对经济产生影响的微观机制都是使企业的要素边际成本不等于边际报酬。Hsieh和Klenow（2009）开创性地构建了一个异质性企业的垄断竞争模型，以微观企业数据为基础，测算出中国和印度在资本和劳动力两种生产要素的价格扭曲程度，研究了资源错配对于印度和中国的全要素生产率的影响，并且得出如果完全消除资源配置扭曲，中国的 TFP 可以提升 86%—115%，即使无法完全消除资源配置扭曲，如果可以将扭曲水平降低到美国的水平，中国的 TFP 仍然可以提升 30%—50%。Aoki（2012a）则构建了一个两部门的完全竞争模型对资本扭曲程度和劳动力扭曲程度进行分解，探讨部门间资源错配对于跨国全要素生产率的影响。韩剑和郑秋玲（2014）利用行业层面的资源错配的分解研究了政府干预对地区资源错配的影响，得出中国总体和行业内资源错配程度先降后升，行业间资源错配程度则缓慢上升，中西部地区的资源错配程度明显高于东部地区。国内学者朱喜等（2011）、陈永伟和胡伟民（2011）、李力行等（2016）、白俊红和刘宇英（2018）等沿用 Hsieh 和 Klenow（2009）的分析框架，测算了农业的资源错配、土地资源错配、工业企业的资源错配和区域的资源错配。第二种方向在一定程度上克服了第一种方向的缺陷，但是其"只见森林，不见树木"，对于特定要素相比较于其他要素或者整体的重要性仍无法比较。

关于企业与行业层面的资源错配的成因、测算和改善机制，国内外学者展开了广泛的研究（Banerjee 和 Duflo，2003；聂辉华和贾瑞雪，2011；陈永伟和胡伟民，2011；韩剑和郑秋玲，2017）。当前阶段，我国面临整体经济增长和区域平衡发展的双重目标约束，区域层面的资源错配已经成为阻碍区域平衡发展的主要因素，然而在区域层面的资源错配的研究并不多见，并且多集中在地方政府的晋升博弈、政策性扭曲、市场分割等方面（白重恩等，2005；罗德明等，2012；宋马林和金培振，2016）。从市场扭曲角度出发，毛海涛等（2018）研究了贸易自由化对中国资源配置的影响，研究发现贸易自由化并没有缓解市场扭曲的程度，相反当一个社会整体生产率上升时，市场均衡福利上升也伴随着市场扭曲程度的上升。这些研究已经注意到区域层面资源错配产生的经济后果，然而对于市场分割、政策性扭曲等因素影响资源错配的作用机制，尤其是区域经济一体化对于区域资源错配的作用机制并没有进行深入探讨。

区域经济一体化是与市场分割相对应的概念，区域经济一体化是为了逐步放松区域间生产要素的流动限制，进而打破经济的市场分割状态，实现区域经济平衡发展的效果，区域经济一体化与改善资源配置效率有着密切关系。在改革开放的过程中，我国地方市场分割一直被国内外学者关注。Young（2000）在其颇具争议性的论文里甚至认为我国再进行市场经济改革过程中，也造成了严重的地方保护和市场分割，并且他认为我国的一体化市场并未形成，市场分割仍在加剧。此外，他认为中国改革开放取得的经济增长很大程度源于分割的要素市场。Poncet（2005）、郑毓盛等（2003）、付强（2017）

等部分学者也基本支持 Young 的观点，认为中国的市场分割程度在上升。然而，绝大部分学者均认为中国的市场分割程度虽然存在短暂的上升，但是整体上是下降趋势，区域经济一体化正在向纵深发展（Naughton，1999；陆铭，2009；柯咨善和郭素梅，2010）。在研究区域经济一体化的影响机制中，部分学者从省域交界地区经济发展差异与地方政府考核机制的关系、基础设施建设对生产要素流动性的作用等角度进行了广泛的探讨（周黎安和陶婧，2011；范欣等，2017）。然而，这些研究多从制度性和技术进步等方面研究区域经济一体化的经济效应，对于区域经济一体化对经济作用的后果并没有形成一致的研究，尤其是缺乏区域经济一体化对资源错配的影响的相应研究。

综合上述文献，行业层面的资源错配研究较为完善，区域层面的资源错配研究较少。相关的研究成果多集中在东、中、西部或者是省级区域，对于诸如长三角、珠三角等城市群鲜有涉及，并且缺乏从区域经济层面探讨市场一体化对资源错配的研究。与现有文献相比，本章可能的边际贡献在于：第一，本章将区域经济一体化与资源错配纳入统一的分析框架，试图分析区域经济一体化在改善资源配置效率问题上的作用机理、效果和条件，为解决区域内的资源错配问题提供了新的研究视角。第二，结合数理模型和计量方法重新测算了长三角地区的资源错配程度，以及经济一体化进程。一方面，从城市规模理论和市场分割理论正反两个角度，更加全面客观地反映长三角区域经济一体化的程度。另一方面，借鉴 Aoki 测度不同行业间资源错配水平的两部门模型，测算了长三角区域内部不同城市间的资源错配水平。第三，鉴于区域经济一体化的动态变化过程，本章从静态和动态两方面实证探究区域经济一体化对于长三角区域内部资源错配的影响，同时将长三角不同城市进行分类，探讨不同类型城市一体化进程对资源错配的影响效果。

第二节 长三角一体化指数和经济增长质量的测度

一、长三角一体化指数的测度

（一）一体化指数的测度方法

本章借鉴 Paresley 和 Wei（2001a、2001b）对市场分割程度的测算方法，使用价格指数法测算长三角一体化程度。该方法的原理如下：由于交易成本的存在，商品的价值在交易过程中就会像"冰川"一样消融一部分，即使在完全套利的情况下，不同地区商品的价格也不可能完全相等，两地的价格会在一定的区间内来回波动。如果在某段时间内，某个区间内，一组商品的波动情况是趋于收敛的，那么就说明交易成本是下降的，我们就认为该地区区域经济一体化程度正在提高，反之则认为区域经济一体化程度下降。这种方法被陆铭和陈钊（2009）、宋冬林等（2014）、刘瑞翔（2019）等学者用于国内市场分割程度和一体化水平的测度。其计算公式如下：

$$\Delta Q_{ijt}^{k} = \ln(P_{it}^{k}) - \ln(P_{jt}^{k}) \tag{10-1}$$

$$Var(q_{ijt}^{k}) = Var(|\Delta Q_{ijt}^{k}| - |\overline{\Delta Q_{ijt}^{k}}|) \tag{10-2}$$

其中，P 表示商品零售价格指数；i、j 表示不同地区；k 表示第 k 种商品；$\overline{\Delta Q_{ijt}^{k}}$ 表示第 k 种商品相对价格的均值。

需要强调的是，这种方法暗含两种前提假设，假设 1：选取的商品类别能够反映出商品零售市场的整体价格变动趋势；假设 2：如果一个省份在省际贸易中对相邻的省份设置贸易壁垒的话，那么对于不相邻的省份也会设置贸易壁垒，市一级也服从这条假设。

对于假设 1，由于目前我国各个省、市尚无统一口径下的商品零售价格指数，不同的学者采取不同的商品类别组合，达到衡量整个商品零售市场价格指数的目的。陆铭和陈钊（2009）使用了 9 类零售商品的组合衡量商品零售价格指数。考虑到本章使用的研究数据年份区间为 2003—2017 年，自 2003 年起体育文化用品在商品类别中被分为体育用品和文化用品两种，为了避免数据上的分裂造成的测度误差，本章使用粮食、菜、燃料、饮料烟酒、书报杂志、服装鞋帽、中西药品、日用品 8 类具有代表性的商品进行计算。对于假设 2，一般来说相邻省份（城市）的一体化程度会比不相邻省份（城市）的一体化程度高，然而由于机场、高速铁路、高速公路等公共交通的发展，地理距离对于是否相邻的限制越来越弱，仅仅考虑相邻地区的一体化程度是不合时宜的，因此本章采用各城市对的商品相对价格指数的平均值表示长三角各个城市历年的一体化指数。

（二）长三角一体化指数的测度结果

图 10-1 给出 2003—2017 年长三角各省、直辖市区域经济一体化指数的演变趋势。从图中可发现，整体来看，2003—2017 年长三角区域一体化水平

整体上呈现出上升趋势，这与现有的研究成果基本一致，2004 年、2009 年与 2017 年长三角一体化水平均有大幅度的提升，原因在于，在这些年份的前一年，中央政府与地方政府均出台了一系列重要文件，对长三角一体化发展做出重要的规划，在后一年里长三角一体化水平得到明显的提升。分省、直辖市来看，"三省一市"在时序上与长三角整体的一体化趋势相似，只是增幅各异。上海市一体化水平 2008 年前后和 2013 年前后出现两次明显的下降，原因可能在于 2008 年爆发的金融危机和 2012 年经济增长速度的大幅下滑，导致地方政府加大调控力度，使用行政手段刺激经济发展，不利于一体化的发展。江苏省的一体化指数仅次于上海市，可能存在以下两个原因：第一，隶属于江苏省的长三角城市地缘相近、血缘相亲，文化认同感较高；第二，江苏省内经济分层明显，经济发达城市与欠发达城市差距较大，容易在产业上形成互补，降低地方政府的干预力度。隶属于安徽省长三角城市的区域一体化指数最低，原因可能在于安徽省城市纳入长三角一体化范围时间较晚，起步较慢，基础设施建设的相对落后导致市场分割程度较高、受到中心城市上海的辐射力度较小。

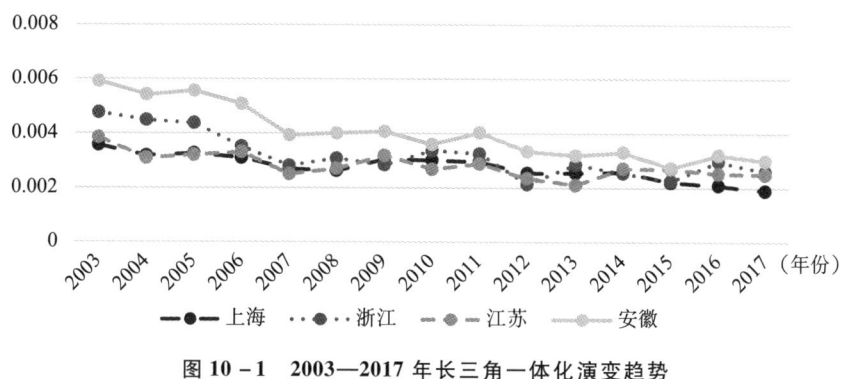

图 10-1 2003—2017 年长三角一体化演变趋势

二、长三角各城市经济增长质量测度

（一）长三角经济增长质量的测度方法

根据前文所述，为了能更好地体现长三角城市经济增长质量的稳定性和可持续性，本章借鉴钞小静和任保平（2014）、师博和任保平（2018）、曾艺等（2019）的做法构建经济增长质量指标体系综合考察长三角 26 个城市的经济增长质量。本章的长三角城市经济增长质量指标体系包括两个维度，分别是经济增长的基本面和经济增长成果，经济增长的基本面可以分解为经济增长的稳定性、外向性和强度三个方面，经济增长成果可以分解为环境消耗和成果分享测度结果两个方面，具体如图10-2所示。

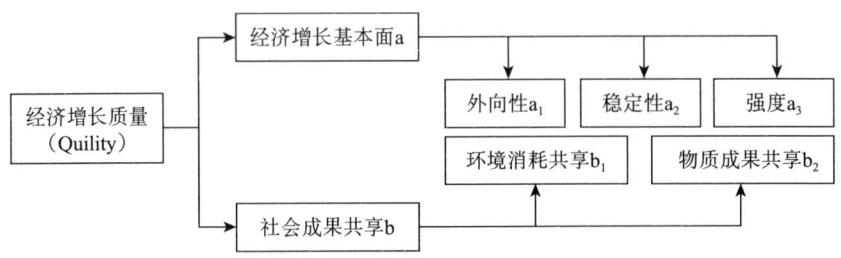

图10-2　经济增长质量发展构成

具体来说，经济增长的基本面：（1）稳定性产业结构的合理化能有效地抑制经济增长的波动性，促进经济增长更加稳定。借鉴干春晖等（2011）的处理方法，使用就业结构与产业结构的数据合理性衡量经济增长的过程中就业结构和产业结构的耦合程度，经济增长越合理意味着产业结构和就业结构越契合，劳动力得到了更加充分地利用，经济结构更加均衡。（2）外向性，本章用净出口占GDP的比重衡量经济增长的外向性。长三角城市的经济发展很大一部分贡献来自出口和外商直接投资，大量的证据表明外向型经济能够促进技术创新，提高生产效率，但同时也增加了经济增长的不确定性。（3）经济增长的强度。一个地区的经济增长强度越大，其产出水平越高，居民生活水平也就越高，因此本章使用地区人均GDP衡量经济增长强度。

社会成果共享的测度：（1）环境消耗共享。绿水青山就是金山银山，社会成果除了物质产出外还包括生态环境。更少的资源消耗为前提，更小的环境污染为代价是经济高质量增长的重要指标。（2）物质成果共享。经济增长质量提高必然会极大地促进社会的公平公正，提高要素收入分配，提升居民的生活水平。本章使用城市职工的平均工资表示物质成果共享。

将上述5个指标进行均值化的无量纲处理，并赋予一定的权重得到经济增长质量指数。部分学者采用主成分分析法赋予各指标的权重（钞小静和任保平，2011；曾艺等，2019），我们认为这种方法得出的经济增长质量会损失部分指标的经济含义。联合国在评价各国的经济增长质量时，给出了人类发展指数和经济脆弱度指数的具体权重，无法否认这种权重赋值方法存在着一定的主观性和随意性,但相比于主成分分析法,这种方法不会损失原始数据的经济含义,更加简单和透明。我们借鉴这种方法,赋予经济增长基本面和社会成果共享的权重均为0.5。经济增长基本面的3个指标权重均为0.33,社会成果共享的两个指标权重均为0.5,则经济增长质量的测算公式为:

经济增长质量 = 0.5 × 经济增长基本面 + 0.5 × 社会成果共享

经济增长基本面 = 0.33 × 外向性 + 0.33 × 稳定性 + 0.33 × 强度

社会成果共享 = 0.5 × 环境消耗共享 + 0.5 × 物质成果共享

(二) 长三角经济增长质量的测度结果

本章对于长三角26个城市的经济增长质量的测度基于所涉及省、市的宏观数据,数据来源于2003—2017年长三角26个城市的统计年鉴。根据上述测算公式,图10-3给出了长三角各区域2003—2017年平均增长质量指数。整体来看,2003年长三角部分地区的经济增长质量处于较低的水平,但是经过十几年的一体化发展,2003—2017年长三角地区的经济增长质量的上升趋势非常明显,上海市从2003年的0.0032上升到2017年的0.006左右;江苏省从2003年的0.0026上升到2017年的0.0047;浙江省从2003年的0.0025上升到2017年的0.0038;安徽省从2003年的0.0019上升到2017年的0.0035。值得注意的是,在2008年与2012年左右,长三角地区的经济增长质量均出现了一定范围的波动,可能的原因在于,2008年与2012年的经济危机使得全球经济产生了较大的波动,长三角地区经济开放程度高,深度参与全球价值链,经济增长质量容易受到全球经济波动的影响。

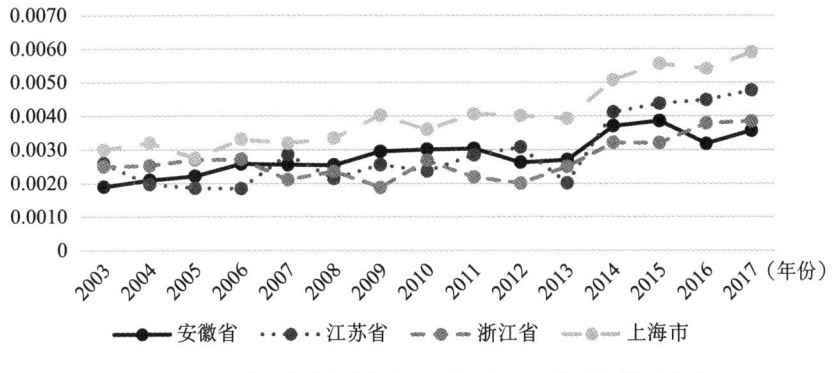

图 10-3 长三角各区域 2003—2017 年平均增长质量指数

第三节 长三角一体化改善资源配置效率的实证分析

一、长三角地区资源错配的基本事实

参考白俊红和刘宇英（2017）的做法，使用资源错配指数衡量长三角资源错配水平，具体测算过程见本书附录。此方法计算的资源错配指数小于0时表示资源配置不足，大于0时表示资源配置过度，为了便于实证分析，对资源错配指数取绝对值处理，绝对值越大，表示资源错配程度越严重。表10-1汇集了2017年长三角26个城市的资本错配指数和劳动力错配指数。从表10-1中可发现，长三角各城市均存在不同程度的资源错配，并且不同城市之间资源错配程度有很大差异。其中，无锡、苏州、杭州、合肥、南通、扬州、台州、舟山、马鞍山等城市的资本错配比较严重。其中，无锡、苏州、杭州、合肥等城市的资本错配指数大于0，这说明这些城市的资本价格在长三角整个地区中偏高，资本投入量高于理论值，造成资本配置的不足；南通、扬州、台州、舟山、马鞍山等城市的资本错配指数小于0，这说明这些城市的资本价格在长三角整个地区中偏低，资本投入量低于理论值，造成资本配置的不足。劳动力错配比较严重的城市有上海、南京、苏州、无锡、盐城、杭州、宁波、合肥、铜陵、池州、宣城。其中，上海、南京、苏州、无锡、杭州、宁波、合肥等经济较发达城市的劳动力错配指数大于0，是正向错配。原因在于这些城市经济发展水平较高，劳动力的需求较大，然而劳动力的价格也不断上涨，导致劳动力的配置不足。盐城、铜陵、池州、宣城等城市的劳动力错配指数小于0，是负向错配。原因在于这些城市的劳动力价格在长三角地区中相对较低，同时对于劳动力的需求相对不高，这导致了劳动力配置过剩。

表10-1　2017年长三角各城市资本错配指数和劳动力错配指数

城市	资源错配		城市	资源错配	
	资本错配	劳动力错配		资本错配	劳动力错配
上海	-0.101	0.208	湖州	0.025	0.112
南京	-0.124	0.242	绍兴	0.033	0.158

续表

城市	资源错配		城市	资源错配	
	资本错配	劳动力错配		资本错配	劳动力错配
无锡	0.143	0.173	金华	0.038	0.141
常州	0.104	0.120	舟山	-0.055	-0.147
苏州	0.163	0.178	台州	-0.168	0.111
南通	-0.151	0.122	合肥	0.175	0.179
盐城	-0.140	-0.164	芜湖	0.176	0.148
扬州	0.156	0.139	马鞍山	-0.169	-0.134
镇江	0.139	0.170	铜陵	0.136	-0.154
泰州	-0.158	0.110	安庆	0.135	-0.129
杭州	0.170	0.172	滁州	0.113	-0.122
宁波	0.110	0.149	池州	0.141	-0.164
嘉兴	0.106	0.115	宣城	-0.165	-0.168

二、区域一体化影响资源错配的理论分析

区域经济一体化对于资源错配程度造成的影响是通过对资本和劳动力的边际产出影响带来的。那么，区域一体化如何影响资本和劳动力的边际产出的呢？本章根据相关文献归纳总结了区域一体化影响资源配置效率的3种效应（见图10-4）。

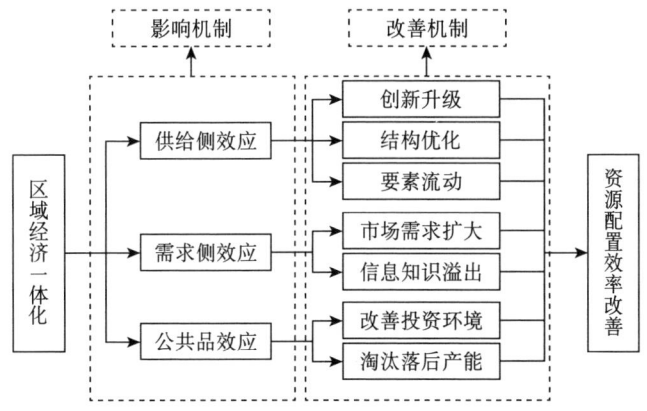

图10-4 区域经济一体化影响资源错配的作用机制

（一）供给侧效应：生产要素的结构优化与企业创新

首先，区域经济一体化有利于生产要素的自由流动，从而实现生产要素在区域的有效配置。此外，区域经济一体化还通过促进产业的转移优化区域产业结构，能够将产业从原来区域内部比较劣势的地方"驱赶"到比较优势的地方，导致生产要素流入"回报率"更高的行业。最后，区域经济一体化可以提高市场化程度，区域内部企业之间的竞争更接近于完全竞争。由于缺少政策倾斜和市场壁垒，企业只能依靠提高自主创新能力和资源利用效率增强自身的市场竞争能力。

（二）需求侧效应：人口集聚与市场需求

区域经济一体化在促进生产要素尤其是劳动力自由流动的同时，使得劳动力在城市集聚并导致规模经济（Harris 和 Todaro，1970），同时也形成了巨大的消费市场。这种市场不仅限于本区域内，其通过区域对外贸易得到放大。此外，区域经济一体化带来的劳动力转移和人口集聚，促进了第二产业和第三产业的发展，这必将带来消费的扩大和升级，巨大的消费市场消化剩余的产能，最终将促使生产率的提高和资源配置效率的改善。劳动力的流动和人口集聚也加快了人力资本的形成（Henderson，2009），高技能劳动力与相应的资本匹配形成人力资本优势，通过知识溢出效应改善资源的配置效率，促进该地区的经济发展。

（三）公共品效应：公共服务与环境治理

在 GDP 锦标赛的晋升模式下，地方政府不仅要实现经济增长的目标，还承担着公共服务的供给（周黎安，2007），因此往往会将财政支出向部分企业倾斜，并委托这些企业承担公共基础设施建设的部分功能。财政补贴和政策倾斜，一方面使得企业进入、退出机制失灵；另一方面造成基础设施等公共服务领域存在大量重复建设现象，这些都导致了资源配置的严重扭曲（江飞涛等，2012）。此外，地方政府之间的博弈式竞争加大了环境污染联合治理的难度。对于环境污染治理需要区域经济主体间的协调治理，根本上是指政府制定相应的环境标准和相关制度，解决环境污染的负外部性问题，实现资源环境和经济发展相互协调的目标（Almeida 等，2017）。

三、实证分析

（一）数据来源

本章使用的数据来源于 2003—2017 年的《中国统计年鉴》《中国劳动统计年鉴》《中经网产业数据库》和长三角 26 个城市的统计年鉴等。其中：《中国统计年鉴》及长三角 26 个城市统计年鉴涵盖了长三角 26 个城市的地区生产总值，固定资产投资总额，第一、第二、第三产业产值，固定资产投资总额，年末就业人口数量和总人口；《中国劳动统计年鉴》涵盖了 2003—2017 年长三角 26 个城市的劳动力人数；《中经网产业数据库》给出了历年汇率、GDP 平减指数、固定资本投资价格指数等指标。

（二）控制变量的选取

除了区域经济一体化程度对于区域资源错配具有重要影响外，还有一些因素对于区域资源错配也起到了不可忽视的影响，因此在模型中加入以下控制变量。

产业结构（stru）：柯善咨和赵曜（2014）发现产业结构和城市规模协同影响着我国城市的资源出配置效率。产业结构的调整促进了资源在产业之间的重新配置，劳动力、资本等生产要素从生产效率低下的产业逐步流向生产效率较高的产业，从而改善资源错配状况。借鉴干春晖（2011）的做法，采用第三产业产值与第二产业产值的比重代表产业结构，反映产业结构的升级。

人口结构（pop）：中国作为典型的二元结构经济体，人口结构对劳动力的配置存在重要影响。蔡昉（2013）认为中国经济持续 40 年的高速增长，关键在于其"人口红利"发挥的作用，"人口红利"通过劳动力在部门间转移获得资源优化配置效率，并且劳动力无限供给抵消了资本边际报酬递减效应。借鉴李扬和殷剑锋（2005）对人口结构的衡量，采用就业人数占总人口的比重即劳动参与率与劳动年龄人口占比的乘积这一指标代表人口结构，反映"人口红利"的变化。

金融结构（fin）：金融发展水平对于资本的配置效率具有重要影响。在金融体系不健全的情况下，企业面临的融资约束是不同的。企业的回报率与取得银行贷款能力的不对称是一个普遍现象，具有较低生产能力的企业能够获得贷款，具有较高生产能力的企业往往很难获得贷款（Song 等，2011）。本章使用金融业从业人数与就业人数的比重表示金融结构的变化。

政府干预程度（gov）：政府干预会对资源配置产生重要影响。一方面，受到政府保护的企业与没有受到政府保护的企业之间会产生资源错配；另一方面，对于产品和生产要素而言，受到政府保护者和没受到保护者之间也会产生资源错配（白重恩等，2004）。一般来说，政府对经济的干预有两种形式，一种是直接干预，即对经济进行管制；另一种是控制企业，提供公共物品的生产和服务。其中，财政补贴是政府干预经济最为直接、有效的手段。因此，采用财政补贴收入占工业总产值的比重衡量政府干预程度。

外资依存度（fdi）：经济体内部的资源错配在开放经济条件下表现为外贸的结构性失衡。开放经济条件下，外商的直接投资将参与区域内部的资源配置，具体表现为以下两方面：一方面，外资的进入将会加剧区域内部的市场竞争，低效率的企业将会被淘汰；另一方面，外资的进入常伴随着技术的外溢，本地企业生产率将得到提高，资源利用率的提升将会改善资源错配状况。本章采用外商直接投资占 GDP 的比重表示对外开放程度。

（三）描述性分析

长三角城市群自 20 世纪 80 年代以来经历多次扩容，2016 年国家发展和改革委员会颁布的《长江三角洲城市群发展规划》中设定的长三角城市为 26 个。为避免歧义，本章选取该规划明确的长三角 26 个城市 2003—2017 年面板数据作为分析样本。由于模型所有解释变量的相关系数绝对值都在 0.5 以下，可认为模型基本上不存在多重共线性问题，为了使计量分析结果更加直观，本章对相关变量进行同步化处理。表 10-2 反映了被解释变量和各解释变量的描述性统计分析。

表 10-2　　　　　　　　主要变量的描述性统计

变量	符号	均值	标准差	最小值	最大值
资源错配指数	Mis	0.125	0.381	0.000	0.24
经济一体化程度	Inter	0.063	0.041	0.023	0.130
产业结构	stru	0.393	0.262	0.213	0.539
人口结构	pop	0.164	0.093	0.039	0.508
金融结构	fin	0.013	0.013	0.012	0.017
政府干预程度	gov	0.047	0.098	0.032	0.062
外资依存度	fdi	0.006	0.041	0.001	0.015

资料来源：作者计算整理所得。

第十章 区域一体化、资源配置效率与经济增长质量——来自长三角 26 个城市的实证

进一步地，本章直观地对资本错配指数、劳动力错配指数和长三角一体化指数进行初步分析，图 10-5 和图 10-6 是使用 Stata15 软件制作的资本错配指数、劳动力错配指数和长三角一体化指数的二维散点图。从图中可以看出，无论是资本错配指数还是劳动力错配指数都与长三角一体化指数呈现出明显的反向关系，这表明，从长三角 2003—2017 年面板数据来看，长三角一体化改善了资本错配和劳动力错配状况。当然这只是较为直观的分析，下文将会进行更加严谨的计量分析以验证这一结果。

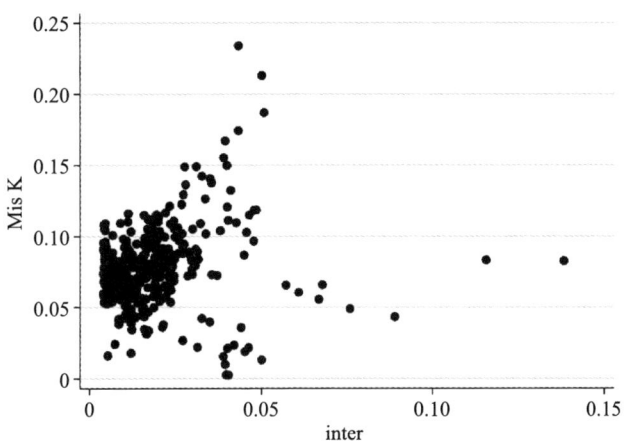

图 10-5 长三角一体化指数与资本错配指数散点图

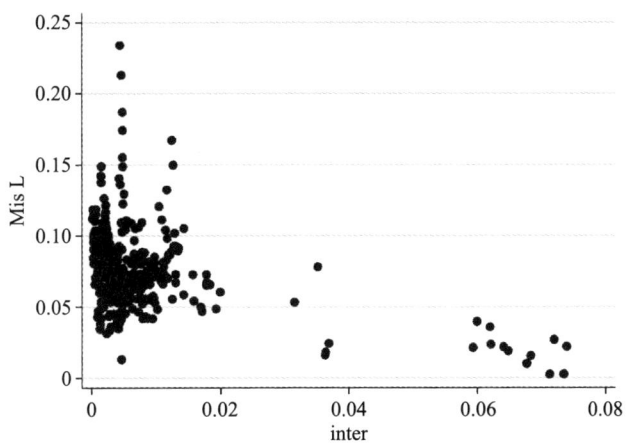

图 10-6 长三角一体化指数与劳动力错配指数散点图

(四) 计量模型构建及实证结果

为了验证长三角一体化是否可以改善长三角地区的资源错配状况，本章将长三角一体化作为核心自变量，长三角资源错配水平作为因变量，同时考虑地方政府干预、外贸依存度、人口结构、城市规模等控制变量。根据前文对区域经济一体化影响资源错配的理论分析，并借鉴前人研究成果，构建了以下面板回归模型：

$$\text{Mis}_{i,t} = \beta_0 + \beta_1 \text{inter}_{i,t} + \gamma' X_{i,t} + \varepsilon_{i,t} \tag{10-3}$$

$$\text{Misk}_{i,t} = \beta_0 + \beta_1 \text{Inter}_{i,t} + \gamma' X_{i,t} + \varepsilon_{i,t} \tag{10-4}$$

$$\text{Misl}_{i,t} = \beta_0 + \beta_1 \text{Inter}_{i,t} + \gamma' X_{i,t} + \varepsilon_{i,t} \tag{10-5}$$

其中，$\text{Mis}_{i,t}$、$\text{Misk}_{i,t}$、$\text{Misk}_{i,t}$ 分别是总体资源错配指数、资本错配指数和劳动力错配指数，Inter 为区域经济一体化指数，X 是控制变量向量，包含产业结构、人口结构、金融结构、政府干预程度和对外开放程度。

分别使用双向固定效应模型和随机效应模型对一体化和资源错配的关系进行计量检验。估计结果如表 10-3 所示。

表 10-3　　　　　　　　　　静态模型回归结果

模型	FE			RE		
	(1)	(2)	(3)	(1)	(2)	(3)
Inter	-1.159**	-0.947***	-2.831***	-0.968**	-1.447**	-1.762
	(0.117)	(-0.357)	(0.259)	(-0.463)	(-0.046)	(-0.077)
stru	0.605**	-0.112***	-0.146**	-0.096	-0.089	-0.086**
	(-1.290)	(-1.225)	(0.055)	(-1.324)	(-0.094)	(-0.057)
fin	-0.004**	-0.042**	-0.036	-0.106	-0.162	-0.041
	(-0.013)	(-0.006)	(-0.141)	(0.029)	(-0.046)	(-0.023)
pop	0.152**	-0.203	-0.904***	-0.396	-0.300*	-0.224***
	(-0.043)	(-0.037)	(-0.065)	(-0.038)	(-0.027)	(-0.091)
gov	-1.461**	0.053*	0.459	0.232*	0.461**	0.133
	(0.067)	(0.142)	(0.157)	(0.039)	(0.198)	(0.276)
fdi	-0.284*	-0.4133**	-0.024	-0.086	-0.093*	-0.033
	(-0.082)	(-0.025)	(0.061)	(0.022)	(-0.062)	(-0.034)
con	0.695***	1.022***	0.770**	0.047***	0.085***	0.067***
	(0.027)	(0.046)	(0.043)	(0.037)	(0.050)	(0.048)

注：***、**和*分别表示在1%、5%和10%的显著性水平上显著；回归系数下面的括号内数字表示对应参数的标准误差，下同。

本章采用控制了时间和个体特征的固定效应和随机效应两种估计方法对上述模型进行回归，回归结果显示：区域经济一体化抑制了资源错配指数的增加，说明随着区域经济一体化进程的加深，资源错配指数有下降的趋势。具体来说，在固定效应回归下，总体资源错配指数、资本错配指数、劳动力错配指数的系数均为负值，且在1%显著性水平上显著；在随机效应回归下，总体资源错配指数、资本错配指数、劳动力错配指数系数也均为负值，总体资源错配指数、资本错配指数的回归系数在5%显著性水平上显著，劳动力错配指数的回归系数并不显著，这在一定程度上说明区域经济一体化有助于改善地区资源错配程度。在控制变量方面，产业结构在固定效应回归下对总体资源错配、资本错配、劳动力错配的回归系数为负，且至少在5%显著性水平上显著；在随机效应回归下对总体资源错配、资本错配、劳动力错配的回归系数为负，但是总体资源错配、资本错配回归系数并不显著，说明产业结构优化升级能改善资源错配状况。金融发展水平在固定效应回归下对总体资源错配、资本错配、劳动力错配的回归系数为负，且至少在5%显著性水平上显著；在随机效应回归下对总体资源错配、资本错配、劳动力错配的回归系数为负，但是不显著。人口结构在固定效应回归下对总体资源错配、资本错配、劳动力错配的回归系数为负，其中资本错配的回归系数不显著；在随机效应回归下对总体资源错配、资本错配、劳动力错配的回归系数为负，总体资源错配回归系数不显著，资本错配回归系数在10%显著性水平上显著。政府干预程度在固定效应和随机效应回归下对总体资源错配回归系数显著为正，对劳动力错配回归系数为正但是不显著。外资依存度在固定效应和随机效应回归下，对资本错配的回归系数为负，且在5%显著性水平上显著。

（五）稳健性检验

在现实经济中，资源错配状况与区域经济一体化水平可能存在双向因果关系，即上述模型可能存在内生性问题。为解决内生性问题，根据 Wooldridge (2002) 的解决办法，选取区域经济一体化水平的一阶滞后变量作为其工具变量。此外，资源错配可能会产生路径依赖，即上一期的资源错配状况往往会对下一期的资源错配产生影响，为能有效刻画区域内部资源错配的惯性，引入滞后一期的资源错配指数作为解释变量，此时计量模型将变为动态面板估计模型。

$$\text{Mis}_{i,t} = \beta_0 + \alpha \text{Mis}_{i,t-1} + \beta_1 \text{Inter}_{i,t} + \gamma' X_{i,t} + u_i + \lambda_t + \varepsilon_{i,t} \quad (10-6)$$

$$\text{Misk}_{i,t} = \beta_0 + \alpha \text{Misk}_{i,t-1} + \beta_1 \text{Inter}_{i,t} + \gamma' X_{i,t} + u_i + \lambda_t + \varepsilon_{i,t} \quad (10-7)$$

$$\text{Misl}_{i,t} = \beta_0 + \alpha \text{Misl}_{i,t-1} + \beta_1 \text{Inter}_{i,t} + \gamma' X_{i,t} + u_i + \lambda_t + \varepsilon_{i,t} \quad (10-8)$$

由于模型中涉及工具变量,因此本章采用两阶段最小二乘法(2SLS)对公式(10-6)、公式(10-7)、公式(10-8)进行回归,但是2SLS假定随机扰动项服从独立同分布,由于长三角26个城市所固有的特征导致随机扰动项不一定满足独立同分布的假定,为了解决这个问题,本章又采用了广义距估计(GMM)方法对公式(10-6)、公式(10-7)、公式(10-8)进行回归,回归结果如表10-4所示。

表10-4 动态模型回归结果

	2SLS			GMM		
模型	(1)	(2)	(3)	(1)	(2)	(3)
L1	0.027***	0.022***	0.023***	0.024***	0.011***	0.015***
	(0.032)	(0.064)	(0.028)	(0.027)	(0.032)	(0.043)
Inter	-1.873**	-2.253***	-0.674**	-1.325***	-1.941***	-0.333***
	(-1.016)	(-2.113)	(-1.487)	(-0.978)	(-1.475)	(-1.321)
Contral	Yes	Yes	Yes	Yes	Yes	Yes
AR(1)	—	—	—	0.020	0.034	0.031
AR(2)	—	—	—	0.161	0.228	0.247
Sargan	0.321	0.323	0.432	0.219	0.225	0.403

注:L1为被解释变量的一阶滞后项,AR(1)、AR(2)、Sargan检验报告的是P值,下同。

回归结果与静态面板回归结果存在一定差异,但是在系数的正负方向上是一致的。在2SLS回归下,总体资源错配指数、劳动力错配指数的系数均为负值,且在5%显著性水平上显著,资本错配指数系数为负值,且在1%显著性水平上显著。在GMM回归下,总体资源错配指数、资本错配指数、劳动力错配指数的系数均为负值,且在1%显著性水平上显著,这也在一定程度上证实了前文理论机制分析的区域经济一体化能够改善地区内部的资源错配状况。

(六)进一步分析

长三角城市群由上海市、江苏省、浙江省和安徽省等所属城市组成,在该城市群中,上海市发挥着中心城市的功能。其他城市处于不同省份,与上海市的地理距离也存在差异,可能导致经济一体化对于资源配置效率改善的

第十章 区域一体化、资源配置效率与经济增长质量——来自长三角26个城市的实证

作用会有所不同。因此,我们将除上海市以外的 25 个城市根据隶属的省份划分为江苏、浙江和安徽三类,使用上述方法进行实证检验(见表 10-5)。

表 10-5　　　　　　　　　　　　分类回归结果

	被解释变量:总体资源错配指数 Mis		
	江苏	浙江	安徽
L1	0.033***	0.052***	0.064**
	(0.012)	(0.031)	(0.043)
Inter	-0.132***	-0.2411**	-0.276
	(-0.023)	(-0.035)	(-0.058)
AR(1)	0.146	0.045	0.023
AR(2)	0.265	0.305	0.347
Sargan	0.453	0.532	0.601

表 10-5 回归结果显示,区域经济一体化指数在江苏省城市中的回归系数为负,并且在 1% 显著性水平上显著。这说明,江苏省内的长三角城市资源配置效率受到区域经济一体化的改善作用非常明显,也说明江苏省内的长三角城市与上海市的经济联系较为密切,"苏南模式"很大程度上受到上海市的经济辐射,资本和劳动力流动性较强。浙江省内城市的回归系数为负,并且在 5% 显著性水平上显著。这说明,浙江省内的长三角城市资源配置效率对于区域经济一体化的改善作用较为明显,但是弱于江苏省,其原因可能是浙江省生产要素流动限制相对较弱,经济一体化对于资源错配的改善作用不明显。隶属于安徽省的长三角城市的回归系数没有通过显著性检验,这说明区域经济一体化对于其资源配置效率的改善作用不明确。究其原因,可能与安徽省距上海市较远,受到上海市的经济辐射相对较小,且其纳入长三角城市群时间较晚有关。

长三角城市群是以上海市为中心进行扩散的中心—外围型城市群。为了打破省级行政边界对实证结果的干扰,本章以各城市与上海市之间的铁路距离,将除上海市以外的 25 个城市划分为三类,第一类为 0—300 公里,第二类为 300—400 公里,第三类为 400 公里以上,进一步分析长三角不同城市总体资源错配指数 Mis 与区域经济一体化指数之间的关系。同样的,为处理内生性问题,本章采用系统 GMM 方法进行回归估计,回归结果如表 10-6 所示。

表 10 - 6　　　　　　　　　　分类回归结果

	被解释变量：总体资源错配指数 Mis		
	0—300 公里	300—400 公里	400 公里以上
L1	0.069 ***	0.052 ***	0.064 **
	(0.021)	(0.067)	(0.054)
Inter	-2.354 ***	-1.765 ***	0.489
	(-0.042)	(-0.037)	(1.085)
AR（1）	0.031	0.027	0.019
AR（2）	0.315	0.407	0.318
Sargan	0.727	0.619	0.697

表 10 - 6 中的回归结果显示，区域经济一体化指数在 0—300 公里城市的回归系数为负，并且在 1% 显著性水平上显著。在 300—400 公里城市的回归系数为负，并且在 5% 显著性水平上显著。0—300 公里城市的回归系数的绝对值大于 300—400 公里城市的回归系数，说明距离上海市 300 公里以内的城市区域经济一体化对于资源错配的改善程度大于 300—400 公里以内的城市。在 400 公里以上城市的回归系数为正，但是并不显著，说明区域经济一体化对于距离上海市 400 公里以上城市的资源错配并没有明显的改善。对于该结果的合理解释是：一方面，由于距离上海市较远，受到上海市的经济辐射较小，经济一体化程度本身不高，对资源错配的影响有限；另一方面，由于其内层城市经济发展迅速，原本因为受到区域一体化政策的红利而获得的资本和劳动力等资源流出。

第四节　长三角一体化影响经济增长质量的进一步分析

一、长三角城市经济增长质量的空间相关性分析

传统的研究往往会忽略区域经济中的相互依赖性和空间溢出效应，会导致计量估计结果产生偏误，为了解决上述问题，LeSage 和 Pace（2009）将空间自回归模型（SAR）和空间滞后模型（SEM）的两类前提假设纳入统一的空间交互模型中，形成了更加一般化的空间杜宾模型（SDM），用于空间交互效应的检验。在应

用空间面板计量模型进行分析之前,需要对长三角经济增长质量的空间自相关性进行检验,如果不存在空间相关性,则使用标准的计量方法即可。为了对资源错配的空间相关性进行准确考察,本章基于地理距离、经济地理和经济地理距离三种空间权重矩阵,采用探索性空间数据分析 ESDA 中的全局 Moran'I 指数进行统计检验,计算公式为:$I = \sum_{i=1}^{n} \sum_{j=1}^{n} w_{ij}(x_i - \bar{x})(x_j - \bar{x}) / \sum_{i=1}^{n} (x_i - \bar{x})^2$

其中,I 是全局 Moran'I 指数;n 是指长三角 26 个城市;W_{ij} 代表了空间权重矩阵;x 和 $\bar{x}$ 分别代表了资源错配指数和城市均值;Moran'I 指数的取值范围是 -1—1,在给定的显著性水平下,若 Moran'I 指数大于 0 则表示呈空间正相关,若 Moran'I 指数小于 0 则表示呈空间负相关,若 Moran'I 指数接近于 0,则说明观测值在空间上呈现出随机分布或者不存在空间相关性。空间相关性检验的结果报告如表 10-7 所示。

表 10-7　　　　　　　　经济增长质量的空间相关性检验

	地理距离权重矩阵 W = W_1	经济距离权重矩阵 W = W_2	经济地理权重矩阵 W = W_3
	Moran's I	Moran's I	Moran's I
系数值 I	0.2023	0.2018	0.1917
期望值 E(I)	-0.0038	-0.0050	-0.0038
标准差 sd(I)	0.0179	0.0374	0.0189
Z 值	11.4960	5.5224	5.3167
P 值	0.0000	0.0000	0.0000

从表 10-7 的相关性检验来看,无论是地理距离权重矩阵 W_1、经济距离权重矩阵 W_2 还是经济地理权重矩阵 W_3,全局 Moran'I 指数均在 1% 的显著性水平上显著大于 0,说明在控制了解释变量之后,长三角地区的经济增长质量呈现出明显的正向的空间关联性,因此要准确分析长三角一体化对经济增长质量的影响效果,必须把这种空间特征考虑进来,实证分析应基于空间计量模型展开。

二、空间计量模型构建和空间权重矩阵设置

通过 Moran'I 指数确定经济增长质量的空间自相关性以后,需要进一步构建反映空间因素的空间计量模型,选取合适的空间计量方法不仅能够反映不同空间关联机制的作用效果,而且能够准确地分析空间依赖的影响因素,

因此先借鉴以往文献构建通用一般嵌套空间计量模型（GNS）如下：

模型 7
$$\begin{cases} \text{quility}_{it} = \eta\, l_N + \delta\, W_{ij}\text{quility}_{i,t} + \sum \beta\, X_{it} + \theta W \sum \beta\, X_{it} + a_i + \gamma_t + v_{it} \\ v_{it} = \lambda\, W_{ij} v_{it} + u_{it} \end{cases}$$

其中，$u_{it} \sim N(0, \sigma^2 I_n)$，$a_i$、$\gamma_t$ 分别表示空间效应、时间效应；W_{ij} 为非负空间权重矩阵；δ、θ 和 λ 分别表示空间自回归系数、解释变量滞后项系数和空间自相关系数；X 为包含长三角一体化和控制变量在内的解释变量，同时根据前文的研究，同时纳入长三角一体化与资源错配水平的交互项，考察长三角一体化及资源错配水平对长三角城市经济增长质量的影响。

需要特别指出的是，非负空间权重矩阵 W_{ij} 的设置对于空间计量模型的估计结果影响较大。为了系统地考察长三角一体化与经济增长质量在空间上的相关性，构建恰当的空间权重矩阵是重要的核心步骤。首先，本章根据反距离矩阵构建空间相关性权重矩阵 W_1，用 GeoDa 软件根据各个城市的经纬度计算出各城市之间的地理距离，然后再以各城市之间地理距离的倒数作为权重，并进行对应的行标准化处理。其次，由于长三角一体化对于经济增长质量的空间溢出不仅与城市的地理位置上的邻近有关，社会经济属性往往也是空间相关性的成因，本章以各城市的人均 GDP 为元素构建经济距离权重矩阵 W_2，该经济距离矩阵满足：当 $i \neq j$ 时，$W_{2,ij} = 1/|\overline{Q}_i - \overline{Q}_j|$；当 $i = j$ 时，$W_{2,ij} = 0$。其中，$\overline{Q}_i$ 和 $\overline{Q}_j$ 分别表示 i 城市和 j 城市实际人均 GDP。最后，综合考虑地理因素和经济因素，借鉴侯新烁（2013）的方法，基于引力模型构建地理区位和经济联系相结合的经济地理空间权重矩阵。该经济距离矩阵满足：当 $i \neq j$ 时，$W_{2,ij} = (\overline{Q}_i \times \overline{Q}_j)/d_{ij}^2$；当 $i = j$ 时，$W_{2,ij} = 0$。其中，$\overline{Q}_i$ 和 $\overline{Q}_j$ 分别表示 i 城市和 j 城市实际人均 GDP。

在实际检验中，如果 $\delta \neq 0$、$\theta = 0$、$v_{it} = 0$，则模型 7 为空间自回归模型（SAR）；如果 $\delta = 0$、$\theta = 0$、$v_{it} \neq 0$，则模型 4 为空间误差模型（SEM）；如果 $\delta = 0$、$\theta \neq 0$、$v_{it} = 0$，则模型 7 为空间滞后解释变量模型（SLX）；如果 $\delta \neq 0$、$\theta \neq 0$、$v_{it} = 0$，则模型 7 为空间杜宾模型（SDM）。

另外，参考 Elhorst（2014）的检验思路，采用"从具体到一般"和"从一般到具体"相结合的方法对空间计量模型的选择进行相关检验。从"具体到一般"的检验思路是估计非空间效应模型并且使用 LM 或者 LM – Robust 检验确定是否使用 SAR 和 SEM。如果非空间效应模型被拒绝，根据"从一般到具体"的检验思路，估计空间杜宾模型（SDM），然后再利用 LR – test 检验固定效应的类别，接着使用 hausman 检验判断使用固定效应还是随机效应模型，最后利用 Wald 检验方法检验空间杜宾模型（SDM）是否能退化为 SAR 或者 SEM。根据空间计量模型检验结果和以上的检验标准，本章最终使用的是具有时空双重固定效应的 SAR。具体公式为：

模型 8　　quility $= \eta\, l_N + \delta\, W_{ij} \ln P\, M_{i,t} + \alpha_1 \ln TR + \alpha_2 \ln Mar + \alpha_3 \ln Jac + \alpha_4 \ln Mar \cdot \ln TR + \alpha_5 \ln Jac \cdot \ln TR + \sum \beta\, X_{it} + \theta W\, (\alpha_1 \ln TR + \alpha_2 \ln Mar + \alpha_3 \ln Jac)$

LeSage 和 Pace（2009）认为针对空间外溢效应的点估计有可能会导致错误的结果，偏微分可以解释不同模型设定中变量变化的影响，可以作为检验是否存在空间溢出效应假设更为有效的基础。一个特定城市的特定解释变量的变化不仅会影响这个城市自身的资源错配情况，同时会改变周围其他城市的资源错配情况，并通过城市之间相互作用的反馈效应传递到这个城市自身。因此，在模型5点估计的基础上，本章最终对包含控制变量的回归结果进行偏微分分解，得到各控制变量的直接效应和间接效应，相应结果如表 10-8 所示。

表 10-8　　偏微分回归的直接效应和间接效应

解释变量	地理距离权重矩阵 $W=W_1$		经济距离权重矩阵 $W=W_2$		运输距离权重矩阵 $W=W_3$	
	直接效应	间接效应	直接效应	间接效应	直接效应	间接效应
Inter	0.0173**	0.0538**	0.0306**	0.0175**	0.3383**	6.3793***
	(1.559)	(1.442)	(2.738)	(2.369)	(2.526)	(0.969)
Inter·Mis	0.0926***	0.2899***	0.0980***	0.0564***	0.2003**	2.9607**
	(-6.047)	(3.620)	(6.405)	(-3.684)	(5.369)	(1.608)
Open	0.4639***	1.4655***	0.4641***	0.2675***	0.0527	0.064**
	(4.897)	(2.994)	(4.737)	(3.210)	(0.907)	(-0.023)
Population	0.3216***	1.0091***	0.4624***	0.2654***	0.306***	5.3212***
	(6.938)	(3.660)	(9.462)	(4.268)	(5.044)	(1.718)
Fin	0.5031***	1.5883**	0.8907*	0.5141***	0.2638**	0.7736**
	(1.665)	(1.462)	(2.861)	(2.327)	(2.771)	(0.172)

从表 10-8 的效应分解结果分析长三角一体化对经济增长质量的影响。首先，长三角一体化的直接效应的系数估计值在 1% 显著性水平上显著为正，间接效应在 5% 显著性水平上显著为正。这说明长三角一体化提高了当地的资

源配置效率，并且长三角一体化具有显著的空间外溢效应。可能的解释是，长三角一体化削弱市场分割、加强城市之间的经济联系，营造了公平的市场竞争环境，逐步清除低效率的僵尸企业，改善了资源错配。此外，长三角一体化与资源错配的交互项较为显著，说明长三角一体化通过提高资源配置效率，进一步促进长三角城市群经济增长质量的提升。其次，并非所有自变量均有显著的间接效应，但长三角一体化与资源错配的交互项、产业结构、人口结构、金融发展水平等指标均存在正向空间溢出效应（间接效应系数为正，且至少在10%水平下显著）。这表明当控制了其他地区的资源错配变量，提升长三角一体化水平，可能通过空间溢出改善临近地区的经济增长质量，原因是地方政府通过长三角一体化削弱了市场分割，使得要素通过市场配置机制流向边际生产率更高的区域并改善流入地区的经济增长质量。

三、区域传输效应的距离范围检验

为了更为深入地考察政府干预对于资源错配的空间溢出效应如何随地理距离发生变化，本章基于双向固定的空间自回归模型（SAR），每隔100公里进行一次回归，一直到500公里以上，从而得到不同空间距离范围内地方保护对于资源错配的空间溢出效应。由于长三角区域26个城市之间最远距离不超过700公里，因此仅采用700公里之内的回归结果，回归结果如表10-9所示。

表10-9　　　　　　　空间溢出效应距离检验

空间距离（公里）	地理距离权重矩阵 $W=W_1$		经济距离权重矩阵 $W=W_2$		经济地理权重矩阵 $W=W_3$	
	直接效应	间接效应	直接效应	间接效应	直接效应	间接效应
0—100	0.0175* (2.369)	0.0504 (0.47)	0.1185** (1.69)	0.0347 (0.31)	0.1247*** (1.582)	0.05* (0.47)
100—200	0.0564** (-3.684)	0.4745*** (2.69)	0.4788** (4.41)	0.4855*** (2.65)	0.4815** (4.17)	0.3967** (2.30)
200—300	0.2675** (3.210)	0.2054 (1.02)	0.2821** (1.97)	0.2644 (1.22)	0.2321** (1.87)	0.3029** (1.59)
300—400	0.2654*** (4.268)	0.3382 (1.60)	0.3176** (2.27)	0.2166 (1.01)	0.3135** (2.35)	0.3114*** (1.57)

续表

空间距离（公里）	地理距离权重矩阵 W = W₁		经济距离权重矩阵 W = W₂		经济地理权重矩阵 W = W₃	
	直接效应	间接效应	直接效应	间接效应	直接效应	间接效应
400—500	0.5141*** (2.327)	-0.0495 (-0.16)	-0.017 (-0.091)	0.0459 (0.15)	0.0282 (0.16)	-0.001 (-0.0037)
500公里以上		0.0228 (0.08)	0.2181 (1.29)	0.2912 (1.08)	-0.0089 (-0.055)	0.0183 (0.073)

从直接效应来看，在逐步控制了地理因素、经济因素之后，长三角一体化的直接效应估计系数为正且系数值不断增大，并在显著性水平上变得越发显著，说明在综合考虑经济地理因素后，长三角一体化对于本地区经济增长质量的直接影响是显著为正的。从间接效应来看，地理权重矩阵下的间接效应系数估计值只有在 100—200 公里范围内，在 1% 的显著性水平下显著，其他范围内均不显著；经济距离权重矩阵下的间接效应系数估计值在 100—200 公里的范围内，在 1% 的显著性水平下显著；在经济地理权重矩阵下的间接效应估计系数在 0—400 公里范围内，至少在 1% 的显著性水平下显著为正；在 400—500 公里范围内系数为负且不显著，500 公里以上的系数为正但是不显著。

不管空间权重矩阵选用简单的地理距离权重（W1）、经济地理权重（W2）还是经济地理权重矩阵（W3），长三角一体化的间接效应的系数估计值在 100—400 公里范围内均为正，且至少在 10% 的显著性水平上通过检验，而当距离超过 400 公里以后，间接效应参数估计值要么在统计意义上不显著，要么在经济意义上与常理相悖，说明长三角一体化对于经济增长质量的空间溢出效应有效边界为 400 公里。此外，在 100—200 公里资源错配的间接效应的系数估计值处于最高水平，说明 100—200 公里是资源错配空间溢出效应的最强区间。

四、城市规模对区域传输效应的差异化影响

为了验证长三角一体化、资源错配与城市规模匹配对经济增长质量的空间溢出效应的影响，进一步考察异质性城市规模中长三角一体化对经济增长质量空间溢出的差异性表现。本章按照城市的人口规模大小将样本细分为大城市和中小城市两个组别进行计量回归分析。根据前文研究，长三角一体化

对经济增长质量的空间溢出效应在相邻城市之间较为显著,然而由于进行了类别划分,在地理上相邻城市因为人口规模的不同有可能会被划分到不同的组别,前文的空间计量回归方法已不再适用。针对这一问题,本章借鉴韩峰(2017)的做法,采用空间滞后解释变量的 SLX 模型,运用 Stata13.0 进行回归分析,回归结果如表 10-10 所示。

表 10-10　　　　　　　　分城市样本的估计结果

解释变量	地理距离权重矩阵 W=W₁		经济距离权重矩阵 W=W₂		经济地理权重矩阵 W=W₃	
	大城市	中小城市	大城市	中小城市	大城市	中小城市
Inter	5.2352*** (10.41)	4.0563*** (11.32)	1.1302*** (4.37)	1.0624*** (4.44)	2.5274*** (6.25)	2.1086** (3.82)

从回归结果来看:长三角一体化对经济增长质量的间接效应无论是在大城市还是在中小城市均在 1% 的显著性水平上显著为正,说明经济增长质量的空间溢出效应明显。进一步通过比较大城市和中小城市中长三角一体化在三种空间权重矩阵中的系数估计值大小可以知道,大城市长三角一体化系数显著大于中小城市。这可能是因为大城市由于产业集聚程度高,经济带动能力和辐射能力较强,与周边城市进行物资和人员的往来较为紧密,此外,一般来说大城市的行政级别要高于中小城市,行政级别的大小对于长三角一体化的感应程度要大。因此,大城市一体化水平对于经济增长质量的空间溢出效应的贡献占比较高,中小城市对于经济增长质量的空间溢出效应贡献占比较小。

第五节　本章结语

长三角一体化是推动长三角区域经济发展的基本手段。在供给侧结构性改革的背景下,加快推动动力变革、效率变革、质量变革,深入实施区域协调发展战略,推动一体化机制建设朝着更深层次发展迈进,促使长三角地区向更高质量的一体化发展,已成为现阶段长三角一体化的首要目标。本章立足于长三角一体化的现实问题,从资源错配的视角出发,利用 2003—2017 年长三角 26 个城市的宏观经济数据,系统测算了长三角一体化水平和长三角城市群的经济增长质量。通过特征性事实和理论机制分析了长三角一体化对于资源配置效率的改善作用，使用 OLS 和 GMM 等计量方法进行实证检验。另外，明确了长三角一体化及资源错配对经济增长质量的空间溢出效应，使用多种空间计量模型对空间溢出效应进行实证检验。

本节将对本章的研究进行总结。首先，对本章的结论进行归纳和概括，并根据结论提出相应的政策建议；然后，分析本章在研究过程中存在的缺陷和不足之处，并对进一步的研究做出展望。

一、研究结论

第一，以"价格法"衡量的长三角一体化在区位上呈现出较为明显的分布差异，在时间上呈现出曲折上升的态势。长三角一体化对于长三角地区的资源错配产生了显著的改善效果。原因在于长三角一体化加强了长三角各城市之间的经济联系，促进了生产要素的自由流动，使区域资源依据市场配置机制进入边际生产率更高的区域，从而改善了资源的配置效率。合理的产业结构和人口结构、自由开放的经济环境、较为健全的金融体系均可能通过完善基础设施建设、促进生产要素的跨国自由流动、降低企业交易成本等途径为资源合理配置提供有力支持，从而改善了资源错配效应。此外，长三角一体化对资源配置效率的改善作用具有明显的省际特征，江苏省的改善作用最为明显，浙江省次之，安徽省的改善作用最弱。距离长三角中心城市上海市的远近也会影响资源配置效率的改善作用，距离上海市 300 公里以内的城市长三角一体化对于资源错配的改善程度大于 300—400 公里的城市，对于距离上海市 400 公里以上城市的资源错配并没有明显的改善。

第二，长三角一体化及其带来的资源错配的改善对于经济增长质量的改善具有显著的促进作用。这说明长三角一体化对生产要素价格扭曲的纠正会极大地提高长三角城市的经济增长质量。资源错配的空间溢出效应存在着一定的有效边界和最强的作用区间，政府干预对资源错配的空间溢出效应影响的有效边界为 400 公里，在 200—300 公里政府干预对资源错配的空间溢出效应的系数估计值处于最高水平。这一结论提醒我们政府干预对于资源错配的影响已经跨越了城市的行政界线，各级政府应该破除行政区域垄断，统一部署，联合优化资源空间配置，协同解决资源错配的外溢效应，推动区域经济一体化向纵深方向发展。重点对 200—300 公里的资源配置效率进行优化，这是资源错配空间溢出效应作用最强的区间。

二、政策建议

第一，坚持推进供给侧结构性改革，逐步消除地区间的贸易壁垒，放宽户籍制度对于劳动力流动的限制，完善金融信贷体系，逐步改善资源错配程度，提升资源配置效率。长三角一体化的关键在于市场一体化，市场分割虽然会暂时有利于本地区的经济增长质量的提高，但是对于区域整体的经济增长质量是不利的。应该从区域经济的整体出发，实施协调一致的区域经济发展战略，提升产业链水平，协调区域内各个地区的经济发展。在制定区域经济发展政策，推进长三角一体化水平时不能"一刀切"，应该更加侧重位于长三角一体化的外围城市，加快建设高新技术开发区，扩大自贸区建设力度，使其充分享有区域经济一体化带来的辐射效应。同时，注重城市的公共服务供给和环境保护，营造良好的营商环境，充分发挥中心城市的外溢效应，切实促进中小城市的一体化发展。否则，发达城市将会对外围城市产生"虹吸效应"，这样不仅不能改善资源配置效率，反而会进一步加深资源错配程度。

第二，推进长三角一体化进程时，打破行政垄断，理顺市场与政府之间的关系，注意发挥市场在资源配置中的决定性作用。一是政府要将简政放权的改革贯彻落实，缓解企业压力，释放经济活力，打破地方保护政策，发挥长三角各地区的比较优势，互惠互利，保障资源流动的自由畅通。二是注重市场这只"看不见的手"的作用，严格把控城市群的规模，更好地发挥区域经济一体化对于资源配置效率的改善作用。城市群的发展不是越大越好，在制订区域经济发展规划时，建立健全长三角一体化目标城市的进入、退出机制，在区域经济一体化发展过程中，对于区域内发展较为落后的城市，因地制宜给予一定的政策性支持。同时，注重城市基础设施建设，打破地理因素造成的市场分割，让区域经济一体化政策真正惠及周围城市。在推进长三角一体化进程中，对于大城市的发展应该更加注重市场在资源配置中的作用，弱化政府的干预，加强服务型政府的建设。在制定产业政策时应因地制宜，促进产业的高效率集聚，避免重复建设和过度竞争等行为；在中小型城市的发展过程中，可以加强政府的城市建设规划，制定产业政策时优先发展主导产业。

第三，建立健全长三角地区的区域性开放市场，加快长三角一体化的步伐，优化资源的空间配置，促进长三角地区经济快速、协调发展。本章的研究发现，长三角内部的资源错配随着长三角一体化进程的推进逐步得到了改善。长三角更高质量一体化发展语境下，建立区域开放市场就是要构筑全面开放新格局，在更高层次、更广范围、更宽领域全方位开展合作。一是从制造业向外资开放到服务业重点向外资开放，着力引进跨国集团的地区总部、研发机构、营销中心，加快构建以服务业为主的现代产业体系。加强苏、浙、皖与沪的合作，以上海市作为高端服务外包业务的承接者和中转站，苏、浙、皖主动承接其中的某些流程或环节，并根据自身的比较优势，在服务业与服务外包方面有所作为，比如江苏省南京市的软件业与软件外包。二是从引进外资和鼓励出口到"引进来"和"走出去"相结合的双向开放，这就要求长三角地区面向全球、"一带一路"沿线国家和地区，建立以我为主的价值链分工体系。在这一过程中，上海等中心城市可能成为企业总部集聚地区，长三角地区通过在"一带一路"沿线国家和地区设立工业园区等，开始将传统制造加工职能转移到海外。此外，积极推进长三角地区企业以并购形式对外直接投资，或者在海外建立研发中心，充分利用国际科技资源，增强自主创新能力。三是从注重对外开放到突出对内开放。长三角高质量一体化发展，要充分结合长江经济带建设，逐步将长三角地区的企业向长江中上游地区转移，避免相关产业过度向东南亚等地区转移，实现真正的溢出效应。

第十一章

生产技术、结构变动与经济增长质量
——基于投入产出效率视角的分析

改革开放以来，中国经济取得了举世瞩目的成就，人均GDP由改革开放前不到300美元增加到2018年的9 500美元左右，已经从贫穷国家迈入中等收入国家水平。根据国际货币基金组织提供的数据，中国经济总量已经在2010年超越了日本，成为世界第二大经济体，并可望在不远的未来超过美国，成为世界第一大经济体。但长期以来，中国经济在高速增长的同时，也呈现出粗放型增长方式的特征，主要表现在是依靠增加资本、能源以及劳动力等生产要素的投入扩大经济增长的数量，而不是依靠生产要素的配置效率提高经济增长的质量。因此，这种经济增长方式也被一些学者称为"不可持续的增长"。

中国经济的增长质量和发展方式转变已经引起了政府和学者的广泛关注。习近平总书记指出："既要看速度，也要看增量，更要看质量，要着力实现有质量、有效益、没水分、可持续的增长。"所谓国民经济又好又快发展，实质是要把经济增长的数量和质量相结合，在经济增长的过程中强调可持续性和增长质量。当前，使用增加值率衡量经济增长质量，无论是在理论层面还是实际操作层面均已得到一定程度的认同。例如，国务院2012年颁发的《工业转型升级规划（2011—2015年）》首次将"工业增加值率"作为工业质量效益指标，并于2015年颁发的《中国制造2025》中再次提出中国制造业增加值率2020年和2025年比2015年分别提高2个和4个百分点的目标。如何提高增加值率，并进一步提升经济增长质量，已成为政府官员和学者关注的焦点问题。为了找出影响增加值率变动背后的因素，本章利用结构分解方法，从投入产出效率的角度，探讨经济发展方式转变与经济增长质量变化之间的关系，并试图回答以下问题：哪些因素可能会影响中国经济质量变化？这些因素对于中国经济增长质量影响有什么区别？新常态阶段中国经济增长质量是否得到改善？

第一节 投入产出效率相关研究的文献综述

如何促进经济有效增长是经济学理论界最重要的研究课题之一。经济增长来源于两个方面：一方面是生产要素投入的增加；另一方面是要素使用效率的提高。一般来说，简单地依靠增长生产要素投入来扩大经济增长，可以称为粗放型经济增长，而通过技术进步和制度创新提高生产要素配置的增长被理解成集约型经济增长，与粗放型经济增长质量相比，集约型经济增长具有更高的增长质量。尽管经济学者普遍认识到经济发展质量的重要性，但在实际经济增长过程中，人们对经济增长的关注集中在经济增长的数量上，而忽视了经济增长的质量问题，乃至于亚诺什·科奈尔无奈地发出感叹："翻阅一下关于经济增长理论的浩瀚文献，我们发现，到处都在用宽泛的数量指标来描述增长过程，而发展过程的质量几乎完全被忽略掉了。"

苏联经济学家卡马耶夫1977年出版了《经济增长的速度和质量》一书，对经济增长的质量进行了初步探索，并认为"在经济增长这个概念中，不仅应该包括生产资源的增加，生产量的增长，而且也应该包括产品质量的提高，生产资料效率的提高，消费品的消费效果的增长"。托马斯（1999）在《增长的质量》中将增长质量理解为，"作为发展速度的补充，它是指构成增长进程的关键性内容，比如：机会的分配、环境的可持续性、全球性风险的管理以及治理结构"。与前人相比，Barro（2002）对于经济增长质量的理解显得更为宽泛，认为经济增长质量是与经济增长紧密相关的社会、政治和宗教等方面的因素，并利用跨国数据对其决定因素进行了实证研究，认为健康水平、收入分配、政治体制以及宗教信仰与经济增长质量存在密切关系。

随着改革开放的深入和经济总量的快速增长，中国经济增长质量问题也逐步被政府和学者所重视。2015年10月通过的《中共中央关于制定国民经济和社会发展第十三个五年规划的建议》指出："以提高发展质量和效益为中心，加快形成引领经济发展新常态的体制机制和发展方式。"从已有的研究来看，由于学者对于经济质量的理解不同，对其增长质量的评价也存在差异（任保平，2009）。相关的评价标准主要包括两种：多指标法和单指标法。所谓多指标法，实际上就是将各种影响经济增长质量的因素加以综合，例如：李娟伟和任保平（2014）从效率、稳定性、经济结构、生态环境、国民素质以及成果分享 6 个维度对中国经济增长质量进行测度；刘小瑜和汪淑梅（2014）利用 27 个基础指标，从有效性、协调性、稳定性、可持续性和福利性 5 个方面对我国 1990—2012 年经济增长质量进行评价；朱子云（2019）基于中国 2000—2015 年时间序列数据，采用均方差赋权法与专家咨询法组合赋权构造综合指数模型，发现中国 2015 年经济增长质量比 2000 年提升 23.2%，但比 2010 年有所下降。多指标法优点在于评价结果较为全面，但其不足在于，评价指标体系构建与评价者的偏好密切相关，因此不同评价者得到的经济增长质量结果也是不同的。

与多指标法相比，单指标法由于选择用单一指标表示经济增长质量，从而避免了评价者偏好异质性问题，长期以来得到了经济学者的认可，其中，全要素增长率被广泛认为是度量经济增长质量的主要指标。著名的经济学家克鲁格曼（1994）曾经撰文对东亚经济增长模式提出了批评，他认为东亚的经济增长是通过要素投入取得的，全要素生产率对此没有做出贡献，因此东亚经济的增长是不可持续的。近年来，大量的文献将环境污染纳入全要素生产率的测算框架之中，并根据测算结果判断中国经济增长质量及其可持续性。李兰冰和刘秉廉（2015）利用序列数据包络分析法，测算中国区域全要素生产率并从生产要素视角将其进行分解，以找出中国区域经济增长绩效、源泉及背后的规律。用 TFP 来测算经济增长质量的优点在于经济学意义较为明确，不足之处在于：一是 TFP 容易引发人们对资本重要性的低估（林毅夫等，2007；郑玉歆，2007）；二是当前有多种 TFP 测算方法，如参数法和非参数法等，不同方法得到的结果也有所不同。

与全要素生产率研究相比，投入产出分析方法是基于一般均衡理论，研究经济体系中各部门之间的相互依存关系，从投入产出效率视角分析经济的增长质量。沈利生等（2009）使用增加值率度量经济体投入产出效益及经济增长质量，并认为中国的增加值率在持续下降，说明中国经济的增长质量在下降，进一步的，中国的增加值率与美国、日本等发达国家存在差异，既与产业增加值率存在差距有关，也与中国的产业结构存在差距有关。与沈利生等（2009）从初次投入角度分析不同，刘伟和蔡志洲（2008）从中间产品消耗角度，利用历年的投入产出数据对中国 1992 年以后中间消耗水平的变化趋势进行了分析，发现技术进步对降低国民经济中间消耗的水平和改善经济增长效率做出了贡献，但由于价格关系的改变和中间消耗水平较高的部门比重增加，用现行价格反映的整个国民经济的中间消耗率反而是上升的。与以上文献都不同，范金等（2017）对增加值率能否反映经济增长质量提出了质疑，认为增加值率存在着一个门槛上限，当低于该值时，实际增加值率越高表示增长质量越好，而超出时则完全相反，因此在实际操作中需谨慎行事。

整体而言，尽管现有文献已经从不同的视角，对中国改革开放以来经济增长质量和增长效率进行了分析，并得到有价值的结论和政策建议，但不足之处在于没有对经济效率下降现象背后的驱动因素进行深入分析，以至于我们并不清楚，是哪些因素导致中国经济增长质量发生了变化？与以往研究相比，本章可能的创新主要体现在以下方面：一是利用国家统计局提供的 2017 年最新投入产出表数据，对 2002—2017 年中国经济投入产出效率演变趋势进行分析，得到一些新的发现，即加入 WTO 以来中国投入产出效率有所下降，但 2007 年以来，特别是新常态以来出现明显提升现象；二是构建了一个理论模型，将影响中国经济增长质量的因素分解为生产技术和结构变动两大部分，前者包括经济整体关联度、影响力结构、进口中间投入品比率，后者包括最终需求结构以及产业间和产业内结构变化；三是采用结构分解方法，测算了以上因素对于中国经济投入产出效率的影响，并在此基础上提出了相应对策和建议。

第二节 投入产出效率测度的方法与数据来源

一、理论模型

由于国家统计局公布的投入产出数据为进口竞争型，在使用过程中并不区分国内产品和进口产品，不能直接测算最终使用对于中国经济增长的影响。因此，为了得到包括消费、投资以及出口需求与中国经济增长的驱动关系，我们先需要将国内产品和进口产品区分开，得到非竞争型投入产出数据，具体如表 11-1 所示。

表 11-1　　（进口）非竞争型投入产出表

		中间使用	最终使用				国内总产出
		1, …, n	消费	资本形成	出口	合计	或进口
国内产品中间投入	1…n	$A^d X$	F_c^d	F_{in}^d	EX	F^d	X
进口产品中间投入	1…N	$A^m X$	F_c^m	F_{in}^m		F^m	M
增加值		$A_v X$					
总投入		X					

注：上标 d 代表国内产品；上标 m 代表进口产品。

在表 11-1 中，$A^d X$ 和 $A^m X$ 分别代表生产过程中国内产品和进口产品的直接消耗向量，其中，A^d 表示国内产品的直接消耗矩阵，A^m 表示进口产品的直接消耗矩阵。F^d 和 F^m 分别表示国内产品和进口品的最终使用向量，其中，国内产品的最终使用由三部分组成，用消费向量 F_c^d、资本形成向量 F_{in}^d 和出口向量 EX 表示；与国内产品不同的是，进口产品一般不直接用于出口，因此其最终使用 F^m 由消费向量 F_c^m 和资本形成向量 F_{in}^m 两部分组成，M 代表进口产品列向量。$A_v X$ 表示增加值向量，其中 A_v 为增加值系数矩阵，用对角元素 a_{vi} 代表 i 部门单位产出得到的国内增加值的对角矩阵表示。

根据投入产出表的特性，在水平方向上反映了中间需求，包括消费、投资和出口的最终需求，以及总产出之间的均衡关系，可以用以下公式表示：

$$A^d X + F^d = X \qquad (11-1)$$

公式（11-1）表明总产出等于国内产品的中间投入与最终需求的总和，其中最终需求包括消费、投资以及出口三部分，即 $F^d = F_c^d + F_c^d + EX$。进一步的，总产出可以表示为：

$$X = (I - A^d)^{-1} F^d \qquad (11-2)$$

公式（11-1）中 $(I - A^d)^{-1}$ 为列昂惕夫逆矩阵，可以用符号 B 表示。最终需求可以用基于需求的产业内结构、产业间结构、需求结构以及需求总量表示，具体可以表示为：

$$F^d = (M.N) SY^d \qquad (11-3)$$

公式（10-3）中（M.N）表示矩阵 M. 乘矩阵 N，可通过相同维度矩阵对应元素直接相乘得到。其中，M 是一个 42×4 矩阵[①]，刻画了基于需求的经

---

① 虽然最终需求由消费、投资以及出口三部分组成，但由于存在误差项，因此必须考虑投入产出表中"其他"项目对于结算结果的影响，这也是本处为 42×4 矩阵的原因。

济体系三次产业内部分布结构。由于第一产业仅由农业部门一个行业组成，因此当 i=1、1≤k≤4 时，其元素 $m_{i,k}=1$；由于第二产业在 42 个部门的投入产出表中排在第 2—28 位，因此当 2≤i≤28、1≤k≤4 时，其元素 $m_{i,4(i-1)+k}$ 表示 i 行业的第 k 类需求中第二产业相应需求总量的比例份额；与此相似，当 28≤i≤42、1≤k≤4 时，其元素 $m_{i,4(i-1)+k}$ 表示 i 行业的第 k 类需求占第三产业相应需求总量的比例份额。N 同样是一个 42×4 矩阵，主要刻画了基于需求的经济体系三次产业间的分布结构。当 i=1、1≤k≤4 时，其元素 $n_{i,k}$ 表示第 k 类需求中农业部门所占的份额；当 2≤i≤28、1≤k≤4 时，其元素 $n_{i,k}$ 表示第 k 类需求中第二产业部门所占的比例；当 28≤i≤42、1≤k≤4 时，其元素 $n_{i,k}$ 表示第 k 类需求中第三产业部门所占的比例。S 为 4×4 最终需求结构对角矩阵，对角元素 $s_{k,k}$ 代表第 k 类需求在国内产品总需求中的比重。将最终需求用基于需求的产业结构、需求结构以及需求总量表示，因此，公式（11-2）可以表示为：

$$X = BF^d = B \cdot (M \cdot N) \cdot S \cdot \hat{F}^d \qquad (11-4)$$

在非竞争型投入产出表中，进口中间品可以与劳动报酬或资本折旧类似，作为初始投入处理，根据投入产出表中初始投入等于最终需求的基本理论，可以将最终需求表示为进口中间品与国内增加值之和。与张友国（2010）相似，本章将进口中间投入品价值与国内增加值 $\overset{\Delta}{V}$ 的比率定义为 r，则最终需求总量可以表示为：

$$\hat{F}^d = (1+r)\overset{\Delta}{V} \qquad (11-5)$$

将公式（11-5）代入公式（11-4），并在两边同乘以 u = {1, …, 1} 后可以得到：

$$\overset{\Delta}{X} = u \cdot B \cdot (M \cdot N) \cdot S \cdot (1+r)\overset{\Delta}{V} \qquad (11-6)$$

沈利生等（2006、2009）用增加值率 P 表示经济增长质量，P 用增加值占总产出的比率表示（$P = \overset{\Delta}{V}/\overset{\Delta}{X}$），增加值率越高，说明经济增长质量越高，反之则越低。与沈利生等（2006、2009）不同的是，在本章中为了研究的方便，使用增加值率的倒数，即总产出与增加值的比率 R 表示经济的增长质量，具体可以表示为：

$$R = 1/P = \overset{\Delta}{X}/\overset{\Delta}{V} = u \cdot B \cdot (M \cdot N) \cdot S \cdot (1+r) \qquad (11-7)$$

在本章中 uB = {b_1, …, b_j, …b_{26}} 是一个行向量，其中 $b_j = \sum_{i=1}^{42} b_{i,j}$ 为

j 部门的后向关联度水平，表示增加单位 j 部门最终需求所能拉动的所有部门的生产值。进一步的，可以将 uB 表示为：

$$uB = \alpha \cdot \{e_1, \cdots, e_j, \cdots e_{26}\} \quad (11-8)$$

公式（11-8）中 $\alpha = (\sum_{i=1}^{42} \sum_{j=1}^{42} b_{i,j})/42$，为国民经济中各部门后向关联度或前向关联度的平均值，表示国民经济各行业的整体关联程度，$e_j = b_j/\alpha$ 则是投入产出理论中的影响力系数。通过对列昂惕夫逆矩阵 B 进一步分解，并将向量 $\{e_1, \cdots, e_j, \cdots e_{26}\}$ 表示为 E，可以将总产出-增加值比率表示为：

$$R = \alpha \cdot E \cdot (M. \cdot N) \cdot S \cdot (1+r) \quad (11-9)$$

由于本章使用总产出/增加值比率 R 表示经济增长的质量，因此为进一步找到影响中国经济增长质量的原因，我们利用结构分解方法（SDA）做如下分解：

$$R_1 - R_0 = \alpha_1 \cdot E_1 \cdot (M_1. \cdot N_1) \cdot S_1 \cdot (1+r_1) - \alpha_0 \cdot E_0 (M_0. \cdot N_0) \cdot S_0 \cdot (1+r_0) \quad (11-10)$$

其中，下标 0，1 分别表示变量在第 0 期和第 1 期的取值。使用结构分解方法过程中，从不同的因素排列顺序进行分解会得到不同的分解形式，由于本章 R 的取值由 6 个变量决定，因此在采用结构分解时一共有 6！即 720 种分解形式。为了简化计算，本章采用两极分解法避免该问题。因此，可以将总产出/增加值比率变化表示为：

$$\begin{aligned}
R_1 - R_0 = &\ 0.5 \underbrace{\{\Delta\alpha E_0(M_0. \cdot N_0)S_0(1+r_0) + \Delta\alpha E_1(M_1. \cdot N_1)S_1(1+r_1)\}}_{\text{整体关联度变化效应}} + \\
&\ 0.5 \underbrace{\{\alpha_1\Delta E(M_0. \cdot N_0)S_0(1+r_0) + \alpha_0\Delta E(M_1. \cdot N_1)S_1(1+r_1)\}}_{\text{影响力系数结构变化效应}} + \\
&\ 0.5 \underbrace{\{\alpha_1 E_1(M_1. \cdot N_1)S_1 + \alpha_0 E_0(M_0. \cdot N_0)S_0\}\Delta r}_{\text{进口中间品比率变化效应}} + \\
&\ 0.5 \underbrace{\{\alpha_1 E_1(\Delta M. \cdot N_0)S_0(1+r_0) + \alpha_0 E_0(\Delta M. \cdot N_1)S_1(1+r_1)\}}_{\text{行业间结构变化效应}} + \\
&\ 0.5 \underbrace{\{\alpha_1 E_1(M_1. \cdot \Delta N)S_0(1+r_0) + \alpha_0 E_0(M_0. \cdot \Delta N)S_1(1+r_1)\}}_{\text{行业内结构变化效应}} + \\
&\ 0.5 \underbrace{\{\alpha_1 E_1(M_1. \cdot N_1)\Delta S(1+r_0) + \alpha_0 E_0(M_0. \cdot N_0)\Delta S(1+r_1)\}}_{\text{需求种类结构变化效应}}
\end{aligned}$$

$$(11-11)$$

通过以上分解，我们将影响中国经济增长质量的因素分解成两大部分：由于技术水平变化而导致的中国经济增长质量变化，具体包括整体关联度变

第十一章　生产技术、结构变动与经济增长质量——基于投入产出效率视角的分析 | 267

化、影响力系数变化以及中间进口产品比例的变化；由于结构变化而导致的中国经济增长质量变化，具体包括基于最终需求的三次行业间结构变化、三次产业内部结构变化以及最终需求种类结构的变化。

二、数据来源及处理

本章采用的原始数据主要来自国家统计局公布的2002年、2007年、2012年和2017年四张投入产出表，其中，2002年、2007年、2012年投入产出表都是42部门表格，2017年投入产出表是149部门表格。为便于对历年投入产出表进行比较分析，我们将2017年投入产出表进行了合并与调整，将其压缩成42部门表格。此外，2002年、2007年、2012年投入产出表最终使用部门都包括误差项，但2017年的投入产出没有包括误差项，为便于对历年数据的比较分析及防止非奇异矩阵的出现，我们在2017年表中最终使用部分新增了误差项，并将其设置为一个较小的数值，并不影响投入产出表水平和垂直方向的平衡。由于本章主要针对增加值率进行研究，并没有涉及价格平减带来的问题，因此直接采用当年价格表进行分析。此外，由于在国家统计局历年公布的投入产出表中，中间使用和最终使用部门并没有对国内产品和进口产品进行有效区分，本章以按比例的方法将竞争型投入产出表转化为（进口）非竞争型投入产出表。

第三节　生产技术、结构变动影响投入产出效率的分析

在国民经济核算体系中，增加值率是衡量投入产出效益和经济增长质量的关键指标之一。我们先利用2002年、2007年、2012年、2017年四张投入产出表数据，测算得到中国加入WTO以来增加值率演变趋势，具体如图11-1所示。从图中可以发现，我国经济整体增加值率从2002年的0.39下降到2007年的0.32，再逐步递增到2012年的0.34和2017年的0.36。与其相比，我国制造业增加值率要低一些，从2002年的0.26单调下降到2007年的0.21和2012年的0.2，再上升到2017年的0.22。分析期间两者同时呈现出"U形"变化趋势，但是制造业转折点的出现比经济整体要更滞后一些。由于增加值率指标数值越高，意味着投入产出效率和经济增长质量越高，以上分析

说明，中国经济 2007 年以来、特别是进入新常态阶段以来，经济增长质量有了明显的提高。

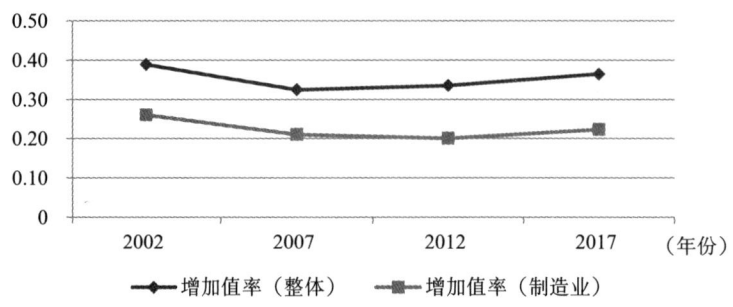

图 11-1　2002—2017 年中国经济增加值率的变化趋势

为了找出中国经济增长质量变化的原因，本章用增加值率的倒数，即总产出/增加值率表示投入产出效率，并利用公式（11-11）对其进行结构分解，具体结果如表 11-2 所示。从表中可以发现，在整个研究期间，中国的总产出/增加值率从 2002 年的 2.57 上升到 2007 年的最高点 3.08，再逐步下降到 2017 年的 2.74，分析期间大约上升了 0.17。其中，与生产技术变化相关的部分约为 0.18，与需求结构变化相关部分为 -0.01，说明分析期间生产技术对于中国经济投入产出效率产生了负面影响；反之，最终需求结构演变却使得我国经济投入产出效率有所提高。进一步观察表 11-2 可发现，中国的总产出/增加值比率变化在整个研究期间分布并不平衡，在中国 2001 年年底加入 WTO 之后，总产出/增加值率从 2002 年的 2.57 急剧上升到 2007 年的 3.08，在短短 5 年内增加了 0.51。令人欣慰的是，中国总产出/增加值率近年来出现了明显下降趋势，从 2007 年的 3.08 单调下降到 2017 年的 2.74，在 10 年时间内下降了 0.33。特别是中国经济进入新常态阶段以来，我国经济总产出/增加值率在短短 5 年内下降了 0.24，呈现了明显的加速下降趋势。由于在本章分析框架下，总产出/增加值率和增加值率互为倒数关系，总产出/增加值率越高，表示经济投入产出效率越低；反之，则表示投入产出效率越高，因此以上数据说明我国投入产出效率近年来有了明显的提升。

表 11-2　2002—2017 年各因素对中国总产出/增加值比率的影响

阶段	生产技术			结构变化			合计
	整体关联度	影响力系数	进口比率	行业间结构	行业内结构	需求结构	
2002—2007 年	0.32	-0.02	0.14	0.02	0.00	0.04	0.51
2007—2012 年	0.10	-0.04	-0.11	-0.04	-0.01	0.00	-0.09
2012—2017 年	-0.14	0.04	-0.10	-0.02	0.01	-0.02	-0.24
2002—2017 年	0.27	-0.02	-0.07	-0.03	0.00	0.02	0.17

为什么在中国加入 WTO 后，经济投入产出效率会出现大幅度下降？更为重要的是，中国经济近年来投入产出效率出现逆转，究竟是一种短期还是长期现象？如果是前者，说明当前阶段我国经济增长质量提升只是暂时的，未来还会出现下降趋势；反之，如果是后者，则说明随着中国经济进入新常态阶段，虽然经济增长速度有所下降，但经济增长质量却会持续上升。下文将从生产技术以及结构变动两方面，详细讨论各种因素变化对中国经济投入产出效率的影响。

一、生产技术对于中国经济投入产出效率的影响

技术进步对于经济增长的影响长期以来是经济学家关注的问题。在投入产出理论中，生产技术可以被理解为产品生产或服务提供过程中各种生产要素的组合方式以及与此相关的组合效率。因此，本章将经济整体产业关联度、影响力系数以及进口中间产品比率的变化定义为生产技术，探讨生产技术变化对于中国经济投入产出效率产生的影响。正如我们在上文中指出的，生产技术变化是导致中国经济增长质量下降的主要原因，在三者之中，经济整体关联度变化对于中国经济投入产出效率产生了负面效应；相反，影响力系数和进口中间品率变化却产生了正面效应。由于负面效应超过正面效应，使得生产技术产生的整体效应为负，下面我们将逐一进行深入分析。

（一）整体关联度变化的影响

表 11-2 数据表明，自中国加入 WTO 至 2017 年经济整体关联度变化使得总产出/增加值比率上升 0.32，是导致分析期间中国投入产出效率下降的最主要因素。在本章中，整体关联度用列昂惕夫逆矩阵的整体平均值表示，其

经济学含义为一个国家增加单位最终需求时拉动的生产值。为什么关联度上升会导致经济投入产出效率的下降？根据上文分析，关联度上升意味着产业之间的分工合作有所加强，产业链条逐步向两端延伸，为满足单位最终需求必须投入更多的生产活动。从表 11-3 可以发现，分析期间中国经济整体关联度从 2002 年的 2.12 上升到 2017 年的 2.33，分析期间上升了 0.21。分阶段来看，即可发现中国经济关联度在加入 WTO 之后出现大幅度上升现象，从 2002 年的 2.12 增加到 2012 年的 2.45，在经济进入新常态之前达到最高点。与其有所不同的是，随着中国经济进入新常态阶段，经济整体关联度出现了明显的下降趋势，从 2012 年的 2.45 下降到 2017 年的 2.33，使得总产出/增加值率在该阶段下降 0.12，导致投入产出效率有所回升。

表 11-3　2002—2017 年中国经济整体关联度及部门前后向关联度变化趋势

			2002 年	2007 年	2012 年	2017 年	平均值
	经济整体		2.12	2.37	2.45	2.33	2.32
前向关联	农业		3.85	4.30	4.40	4.07	4.15
	第二产业	矿采业	1.88	2.14	2.18	1.88	2.02
		制造业	2.43	2.95	2.76	2.51	2.66
		电、水、汽生产和供应业	1.93	2.73	2.44	2.19	2.32
		建筑业	1.53	1.23	1.38	1.30	1.33
	服务业		1.80	1.70	2.04	2.2	1.94
后向关联	农业		1.80	1.89	1.93	1.86	1.87
	第二产业	矿采业	1.88	2.25	2.18	2.03	2.09
		制造业	2.34	2.68	2.78	2.64	2.61
		电、水、汽生产和供应业	2.13	2.43	2.38	2.24	2.29
		建筑业	2.54	2.54	2.89	2.77	2.68
	服务业		1.93	2.06	2.09	2.02	2.03

进一步深入产业层面分析可以发现，我国各部门关联度指标在分析期间演变趋势并不完全相同。其中，农业部门前向关联度在各部门中是最高的，且从 2002 年的 3.85 上升到 2017 年的 4.07，后向关联度在各部门中是最低的，并从期初的 1.8 上升到期末的 1.86，说明我国越来越多比例农产品作为中间投入参与其他产业生产之中，但其行业自身使用的其他部门中间投入比例并不高。与农业部门有所不同，我国服务业部门分析期初无论是前向关联

还是后向关联都处于较低水平，分析期间前者从2002年的1.8上升到2017年的2.2，后者从期初的1.93上升到期末的2.02，说明分析期间服务业与其他行业之间的前向关联度有了更大幅度提升。

与农业和服务业部门相比，我国第二产业各部门产业关联度变化趋势又有所不同。其中，矿采业前向关联度从2002年的1.88上升到2012年的2.18后，大幅度下降到2017年的1.88，同时期该部门后向关联度却从期初的1.88上升到期末的2.03，说明我国矿采业部门自身分工程度有所增加，同时参与其他行业的分工程度却出现先升再降的现象。进一步观察表11-3可发现，我国制造业和服务业前向和后向关联度出现相似变化趋势，制造业前向关联度从2002年的2.43上升到2007年的最高点2.95后下降到2017年的2.51，制造业后向关联度从2002年的2.34上升到2012年的2.78后下降到2017年的2.64，说明在中国加入WTO并成为世界工厂后，制造业在国民经济中的重要性日益增强，但随着近年来服务业的蓬勃发展，制造业在我国国民经济中的位置有所下降。建筑业部门关联度呈现出独立演变趋势，其中，后向关联度在各部门中是最高的，从2002年的2.54上升到2017年的2.77，前向关联度在各部门中却是最低的，并从期初的1.53下降到期末的1.3，说明在2002—2017年，建筑业自身分工程度有了显著提升，但参与其他行业分工状况却没有发生明显变化。

（二）影响力系数变化的影响

从表11-2可发现，影响力系数变化导致中国总产出/增加值比率在2002—2017年下降0.02，对中国经济投入产出效率提升产生正面效应。表11-4给出了2002—2017年中国各产业部门影响力系数变化趋势。从表中可以发现，分析期间我国第一产业和第三产业影响力系数分别从2002年的0.85和0.91下降到2017年的0.8和0.87。由于影响力系数是一个表示各产业影响力水平的相对指标，第一产业和第三产业影响力系数下降则意味着第二产业影响力系数的上升，但仔细观察可发现，在第二产业内部各产业部门间又存在较大差异。其中，制造业和建筑业影响力系数均大于1，但前者从2002年的1.1稳步上升到2017年的1.13，分析期间变化并不明显，后者却从2002年的1.2下降到2007年的最低点1.07后再回升到2017年的1.19，分析期间出现了明显的"V形"变化趋势。与制造业和建筑业不同，分析期间水、电、汽生产和供应业与矿采业影响力系数变化并不明显，前者围绕单位值附近小幅波动,后者从 2002 年的 0.89 上升到 2007 年的 0.95 后下降到 2017 年的 0.87。

表 11-4　　2002—2017 年中国各产业部门影响力系数变化趋势

		2002 年	2007 年	2012 年	2017 年	平均值
第一产业		0.85	0.80	0.79	0.80	0.81
第二产业	矿采业	0.89	0.95	0.89	0.87	0.90
	制造业	1.10	1.13	1.14	1.13	1.13
	电、水、汽生产和供应业	1.01	1.02	0.97	0.96	0.99
	建筑业	1.20	1.07	1.18	1.19	1.16
第三产业		0.91	0.87	0.85	0.87	0.88

长期以来,制造业一直是拉动中国经济增长最为重要的部门,但在其内部各产业影响力存在较大差异。图 11-2 给出了 2002—2017 年我国制造业影响力系数的演变趋势。从图中可以发现,包括纺织业部门在内的轻工业影响力系数较高,且近年来呈现出缓慢上升的趋势,说明轻工业部门在国民经济发展中起到重要作用。包括化学工业和金属制品业在内的石化业和冶金业虽然具有较高的影响力系数,但在分析期间呈现出明显的下降趋势。需要重点指出的是,分析期间包括通用、专用设备制造业、交通运输设备制造业等在内的电子产业影响力呈现出明显的上升趋势,其中,通信设备、计算机及其他电子设备制造业在制造业中占有相当大的比重,分析期间其影响力从 2002 年的 1.07 下降到 2007 年的 1.01,究其原因,应该与中国 2002 年加入 WTO 后,该行业企业以加工贸易方式参与国际分工,导致中间投入部分国内产品占比下降有关。近年来,通信设备、计算机及其他电子设备制造业由于国内中间投入占比逐年增加,导致其影响力大幅度增加到 2017 年的 1.13,呈现出明显的上升趋势。

(三) 进口中间品比率变化的影响

进口中间品比率下降导致中国经济总产出/增加值比率在整个分析期间下降了 0.07,是新常态阶段中国经济投入产出效率上升的主要原因。分阶段来看,2002—2007 年进口中间品比率导致中国总产出/增加值比率上升 0.14,但在 2007—2017 年又使得总产出/增加值比率下降 0.21,说明中国在 2001 年年底加入 WTO 之后进口中间投入品比率出现大幅度提升,但 2007 年以来出现下降趋势。根据投入产出理论,最终需求在数值上等于进口中间投入与国

第十一章 生产技术、结构变动与经济增长质量——基于投入产出效率视角的分析 | 273

内增加值之和。与劳动报酬或资本投入类似，进口中间品可以被看成是一种初始投入，在最终需求保持不变情况下，进口中间品比率越高说明国内增加值在总产出中占比越少，而相应的增加值率也就越低，最终导致投入产出效率的下降。反之，当最终需求固定时，进口中间品比率越低说明增加值率越高，进而导致投入产出效率的上升。

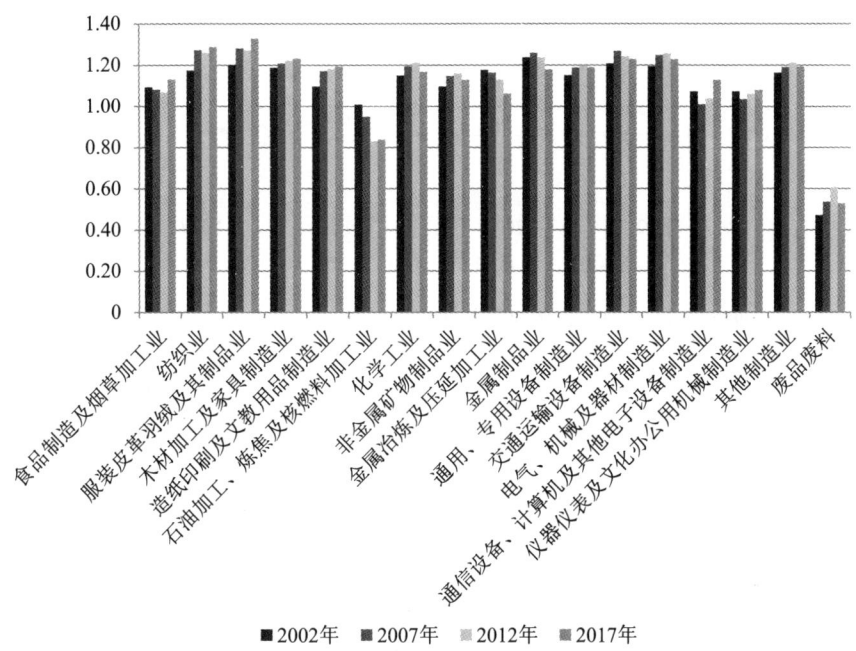

图 11-2 2002—2017 年我国制造业影响力系数的演变趋势

图 11-3 给出了 2002—2017 年中国经济整体及最终需求拉动产出中进口中间投入品比率变化趋势。从图中可以看到，中国经济整体中进口中间品比率在分析期间内呈现先上升、再下降的趋势，随着加入 WTO 后中国通过加工贸易的方式成为世界制造中心，大量的进口中间品在国内组装后再出口到国外，导致进口中间品比率从 2002 年的 6.6% 上升到 2007 年的 7.44%，但在此之后逐步下降到 2017 年的 5.27%。进一步区分不同最终需求拉动产出中进口中间品比率可发现，消费需求拉动产出中进口中间品比率是最低的，分析期间从 2002 年的 5.03% 下降到 2017 年的 4.1%。与消费需求相对应，出口需求拉动产出中进口中间品比率是最为显著的，从 2002 年的 8.7% 上升到 2007 年的 9.84% 后下降到 2017 年的 7.49%，分析期间下降了 1.21 个百分点。与出口和消费需求相比，我国投资需求拉动产出中进口中间品比率介于两者之间，

分析期间从 2002 年的 7.23% 下降到 2017 年的 5.39%，在三者中下降幅度是最为显著的。以上分析说明我国拉动经济增长的"三驾马车"中，出口拉动产出中进口中间品投入比率最高，消费最低，投资介于两者之间，三者在分析期间同时出现下降趋势，导致投入产出效率有了一定程度的提升。

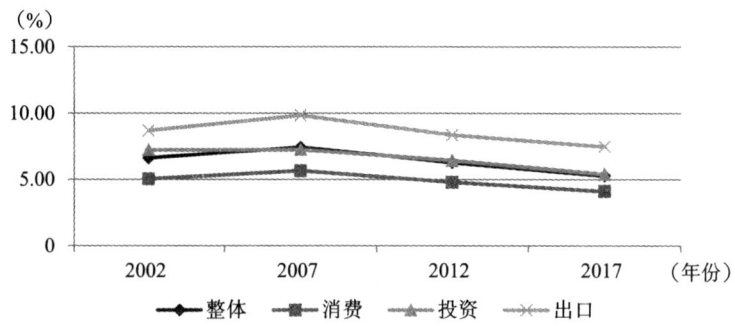

图 11-3　2002—2017 年中国经济整体及最终需求拉动产出中进口中间品比率变化趋势

表 11-5 给出了 2002—2017 年中国各产业部门总投入中进口中间品比率变化趋势。从表中可以发现，我国第一产业和第三产业总投入中进口中间品比率是较低的，分析期间其均值分别为 2.41% 和 3.37%。其中，第一产业（农业）总投入中进口中间品比率从 2002 年的 2.31% 上升到 2017 年的 2.42%，分析期间上升了 0.11 个百分点，第三产业（服务业）总投入中进口中间品比率从 2002 年的 4.17% 下降到 2017 年的 2.51%，分析期间下降了约 1.66 个百分点。与第一产业和第三产业部门相比，我国第二产业产出中进口中间品比率要高得多，从 2002 年的 8.46% 增加到 2007 年的 9.01%，此后逐步回落到 2017 年的 7.11%，分析期间下降了 1.35%。在第二产业内部，不同产业部门之间又有较大差异。其中，建筑业总投入中进口投入比率从 2002 年的 6.91% 下降到 2017 年的 3.4%，分析期间出现较大幅度的回落。除建筑业外，矿采业，水、电、汽生产和供应业总投入中进口中间品比率分析期间出现了方向不同的变化，前者上升的同时，后者有所下降。值得指出的是，由于中国制造业在中国加入 WTO 后主要通过加工贸易方式参与国际分工，导致其进口投入比率从 2002 年的 9.34% 上升到 2007 年的 10.26%，近年来随着国内价值链的构建，进口投入比率逐步下降到 2017 年的 8.25%。以上分析说明，中国企业近年来从中国加入 WTO 后的"加工贸易"模式转变到依托国内市场高质量发展模式，经济投入产出效率有了一定的提升。

表 11-5 2002—2017 年中国各产业部门总投入中进口中间品比率变化趋势 单位：%

		2002 年	2007 年	2012 年	2017 年	平均值
第一产业		2.31	2.59	2.32	2.42	2.41
第二产业	矿采业	3.99	4.94	4.38	3.84	4.29
	制造业	9.34	10.26	9.26	8.25	9.28
	电、水、汽生产和供应业	4.29	4.14	5.17	5.14	4.68
	建筑业	6.91	4.50	3.34	3.40	4.54
	平均	8.46	9.01	8.04	7.11	8.15
第三产业		4.17	3.97	2.82	2.51	3.37

二、需求结构模式变化对于中国经济增长质量的影响

（一）三次产业结构变化的影响

2002—2017 年中国基于最终需求的三次产业结构变化使总产出/增加值比率下降了 0.03，对经济的投入产出效率产生了正面影响。分阶段来看，产业结构变化对投入产出效率的影响并不相同，其中，2002—2007 年由于制造业的扩张导致投入产出效率出现下降，近年来随着服务业的发展使得投入产出效率有所上升。为了给出合理解释，图 11-4 给出了基于最终需求的三次产业间结构变化及相应的投入产出效率。从图中可发现，第一产业产出/增加值率始终是最高的，分析期间从 2002 年的 1.72 下降到 2017 年的 1.68。与第一产业相反，第二产业产出/增加值率不仅数值是最高的，同时增长幅度也是最为显著的，从 2002 年的 3.46 上升到 2012 年的最高点 4.47 后下降到 2017 年的 4.07，分析期间呈现出"倒 U 形"变化趋势。第三产业产出/增加值率介于第一产业和第二产业之间，从 2002 年的 1.88 上升到 2017 年的 2.13，在分析期间呈现出单调递增的趋势。

表 11-6 进一步给出了 2002—2017 年基于最终需求和初次投入（增加值）的三次产业结构变化趋势。从表中可以发现，第一产业（农业部门）在我国最终需求总量中所占比例始终是最低的，并从 2002 年的 8.86% 单调下降到 2017 年的 3.13%，在分析期间下降了 5.73%。与第一产业相反，第二产业在最终需求中所占比例始终是最高的，从 2002 年的 59.12% 上升到 2007 年的最高点 66.54%，再逐步下降到 2017 年的 57.6%，分析期间呈现"倒 U 形"

变化趋势且下降了1.52%。与第二产业不同,第三产业在我国最终需求中所占比例从期初的32.02%下降到2007年的最低点28.5%,再上升到2017年的39.27%,分析期间上升了7.25%。对照图11-4可发现,由于第二产业与第三产业相比具有较高产出/增加值率,因此2002—2007年占比提高对我国投入产出效率产生了负面影响,相反,2007—2017年服务业的发展对投入产出效率产生了正面影响。

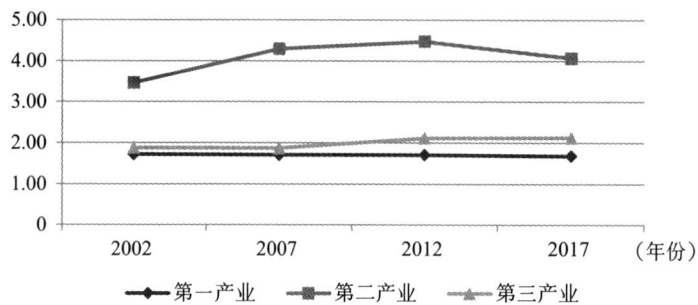

图11-4 2002—2017年三次产业对应产出/增加值率演变趋势

表11-6 2002—2017年基于最终需求和初次投入的三次产业结构变化趋势 单位:%

部门	年份	2002	2007	2012	2017
最终需求	第一产业	8.86	4.96	4.36	3.13
	第二产业	59.12	66.54	61.55	57.60
	第三产业	32.02	28.50	34.09	39.27
初次投入	第一产业	13.65	10.77	9.75	7.95
	第二产业	45.22	50.55	38.46	33.56
	第三产业	41.14	38.67	51.79	58.49

表11-6同时给出了基于初次投入(增加值)的三次产业结构变化趋势。从表中可以发现,两种分类的三次产业结构存在巨大差异。对于农业部门和服务业部门而言,其在最终需求总量中所占比例要远低于在初次投入总量中的占比,而第二产业在最终需求总量中所占比例要远高于其在初次投入总量中的占比。如何解释两者不一致的现象?究其原因,实际上是由不同行业投入产出结构决定的。对于农业部门和服务业部门而言,其初次投入在总投入中占比超过了最终使用在总产出中的占比,决定了基于最终需求的产业占比要低于基于初次投入的产业占比。相反的,由于我国第二产业中间投入占比

过高，导致该部门初次投入在总投入中占比低于最终使用在总产出中占比，使得其在最终需求的占比要高于在增加值中的占比。

（二）产业内部结构变化产生的影响

由上文可知，产业内部结构变化并没有对我国投入产出效率产生实质性影响。由于分析期间服务业内部结构变化并不明显，因此本部分侧重分析第二产业内部结构变化所带来的影响。图 11 - 5 给出了 2002—2017 年基于最终需求的第二产业内部结构演变趋势。从图中可以发现，水、电、汽生产和供应业以及采掘业在第二产业中占比较低且分析期间保持稳定，相反，制造业和建筑业在第二产业中占有较高比例并发生了明显变化。其中，制造业占比从 2002 年的 64.03% 上升到 2007 年的最高点 69.79% 再下降到 2017 年的 58.46%，分析期间下降了 5.57%。相反，建筑业占比从 2002 年的 32.73% 下降到 2007 年的 29.01% 再大幅度上升到 2017 年的 40.23%，分析期间上升了 7.5%。需要指出的是，尽管第二产业部门结构在分析期间内产生了较大变化，但由于在产业内部各部门的产出/增加值比率相差并不大，因此产业内部结构变化对于我国经济整体的投入产出效率影响并不明显。

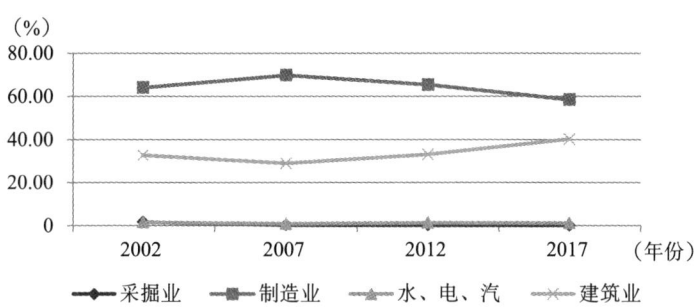

图 11 - 5　2002—2017 年第二次产业内部结构演变趋势

（三）最终需求结构变化的影响

分析期间最终需求结构变化使得中国总产出/增加值比率上升了 0.02%，是导致中国经济投入产出效率下降的主要原因之一。但从表 11 - 3 可发现，不同发展阶段最终需求结构变化对中国经济质量影响存在明显差异，即在 2002—2012 年使得中国经济增长质量下降，在进入新常态之后却使得经济增长质量有所提升。长期以来，消费、投资与出口被形象称为拉动经济增长的

"三驾马车",图 11-6 给出了 2002—2017 年中国经济对于三者依存度的变化趋势,可以看出中国经济对于"三架马车"的依存度在分析期间发生了很大变化。其中,中国经济对于消费的依存度从 2002 年的 44.11% 下降到 2007 年的最低点 34.29%,再逐步上升到 2017 年的 40.15%;与消费形成鲜明对比的是,中国经济对于出口的依存度从 2002 年的 22.89% 上升到 2007 年的最高点 30.9%,再下降到 2017 年的 18.84%;投资在中国发展过程中扮演重要角色,中国经济对其依存度从 2002 年的 32.99% 单调上升到 2017 年的 41.01%,说明中国经济近年来更加依赖于投资的拉动。

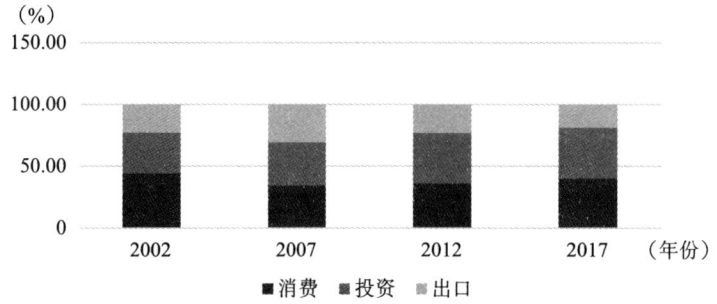

图 11-6　2002—2017 年中国经济对于消费、投资和出口需求的依存度的变化趋势

为什么中国经济对于最终需求的依存度的改变会导致投入产出效率变化?图 11-7 给出了 2002—2017 年由"三架马车"拉动经济产出/增加值率的变化趋势。从图中可以发现,分析期间"三架马车"拉动部分的经济产出/增加值率同时出现了"先上升、再下降"的趋势,其中,由消费需求拉动部分的产出/增加值率从 2002 年的 2.22 上升到 2007 年的 2.53 再下降到 2017 年的 2.32,与投资和出口需求相关的产出/增加值率分别从 2002 年的 2.97 和 2.89 上升到 2007 年的 3.46 和 3.58,再逐步回落到 2017 年的 3.07 和 3.22。通过以上分析可发现,分析期间由消费拉动的经济产出/增加值率不但数值是最低的,上升幅度也是最小的。反之,由投资和出口拉动的经济产出/增加值率不但数值高,而且上升幅度也非常显著,其中,由投资拉动的经济产出/增加值率虽然在 2002 年要高于出口,但在 2004 年左右就被出口超越。因此,在 2002—2017 年,由"三架马车"拉动经济的投入产出效率依次为:消费拉动的经济投入产出效率最高,投资次之,出口最低。随着 2002—2007 年中国经济对于消费的依存度下降,对于出口和投资的依存度上升,使得经济投入产出效率在此期间出现下降现象。相反,随着近年来,特别是中国经济进入新常态以来，我国经济对于消费的依存度升高以及对于出口依存度有所下降，使得经济投入产出效率呈现出上升趋势。

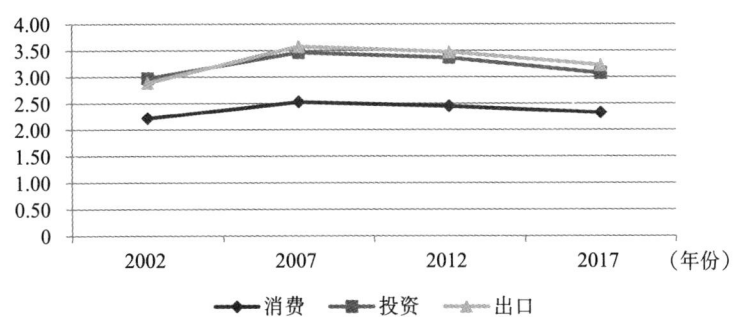

图 11-7　2002—2017 年"三架马车"所拉动经济的产出/增加值比率变化趋势

需要指出的是，增加值率作为一个衡量经济增长质量的重要指标，其使用具有一定的局限性，即增加值率存在一个门槛上限值，当低于该值时，增加值率越高表示经济增长质量越好，而超出该值时则趋势完全相反，因此在实际操作中需要谨慎行事（范金等，2017）。例如，中国作为一个制造业大国，其增加值率不但低于欧美发达国家，也低于非洲和东南亚等发展中国家。究其原因，是因为增加值率指标主要反映生产过程中的分工程度。生产分工程度越复杂，投入中间产品比例也就越高，增加值率（初次投入比例）也就越低。对于非洲等处于中低收入阶段的国家而言，初级部门在国民经济中还占据了相当大的比重，生产分工程度较低，从而导致其增加值率数值较高，但这并不意味着中国经济增长质量就比这些国家低。相反，随着中国从传统农业社会向现代工业社会转型，在经济高速增长同时，经济增长质量与改革开放之前相比也有了较大幅度提升。

中国经济在工业化进程中，增加值率及相应的投入产出效率之所以难以提升，主要是由其粗放式经济增长方式决定的，具体表现在以下两个方面：一是在经济结构方面，长期以来，中国经济主要依赖投资和出口拉动，消费在最终需求中所占比例过低，最终需求结构的失衡最终导致产业结构的失衡，从而使得工业在国民经济中所占比例过高；二是在生产技术方面，中国企业在中国加入 WTO 后主要通过加工贸易方式参与国际分工，这就意味着我国企业可能被锁定在全球价值链的底部，位于初次投入低、中间投入高的组装环节，是一种粗放型生产方式。在中国经济进入新常态后，随着人们生活水平的提升，消费将逐步成为拉动经济增长的主要引擎，并将逐步减少对于投资和出口的依赖。此外，当前我国已经进入工业化进程的后半期，服务业已经取代工业成为第一大生产部门；随着国内超大规模市场的出现，我国企业必然会减少对国外市场的依赖，加快国内价值链的构建。综合以上因素可以发现，中国经济增长质量的提升，绝对不是短期现象，而是一个长期和可持续的过程。

第四节　本章结语

本章利用国家统计局公布的最新数据，基于投入产出效率视角对2002—2017年中国经济增长质量变化及其背后动因进行分析。主要结论包括：（1）分析期间中国经济投入产出效率呈现"先下降、再上升"的"U形"演变趋势，即中国加入WTO之后投入产出效率有所下降，但近年来，特别是新常态以来出现明显提升现象。（2）生产技术和结构变动是影响我国经济投入产出效率变化的原因，其中，由于分工导致的生产技术变化是主要原因，与"三架马车"相关的最终需求结构变化是次要原因。（3）2002—2007年我国经济投入产出效率下降主要与2001年年底加入WTO相关，即参与国际分工使得生产链向两端延伸，导致单位增加值对应的产出值有所增加。（4）在中国经济进入新常态阶段后，随着国内超大规模市场的出现，我国企业必然会减少对国外市场的依赖，在生产技术改进的同时优化产业和最终需求结构，使得经济增长质量得到长期和可持续的提升。

为了提高中国经济的增长质量，需要注意以下几个方面：首先，要通过改革现有的分配体系，大力推行基于扩大内需的经济成长方针，通过建立稳定的内需依存结构逐步实现经济增长方式的转变；其次，要通过技术进步减少国民经济的中间消耗投入水平，特别要注意工业化进程对经济投入产出效率的影响，通过提高包括机械工业、金属和化学工业等重工业部门的效率，提高中国经济增长的质量；最后，在改善各部门中间消耗水平的同时，要通过产业结构的调整大力发展高新技术产业和第三产业，注重新兴战略产业的发展和部门结构的优化，特别在生产要素价格上涨并逐步失去比较优势的国际环境下，要调整原有的"加工贸易"模式，大力构建以我为主的全球价值链，提高中国参与全球产业竞争的水平和层次，提升中国经济增长质量，实现中国经济的可持续发展。

第十二章

国内外双循环体系下的贸易核算
——一种新型框架及其应用

第一节 贸易核算相关研究的文献综述

在经济全球化和区域一体化背景下，随着互联网等信息技术的发展和运输成本的降低，贸易分工模式逐步从产品间分工转向产品内分工，使得中间产品在国际和国内地区间的贸易数值加速增长，但同时也带来了新的问题，即官方提供的贸易数据和现实数据不完全一致。以电子产品为例，长期以来，以长三角、珠三角为代表的东部沿海地区向世界出口大量的计算机、手机等产品，成为举世闻名的"世界工厂"。但事实上，在东部沿海地区出口的电子产品中，相当比例的产品研发是在美国和欧洲，大量的芯片和模块是从日本、韩国以及中国台湾地区进口的，部分原材料是从中西部地区流入的，最后在东部地区组装后再销售给世界各国消费者。因此，在全球价值链和国内价值链融合的背景下，东部地区出口商品中包含了大量来自国际和国内其他地区的新增价值，这就需要建立以增加值为基础的新型贸易核算法则。

现有文献根据使用数据的来源，将出口商品增加值测算方法分为两大类：一类是基于企业微观层面数据，直接测算出口商品中的国内增加值比例（Dedrick 等，2008；Upward 等，2012；张杰等，2013）；另一类则是基于投入产出表的宏观测度方法。基于企业微观层面数据测算国内增加值优点在于简单直接，但不足之处在于其仅考虑直接供应商的增加值结构，而忽略了其他部分的新增价值来源。例如，东部沿海地区从日、韩进口的芯片模块中可能含有来自欧美国家以及自身的新增价值，但在使用微观数据直接测算时，这些间接的增加值来源均无法得到。与基于微观数据测算方法相比，基于投入产出表的宏观测度方法由于考虑了各国相互间的经济关联特征，可以测算出直接和间接的增加值来源，因此近年来得到了更为广泛的应用。

宏观测度研究最早可追溯到 Hummels 等（2001），他们在单国投入产出框架下，构建了多个指标测算一个国家各产业参与全球垂直专业化分工的程度（以下简称 HIY）。Hummels 等（2001）的研究建立在两个假设基础上：一是假设不同性质的企业中间投入结构是相同的；二是由于采用单国模型，因此他们假设所有进口商品的生产过程均在境外完成，没有考虑产品内分工背景下各国相互间的跨国关联特征。尽管 Hummels 等（2001）存在诸多不足，但该模型在学术界产生了深远影响，后来的学者在其基础上不断加以改进和应用，在贸易核算领域取得了丰富的研究成果。

在 Hummels 等（2001）之后，贸易核算主要沿着两个方向发展：一是考虑中间投入结构的异质性问题（刘遵义等，2007；Koopman 等，2008；Ma 等，2015）。二是将单国模型拓展为多国模型。Koopman 等（2014）在增加值贸易概念基础上，构建了一个较为完善的贸易核算框架（以下简称 KWW 模型），将一国出口商品总量分解为被国外吸收的本国增加值、出口后又返回国内的本国增加值、国外增加值以及重复核算项四部分。KWW 模型不足之处在于其只能针对一国总出口商品进行分解，在面对双边或多边贸易时就会无能为力。鉴于此，王直等（2015）和 Wang 等（2018）在 KWW 框架基础上，进一步将增加值贸易核算扩展到多个层面（包括国内/部门、双边以及双边/部门层面等），在传统的国际贸易统计和国民经济核算体系间建立一个系统性的对应框架（以下简称 WWZ 模型）。除了以上两种框架之外，Los 等（2016，2018）在"假设提取"（Hypothetical Extraction）思想指导下，提出了一种测算出口商品所含国内增加值的简单方法（以下简称 HE 模型）。与以上文献不同，刘瑞翔等（2020）利用 2002—2012 年跨国多地区嵌入式投入产出表，对各地区在全球价值链和国内价值链中的垂直专业化分工水平进行了测度。

通过以上文献综述可知，当前贸易核算领域虽然取得了丰富的研究成果，但在全球价值链和国内价值链融合的双循环体系下，如何准确测算参与内循环和外循环商品的增加值结构，现有的贸易核算框架将面临较大的挑战。以东部沿海地区生产的制造业产品为例，作为世界性制造中心，其生产出来的制造业产品既出口到国外，也流通到国内各省市，因此需要通过贸易核算了解其参与国内和国际分工的基本信息。由于 KWW 模型只适用于总量核算，难以将内循环和外循环区分开，因此不能得到东部地区制造业参与双循环商品的贸易核算结果。如果运用WWZ模型进行双边核算，需要将东部地区流通到各国（省市）的制造业逐一进行核算，加总后可得到参与内、外循环商品的核算结果，但是存在以下两方面问题：一方面在数据处理上较为烦琐；另一方面尚需要对两种核算方法的准确性和一致性进行验证，即不能确认WWZ模型得到的加总后结果和KWW模型的总量核算结果是否一致？如果不一致，则需要进一步判断何种核算方法是准确的？据我们了解，目前为止尚未有文献对现有的核算方法相互间一致性和准确性给出客观评价。

与已有研究相比，本章的边际贡献体现在以下方面：首先，本章在刘瑞翔等（2020）基础上，针对全球价值链和国内价值链融合下的经济双循环体系，提供了一种简易、可行的新型贸易核算方法；其次，本章先对现有各种贸易核算方法的准确性和一致性进行验证，从而为国内外学者正确使用贸易核算方法提供了一个参考指南；最后，本章利用新型贸易核算方法，对各地区参与国内外双循环的流通商品进行了增加值核算，得到了与现有文献不同且较为新颖的结论。

第二节　新型贸易核算方法与数据来源

一、单国模型下的贸易核算

贸易核算的概念最初可追溯到Hummels等（2001）的经典文献，由于HIY模型在贸易核算分析中具有独特位置，因此在推出本章提出的新型贸易核算框架之前，将对其做一个简单的介绍。

在一个单国模型下，国内总产出和增加值向量用X和Va表示，国内和进口的中间品直接消耗系数矩阵分别用A^d和A^m表示，国内和进口的最终品使用向量用F和F^m表示。其中，国内产品的最终使用包括两部分：一部分是在境内生产且在境内使用部分F^d，主要由消费及资本形成组成；另外一部分为境内生产但出口到境外部分Ex。除此之外，由于进口产品一般不直接用于出口，因此进口的最终品主要用于本国消费和投资。

一国出口拉动的产出部分可表示为：

$$X_{Ex} = (I - A^d)^{-1} Ex \tag{12-1}$$

令增加值系数 $V = Va/X$，则该国出口所含的国内增加值为：

$$V^d_{Ex} = VX_{Ex} = V(I - A^d)^{-1} Ex \tag{12-2}$$

相似的，该国出口所含的进口投入为：

$$VS = A_m X_{Ex} = A_m (I - A^d)^{-1} Ex \tag{12-3}$$

刘遵义等（2007）证明，出口总值等于出口商品中所含的进口投入和国内增加值之和，用公式可表示为：

$$Ex = V^d_{Ex} + VS \tag{12-4}$$

当前学者一般都在公式（12-4）基础上，使用企业层面微观数据测算出口中的国内增加值（Upward 等 2011；Kee 和 Tang，2012），即：

$$V^d_{Ex} = Ex - VS \tag{12-5}$$

以上分析说明，如果只计算一国总出口中的国内增加值，那么使用单国投入产出模型就可实现这一目标。此外，在单国投入产出模型中，进口投入实际上是一个尚未打开的"黑匣子"，由于进口中间投入在通过海关统计时存在大量重复核算现象，因此我们既不清楚进口投入中其他国家增加值的总量，也不清楚各国增加值的具体构成。

二、双循环体系下流出商品所含本地增加值测算

为了在双循环体系下准确核算流出商品中的新增价值构成，表 12-1 给出了一张嵌入式多国跨地区投入产出简表。

表 12-1　嵌入式多国跨地区投入产出模型简表

	国家/地区	中间使用					最终使用					总产出
		地区 s	地区 r	地区 t	国家 2	国家 3	地区 s	地区 r	地区 t	国家 2	国家 3	
中间投入	地区 s	z_{ss}	z_{sr}	z_{st}	z_{s2}	z_{s3}	y_{ss}	y_{sr}	y_{st}	y_{s2}	y_{s3}	x_s
	地区 r	z_{rs}	z_{rr}	z_{rt}	z_{r2}	z_{r3}	y_{rs}	y_{rr}	y_{rt}	y_{r2}	y_{r3}	x_r
	地区 t	z_{ts}	z_{tr}	z_{tt}	z_{t2}	z_{t3}	y_{ts}	y_{tr}	y_{tt}	y_{t2}	y_{t3}	x_t
	国家 2	z_{2s}	z_{2r}	z_{2t}	z_{22}	z_{23}	y_{1s}	y_{1r}	y_{1t}	y_{22}	y_{23}	x_2
	国家 3	z_{3s}	z_{3r}	z_{3t}	z_{32}	z_{33}	y_{2s}	y_{2r}	y_{2t}	y_{32}	y_{33}	x_3
增加值		va_s	va_r	va_t	va_2	va_3						
总投入		x_s	x_r	x_t	x_2	x_3						

表 12-1 中的经济系统包括 3 个国家, 其中国家 1 又进一步包括地区 {s, r, t}。Z 和 Y 分别是中间品和最终品使用矩阵, 其中元素 z_{ij} 表示 i 国 (地区) 向 j 国 (地区) 提供的中间品数量, y_{ij} 表示 i 国 (地区) 向 j 国 (地区) 提供的最终产品数量。VA 和 X 分别为增加值和总产出向量, 其中, va_i 表示国家 (地区) i 的增加值, x_i 表示国家 (地区) i 的产出。

在介绍新型贸易核算模型之前, 先可以尝试将上述框架转换为单国框架, 从而快速得到流出商品中所含本地增加值。以地区 s 为例, 其产出按照用途可以分为中间使用和最终使用, 具体表示为:

$$z_{ss} + z_{sr} + z_{st} + z_{s2} + z_{s3} + y_{ss} + y_{sr} + y_{st} + y_{s2} + y_{s3} = x_s \quad (12-6)$$

由于 $z_{ss} = a_{ss} x_s$, 其中 $a_{ss} = z_{ss}/x_s$ 为地区 s 的直接消耗系数子矩阵。将公式 (12-6) 适当变形后可得到:

$$x_s = (I - a_{ss})^{-1}(z_{sr} + z_{st} + z_{s2} + z_{s3} + y_{ss} + y_{sr} + y_{st} + y_{s2} + y_{s3}) \quad (12-7)$$

令地区 s 的增加值率系数 $v_s = va_s/x_s$, 则地区 s 的增加值可以表示为:

$$va_s = v_s(I - a_{ss})^{-1}(z_{sr} + z_{st} + z_{s2} + z_{s3} + y_{ss} + y_{sr} + y_{st} + y_{s2} + y_{s3}) \quad (12-8)$$

通过公式 (12-8) 可发现, 地区 s 的增加值可以分为两部分: 一部分是本地最终需求 y_{ss} 拉动部分 $v_s(I - a_{ss})^{-1} y_{ss}$; 另一部分是流出拉动部分 $v_s(I - a_{ss})^{-1}(z_{sr} + z_{st} + z_{s2} + z_{s3} + y_{sr} + y_{st} + y_{s2} + y_{s3})$。因此, 通过公式 (12-6) 至公式 (12-8), 可以将跨国多地区模型转化为单国模型, 从而得到地区 s 流出商品中所含本地增加值 (LVA)。

进一步的, 在公式 (12-8) 基础上, 根据流出目的地不同可以得到参与双循环商品中所含的本地增加值。以地区 s 为例, 其参与内循环商品所含本地增加值可表示为:

$$va_{s\_in} = v_s(I - a_{ss})^{-1}(z_{sr} + z_{st} + y_{sr} + y_{st}) \quad (12-9)$$

相应的, 参与外循环商品所含本地增加值可表示为:

$$va_{s\_ex} = v_s(I - a_{ss})^{-1}(z_{s2} + z_{s3} + y_{s2} + y_{s3}) \quad (12-10)$$

通过以上分析可发现, 将跨国多地区模型转换为单国模型, 可用来核算流出商品中的本地增加值, 且地区 s 流出商品所含的本地增加值, 等于其参与内、外循环所含本地增加值之和。因此, 下文在验证各贸易核算方法所得结果是否准确时, 会将所得结果与公式 (12-9) 或公式 (12-10) 所得结果进行对比, 如果两者相等, 则说明测算所得国内增加值是准确的; 反之, 则说明所得结果有所偏差。

令人遗憾的是, 公式 (12-9) 和公式 (12-10) 提供的单国模型仅可测算流出商品中所含本地增加值，却不能测算流出商品中所含外部增加值。鉴于此，下面我们将提供一个简易方便的贸易核算框架。

三、双循环体系下的新型贸易核算方法

（一）多国（地区）投入产出模型下的增加值核算

为了说明两种核算框架之间的联系，在介绍新型贸易核算方法之前，先介绍多国（地区）投入产出模型下的增加值核算。在多国（地区）投入产出模型中，水平方向上总产出等于中间使用与最终使用之和，反映了产品生产出来之后的使用结构，用矩阵形式表示为：

$$\begin{bmatrix} x_s \\ x_r \\ x_t \\ x_2 \\ x_3 \end{bmatrix} = \begin{bmatrix} a_{ss} & a_{sr} & a_{st} & a_{s2} & a_{s3} \\ a_{rs} & a_{rr} & a_{rt} & a_{r2} & a_{r3} \\ a_{ts} & a_{tr} & a_{tt} & a_{t2} & a_{t3} \\ a_{2s} & a_{2r} & a_{2t} & a_{22} & a_{23} \\ a_{3s} & a_{3r} & a_{3t} & a_{32} & a_{33} \end{bmatrix} \begin{bmatrix} x_s \\ x_r \\ x_t \\ x_2 \\ x_3 \end{bmatrix} + \begin{bmatrix} \sum y_{s*} \\ \sum y_{r*} \\ \sum y_{t*} \\ \sum y_{2*} \\ \sum y_{3*} \end{bmatrix} \quad (12-11)$$

式中 a_{ij} 为直接消耗子矩阵，其中元素 $a_{ij} = z_{ij}/x_j$ 表示 j 国（地区）单位产品中间投入中来自 i 国（地区）的部分。将 $\sum y_{i*}$ 记为 y_i，则公式（12 – 11）进一步变形后得到：

$$\begin{bmatrix} x_s \\ x_r \\ x_t \\ x_2 \\ x_3 \end{bmatrix} = \begin{bmatrix} b_{ss} & b_{sr} & b_{st} & b_{s2} & b_{s3} \\ b_{rs} & b_{rr} & b_{rt} & b_{r2} & b_{r3} \\ b_{ts} & b_{tr} & b_{tt} & b_{t2} & b_{t3} \\ b_{2s} & b_{2r} & b_{2t} & b_{22} & b_{23} \\ b_{3s} & b_{3r} & b_{3t} & b_{32} & b_{33} \end{bmatrix} \begin{bmatrix} y_s \\ y_r \\ y_t \\ y_2 \\ y_3 \end{bmatrix} \quad (12-12)$$

公式（12 – 12）中 $B = (I - A)^{-1}$ 为列昂惕夫逆矩阵，其中元素 b_{ij} 为对应的分块子矩阵。将 $\overset{\Delta}{V}$ 记为增加值系数矩阵且其对角线元素 $v_i = va_i/x_i$，则跨国多地区模型下增加值矩阵可表示为：

$$\overset{\Delta}{V}\overset{\Delta}{B}Y = \begin{bmatrix} v_sb_{ss}y_s & v_sb_{sr}y_r & v_sb_{st}y_t & v_sb_{s2}y_2 & v_sb_{s3}y_3 \\ v_rb_{rs}y_s & v_rb_{rr}y_r & v_rb_{rt}y_t & v_rb_{r2}y_2 & v_rb_{r3}y_3 \\ v_tb_{ts}y_s & v_tb_{tr}y_r & v_tb_{tt}y_t & v_tb_{t2}y_2 & v_tb_{t3}y_3 \\ v_2b_{2s}y_s & v_2b_{2r}y_r & v_2b_{2t}y_t & v_2b_{22}y_2 & v_2b_{23}y_3 \\ v_3b_{3s}y_s & v_3b_{3r}y_r & v_3b_{3t}y_t & v_3b_{32}y_2 & v_3b_{33}y_3 \end{bmatrix} \qquad (12-13)$$

矩阵中元素 $v_ib_{ij}y_j$ 表示 j 国 (地区) 生产最终产品 y_j 通过经济关联诱发 i 国 (地区) 增加值, 因此, 对于 i 国 (地区) 而言, 其增加值可由第 i 行元素相加后得到, 具体可表示为:

$$va_i = \sum_j v_ib_{ij}y_j \qquad (12-14)$$

以 s 地区为例, 公式 (12-14) 表明, 该地区的初次投入 (增加值) 不仅被本地生产的最终产品吸收, 而且还被本国其他地区 (j=r, t) 和其他国家 (j=2, 3) 生产的最终产品吸收。

由于在该模型中, 有 $\sum_i v_ib_{ij} = 1$。因此, 将公式 (12-13) 中与国家 j 相关的矩阵元素纵向相加, 则可以得到:

$$y_j = \sum_i v_ib_{ij}y_j \qquad (12-15)$$

公式 (12-15) 表明, 在跨国多地区投入产出模型中, 地区 a 生产的最终产品所含初次投入 (新增价值) 来自三部分: 本地区提供部分 $v_sb_{ss}y_s$、本国其他地区所提供部分 $v_sb_{sj}y_j$ (j=r, t) 以及其他国家所提供部分 $v_sb_{sj}y_j$ (j=2, 3)。通过以上系列公式, 可以分别得到各国 (地区) 生产的最终产品中的新增价值吸收以及来源结构。下文研究将发现, 只要将流出 (出口) 数据稍做处理, 则同样可以得到各国 (地区) 流出商品中的新增价值吸收和来源结构。

(二) 总量贸易核算

在本章分析框架下, 流出商品可以表示为:

$$E = Y^f + A^fX \qquad (12-16)$$

公式 (12-16) 中, Y^f 和 A^fX 为流到境外的最终品和中间品, 其中, $A^f = A - A^d$ 为外部投入消耗系数矩阵。需要指出的是, 由于流出中间品中存在重复核算项, 因此不能采用 VBE 直接测算流出商品中所含的增加值[①]。为了

[①] 国内大量文献采用 VBE 公式直接测算出口拉动的国内增加值, 从而高估了出口的拉动效应。

去除流出商品中重复核算带来的影响,可先将跨国多地区框架转换为单国框架,将产出 X 表示为:

$$X = BY = LY + (B - L) Y \qquad (12-17)$$

由于最终品 Y 包括本地消费部分 Y^d 和流出部分 Y^f,因此 $Y = Y^d + Y^f$。同时,又有 $B - L = LA^f B$①,则公式 (12-17) 可进一步变化为:

$$X = LY^d + LY^f + LA^f BY \qquad (12-18)$$

公式 (12-18) 说明,在单国投入产出模型下,产出 X 可分解为三部分:一是满足本土最终需求 Y^d 部分的产出 LY^d;二是最终品 Y^f 流出拉动的产出 LY^f,三是中间品 $A^f BY$ 流出拉动的产出 $LA^f BY$。将后两项相加,则流出拉动的产出部分为:

$$X^E = LY^f + LA^f BY = LY^f + (B - L) Y = (BY - LY^d) \qquad (12-19)$$

结合公式 (12-18) 和公式 (12-19) 可得 $X = LY^d + X^E$,将其代入公式 (12-16),可将流出商品进一步分解为:

$$E = Y^f + A^f X = Y^f + A^f(LY^d + X^E) = Y^f + A^f LY^d + A^f(BY - LY^d) \qquad (12-20)$$

观察以上公式可发现,流出商品可分为三部分:第一部分是最终品流出部分 Y^f;第二部分是中间品流出且为流入国 (地区) 直接使用部分 $A^f LY^d$;第三部分是中间品流出且在流入国 (地区) 加工后进一步流出部分 $A^f(BY - LY^d)$。对于流出商品而言,前两项仅核算一次且被流入国 (地区) 吸收,最后一项则多次通过边界且没有被流入国 (地区) 吸收,因此存在重复核算现象②。

将公式 (12-20) 中出口商品重复核算项剔除后可得到:

$$E^Y = Y^f + A^f LY^d \qquad (12-21)$$

将列向量 E^Y 转换为对角矩阵,可以将出口商品中所含的各国增加值表示为:

$$\overset{\Delta}{V} B \overset{\Delta}{E}^y = \begin{bmatrix} v_s b_{ss} e_s^y & v_s b_{sr} e_r^y & v_s b_{st} e_t^y & v_s b_{s2} e_2^y & v_s b_{s3} e_3^y \\ v_r b_{rs} e_s^y & v_r b_{rr} e_r^y & v_r b_{rt} e_t^y & v_r b_{r2} e_2^y & v_r b_{r3} e_3^y \\ v_t b_{ts} e_s^y & v_t b_{tr} e_r^y & v_t b_{tt} e_t^y & v_t b_{t2} e_2^y & v_t b_{t3} e_3^y \\ v_2 b_{2s} e_s^y & v_2 b_{2r} e_r^y & v_2 b_{2t} e_t^y & v_2 b_{22} e_2^y & v_2 b_{23} e_3^y \\ v_3 b_{3s} e_s^y & v_3 b_{3r} e_r^y & v_3 b_{3t} e_t^y & v_3 b_{32} e_2^y & v_3 b_{33} e_3^y \end{bmatrix} \qquad (12-22)$$

---

① $LA^f B = (I - A^d)^{-1} (A - A^d) (I - A)^{-1} = (I - A^d)^{-1} \{(I - A^d) - (I - A)\} (I - A)^{-1} = B - L$。

② 在 Wang 等 (2017) 中,$A^f LY^d$ 被理解为简单全球价值链 (Simple GVC),$A^f(BY - LY^d)$ 为复杂全球价值链 (Complex GVC)。

第十二章 国内外双循环体系下的贸易核算——一种新型框架及其应用

和公式（12-13）相似，公式（12-22）右边矩阵中元素 $v_i b_{ij} e_j^y$ 表示剔除重复核算项后的 j 国（地区）出口 E_j^y 通过经济关联拉动 i 国（地区）的增加值。将公式（12-22）中矩阵元素沿水平方向相加，则可以得到流出商品所含本国（地区）增加值。进一步的，将公式（12-22）中矩阵剔除对角线元素后沿垂直方向相加，则可以得到对应流出商品所含其他国家（地区）的增加值。因此，对于地区 s 而言，其流出商品所含的本地增加值为：

$$Va_s^{ex}\_in = \sum_{j=1}^{n} v_s b_{sj} e_j^y \tag{12-23}$$

公式（12-23）表明，地区 s 流出商品所含本地增加值包括三部分：一是自身商品流出拉动的本地增加值 $v_s b_{ss} e_s^y$；二是本国其他地区流出商品（参与内循环）拉动部分 $v_s b_{sr} e_r^y + v_s b_{st} e_t^y$；三是其他国家出口（参与外循环）拉动部分 $v_s b_{s2} e_2^y + v_s b_{s3} e_3^y$。

同样的，公式（12-22）中右边矩阵元素沿垂直方向相加，则可得到对应国家（地区）流出商品生产过程中使用的初次投入来源。由于 $\sum v_i b_{ij} = 1$，则对于地区 s 而言，其流出商品使用的初次投入为：

$$E_s^y = \sum_{j=1}^{n} v_j b_{js} e_s^y \tag{12-24}$$

公式（12-24）表明，地区 s 流出商品使用的初次投入来自三部分：一是本地区提供的初次投入 $v_s b_{ss} e_s^y$；二是本国其他地区提供的初次投入 $v_r b_{rs} e_s^y + v_t b_{ts} e_s^y$；三是其他国家提供的初次投入 $v_2 b_{2s} e_s^y + v_3 b_{3s} e_s^y$。因此，地区 s 流出商品中所含外部增加值为：

$$Va_s^{ex}\_ex = \sum_{j=1}^{n} v_j b_{js} e_s^y (j \neq s) \tag{12-25}$$

通过上文可知，在将流出商品中重复核算部分剔除之后，利用以上一系列公式就得到一个简单的贸易核算框架，可以得到流出商品中所含的内部和外部增加值。与 KWW（2014）相比，本章提供的贸易核算框架优势在于：（1）简单方便，同时经济学意义更为明晰；（2）可以同时对多国（地区）的流出商品进行贸易核算；（3）稍作改动后，本框架可进一步拓展到双循环体系下的双边或多边贸易核算。

（三）双边贸易核算

不妨指定地区 s、r 分别为流出和流入省份，则地区 s 流到地区 r 的商品可表示为：

$$e_{sr} = y_{sr} + a_{sr}x_r \tag{12-26}$$

将 $x_r = L_r(y_{rr} + e_r)$ 代入公式（12-26），并剔除流出商品中重复核算部分后可得：

$$e_{sr}^y = y_{sr} + a_{sr}l_sy_{rr} \tag{12-27}$$

构建一个列向量，将 e_{sr}^y 作为对应元素，其余元素补充为0，并将该向量乘以 $\overset{\Delta}{V}B$ 可得到：

$$VBE_{sr}^y = \begin{bmatrix} v_sb_{ss} & v_sb_{sr} & v_sb_{st} & v_sb_{s2} & v_sb_{s3} \\ v_rb_{rs} & v_rb_{rr} & v_rb_{rt} & v_rb_{r2} & v_rb_{r3} \\ v_tb_{ts} & v_tb_{tr} & v_tb_{tt} & v_tb_{t2} & v_tb_{t3} \\ v_2b_{2s} & v_2b_{2r} & v_2b_{2t} & v_2b_{22} & v_2b_{23} \\ v_3b_{3s} & v_3b_{3r} & v_3b_{3t} & v_3b_{32} & v_3b_{33} \end{bmatrix} \begin{bmatrix} e_{sr}^y \\ 0 \\ 0 \\ 0 \\ 0 \end{bmatrix} = \begin{bmatrix} v_sb_{ss}e_{sr}^y \\ v_rb_{rs}e_{sr}^y \\ v_tb_{ts}e_{sr}^y \\ v_2b_{2s}e_{sr}^y \\ v_3b_{3s}e_{sr}^y \end{bmatrix} \tag{12-28}$$

公式（12-28）右边列向量元素为 e_{sr}^y 吸收的各国（地区）新增价值，当 $i \neq S$ 时，$v_ib_{is}e_{sr}^y$ 为地区 s 流到地区 r 商品所含的外部增加值，其中，$v_rb_{rs}e_{sr}^y$、$v_tb_{ts}e_{sr}^y$ 为地区 s 流到地区 r 商品中所含地区 r 和 t 的新增价值，$v_2b_{2s}e_{sr}^y$、$v_3b_{3s}e_{sr}^y$ 为流出商品所含国外的新增价值。需要强调指出的是，和总量出口核算不同，在核算双边贸易时 $v_sb_{ss}e_{sr}^y$ 不等于流出商品所含的本地增加值。究其原因，正如上文显示的，在价值链分工体系中，一国流出商品中所含本地增加值不仅包括自身流出拉动部分，还包括其他国家（地区）流出拉动部分，$v_sb_{ss}e_{sr}^y$ 仅是自身流出拉动部分，因此并不等于流出商品所含的本地增加值。

要得到地区 s 流到地区 r 商品所含的本地增加值，可以直接使用单国投入产出模型，具体为：

$$DV_{sr} = v_sl_se_{sr} = v_sl_s(y_{sr} + a_{sr}x_r) \tag{12-29}$$

由于在本章模型中，地区 r 的产出可以进一步分解为：

$$x_r = b_{rs}(y_{ss} + y_{sr} + y_{st} + y_{s2} + y_{s3}) + b_{rr}(y_{rs} + y_{rr} + y_{rt} + y_{r2} + y_{r3}) + b_{rt}(y_{ts} + y_{tr} + y_{tt} + y_{t2} + y_{t3}) + b_{r2}(y_{2s} + y_{2r} + y_{2t} + y_{22} + y_{23}) + b_{r3}(y_{3s} + y_{3r} + y_{3t} + y_{32} + y_{33}) \tag{12-30}$$

将公式（12-30）代入公式（12-29）后可得到：

$$DV_{sr} = v_sl_s(y_{sr} + a_{sr}b_{rs}y_{sr}) + v_sl_sa_{sr}\{b_{rr}y_{rr} + b_{rt}y_{tt} + b_{r2}y_{22} + b_{r3}y_{33} + b_{rs}(y_{st} + y_{s2} + y_{s3}) + b_{rr}(y_{rt} + y_{r2} + y_{r3}) + b_{rt}(y_{tr} + y_{t2} + y_{t3}) + b_{r2}(y_{2r} + y_{2t} + y_{23}) + b_{r3}(y_{3r} + y_{3t} + y_{32})\} + v_sl_sa_{sr}(b_{rs}y_{ss} + b_{rr}y_{rs} + b_{rt}y_{ts} + b_{r2}y_{2s} + b_{r3}y_{3s}) \tag{12-31}$$

公式（12-31）在将中间产品流量分解的基础上，根据出口品国内新增价值的最终吸收地，将其分解为以下三大部分，具体经济含义为：

第一部分为最终品 y_{sr} 出口直接和间接拉动的本地增加值，其中，$v_s l_s y_{sr}$ 为最终品出口直接拉动的本地增加值，$v_s l_s a_{sr} b_{rs} y_{sr}$ 为最终品 y_{sr} 生产间接拉动的本地增加值。① 第二部分为中间品出口拉动且被境外吸收的本地增加值，其中，$v_s l_s a_{sr} b_{rr} y_{rr}$ 为直接被进口国生产最终品且在其境内吸收的本地增加值；$v_s l_s a_{sr}$ ($b_{rt} y_{tt} + b_{r2} y_{22} + b_{r3} y_{33}$) 为地区 r 流出到地区 t、国家 2 和国家 3 且在其境内生产最终品和吸收的本地增加值。这两大部分之和为最终被境外吸收的本地增加值（LVA）。第三部分为通过中间品方式出口且返回本地并吸收的本地增加值（RLV）。其中，$v_s l_s a_{sr} b_{rs} y_{ss}$ 为地区 s 通过中间品方式流到地区 r，加工后再以中间品方式返回并用于生产自身所需要的最终品的本地增加值；$v_s l_s a_{sr} b_{rr} y_{rs}$ 为地区 s 通过中间品方式流到地区 r，加工后再以最终品方式返回到地区 r 的本地增加值；$v_s l_s a_{sr}$ ($b_{rt} y_{ts} + b_{r2} y_{2s} + b_{r3} y_{3s}$) 为地区 r 以中间品方式流到第三方，加工后再以最终品方式返回到地区 s 的本地增加值。

王直等（2014）和 Wang 等（2018）提出的 WWZ 模型已将 KWW 模型扩展到双边/部门层面，与他们的研究相比，本章的差异主要体现在以下方面：（1）WWZ 模型在一个等式中同时得到出口商品中所含本地增加值和国外增加值数量，但是测算公式较为烦琐；与其相比，本章提供的核算框架比较简单，但分两步得到出口商品中所含国内和国外增加值数量。（2）由于 WWZ 模型采用矩阵点乘方式对出口商品进行分解，因此将双边核算所得结果加总后与 KWW（2014）总量核算结果存在一定的差异，而本章结果采用矩阵相乘形式，因此将双边核算所得结果加总后与 KWW（2014）总量核算是一致的。（3）当针对国内外双循环进行贸易核算时，WWZ 贸易方法需要对其逐一核算然后再加总，而利用本章提供的核算方法则可以直接将其测算出来。

（四）双循环体系下的贸易核算

本部分分两种情况分析某地区分别参与国内和国际循环下的贸易核算。从理论上，可以采用双边核算方法逐一核算后再加总，但在本章的分析框架下，可以通过测算直接得到该地区参与内循环和外循环商品的增加值结构，

---

① 其详细过程为：$B_{RS}Y_{SR}$ 为出口国 S 生产 Y_{SR} 拉动的进口国 R 产出，$A_{SR}B_{RS}Y_{SR}$ 为进口国 R 满足生产 $B_{RS}Y_{SR}$ 需要从 S 国进口的中间品，因此 $V_S L_{SS} A_{SR} B_{RS} Y_{SR}$ 为出口国 S 出口中间品 $A_{SR} B_{RS} Y_{SR}$ 拉动的国内增加值。

且与双边核算方法核算后加总的结果是一致的。更为重要的是，将本章得到的内、外循环核算结果进一步加总，与 KWW（2014）所得的总量核算结果也是相同的。

先探讨某地区参与外循环的贸易核算。不妨假设地区 s 为流出方，国外子系统 $\Pi = \{国家2，国家3\}$，则 s 流到国家 2 和国家 3 的商品可以表示为：

$$E_{s\Pi} = y_{s2} + y_{s3} + a_{s2}x_2 + a_{s3}x_3 \qquad (12-32)$$

由于 $X_2 = L_2(Y_{22} + E_2)$ 和 $X_3 = L_3(Y_{33} + E_3)$，剔除掉重复核算流出部分后可得到：

$$e_{s\Pi}^y = y_{s2} + y_{s3} + a_{s2}l_2y_{22} + a_{s3}l_3y_{33} \qquad (12-33)$$

构建包括 $e_{s\pi}^y$ 且剩余项为 0 的列向量并乘以 VB 矩阵后可得到：

$$VBE_{s\Pi}^y = \begin{bmatrix} v_sb_{ss} & v_sb_{sr} & v_sb_{st} & v_sb_{s2} & v_sb_{s3} \\ v_rb_{rs} & v_rb_{rr} & v_rb_{rt} & v_rb_{r2} & v_rb_{r3} \\ v_tb_{ts} & v_tb_{tr} & v_tb_{tt} & v_tb_{t2} & v_tb_{t3} \\ v_2b_{2s} & v_2b_{2r} & v_2b_{2t} & v_2b_{22} & v_2b_{23} \\ v_3b_{3s} & v_3b_{3r} & v_3b_{3t} & v_3b_{32} & v_3b_{33} \end{bmatrix} \begin{bmatrix} e_s^y \\ 0 \\ 0 \\ 0 \\ 0 \end{bmatrix} = \begin{bmatrix} v_sb_{ss}e_s^y \\ v_rb_{rs}e_s^y \\ v_tb_{ts}e_s^y \\ v_2b_{2s}e_s^y \\ v_3b_{3s}e_s^y \end{bmatrix} \qquad (12-34)$$

将公式（12-34）右边列向量中去掉 s 地区对应的元素之后，剩下的就是其流出商品中所含外部增加值，即 $v_rb_{rs}e_s^y$、$v_tb_{ts}e_s^y$ 为流出商品中所含本国其他 r 和 t 地区的增加值，$v_2b_{2s}e_s^y$、$v_3b_{3s}e_s^y$ 为流出商品中所含国家 2 和国家 3 的增加值。

进一步的，将 E_s^y 按照公式（12-33）展开后带入公式（12-34）中，可分别得到地区 s 以最终品或中间品方式参与外循环所含外部增加值的结构，具体如下：

$$VBE_{s\Pi}^y = \begin{bmatrix} v_sb_{ss}e_s^y \\ v_rb_{rs}e_s^y \\ v_tb_{ts}e_s^y \\ v_2b_{2s}e_s^y \\ v_3b_{3s}e_s^y \end{bmatrix} = \begin{bmatrix} v_sb_{ss}y_{s2} \\ v_rb_{rs}y_{s2} \\ v_tb_{ts}y_{s2} \\ v_2b_{2s}y_{s2} \\ v_3b_{3s}y_{s2} \end{bmatrix} + \begin{bmatrix} v_sb_{ss}y_{s3} \\ v_rb_{rs}y_{s3} \\ v_tb_{ts}y_{s3} \\ v_2b_{2s}y_{s3} \\ v_3b_{3s}y_{s3} \end{bmatrix} + \begin{bmatrix} v_sb_{ss}a_{s2}l_2y_{22} \\ v_rb_{rs}a_{s2}l_2y_{22} \\ v_tb_{ts}a_{s2}l_2y_{22} \\ v_2b_{2s}a_{s2}l_2y_{22} \\ v_3b_{3s}a_{s2}l_2y_{22} \end{bmatrix} + \begin{bmatrix} v_sb_{ss}a_{s3}l_3y_{33} \\ v_rb_{rs}a_{s3}l_3y_{33} \\ v_tb_{ts}a_{s3}l_3y_{33} \\ v_2b_{2s}a_{s3}l_3y_{33} \\ v_3b_{3s}a_{s3}l_3y_{33} \end{bmatrix}$$

$$(12-35)$$

与上文相似，$v_sb_{ss}e_s^y$ 在数值上不等于地区 s 流出商品所含的本地增加值。要测算流出商品中所含完整的本地增加值，同样可以直接采用以下公式：

$$DV = v_s l_s e_s = v_s l_s \left(y_{s2} + y_{s3} + a_{s2}x_2 + a_{s3}x_3 \right) \tag{12-36}$$

同样的，可以根据流出品所含本地新增价值的最终吸收地，将其分解为本地最终品流出、中间品流出且被境外吸收和中间品流出且返回并吸收三大部分。

以上是地区 s 参与外循环的贸易核算过程，如果要对其参与内循环部分进行贸易核算，则将国家 2、3 改成地区 r 和地区 t 即可。

（五）数据来源

从数据来源来看，本章主要涉及两方面的数据：一是世界投入产出数据；二是中国区域间经济投入产出数据。其中，世界投入产出数据采用 OECD - ICIO 数据，中国区域间经济投入产出数据采用 2002—2015 年中国 30（31）省份区域间投入产出表数据。为了分析经济双循环体系的贸易核算，需要将中国区域间经济投入产出数据嵌入对应的 OECD - ICIO 表中，构建 2002 年、2007 年、2012 年、2015 年四张多国跨地区嵌入式投入产出表，具体过程如下：（1）将 OECD - ICIO 表与中国区域间投入产出表产业部门进行调整，统一设定产业间排序和划分标准，在此基础上将中国在 OECD - ICIO 表中的加工贸易和非加工贸易合并，将中国区域间投入产出表通过汇率换算及量纲统一，转换为可以与 WIOD 对接的中国区域间投入产出表。（2）对于调整后的 OECD - ICIO 表而言，不包括中国在内的世界各国间的投入产出数据仍沿用原有数据不变。（3）利用 OECD - ICIO 表中国内部中间投入产出信息和最终品使用信息，对中国区域间投入产出表各省份间的中间投入产出数据和最终需求数据进行校正。（4）对于中国各地区间的出口数据，相关数据调整包括两方面：一是数量与 OECD - ICIO 表中的中国出口数据一致；二是将出口列向量分解为与世界各国相关的出口矩阵。（5）对于中国各地区间的进口数据，相关数据调整同样包括两方面：一是数量与 OECD - ICIO 表中的中国进口数据一致；二是将进口行向量分解为与世界各国相关的进口矩阵。（6）从水平方向和垂直方向进行平衡调整，平衡调整后的误差项归于"ROW"（Rest of the World）一栏中。

第三节 一个简单的数值模拟

为了更好地比较本章核算方法和其他核算方法的差异，我们提供了一个简单的例子（见表 12-2）。假设一个经济系统包括 3 个国家，其中国家 1 包括三个地区 {S, R, T}。因此，对于国家 1 而言，内循环子系统为 {S, R, T}，外循环子系统包括两个国家 {2, 3}。

表 12-2 一个投入产出模型简表

		中间使用					最终使用					总产出
		地区 S	地区 R	地区 T	国家 2	国家 3	地区 S	地区 R	地区 T	国家 2	国家 3	
中间投入	地区 S	50	20	20	10	30	35	10	5	5	15	200
	地区 R	30	50	10	5	15	10	30	10	10	10	180
	地区 T	20	25	90	20	25	20	10	55	10	25	300
	国家 2	15	10	10	30	5	5	0	5	15	5	100
	国家 3	30	20	40	5	100	15	15	10	15	50	300
增加值		55	55	130	30	125						
总投入		200	180	300	100	300						

在开始贸易核算之前，先进行以下数据预处理：

第一步，利用中间品投入矩阵 M 和总投入 X，得到相应的直接消耗系数矩阵 A，其中元素 $a_{ij} = m_{ij}/x_j$；取 A 的对角线元素可得国内中间品消耗系数矩阵 A^d，即 $a_{ii}^d = a_{ii}$，当 $i \neq j$ 时，$a_{ij}^d = 0$，具体可表示为：

$$A = \begin{bmatrix} 0.25 & 0.11 & 0.07 & 0.10 & 0.10 \\ 0.15 & 0.28 & 0.03 & 0.05 & 0.05 \\ 0.10 & 0.14 & 0.30 & 0.20 & 0.08 \\ 0.08 & 0.06 & 0.03 & 0.30 & 0.02 \\ 0.15 & 0.11 & 0.13 & 0.05 & 0.33 \end{bmatrix}$$

$$A^d = \begin{bmatrix} 0.25 & 0.00 & 0.00 & 0.00 & 0.00 \\ 0.00 & 0.28 & 0.00 & 0.00 & 0.00 \\ 0.00 & 0.00 & 0.30 & 0.00 & 0.00 \\ 0.00 & 0.00 & 0.00 & 0.30 & 0.00 \\ 0.00 & 0.00 & 0.00 & 0.00 & 0.33 \end{bmatrix}$$

第二步，令 $B = [I(5) - A]^{-1}$ 和 $L = [I(5) - A^d]^{-1}$，则可得到：

$$B = \begin{bmatrix} 1.53 & 0.35 & 0.23 & 0.33 & 0.29 \\ 0.39 & 1.52 & 0.16 & 0.22 & 0.20 \\ 0.42 & 0.46 & 1.58 & 0.57 & 0.31 \\ 0.23 & 0.19 & 0.12 & 1.52 & 0.10 \\ 0.51 & 0.44 & 0.40 & 0.34 & 1.67 \end{bmatrix}$$

$$L = \begin{bmatrix} 1.33 & 0.00 & 0.00 & 0.00 & 0.00 \\ 0.00 & 1.38 & 0.00 & 0.00 & 0.00 \\ 0.00 & 0.00 & 1.43 & 0.00 & 0.00 \\ 0.00 & 0.00 & 0.00 & 1.43 & 0.00 \\ 0.00 & 0.00 & 0.00 & 0.00 & 1.50 \end{bmatrix}$$

第三步，计算得到增加值系数行向量 V，其中元素 $v_i = va_i / x_i$，将 V 转换为对角阵并乘以 B 和 L 后可得到：

$$VB = \begin{bmatrix} 0.42 & 0.10 & 0.06 & 0.09 & 0.08 \\ 0.12 & 0.47 & 0.05 & 0.07 & 0.06 \\ 0.18 & 0.20 & 0.68 & 0.24 & 0.13 \\ 0.07 & 0.06 & 0.04 & 0.46 & 0.03 \\ 0.21 & 0.18 & 0.17 & 0.14 & 0.70 \end{bmatrix}$$

$$VL = \begin{bmatrix} 0.37 & 0.00 & 0.00 & 0.00 & 0.00 \\ 0.00 & 0.42 & 0.00 & 0.00 & 0.00 \\ 0.00 & 0.00 & 0.62 & 0.00 & 0.00 \\ 0.00 & 0.00 & 0.00 & 0.43 & 0.00 \\ 0.00 & 0.00 & 0.00 & 0.00 & 0.63 \end{bmatrix}$$

在以上数据处理基础上，下面利用本章提供的核算方法测算流出商品中所含新增价值，为验证本模型的准确性和一致性，我们同时还给出了其他核算方法的结果并进行比较分析。

一、一国（地区）流出总量的贸易核算

下面对各国总量流出整体进行贸易核算。先利用公式 $E = Y^f + A^f X$ 可以得到流出总量，进一步的，剔除流出商品中重复核算部分后可得到 $E^Y = Y^f + A^f L Y^d$，具体为：

$$E^y = (Ff + AfLF^d) = \begin{bmatrix} 0.00 & 14.62 & 10.24 & 7.14 & 22.50 \\ 17.00 & 0.00 & 12.62 & 11.07 & 13.75 \\ 24.67 & 15.77 & 0.00 & 14.29 & 31.25 \\ 8.50 & 2.31 & 7.62 & 0.00 & 6.25 \\ 22.00 & 19.62 & 20.48 & 16.07 & 0.00 \end{bmatrix} \quad (12-37)$$

将以上公式右边矩阵中元素水平相加，则可得到各国家（地区）剔除掉重复核算部分的流出列向量，具体可表示为：

$$Ex' = [54.5, 54.44, 85.97, 24.68, 78.16]$$

将 Ex 转换为对角阵乘以 VB 可得到：

$$V\overset{\Delta}{B}Ex = \begin{bmatrix} 22.87 & 5.24 & 5.52 & 2.24 & 6.29 \\ 6.45 & 25.32 & 4.14 & 1.68 & 4.72 \\ 9.92 & 10.82 & 58.72 & 6.04 & 10.45 \\ 3.70 & 3.11 & 3.15 & 11.23 & 2.38 \\ 11.56 & 9.95 & 14.44 & 3.48 & 54.33 \end{bmatrix} \quad (12-38)$$

$V\overset{\Delta}{B}Ex$ 中的元素 Va_{ij}^y 为 j 国（地区）流出商品诱发的 i 国（地区）增加值，则将以上矩阵中第 i 行元素水平相加，就得到 i 国家（地区）流出商品中所含本地增加值（DV）；剔除对角线元素后，$V\overset{\Delta}{B}Ex$ 中第 j 列元素分别为 j 国（地区）流出商品所含其他国家（地区）增加值，将其加总即可得到 j 国（地区）流出商品中所含增加值总量（FV），具体如表 12-3 所示。

表 12-3　各国家（地区）流出商品整体所含本地和外部增加值分解结果

	地区 S	地区 R	地区 T	国家 2	国家 3	DV
地区 S	22.87	5.24	5.52	2.24	6.29	42.17
地区 R	6.45	25.32	4.14	1.68	4.72	42.31
地区 T	9.92	10.82	58.72	6.04	10.45	95.95
国家 2	3.70	3.11	3.15	11.23	2.38	23.57
国家 3	11.56	9.95	14.44	3.48	54.33	93.75
FV	31.63	29.12	27.25	13.45	23.84	

通过上表可发现，本章提供的方法在测算流出总量所含增加值时，可以通过单步一次性运算得到各国流出商品中所含国内增加值和国外增加值的详细信息，与现有核算模型相比更加便利。以地区 S 为例，其流出商品中含本

地增加值（DV）为 42.17、含外部增加值（FV）为 31.63，其中，含内循环子系统 {R、T} 的值为 {6.45、9.92}、含外循环子系统 {国家 2、国家 3} 的增加值分别为 {3.7、11.56}。

为了进一步将流出分解为具有不同经济含义的部分，直接将公式（12-37）中的矩阵 E^y 乘以 VB 可得到：

$$Va^{ex} = VBE^y = VB(Ff + AfLF^d) = \begin{bmatrix} 5.76 & 8.93 & 7.85 & 6.27 & 13.34 \\ 11.00 & 3.83 & 8.84 & 7.65 & 10.99 \\ 25.25 & 16.62 & 8.98 & 15.41 & 29.70 \\ 6.41 & 3.22 & 5.51 & 2.13 & 6.30 \\ 23.74 & 19.71 & 19.78 & 17.11 & 13.41 \end{bmatrix}$$

(12-39)

与公式（12-38）不同，公式（12-39）右边矩阵中元素 Va_{ij}^{ex} 经济学意义为流出商品中 j 国（地区）境内需求吸收 i 国（地区）的新增价值。将公式（12-39）右边矩阵 i 行元素水平相加，则得到国家 i 流出商品所含国内增加值，其中，剔除对角线元素后水平相加，则可得到 i 国（地区）的增加值流出数量（VAX，即国内增加值被外国吸收的部分）。相对应的，将公式（12-39）右边矩阵 j 列元素垂直相加，则得到 j 国（地区）剔除重复过境部分的进口商品总和，其中，剔除对角线元素后垂直相加，则可得到 j 国（地区）的增加值流入数量（VAM，即外部增加值被本地所吸收部分）。

表 12-4 给出各国家（地区）剔除重复核算部分后的流出商品分解结果。从表中可发现，将各行元素水平相加，就可得到本地增加值，与表 12-3 所得结果是完全相同的，剔除对角线元素后水平相加，可得各国家（地区）增加值贸易向量为 [36.4，38.48，86.98，21.44，80.34]。同样，将表 12-4 中各列数据垂直相加，就可得到各国家（地区）剔除重复核算部分后流入商品向量 [72.17，52.31，50.95，48.57，73.75]。相似的，剔除对角线元素后垂直相加，所得即为各国家（地区）增加值流入向量 [66.4，48.48，41.98，46.44，60.34]。表 12-4 中的对角线元素为返回的国内增加值，即先流出，再隐含在流入商品中返回且吸收的本地增加值（RDV），进一步区分中间品和最终品后可得到：

$$RDV = \begin{bmatrix} 1.86 & 1.26 & 3.52 & 0.40 & 3.50 \\ 3.91 & 2.57 & 5.46 & 1.73 & 9.91 \end{bmatrix}$$

表12-4　各国家（地区）剔除重复核算部分的流出商品分解结果

	地区 S	地区 R	地区 T	国家 2	国家 3	DV	VAX
地区 S	5.76	8.93	7.85	6.27	13.34	42.17	36.40
地区 R	11.00	3.83	8.84	7.65	10.99	42.31	38.48
地区 T	25.25	16.62	8.98	15.41	29.70	95.95	86.98
国家 2	6.41	3.22	5.51	2.13	6.30	23.57	21.44
国家 3	23.74	19.71	19.78	17.11	13.41	93.75	80.34
MF	72.17	52.31	50.95	48.57	73.75		
VAM	66.40	48.48	41.98	46.44	60.34		

在国内外当前提供的贸易核算方法中，单国模型、KWW 模型、HE 模型均可用于贸易总量核算。为了进行对比，我们分别用以上模型提供的方法，测算地区 S 整体流出所含新增价值，具体结果如表 12-5 所示。

表12-5　基于不同方法的地区 S 流出总量核算结果

		单国模型	KWW 模型	HE 模型	本章模型
国内	增加值	42.17	42.17	42.17	42.17
	重复核算	/	6.1	/	/
国外	增加值	/	31.63	/	31.63
	重复核算	/	35.11	/	/

表 12-5 给出了基于不同方法的地区 S 流出总量核算结果。从表可以发现，现有方法在核算贸易流出总量时，所得国内增加值的结果相互是一致的。但是，现有贸易核算方法在适用范围上存在一定差异，单国模型和 HE 模型仅适用于测算流出商品中的国内增加值，KWW 模型可以核算得到流出商品中的国内、国外增加值和重复核算项，本章提供的模型核算可以得到流出商品中的国内和国外增加值。

进一步的，表 12-6 列出利用 KWW 模型和本章模型核算地区 S 流出所得到的详细结果。

表 12-6　基于 KWW 模型和本章模型的地区 S 流出总量核算详细结果

	DVM		DVT				国外增加值（FV）			
	最终品	中间品	地区 R	地区 T	国家 2	国家 3	地区 R	地区 T	国家 2	国家 3
KWW 模型	1.86	3.91	8.93	7.85	6.27	13.34	6.45	9.92	3.70	1.56
本章模型	1.86	3.91	8.93	7.85	6.27	13.34	6.45	9.92	3.70	1.56

将流出商品中的新增价值进一步分解，其中，国外增加值根据具体国家加以详细区分，国内增加值可分解为与进口相关的本地增加值（DVM）和与具体国家相关的增加值流出（DVT）。将本章模型与 KWW 模型对比后可发现，两者所得到的结果是完全一致的。

二、双边贸易核算

下面我们进一步对地区 S 流到地区 T 的商品进行核算。先利用得到未剔除和剔除重复核算部分两种情况下地区 S 流到地区 T 的商品值，具体如下：

$$e_{ST} = f_{ST} + a_{ST} \cdot x_T = 25 \quad e_{ST}^y = f_{ST} + a_{ST} \cdot l_T \cdot f_{TT} = 10.24$$

以 e_{ST}^y 为对应元素，并将其他元素补充为 0，可得到相应剔除重复核算部分的流出列向量 $E_{ST}^y = [10.24, 0, 0, 0, 0]'$，将 VB 乘以 E_{ST}^y 可得到：

$$Va_{ST}^y = [4.3, 1.21, 1.86, 0.7, 2.17]'$$

剔除上式中与地区 S 相对应的元素 4.3 后，可发现地区 S 流到地区 T 的商品中所含流入方地区 T 增加值为 1.86，所含地区 R、国家 2 和国家 3 的增加值分别为 1.21、0.7 和 2.17。

为求流出商品中所含国内增加值，将 $v_s l_s$ 乘以 e_{st} 可得到：

$$v_s l_s \times e_{st} = 0.3667 \times (20 + 5) = 7.334 + 1.8335 = 9.17$$

将上式中的 $v_s l_s \times a_{st} \times x_t$ 进一步展开后得到：

$$v_s l_s \cdot a_{st} \cdot x_t = v_s l_s \cdot a_{st} \cdot (b_{ts}, b_{tr}, b_{tt}, b_{t2}, b_{t3}) \begin{bmatrix} f_{ss} + f_{sr} + f_{st} + f_{s2} + f_{s3} \\ f_{rs} + f_{rr} + f_{rt} + f_{r2} + f_{r3} \\ f_{ts} + f_{tr} + f_{tt} + f_{t2} + f_{t3} \\ f_{2s} + f_{2r} + f_{2t} + f_{22} + f_{23} \\ f_{3s} + f_{3r} + f_{3t} + f_{32} + f_{33} \end{bmatrix}$$

$$= \iota' \begin{bmatrix} 0.36 & 0.10 & 0.05 & 0.05 & 0.15 \\ 0.11 & 0.34 & 0.11 & 0.11 & 0.11 \\ 0.77 & 0.39 & 2.12 & 0.39 & 0.96 \\ 0.07 & 0.00 & 0.07 & 0.21 & 0.07 \\ 0.11 & 0.11 & 0.08 & 0.11 & 0.38 \end{bmatrix} \iota = 7.334$$

上式将中间品流出所含国内增加值分为三部分：第一部分为第一列中的元素，为隐含在中间品流出，再返回到国内并吸收的国内增加值；第二部分为第三列中的元素，为隐含在中间品流出且被进口国吸收的国内增加值；第三部分为隐含在中间品流出且被其他国家吸收的国内增加值。

为了进行对比，我们分别用单国模型、WWZ 模型、HEM 模型以及本章提供模型，测算地区 S 流到地区 T 的所含新增价值，详细结果如表 12-7①所示。从表 12-7 可以发现，单国模型和假设提取法（HE 模型）仅可用于测算双边贸易中的国内增加值，WWZ 模型和本章提供模型可以同时测算双边贸易中的国内和国外增加值。进一步观察表 12-7 可发现，对于双边贸易中流出商品所含国内增加值，不同模型核算得到的结果具有明显差异。其中，本章直接利用单国模型测算流出商品中的国内增加值，因此两者数值是完全一致的，而 WWZ 模型和 HEM 模型所得到结果却有所不同。

表 12-7　　基于不同模型的地区 S 流出地区 R 商品核算结果

		单国模型	WWZ 模型	HEM 模型	本章模型
流出方（地区 S）	增加值	9.17	10.98	10.21	9.17
	重复核算	/	1.61	/	/
流入方（地区 T）	增加值	/	1.86	/	1.86
	重复核算	/	1.82	/	/
其他国家	增加值	/	4.08	/	4.08
	重复核算	/	7.11	/	/

为了进一步验证各模型在双边贸易核算时的正确性，我们对地区 S 流出不同国家（地区）的商品所含增加值逐一进行核算，并将所得结果加总后与 KWW（2014）总量核算进行对比。从表 12-8 可以发现，两种方法在测算流出商品中所含新增价值时，无论是国内增加值还是国外增加值，所得结果都

---

① KWW（2014）不可以直接用于双边贸易核算。

是完全一致的,而 WWZ 模型和 HE 模型双边贸易核算所得结果和 KWW (2014) 总量核算是不一致的。

表 12-8　地区 S 流出不同国家商品所含增加值的核算结果加总

	流入方	本地增加值	外部增加值				
			地区 R	地区 T	国家 2	国家 3	小计
本章模型	地区 R	11.00	1.73	2.66	0.99	3.10	8.48
	地区 T	9.17	1.21	1.86	0.70	2.17	5.94
	国家 2	5.50	0.84	1.30	0.48	1.51	4.15
	国家 3	16.50	2.66	4.10	1.53	4.77	13.06
	合计	42.17	6.45	9.92	3.70	11.56	31.63
KWW 模型		42.17	6.45	9.92	3.70	11.56	31.63

三、双循环体系下的贸易核算

双循环体系下的贸易核算主要涉及三方面内容:一是地区 S 参与内循环商品的贸易核算;二是地区 S 参与外循环商品的贸易核算;三是地区 S 参与国内、外双循环的贸易核算加总。原则上,只要逐一运用双边贸易核算,再将所得结果加总即可得到相应结果。但运用本章提供的方法,则可以极大简化流程和步骤。

(一) 地区 S 参与外循环下的贸易核算

当研究某地区参与内、外循环下的核算时,通常会涉及一国(地区)到多国(地区)间的贸易核算。此处假设流出方为地区 S,流入方为外部子系统 Π(国家 2,国家 3),则根据上文,一国(地区)流出到外部子系统 Π 商品的贸易核算可分为以下步骤:

先利用公式 (12-26) 和公式 (12-27) 得到未剔除和剔除重复核算部分两种情况下 S 流出经济子系统(国家 2,国家 3)商品值,具体为:

$e_{s\Pi} = f_{s\Pi} + a_{s\Pi} \cdot x_{\Pi} \mid_{\Pi=2,3} = [15, 45]$　　$e_{s\Pi}^{y} = f_{s\Pi} + a_{s\Pi} \cdot l_{\Pi} \cdot f_{\Pi\Pi} \mid_{\Pi=2,3} = [7.14, 22.5]$

以 $e_{s\Pi}$、$e_{s\Pi}^{y}$ 为基础并将其他元素补充为 0,可得到相应的流出矩阵为:

$E_{s\Pi} = \begin{bmatrix} 15, 0, 0, 0, 0 \\ 45, 0, 0, 0, 0 \end{bmatrix}'$　　$E_{s\Pi}^{y} = \begin{bmatrix} 7.14, 0, 0, 0, 0 \\ 22.5, 0, 0, 0, 0 \end{bmatrix}'$

将 $E_{s\Pi}^y$ 乘以 VB 后得到：

$$Va_{s\Pi}^y = VB \cdot E_{s\Pi}^y = \begin{bmatrix} 3, & 0.84, & 1.3, & 0.48, & 1.51 \\ 9.44, & 2.66, & 4.1, & 1.53, & 4.77 \end{bmatrix}$$

在 $Va_{s\Pi}^y$ 矩阵中，剔除 s 对应行中元素之后，剩余的则为地区 S 流到子系统 Ⅱ 所含外部新增价值，其中，第一列为地区 S 流到国家 2 商品所含的外部新增价值，第二列为地区 S 流到国家 3 商品所含的外部新增价值。

将 $E_{s\Pi}$ 乘以 VL 后可得到：

$$Va_{s\Pi}^d = VL \cdot E_{s\Pi} = \begin{bmatrix} 5.5, & 0, & 0, & 0, & 0 \\ 16.5, & 0, & 0, & 0, & 0 \end{bmatrix}$$

相应的，在 $Va_{s\Pi}^d$ 矩阵中 s 对应行中元素则为地区 S 流到子系统 Ⅱ 所含本地新增价值，因此出口到国家 2 和国家 3 所含本地增加值分别为 5.5 和 16.5。

表 12-9 给出了地区 S 参与外循环商品所含增加值的核算结果。从表 12-9 可以发现，该部分商品所含本地增加值为 22，所含国家 2 和国家 3 增加值分别为 2.01 和 6.29，所含本国其他地区 R 和地区 T 增加值为 3.51 和 5.4。

表 12-9　地区 S 参与外循环商品所含增加值的核算结果

进口国	本地增加值	外部增加值				
		地区 R	地区 T	国家 2	国家 3	小计
国家 2	5.5	0.84	1.3	0.48	1.51	4.14
国家 3	16.5	2.66	4.1	1.53	4.77	13.06
合计	22	3.51	5.4	2.01	6.29	17.2

（二）地区 S 参与内循环下的贸易核算

分析地区 S 参与内循环下的贸易核算时，流入的经济子系统可设定为 $\Phi = \{R, T\}$，则在未剔除和剔除重复核算部分情况下，地区 S 流到经济子系统 Φ 的商品值为：

$$e_{s\Phi} = f_{s\Phi} + a_{s\Phi} \cdot x_\Phi |_{\Phi = R,T} = [30, 25] \quad e_{s\Phi}^y = f_{s\Phi} + a_{s\Phi} \cdot l_\Phi \cdot f_{\Phi\Phi} |_{\Pi = R,T} = [14.62, 10.24]$$

以 $e_{s\Phi}$、$e_{s\Phi}^y$ 为基础并将其他元素补充为 0，可得到相应流出矩阵为：

$$E_{s\Phi} = \begin{bmatrix} 30, & 0, & 0, & 0, & 0 \\ 25, & 0, & 0, & 0, & 0 \end{bmatrix} \quad E_{s\Phi}^y = \begin{bmatrix} 14.62, & 0, & 0, & 0, & 0 \\ 10.24, & 0, & 0, & 0, & 0 \end{bmatrix}$$

将 $E_{s\Phi}^y$ 乘以 VB 后得到：

$$\text{Va}_{s\Phi}^{y} = \text{VB} \cdot \text{E}_{s\Phi}^{y} = \begin{bmatrix} 6.14, & 1.73, & 2.66, & 0.99, & 3.1 \\ 4.3, & 1.21, & 1.86, & 0.7, & 2.17 \end{bmatrix}$$

相似的，在 $\text{Va}_{s\Phi}^{y}$ 矩阵中剔除 s 对应行元素，即可得到地区 S 参与内循环商品所含外部增加值，其中，第一列和第二列分别为流到地区 T 和地区 R 商品所含外部新增价值。

将 $\text{E}_{s\Phi}$ 乘以 VL 后，则可得到地区 S 参与内循环商品所含本土增加值，具体为：

$$\text{Va}_{s\Phi}^{d} = \text{VL} \cdot \text{E}_{s\Phi} = \begin{bmatrix} 11, & 0, & 0, & 0, & 0 \\ 9.17, & 0, & 0, & 0, & 0 \end{bmatrix}$$

表 12-10 给出了地区 S 参与内循环商品所含增加值的核算结果。从表 12-10 可以发现，该部分商品所含本地增加值为 20.17，所含国家 2 和国家 3 的增加值分别为 1.69 和 5.27，所含地区 R 和地区 T 的增加值为 2.94 和 4.53。

表 12-10　　　地区 S 参与内循环商品所含增加值的核算结果

流入方	本地增加值	外部增加值				
		地区 R	地区 T	国家 2	国家 3	小计
地区 R	11.00	1.73	2.66	0.99	3.1	8.48
地区 T	9.17	1.21	1.86	0.7	2.17	5.94
合计	20.17	2.94	4.53	1.69	5.27	14.43

最后，结合表 12-7、表 12-8、表 12-9 和表 12-10 可以发现，将双边贸易核算的结果加总可以得到内、外循环以及总量贸易核算结果，说明无论是总量贸易核算、双边贸易核算，还是内、外循环的贸易核算，其所得结果满足一致性原则。此外，如果将所得结果与 KWW 模型分解结果相比较，也可发现两者是完全相同的。

第四节　中国经济双循环格局下新型贸易核算方法的应用

一、中国经济参与国内外双循环的趋势与现状

在运用新型贸易核算方法展开分析之前，我们先对中国经济双循环趋势

和现状有一个基本的理解。OECD 提供的数据表明（见表 12-11），在 2002—2015 年我国出口总额从 2002 年的 3 512 亿美元上升到 2015 年的 21 828 亿美元，分析期间增长了 6.22 倍。同时期国内贸易总额（流出部分）从 2002 年的 5 535 亿美元上升到 2015 年的 51 107 亿美元，大约增长了 9.23 倍。以上数据说明，分析期间我国国内贸易无论是数量还是增长速度均要超过国际贸易。分阶段来看，我国在加入 WTO 之后国际贸易得到了快速增长，在 2002—2007 年增长率高达 26.53%，但由于受到 2008 年国际金融危机和近年来逆全球化影响，增长速度呈现出逐年下降趋势，2012—2015 年增速仅为 3.56%。与国际贸易相反，国内贸易近年来得到快速增长，2012—2015 年增长率高达 23.09%。

表 12-11　　2002—2015 年中国各地区参与国内外贸易的基本情况　　单位：百亿美元

区域	国内贸易				国际贸易（出口）			
	2002 年	2007 年	2012 年	2015 年	2002 年	2007 年	2012 年	2015 年
东部	30.58	81.92	143.12	252.73	28.85	100.39	162.32	184.84
中部	9.40	26.06	54.25	116.64	1.72	4.51	12.02	13.78
西部	8.90	28.56	51.65	98.35	1.84	4.36	14.90	13.95
东北	6.47	15.21	24.99	43.34	2.71	4.65	7.28	5.71
合计	55.35	151.75	274.01	511.07	35.12	113.91	196.52	218.28

分地区看，国际贸易部分，东部地区出口商品总额从 2002 年的 2 885 亿美元上升到 2015 年的 18 484 亿美元，在全国总量中的占比从期初的 82.14% 上升到期末的 84.68%。说明我国绝大部分出口集中于东部沿海开放省份，且集中度在近年来有所增加。中、西部地区出口数量虽然远低于东部地区，但占比却从 2002 年的 4.9% 和 5.23% 上升到 2015 年的 6.31% 和 6.39%，分析期间呈现出上升趋势。与以上地区不同，东北地区出口商品总额从 2002 年的 271 亿美元上升到 2012 年的 728 亿美元，但在 2012—2015 年不但没有上升，反而下降到 2015 年的 571 亿美元，其在全国出口商品总量中占比也从期初的 7.72% 大幅度减少到期末的 2.62%，是四大经济板块中出口比率下降的唯一地区。

与国际贸易相比，国内贸易的空间分布要相对平衡一些。东部地区在国内贸易总量中仍占有较大比重，但其占有比例却从 2002 年的 55.25% 单调下降到 2015 年的 49.45%，分析期间下降了 5.8 个百分点。中、西部地区国内贸易占比从 2002 年的 16.98% 和 16.09% 上升到 2015 年的 22.82% 和 19.24%，分析期间分别增加了 5.84 个和 3.15 个百分点。与以上地区相比，东北地区国内贸易占比不但数值较低,而且从 2002 年的 11.68% 下降到 2015 年的 8.48%,分析期间减少了 3.2 个百分点。

结合国内贸易和国际贸易两部分来看,东部地区无论是对外出口还是国内流出部分都在国内占有较大比重,但分析期间前者呈现上升趋势,后者却有所下降。对于中、西部地区而言,无论是对外出口还是国内贸易部分占比在分析期间都呈现出上升趋势。与中、西部地区恰好相反,东北地区无论是对外出口还是国内贸易占比在 2002—2015 年都有所下降,其中,国际贸易部分占比下降幅度更为显著。

二、流出商品总量的贸易核算

在运用上文方法对流出商品总量展开贸易核算后,表 12-12 给出 2002—2015 年中国各省份流出商品所含本地及外部增加值占比的平均值。从表中可以发现,对于中国整体而言,流出商品中所含增加值总量的占比从 2002 年的 91.27% 下降到 2015 年的 81.09%,相对应的,重复核算项在流出总量中的占比从 2002 年的 8.73% 上升到 2015 年的 18.91%,说明随着我国经济国内外双循环流通的加速,商品重复核算部分占比也有所增加。进一步观察可以发现,流出商品中所含本地增加值的占比从期初的 67.39% 下降到期末的 58.4%,在分析期间下降了约 9 个百分点。与其有所不同的是,流出商品中所含外部增加值占比从 2002 年的 23.88% 下降到 2015 年的 22.69%,分析期间仅下降了 1.19 个百分点。进一步将所含外部增加值区分为国内其他省份和国外增加值后可发现,所含外省份增加值占比从 2002 年的 11.08% 下降到 2012 年的 9.8% 后上升到 2015 年的 13.1%,分析期间呈现"U 形"变化趋势。与其形成鲜明对比的是,各省份流出商品中所含国外增加值占比从 2002 年的 12.8% 上升到 2007 年的 13.39% 后,逐步下降到 2015 年的 9.59%,分析期间呈现出"倒 U 形"变化趋势。

表 12-12　　2002—2015 年我国各省份流出商品中所含本地及外部增加值占比均值情况　　　　　　　　单位:%

年份	所含本地增加值(DV)	所含外部增加值(FV)			合计
		外省份(FV0)	国外(FV1)	小计	
2002	67.39	11.08	12.80	23.88	91.27
2007	54.89	11.54	13.39	24.94	79.83

续表

年份	所含本地增加值（DV）	所含外部增加值（FV）			合计
		外省份（FV0）	国外（FV1）	小计	
2012	60.80	9.80	12.19	22.00	82.79
2015	58.40	13.10	9.59	22.69	81.09

表 12-13 给出了 2002—2015 年中国各地区流出商品所含本地及外部增加值占比的数值。从表中可以发现，对于我国四大经济板块而言，其流出商品中所含增加值比例既有共同之处，又存在一定的差异。共同之处在于，分析期间各地区流出商品所含本地增加值占比均出现较为明显的下降趋势，但具体而言又存在不同。其中，东部地区相应的数值始终是最低的，并从 2002 年的 61.87% 下降到 2015 年的 54.24%；中部地区流出商品中所含本地增加值占比从 2002 年的 79.03% 下降到 2015 年的 59.68%，在分析期间下降幅度是最为显著的；西部地区流出商品中所含本地增加值占比从 2002 年的 79.46% 下降到 2015 年的 68.66%，在四大经济板块中处于较高水平；东北地区流出商品所含本地增加值占比近年来不但没有下降，反而从 2007 年的 57.07% 上升到 2015 年的 68.61%。此外，东部和东北地区流出商品中所含外部增加值占比分别从 2002 年的 27.62% 和 20.61% 下降到 2015 年的 25.96% 和 16.64%，分析期间降低了 1.66 个和 3.97 个百分点，相反，中部和西部地区流出商品中所含外部增加值占比分别从 2002 年的 15.08% 和 15.09% 上升到 2015 年的 19.91% 和 15.82%，分析增加了 4.83 个和 0.73 个百分点。由于某地区的垂直专业化分工水平可以用该地区流出商品中所含外部增加值占比表示，因此以上分析说明各地区垂直专业化水平在分析期间有所分化，中、西部地区的垂直专业化水平升高，东部和东北地区的垂直专业化水平有所下降。

表 12-13　2002—2015 年我国各地区流出商品中所含本地及外部增加值占比均值情况

单位:%

地区	年份	所含本地增加值（DV）	所含外部增加值（FV）			合计
			外省份（FV0）	国外（FV1）	小计	
东部	2002	61.87	10.84	16.78	27.62	89.49
	2007	50.36	12.24	15.72	27.95	78.32
	2012	56.36	9.86	15.45	25.30	81.67
	2015	54.24	12.95	13.02	25.96	80.20

续表

地区	年份	所含本地增加值（DV）	所含外部增加值（FV）			合计
			外省份（FV0）	国外（FV1）	小计	
中部	2002	79.03	11.35	3.73	15.08	94.11
	2007	68.21	9.13	8.04	17.17	85.38
	2012	69.52	10.73	4.45	15.18	84.70
	2015	59.68	16.06	3.85	19.91	79.59
西部	2002	79.46	11.54	3.55	15.09	94.55
	2007	66.28	10.27	7.33	17.60	83.88
	2012	70.08	9.02	6.12	15.14	85.22
	2015	68.66	11.73	4.09	15.82	84.48
东北	2002	74.91	11.73	8.88	20.61	95.52
	2007	57.07	11.00	10.36	21.36	78.43
	2012	65.69	9.03	9.82	18.85	84.54
	2015	68.61	9.75	6.88	16.64	85.25

三、各地区参与国内外双循环的贸易核算

通过上文分析，我们对各省份流出商品中所含新增价值的结构有了初步理解。但我们尚不清楚，对于参与外循环和内循环的商品而言，其所含增加值的结构有什么差异？鉴于此，本部分利用新型贸易核算方法，分别对参与外循环和内循环的商品展开核算，相应的结果如表 12-14 所示。从表中可以发现，两种商品所含新增价值的结构既有一定相似之处，又存在明显差异。相似之处在于，随着商品流通的加速以及专业化分工体系的形成，无论是参与外循环还是内循环的商品，其所含本地增加值占比在分析期间均呈现出下降趋势。此外，对于外部增加值而言，在国内其他省份增加值占比上升的同时，国外增加值占比出现下降趋势。差异之处在于，参与内循环的商品所含本地增加值的比例较高，相反，参与外循环商品所含外部增加值的比例较高。进一步将外部增加值细分为国内其他省份和国外增加值后可发现，对于内循环商品而言，其 2002 年和 2015 年所含国内其他省份增加值比例分别为 10.13% 和 12.45%，均明显高于同期所含的国外增加值比例。与其形成鲜明对比的是，对于外循环商品而言，其在 2002—2015 年所含国外增加值比例要

显著高于国内其他省份增加值的比例。究其原因,应该与我国部分出口商品采取原材料和市场"两头在外"的加工贸易模式有关。

表12-14　2002—2015年我国各省份参与国内外双循环商品的贸易核算结果均值情况　　　　　　　　　　　单位:%

	年份	所含本地增加值（DV）	所含外部增加值（FV）			合计
			外省份（FV0）	国外（FV1）	小计	
内循环	2002	73.62	10.13	8.01	18.14	91.76
	2007	58.11	10.24	10.37	20.60	78.72
	2012	65.51	8.84	9.47	18.31	83.82
	2015	61.70	12.45	7.14	19.59	81.29
外循环	2002	61.06	12.57	20.35	32.92	93.98
	2007	50.36	13.28	17.42	30.71	81.07
	2012	54.81	11.15	15.99	27.14	81.95
	2015	51.73	14.62	15.33	29.95	81.67

表12-15进一步给出了2002—2015年我国各地区参与双循环商品的贸易核算结果。对于东部地区而言,无论是外循环还是内循环,其单位商品中所含外部增加值比例在四大板块中都是最高的,说明东部地区参与全球价值链(GVC)和国内价值链(NVC)的分工水平是最高的。进一步观察可发现,东部地区内循环商品所含外部增加值比例从2002年的20.67%上升到2015年的22.49%,出口商品所含外部增加值比例却从期初的35%下降到期末的30.71%,说明东部地区在分析期间参与内循环分工水平有所提升,参与外循环的分工水平却有所下降。与东部地区相比,中、西部地区无论是外循环还是内循环商品所含外部增加值比例均要低得多,但在分析期间却呈现出明显的上升趋势,说明中、西部地区虽然在期初时参与内循环和外循环的分工水平并不高,但在分析期间均得到了迅速的提升。深入观察可发现,中部地区参与内、外循环商品中所含外省份增加值比例分别从2002年的10.48%和16.14%上升到2015年的15.56%和20.23%,上升幅度远高于同时期西部地区的水平,说明与西部地区相比,中部地区与国内其他地区之间的经济关联度在分析期间显著增强。与其他地区都不同,东北地区参与内循环商品中所含外部增加值比例在分析期间不但没有上升,反而从期初的18.14%下降到期末的15.3%,说明由于近年来经济发展缓慢,东北地区参与国内区域分工的

水平不但没有上升，反而有所下降。

表 12-15 2002—2015 年我国各地区参与双循环商品的贸易核算结果　　　单位：%

地区	年份	内循环			外循环		
		本地增加值（DV）	外省份（FV0）	国外（FV1）	本地增加值（DV）	外省份（FV0）	国外（FV1）
东部	2002	68.13	9.61	11.06	57.96	12.15	22.85
	2007	52.04	10.94	12.89	48.91	13.29	18.02
	2012	61.33	9.09	13.09	52.28	10.54	17.52
	2015	57.26	12.10	10.39	50.43	14.10	16.61
中部	2002	81.91	10.48	3.37	76.10	16.14	5.68
	2007	68.03	8.53	7.25	63.39	12.63	12.59
	2012	70.35	10.07	4.18	67.92	13.72	5.71
	2015	60.68	15.56	3.49	56.53	20.23	6.93
西部	2002	81.66	10.92	3.12	77.40	14.56	5.62
	2007	66.25	9.76	6.68	62.50	13.60	11.60
	2012	71.14	7.29	5.23	67.93	15.03	9.19
	2015	70.62	11.14	3.54	60.88	15.89	7.95
东北	2002	76.42	11.02	7.12	73.36	13.43	13.09
	2007	58.54	10.24	9.03	57.80	13.47	14.71
	2012	67.31	7.94	8.99	62.63	12.76	12.68
	2015	70.14	9.11	6.19	59.81	14.64	12.17

最后，需要指出的是，我们在表 12-15 中分别针对参与内循环和外循环商品核算结果的加总，与表 12-14 中流出商品总量的核算结果是一致的，也与 KWW 模型核算的结果是完全相同的，再次说明本章提供的新型贸易核算方法不仅满足一致性原则，同时还得到了国内外双循环的准确核算结果。

第五节　本章结语

20 世纪 80 年代以来，随着经济全球一体化的推动，中间品跨越多个国界的现象越来越常见，很多产品的价值实际上来源于价值链上游的多个国家和地区，这就给官方贸易统计带来了难题。为了解决这一难题，以 Koopman 和王直等为代表的学者在贸易核算领域投入大量精力并取得丰富成果，相继提出了 KWW、WWZ 等多个测算框架。但现有的测算框架一方面相互间一致性和准确性原则并未得到有效验证，另一方面也难以直接应用到双循环经济体系之中。鉴于此，本章提出了一个简易可行的新型贸易核算框架，对流出商品按照其单次出境和多次处境进行了有效区分，并在此基础上测算得到流出商品中的新增价值结构和来源。与现有的贸易核算方法相比，本章提供的方法具有以下特点：首先，应用范围广泛，可以对多种情况下的贸易进行核算；其次，与现有的贸易核算方法相比更加简易方便；最后，更为重要的是，本章提供的贸易核算方法所得结果准确且满足一致性原则。

利用本章给出的贸易核算方法，我们对中国各省份 2002—2015 年参与国内外双循环的商品展开核算，得到以下结论：（1）流出商品中所含本地与外部增加值的占比分别从期初的 67.39% 和 23.88% 下降到期末的 58.4% 和 22.69%。进一步将外部增加值区分为国内其他省份和国外增加值后可发现，所含国内其他省份增加值分析期间呈现出先下降、再上升的"U 形"变化趋势，而所含国外增加值占比呈现出先上升、再下降的"倒 U 形"变化趋势，两者恰好形成鲜明的对比。（2）对参与外循环和内循环的商品分别展开核算后可以发现，两种商品所含新增价值的结构同中存异。相同之处在于，无论是参与外循环还是内循环商品，其所含本地增加值和国外增加值所占比例在分析期间均呈现出下降趋势，同时期国内其他省份增加值占比上升。差异之处在于，参与内循环的商品所含本地增加值的比例较高，相反，参与外循环商品所含外部增加值的比例较高。（3）进一步细分后可发现，国内流通商品 2002 年和 2015 年所含国内其他省份增加值比例明显高于同期所含的国外增加值比例。与其形成鲜明对比的是，出口商品分析期间所含国外增加值比例要显著高于国内其他省份增加值的比例，究其原因，应该与我国部分出口商品采取原材料和市场"两头在外"的加工贸易模式有关。

附录　新型贸易核算方法的 Matlab 代码

本书给出的贸易核算方法，不仅用于国内外双循环的贸易核算，而且也可直接用于正常的贸易核算。下面就以 WIOD 颁布的 1995 年世界投入产出数据为例，分别利用单国模型、KWW、WWZ 以及本书构建的模型进行核算，并提供相关的 Matlab 代码。Matlab 程序如下：

```
clear;
% 读入数据
M = xlsread ('wiot95_ row_ apr12', 1,'e7：bci1441')；　% 读入中间品投入数据
X = xlsread ('wiot95_ row_ apr12', 1,'e1449：bci1449')；　% 读入产出投入数据
Ftotal = xlsread ('wiot95_ row_ apr12', 1,'bcj7：bkf1441')；% 读入最终需求数据
Va = X – sum (M);% 增加值 = 产出 – 中间投入，也可以直接读入，两者稍有差异
% 为使得逆矩阵存在，确保所有产出值不等于零
idx = find (X = = 0)；
X (idx) = 0.001；
A = M/diag (X);% 直接消耗系数矩阵
B = inv (eye (1435) – A);% 完全消耗系数矩阵
Fs = sum (Ftotal, 2);% 最终需求加总后的列向量
V = Va./X;% 增加值系数向量

% 为方便数据处理，将相应的矩阵分割成多个子矩阵
```

```
for i = 1: 41
    for j = 1: 41
        Acell {i, j}     = A ( (i-1) *35+1: 35*i, (j-1) *35+1: 35*j);
        Bcell {i, j}     = B ( (i-1) *35+1: 35*i, (j-1) *35+1: 35*j);
        Ftotalcell {i, j} = Ftotal ( (i-1) *35+1: 35*i, (j-1) *5+1: 5*j);
        Ftest = sum (Ftotalcell {i, j}, 2);
        Fcell {i, j}     = Ftest;
        Adcell {i, j}    = zeros (35, 35);
        Bdcell {i, j}    = zeros (35, 35);
        Fdcell {i, j}    = zeros (35, 1);
    end
end
    for i = 1: 41
        Adcell {i, i}    = Acell {i, i};% 取 A 对角线上的子矩阵
        Bdcell {i, i}    = Bcell {i, i};% 取 B 对角线上的子矩阵
        Fdcell {i, i}    = Fcell {i, i};% 取 F 对角线上的子矩阵
        Vcell {i}        = V ( (i-1) *35+1: 35*i);% 增加值率
        Xcell {i}        = X ( (i-1) *35+1: 35*i); ;产出
        Fscell {i}       = Fs ( (i-1) *35+1: 35*i);% 总需求
    end
Ad = cell2mat (Adcell);% A 对角阵
Bd = cell2mat (Bdcell);% B 对角阵
Af = A - Ad;% 剔除对角阵后的 A 矩阵
Fd = cell2mat (Fdcell);% F 对角阵
F = cell2mat (Fcell);% 将多类需求合并后的最终需求矩阵
Ff = F - Fd;% 剔除对角阵后的 F 矩阵
L = inv (eye (1435) - Ad);% 仅考虑各国自身的完全需求对角矩阵

% 为方便数据处理, 将 Af, Ff, L 转化为子矩阵形式
    for i = 1: 41
        for j = 1: 41
            Afcell {i, j}   = Af ( (i-1) *35+1: 35*i, (j-1) *35+1: 35*j);
```

```matlab
        Ffcell {i, j}  = Ff ( (i-1) *35+1: 35*i, j: j);
        Lcell {i, j}  = L ( (i-1) *35+1: 35*i, (j-1) *35+1: 35*j);
    end
end
N = 41;
% 单国模型
Ex_ inter = Af * X';% 中间产品出口
Ex_ f = sum (Ff, 2);% 最终产品出口
Ex = Ex_ inter + Ex_ f;% 出口总量等于两者之和
Y0 = L * (Af * X' + sum (Ff, 2) + sum (Fd, 2));% Y = LF + LAfBF
Y1 = B * (sum (Ff, 2) + sum (Fd, 2));% Y = BF  Y0、Y1 两者相等
Vatotal = diag (V) * Y0;% 得到增加值
VaEx = diag (V) * L * (Ex_ inter + Ex_ f);% 通过单国模型,得到出口诱发的增加值
VB = diag (V) * B;% 考虑各国经济关联的增加值乘子矩阵
VL = diag (V) * L;% 仅考虑各国自身的增加值乘子矩阵

% 为方便数据处理,将 VB, VL, Ex 转化为子矩阵形式
for i = 1: N
    for j = 1: N
        VBcell {i, j}  = VB ( (i-1) *35+1: 35*i, (j-1) *35+1: 35*j);
        VLcell {i, j}  = VL ( (i-1) *35+1: 35*i, (j-1) *35+1: 35*j);
    end
end
for i = 1: N
    Excell {i}  = Ex ( (i-1) *35+1: 35*i);%
end

% 单国模型下的双边或一对多贸易
s1 = 1;% s1 出口到各国
```

```
        for r = 1 : N
            if r ~ = s1
                Ex_s1r {r} = Acell {s1, r} * (Xcell {r})' + Fcell {s1, r} ;%
s1 出口 r 的数值
                Value_Ex_s1r {r} = diag (Vcell {s1}) * Lcell {s1, s1} * Ex_
s1r {r} ;
                % 双边核算   s1 出口 r 商品所含本国增加值
            end;
        end;


        % 将 cell 转化为矩阵，得到 s1 出口各国所含的本国增加值
        Value_Ex_s1r0 = cell2mat (Value_Ex_s1r) ;



        % KWW 模型 此处可结合 NEBR 工作论文 W18579 的公式（31）以及
（36）分析
        % 增加值贸易  公式（31）= 公式（36）中的第 1 项 + 第 2 项 + 第 3 项
        for i = 1 : N
            for j = 1 : N
                VTcell {i, j} = zeros (35, 1) ;
                    if j ~ = i
                for m = 1 : N
                    VTcell {i, j} = VTcell {i, j} + VBcell {i, m} * Fcell {m, j} ;
                end;
                    end;
                end;
            end;
        % 进口商品中内涵的国内增加值
        % 公式（36）的第 4 项和第 5 项
        for i = 1 : N
            Vimcell {i, 1} = zeros (35, 1) ;
            for j = 1 : N
```

```
            Vimcell {i, 1} = Vimcell {i, 1} + VBcell {i, j} * Ffcell {j, i};
        end;
    end;

    for i = 1: N
        VimAcell {i, 1} = zeros (35, 1);
        for j = 1: N

    VimAcell {i, 1} = VimAcell {i, 1} + VBcell {i, j} * Afcell {j, i}
* Lcell {i, i} * Fcell {i, i};
        end;
    end;


    % 出口商品中的国内重复核算部分
    % 公式 (36) 的第 6 项
    for i = 1: N
        DoubleDcell {i, 1} = zeros (35, 1);
        for j = 1: N

    DoubleDcell {i, 1} = DoubleDcell {i, 1} + VBcell {i, j} * Afcell {j,
i} * Lcell {i, i} * Excell {i};
        end;
    end;


    % 出口商品中内涵的其他增加值
    % 公式 (36) 的第 7 项和第 8 项
    for i = 1: N
        Vothercell {i, 1} = zeros (35, 1);
        for t = 1: N
            if t ~ = i
                for r = 1: N
                    if r ~ = i
```

```
            Vothercell {i, 1} = Vothercell {i, 1} + VBcell {t, i} * ( Ffcell {i,
r} + Acell {i, r} * Lcell {r, r} * Fcell {r, r} );
                end;
            end;
          end;
      end;
end;
    % 出口商品中在国外部分的重复核算项
    % 公式（36）的第9项
    for i = 1: N
        DoubleFcell {i, 1} = zeros (35, 1);
        for t = 1: N
            if t ~ = i
            for r = 1: N
                if r ~ = i

            DoubleFcell {i, 1} = DoubleFcell {i, 1} + VBcell {t, i} * Acell {i,
r} * Lcell {r, r} * Excell {r};
                end;
            end;
          end;
      end;
end;


    % 将 cell 格式转化为矩阵
    VT = cell2mat（VTcell）;
    Vim = cell2mat（Vimcell）;
    VimA = cell2mat（VimAcell）;
    DoubleD = cell2mat（DoubleDcell）;
    Vother = cell2mat（Vothercell）;
    DoubleF = cell2mat（DoubleFcell）;
```

```matlab
% 我的模型
% 把纯出口部分相加后变成对角阵，乘以 VB 可得到
% 总量核算
% 首先去除中间产品出口中的重复核算项
for i = 1 : N
    for j = 1 : N
        FDfcell {i, j}  = Afcell {i, j} * Lcell {j, j} * Fdcell {j, j};
    end
end

for i = 1 : N
    for j = 1 : N
    Fexcell {i, j}  = Ffcell {i, j} + FDfcell {i, j};
    end
end
% 把每个国家的出口合并起来'
for i = 1 : N
    FexTcell {i}  = 0;
    FfTcell {i}  = 0;
    FDfTcell {i}  = 0;
    for j = 1 : N
    FexTcell {i}  = FexTcell {i} + Fexcell {i, j};
    FfTcell {i}  = FfTcell {i} + Ffcell {i, j};
    FDfTcell {i}  = FDfTcell {i} + FDfcell {i, j};
    end
end

for i = 1 : N
    for j = 1 : N
        VBExcell {i, j}  = VBcell {i, j} * FexTcell {j};
        VBExfcell {i, j}  = VBExcell {i, j};
```

```
            end
        end
    for i = 1: N
        VBExfcell {i, i} = zeros (35, 1);
    end

    VBExT = sum (cell2mat (VBExcell), 2);% 得到出口商品中所含本国增
加值
    for j = 1: N
        VBExothcell {j, 1} = 0;
        for i = 1: N
            VBExothcell {j, 1} = VBExothcell {j, 1} + VBExfcell {i, j};
        end
    end
    VBExoth = cell2mat (VBExothcell);

    % 双边贸易核算, 这里得到国家 a 到各国的贸易数量
    s1 = 1;
    % 取 s1 剔除掉重复核算部分的出口值, 为行向量
    for r = 1: N
        Esr1ycell {s1, r} = zeros (35, 1);
        if r ~ = s1
            Esr1ycell {s1, r} = Fcell {s1, r} + Acell {s1, r} * Lcell {r, r} *
Fcell {r, r};
        end;
    end;

    % 将行向量变成矩阵
    for i = 1: N
        if i ~ = s1
            for r = 1: N
                Esr1ycell {i, r} = zeros (35, 1);
```

```
            end;
        end;
    end;

    for i = 1 : N
        for j = 1 : N
        VBEsr1ycell {i, j} = zeros (35, 1);
            for m = 1 : N
            VBEsr1ycell {i, j} = VBEsr1ycell {i, j} + VBcell {i, m} *
Esr1ycell {m, j};
            end
        end
    end
    VBEsr1y = cell2mat (VBEsr1ycell);% 得到出口商品中的国外增加值
    % 出口商品中的国内增加值在上文中已经通过单国模型得到
    % WWK 模型 具体参考王直等发表于《中国社会科学》一文的公式 (11)
    % s1 到 r1 双边出口
    s = 1;

    for r = 1 : N
        if r ~ = s
    Esr_ final = Fcell {s, r};
    Esr_ inter = Acell {s, r} * Xcell {r}';
    Esrcell {r, 1} = [Esr_ final, Esr_ inter];
    Er = Excell {r};

    VB0 = ((Vcell {s}) * Bcell {s, s})';
    VB1 = (Vcell {r} * Bcell {r, s})';
    VB2 = 0;
    VLs = (Vcell {s} * Lcell {s, s})';
    for i = 1 : N
        if i ~ = s && i ~ = r
```

```
            VB2 = VB2 + (Vcell{i} * Bcell{i, s})';
        end
    end
    Esr01 = VB0. * Esr_final;
    Esr02 = VLs. * (Acell{s, r} * Bcell{r, r} * Fcell{r, r});

    Esr03 = 0;
    for i = 1: N
        if i ~ = s && i ~ = r
            Esr03 = Esr03 + VLs. * (Acell{s, r} * Bcell{r, i} * Fcell{i, i});%
        end
    end


    Esr04 = 0;
    for i = 1: N
        if i ~ = s && i ~ = r
            Esr04 = Esr04 + VLs. * (Acell{s, r} * Bcell{r, r} * Fcell{r, i});
        end
    end
    Esr05 = 0;
    for i = 1: N
        if i ~ = s && i ~ = r
            for j = 1: N
                if j ~ = s && j ~ = i
                    Esr05 = Esr05 + VLs. * (Acell{s, r} * Bcell{r, i} * Fcell{i, j});
                end
            end
        end
    end
```

```
Esr06 = VLs.* (Acell{s,r}*Bcell{r,r}*Fcell{r,s});
Esr07 = 0;
for i = 1: N
    if i ~ = s && i ~ = r
        Esr07 = Esr07 + VLs.* (Acell{s,r}*Bcell{r,i}*Fcell{i,s});
    end
end
Esr08 = VLs.* (Acell{s,r}*Bcell{r,s}*Fcell{s,s});
Esr09 = VLs.* (Acell{s,r}*Bcell{r,s}*Fcell{s,r});
for i = 1: N
    if i ~ = s && i ~ = r
        Esr09 = Esr09 + VLs.* (Acell{s,r}*Bcell{r,s}*Fcell{s,i});
    end
end
Esr10 = (VB0 - VLs)* (Acell{s,r}*Xcell{r}');
Esr11 = VB1.*Esr_final;
Esr12 = VB1.* (Acell{s,r}*Lcell{r,r}*Fcell{r,r});
Esr13 = VB1.* (Acell{s,r}*Lcell{r,r}*Er);
Esr14 = VB2.*Esr_final;
Esr15 = VB2.* (Acell{s,r}*Lcell{r,r}*Fcell{r,r});
Esr16 = VB2.* (Acell{s,r}*Lcell{r,r}*Er);
Esrtatal{r,1} = [Esr01,Esr02,Esr03,Esr04,Esr05,Esr06,Esr07,Esr08,Esr09,Esr10,Esr11,Esr12,Esr13,Esr14,Esr15,Esr16];
    end
end
Esrtotal = cell2mat(Esrtatal);

Esrtotala = 0;
for i = s + 1: N
```

Esrtotala = Esrtotala + Esrtatal {i, 1}; % 得到分解后的加总数值，等于出口

end

参考文献

[1] H. 钱纳里、S. 鲁宾逊、M. 赛尔奎因：《工业化和经济增长的比较研究》，三联书店、上海人民出版社 1995 年版。

[2] 安同良："中国企业的技术选择"，《经济研究》，2003 年第 7 期。

[3] 安同良、杨羽云："易发生价格竞争的产业特征及其企业策略"，《经济研究》，2002 年第 6 期。

[4] 白俊红、刘宇英："对外直接投资能否改善中国的资源错配"，《中国工业经济》，2018 年第 1 期。

[5] 白重恩、刘俏、陆洲、宋敏、张俊喜："中国上市公司治理结构的实证研究"，《经济研究》，2005 年第 2 期。

[6] 白重恩、钱震杰："国民收入的要素分配：统计数据背后的故事"，《经济研究》，2009 年第 3 期。

[7] 蔡昉："人口转变、人口红利与刘易斯拐点"，《经济研究》，2010 年第 4 期。

[8] 蔡昉："靠切实的改革延续人口红利"，《经济日报》，2015 年 6 月 4 日第 11 版。

[9] 蔡昉、王德文、曲玥："中国产业升级的大国雁阵模型分析"，《经济研究》，2009 年第 9 期。

[10] 蔡昉、王德文，《比较优势差异、变化及其对地区差距的影响》，《中国社会科学》，2002 年第 5 期。

[11] 蔡昉、王德文："中国经济增长可持续性与劳动贡献"，《经济研究》，1999 年第 10 期。

[12] 蔡昉："从人口学视角论中国经济减速问题"，《中国市场》，2013 年第 7 期。

[13] 曹开虎："中国出口稀土得到了什么？"，《第一财经日报》，2012 年

4月9日。

[14] 曾昭法、左杰："中国省域城镇化的空间集聚与驱动机制研究——基于空间面板数据模型",《中国管理科学》, 2013年第11期。

[15] 钞小静、任保平："中国经济增长质量的时序变化与地区差异分析",《经济研究》, 2011年第4期。

[16] 陈创练、庄泽海、林玉婷："金融发展对工业行业资本配置效率的影响",《中国工业经济》, 2016年第11期。

[17] 陈诗一:《节能减排、结构调整与工业发展方式转变研究》, 北京大学出版社2011年版。

[18] 陈彦斌、陈小亮、陈伟泽："利率管制与总需求结构失衡",《经济研究》, 2014年第2期。

[19] 程丹润、李静："环境约束下的中国省区效率差异研究：1990—2006",《财贸研究》, 2009年第1期。

[20] 程慧芳、陈超："开放经济下知识资本与全要素生产率——国际经验与中国启示",《经济研究》, 2017年第10期。

[21] 单豪杰："中国资本存量K的再估算：1952—2006年",《数量经济技术经济研究》, 2008年第10期。

[22] 董敏杰、梁泳梅："1978—2010年的中国经济增长来源：一个非参数分解框架",《经济研究》, 2013年第5期。

[23] 樊纲、吕焱："经济发展阶段与国民储蓄率提高：刘易斯模型的扩展与应用",《经济研究》, 2013年第3期。

[24] 樊纲、王晓鲁、张立文、朱恒鹏："中国各地区市场化相对进程报告",《经济研究》, 2003年第3期。

[25] 范金、姜卫民、刘瑞翔："增加值率能否反映经济增长质量？",《数量经济与技术经济》, 2017年第2期。

[26] 范欣、宋冬林、赵新宇："基础设施建设打破了国内市场分割吗？",《经济研究》, 2017年第2期。

[27] 傅晓霞、吴利学："全要素生产率在中国地区差异中的贡献：兼与彭国华和李静等商榷",《世界经济》, 2006年第9期。

[28] 干春晖、郑若谷、余典范："中国产业结构变迁对经济增长和波动的影响",《经济研究》, 2011年第5期。

[29] 郭庆旺、贾俊雪："中国TFP的估算：1979—2003",《经济研究》,

2005 年第 8 期。

[30] 国家统计局、环境保护部:"中国环境统计年鉴—2011",中国统计出版社 2011 年版。

[31] 韩峰、王业强:"市场潜力、政府干预与人口城市化",《中国人口科学》,2017 年第 1 期。

[32] 韩剑、郑秋玲:"政府干预如何导致地区资源错配——基于行业内和行业间错配的分解",《中国工业经济》,2014 年第 11 期。

[33] 赫尔曼·E. 戴利:《超越增长:可持续发展的经济学》,1996 年,中译版,上海译文出版社 2001 年版。

[34] 赫尔曼·哈肯:《协同学——大自然构成的秘密》,1986 年,中译版,上海世纪出版集团 2005 年版。

[35] 胡鞍钢、刘生龙、马振国:"人口老龄化、人口增长与经济增长——来自中国省际面板数据的实证证据",《人口研究》,2012 年第 3 期。

[36] 胡鞍钢、郑京海、高宇宁、张宁、许海萍:"考虑环境因素的省级技术效率排名 (1999—2005)",《经济学季刊》,2008 年第 7 卷第 3 期。

[37] 胡秋阳:《中国的经济发展和产业结构——投入产出分析的视角》,经济科学出版社 2007 年版。

[38] 黄卓、李新平:"经济服务业化引致的经济增长结构性减速与对策研究",《湖南社会科学》,2018 年第 5 期。

[39] 金荣学、解洪涛:"中国城市化水平对省际经济增长差异的实证分析",《管理世界》,2010 年第 2 期。

[40] 柯善咨、赵曜:"产业结构、城市规模与中国城市生产率",《经济研究》,2014 年第 4 期。

[41] 李根强、潘文卿:"国内价值链如何嵌入全球价值链:增加值的视角",《管理世界》,2016 年第 7 期。

[42] 李敬、陈澍、万广华、付陈梅:"中国区域经济增长的空间关联及其解释——基于网络分析方法",《经济研究》,2014 年第 11 期。

[43] 李娟伟、任保平:"重庆市经济增长质量评价与分析",《重庆大学学报 (社会科学版)》,2014 年第 5 期。

[44] 李兰冰、刘秉镰:"中国区域经济增长绩效、源泉与演化:基于要素分解视角",《经济研究》,2015 年第 8 期。

[45] 李强、薛天栋编:《中国经济发展部门分析》,中国统计出版社

1998年版。

[46] 李善同、何建武、刘云中："全球价值链视角下中国国内价值链分工测算研究"，《管理评论》，2018年第5期。

[47] 李昕、关惠娟："人力资本积累对我国经济增长影响的机制分析"，《审计与经济研究》，2017年第2期。

[48] 李扬、殷剑峰："劳动力转移过程中的高储蓄、高投资和中国经济增长"，《经济研究》，2005年第2期。

[49] 李扬、殷剑锋："中国高储蓄率问题探究——1992—2003年中国资金流量表的分析"，《经济研究》，2007年第6期。

[50] 李永友："需求结构失衡的财政因素：一个分析框架"，《财贸经济》，2010年第11期。

[51] 厉以宁："中国经济双重转型之路"，人民大学出版社2013年版。

[52] 梁泳梅、董敏杰："1978—2018年的中国经济增长来源：一个非参数分解框架"，《经济研究》，2013年第5期。

[53] 林毅夫、李勇军："出口与中国经济增长：需求导向的分析"，《经济学（季刊）》，2003年第2期。

[54] 林毅夫、刘明兴："经济发展战略与中国的工业化"，《经济研究》，2004年第7期。

[55] 林毅夫等："中国经济增长减速成因与对策"，《学习与探索》，2018年第4期。

[56] 刘瑞翔："探寻中国经济增长的源泉：要素投入、生产率与环境消耗"，《世界经济》，2013年第10期。

[57] 刘瑞翔、安同良："资源环境约束下中国经济增长绩效变化趋势与因素分析：基于一种新型生产率构建与分解方法的分析"，《经济研究》，2012年第11期。

[58] 刘瑞翔、安同良："中国经济增长的动力来源与转换展望：基于最终需求视角的分析"，《经济研究》，2011年第7期。

[59] 刘瑞翔、范金、戴枫："沿海地区与内陆省份经济增长的比较测度"，《数量经济技术经济研究研究》，2020年第6期。

[60] 刘瑞翔、颜银根、范金："全球空间关联视角下的中国经济增长"，《经济研究》，2017年第5期。

[61] 刘伟、蔡志洲："技术进步、结构变动与改善国民经济中间消耗"，

《经济研究》，2008 年第 4 期。

［62］刘小玄："中国转轨经济中的产权结构和市场结构"，《经济研究》，2003 年第 1 期。

［63］刘小瑜、汪淑梅："基于集对分析法的我国经济增长质量综合评价"，《江西社会科学》，2014 年第 12 期。

［64］刘晓光、卢峰："中国资本回报率上升之谜"，《经济学（季刊）》，2014 年第 13 卷第 3 期。

［65］刘志彪、安同良编著：《现代产业经济分析》，南京大学出版社 2009 年版。

［66］刘志彪、张少军："中国地区差距及其纠偏：基于全球价值链和国内价值链的视角"，《学术月刊》，2008 年第 5 期。

［67］刘志彪："长三角区域高质量一体化发展的制度基石"，人民论坛·学术前沿，2019 年第 4 期。

［68］刘遵义等："非竞争型投入产出模型及其应用——中美贸易顺差透视"，《中国社会科学》，2007 年第 5 期。

［69］柳庆刚、姚洋："地方政府竞争和结构失衡"，《世界经济》，2012 年第 12 期。

［70］陆铭、陈钊："分割市场的经济增长——为什么经济开放可能加剧地方保护？"，《经济研究》，2009 年第 3 期。

［71］罗德明、李晔、史晋川："要素市场扭曲、资源错置与生产率"，《经济研究》，2012 年第 3 期。

［72］吕健："产业结构调整、结构性减速与经济增长分化"，《中国工业经济》，2012 年第 9 期。

［73］毛海涛、钱学锋、张洁："企业异质性、贸易自由化与市场扭曲"，《经济研究》，2018 年第 2 期。

［74］孟令国、王清："刘易斯转折点、二次人口红利与经济持续增长研究"，《经济理论与经济管理》，2013 年第 6 期。

［75］倪红福、夏杰长："中国区域在全球价值链中的作用及其变化"，《财贸经济》，2016 年第 10 期。

［76］聂辉华、江艇、张雨潇、方明月："我国僵尸企业的现状、原因与对策"，《宏观经济管理》，2016 年第 9 期。

［77］潘文卿："中国的区域关联与经济增长的空间溢出效应"，《经济研

究》，2012 年第 1 期。

［78］潘文卿："中国区域经济发展：基于空间溢出效应的分析"，《世界经济》，2015 年第 7 期。

［79］潘文卿、李根强："中国区域的国内价值链与全球价值链：区域互动与增值收益"，《经济研究》，2018 年第 3 期。

［80］潘文卿："中国的区域关联与经济增长的空间溢出效应"，《经济研究》，2012 年第 1 期。

［81］庞瑞芝、李鹏："中国新型工业化增长绩效的区域差异及动态演进"，《经济研究》，2011 年第 11 期。

［82］彭福伟："如何看待目前对外贸易对国民经济增长的作用"，《国际贸易问题》，1999 年第 1 期。

［83］皮建才："中国式分权下的地方官员治理研究"，《经济研究》，2012 年第 10 期。

［84］任保平："以质量看待增长：新中国经济增长质量的评价与反思"，中国经济出版社 2009 年版。

［85］沈利生："三驾马车的拉动作用评估"，《数量经济技术经济研究》，2009 年第 4 期。

［86］沈利生："中国经济增长质量与增加值变动分析"，《吉林大学社会科学学报》，2009 年第 3 期。

［87］斯蒂格利茨：《政府为什么干预经济》，赫特杰译：中国物资出版社 1998 年版。

［88］宋马林、金培振："地方保护、资源错配与环境福利绩效"，《经济研究》，2016 年第 12 期。

［89］苏庆义："中国省级出口的增加值分解及其应用"，《经济研究》，2016 年第 1 期。

［90］孙琳琳、任若恩："中国资本投入和 TFP 的估算"，《世界经济》，2005 年第 12 期。

［91］孙文凯、白重恩、谢沛初："户籍制度改革对中国农村劳动力流动的影响"，《经济研究》，2011 年第 1 期。

［92］孙早、刘李华："中国工业全要素生产率与结构演变：1990—2013 年"，《数量经济技术经济研究》，2016 年第 10 期。

［93］陶新宇、靳涛、杨伊婧："'东亚模式'的启迪与中国经济增长

'结构之谜'的揭示",《经济研究》, 2017 年第 11 期。

[94] 田丰:"城市工人与农民工的收入差距研究",《社会学研究》, 2010 年第 2 期。

[95] 田文、张亚青、佘珉:"全球价值链重构与中国出口贸易的结构调整",《国际贸易问题》, 2015 年第 3 期。

[96] 田银华、贺胜兵、胡石其:"资源环境约束下地区全要素生产率增长的再估算: 1998—2008",《中国工业经济》, 2011 年第 1 期。

[97] 涂正革:"环境、资源与工业增长的协调性",《经济研究》, 2008 年第 2 期。

[98] 涂正革、肖耿:"环境约束下中国工业增长模式研究",《世界经济》, 2009 年第 11 期。

[99] 汪增洋、豆建民:"空间依赖性、非线性与城市经济增长趋同",《南开经济研究》, 2010 年第 2 期。

[100] 王兵、吴延瑞、颜鹏飞:"中国区域环境效率与环境全要素生产率增长",《经济研究》, 2010 年第 5 期。

[101] 王士红:"人力资本与经济增长关系研究新进展",《经济学动态》, 2017 年第 8 期。

[102] 王小鲁:"中国城市化路径与城市规模的经济学分析",《经济研究》, 2010 年第 10 期。

[103] 王小鲁、樊纲、刘鹏:"中国经济增长方式转换和增长可持续性",《经济研究》, 2009 年第 1 期。

[104] 王直、魏尚进、祝坤福:"总贸易核算法: 官方贸易统计与全球价值链的度量",《中国社会科学》, 2015 年第 9 期。

[105] 魏后凯:"中国城镇化进程中两极化倾向与规模格局重构",《中国工业经济》, 2014 年第 3 期。

[106] 吴敬琏:《中国经济增长模式抉择》, 上海远东出版社 2006 年版。

[107] 吴晓刚、张卓妮:"户口、职业隔离与中国城镇的收入不平等",《中国社会科学》, 2014 年第 6 期。

[108] 吴延兵:"自主研发、技术引进与生产率: 基于中国地区工业的实证研究",《经济研究》, 2008 年第 8 期。

[109] 颜鹏飞、王兵:"技术效率、技术进步与生产率增长: 基于 DEA 的实证分析",《经济研究》, 2004 年第 12 期。

[110] 杨军、周玲玲、张恪渝:"中美贸易摩擦对中国参与区域价值链的重构效应",《中国流通经济》,2020 年第 3 期。

[111] 杨瑞龙、杨其静、"梯式的渐进制度变迁模型——再论地方政府在我国制度变迁中的作用",《经济研究》,2000 年第 3 期。

[112] 杨文举:"基于 DEA 的绿色经济增长核算:以中国地区工业增长为例",《数量经济技术经济研究》2011 年第 1 期。

[113] 尹敬东:"外贸对经济增长的贡献:中国经济增长奇迹的需求解析",《数量经济技术经济研究》,2007 年第 10 期。

[114] 余丹林、吕冰洋:"质疑区域生产率测算:空间视角下的分析",《中国软科学》,2009 年第 11 期。

[115] 余振、周冰惠、谢旭斌、王梓楠:"参与全球价值链重构与中美贸易摩擦",《中国工业经济》,2018 年第 7 期。

[116] 袁富华:"节能减排约束下的中国潜在经济增长",《经济研究》,2010 年第 8 期。

[117] 袁富华:"长期增长过程的'结构性加速'与'结构性减速':一种解释",《经济研究》,2012 年第 3 期。

[118] 袁志刚、饶璨:"全球化与中国生产服务业发展——基于全球投入产出模型的研究",《管理世界》,2014 年第 3 期。

[119] 张军:"分权与增长:中国的故事",《经济学(季刊)》,2007 年第 1 期。

[120] 张军、高远、傅勇、张弘:"中国为什么拥有了较好的基础设施?",《经济研究》,2007 年第 3 期。

[121] 张军、吴桂英、张吉鹏:"中国省际物质资本存量估算:1952—2000",《经济研究》,2004 年第 10 期。

[122] 张鹏飞、李国强、侯麟科、刘明兴:"区域经济增长差异的再反思:历史起因与演化逻辑",《经济学(季刊)》,2018 年第 1 期。

[123] 张学良:"中国交通基础设施促进了区域经济增长吗——兼论交通基础设施的空间溢出效应",《中国社会科学》,2012 年第 3 期。

[124] 张勋、刘晓光、樊纲:"农业劳动力转移与家户储蓄率上升",《经济研究》,2014 年第 4 期。

[125] 张友国:"经济发展方式变化对中国碳排放强度的影响",《经济研究》,2010 年第 4 期。

[126] 赵志耘、吕冰洋、郭庆旺、贾俊雪："资本积累与技术进步的动态融合"，《经济研究》，2007年第11期。

[127] 郑京海、胡鞍钢："中国改革时期省际生产率增长变化"，《经济学（季刊）》，2005年第2期。

[128] 郑玉歆："全要素生产率的再认识——用TFP分析经济增长存在的若干局限"，《数量经济技术经济研究》，2007年第9期

[129] 国家统计局：《1987年中国投入产出表》《1992年中国投入产出表》《1997年中国投入产出表》《2002年中国投入产出表》《2007年中国投入产出表》《2012年中国投入产出表》《2017年中国投入产出表》。

[130] 中国经济增长前沿课题组："中国经济长期增长路径、效率与潜在增长水平"，《经济研究》，2012年第11期。

[131] 中国经济增长前沿课题组："中国经济转型的结构性特征、风险与效率提升路径"，《经济研究》，2013年第10期。

[132] 中国经济增长前沿课题组："中国经济增长的低效率冲击与减速治理"，《经济研究》，2014年第12期。

[133] 中国经济增长前沿课题组："突破中国经济减速的新要素供给理论、体制与政策选择"，《经济研究》，2015年第11期。

[134] 周黎安："晋升博弈中政府官员的激励与合作——兼论我国地方保护主义和重复建设问题长期存在的原因"，《经济研究》，2004年第6期。

[135] 周黎安、陶婧："官员晋升竞争与边界效应：以省区交界地带的经济发展为例"，《金融研究》，2011年第3期。

[136] 周黎安："中国地方官员的晋升锦标赛模式研究"，《经济研究》，2007年第7期。

[137] 周其仁：《产权与制度变迁——中国改革的经验研究》，社会科学文献出版社2001年版。

[138] 朱孔来、李静静、乐菲菲："中国城镇化与经济增长关系的实证研究"，《统计研究》，2011年第9期。

[139] 朱文辉："中国出口战略导向的迷思：大国的经验与中国的选择"，《战略与管理》，1998年第5期。

[140] 朱喜、史清华、盖庆恩："要素配置扭曲与农业全要素生产率"，《经济研究》，2011年第5期。

[141] LawRence J. Lau等，2007：《非竞争型投入产出模型及其应用—中

美贸易顺差透视》,《中国社会科学》第 5 期。

［142］Acemoglu, D. , Johnson S. and Robinson J. , 2004, "Institutions as the Fundamental Cause of Long2Run Growth", NBER Working Paper, No. 104811.

［143］Allyn A. Young. , 1928, "Increasing Returns and Economic Progress", The Economic Journal, volume 38, pp. 527 – 542.

［144］Almeida T. A. D. N. , Cruz L. , Barata E. , García – Sánchez I. , 2017, Economic Growth and Environmental Impacts: An Analysis Based on a Composite Index of Environmental Damage［J］, Ecological Indicator, 76, 119 – 130.

［145］Antras, P. , D. Chor, T. Fally, and R. Hillberry: 2012, 'Measuring the upstreamness of production and trade Flows'. American Economic Review: Papers and Proceedings 102, 412 – 416.

［146］Baldwin, J. and Yan, B. , Global Value Chains and the productivity of Canadian Manufacturing Firms, Mimeo, Statistics Canada, Analytical Studies Branch, 2014.

［147］Banerjee, A. V. , Duflo, E. &Munshi, K. , The (mis) allocation of capital［J］. Journal of the European Economic Association, 2003, 1 (2): 484 – 494.

［148］Barro R. , "Quantity and quality of Economics Growth", Working papers of Central Bank of Chile, 2000.

［149］Bart Los, Marcel P. Timmer, and Gaaitzen J. de Vries, 2016. "Tracing Value – Added and Double Counting in Gross Exports: Comment." American Economic Review, 106 (7): 1958 – 1966.

［150］Bart Los, Marcel P. Timmer, 2018. "Measuring bilateral exports of value added: a unified framework", NBER working paper, No. 24896.

［151］Berg, S. A. , F. R. Forsund, E. S. Jansen. 1992. "Malmquist indices of productivity growth during the deregulation of Norwegian banking 1980 – 89", The Scandinavian Journal of Economics 94 211 – 228.

［152］Bo. Meng and Satoshi Inomata, "Production Networks and Spatial Economic Interdependence: An International Input Output Analysis of the Asia – Pacific Region", Discussion Papers, No. 185.

［153］Brock, W. and Taylor, M. S. "Economic Growth and the Environment", In: Aghion, P. , Durlauf, S. (Eds.), Handbook of Economic Growth

II. Chap. 28, Elsevier, 2005, 1749 – 1821.

[154] Brun, J. F. , J. L. Conbes, M. F. Renard. , 2002 "Are There Spillover Effects between the Coastal and Noncoastal Regions in China?", China Economic Review, 13, 161 – 169.

[155] Chambers, R. G. , R. Fare, and S. Grosskopf, 1996. "Productivity Growth in APEC Countries", Pacific Economics Review, 1, pp. 181 – 190.

[156] Chiarvesio, M. , Eleonora, M. D. and Micelli, S. , "Global Value Chains and Open Networks: The Case of Italian Industrial Districts", European Planning Studies, 2010, 18 (3)

[157] Chow, G. and Lin, A. "Accounting for Economic Growth in Taiwan and Mainland China: A Comparative Analysis", Journal of Comparative Economics, vol. 30 (3), 2002, 507 – 530.

[158] Chung, Y. H. , R. Fare and S. Grosskopf, 1997, "Productivity and Undesirable Outputs: A Directional Distance Function Approach", Journal of Environmental Management, 51, pp. 229 – 240.

[159] Cooper, W. W. , L. M. Seiford, and K. Tone, 2007, Data Envelopment Analysis, Boston: Kluwer Academic Publishers, Second Edition.

[160] Costinot, A. , Vogel, J. and Wang, S. , "An Elementary Theory of Global Supply Chains", The Review of Economic Studies, 2013, 80.

[161] Daniel Tyteca. "Liner Programming Models for the Measurement of Environmental Performance of Firms: Concepts and Empirical Results". Journal of Productivity Analysis, 1997, vol. 8, pp. 183 – 197.

[162] David Dollar, Benjamin F. Jones. , 2013, "China: An Institutional View of An Unusually Macro – economy", NEBR working paper No. 19662.

[163] Dedrick, J. , K. Kraemer, and G. Linden. 2008. Who Profits from Innovation in Global Value Chains? A Study of the iPod and notebook PCs. Report prepared for the Sloan Industry Studies Annual Conference, Boston, May 1 – 2.

[164] Dietzenbacher, E. & Los, B. , 1998, "Structural Decomposition Techniques: Sense and Sensitivity", Economics Systems Research, Vol. 10, pp. 307 – 323.

[165] Diewert, W. E. , 2005, "Index Number Theory Using Differences Rather than Ratios", American Journal of Economics and Sociology, 64, pp.

347-395.

［166］Dong Huyn oh, 2009, "A Global Malmquist - Luenberger Productivity Index — an application to OECD countries 1990 - 2004", Working paper.

［167］Elhorst J P., Matlab Software for Spatial Panels ［R］, The IVth World Conference of the Spatial Econometrics Association. Chicago, 2010: 9 - 17.

［168］Epifani, R&Gancia, G., Trade, markup heterogeneity and misallocation ［J］. Journal of international Economics, 2011, 83（1）: 1 - 13.

［169］Evens, C. L., The economic significance of national border effects ［J］. The American Econimic Review, 2003, 93（4）: 1291 - 1312.

［170］Fare, R., S. Grosskopf, and Carl A., Pasurka, 2007, "Environmental Production Functions and Environmental Directional Distance Functions", Energy, 32, 1055 - 1066.

［171］Fukuyama H, William L. Weber, 2009, "A Directional Slacks - based Measure of Technical Inefficiency", Socio - Economics Planning Sciences, doi: 10. 1016/j. seps. 2008. 12. 001.

［172］Ge Y, Globalization and Industry Agglomeration in China, World Development, 2009（3）: 550 - 559.

［173］Gereffi, G., (1999) "International Trade and Industrial Upgrading in the Apparel Commodity Chain," Journal of International Economics 48, 37 - 70.

［174］Gerreffi, G., "Beyond the Producer - driven/Buyer - driven Dichotomy the Evolution of Global Value Chains in the Internet Era", IDS Bulletin, 2001, Vol. 32（3）.

［175］Glaeser, E. L., Kallal, H. D., Scheinkman, J. A. et al., Growth in Cities, Journal of Political Economy, 1992（6）: 1127 - 1152.

［176］Groenewold, N., G. Lee and A. Chen, 2007, Regional Output Spillovers in China: Estimates from a VAR Model, Papers in Regional Science, ［J］, 86, 101 - 122.

［177］Groenewold, N., G. Lee and A. Chen, 2008, Inter - regional Spillovers in China: The Importance of Common Shocks and the Definition of the Regions, China Economic Review, ［J］, 19, 32 - 52.

［178］Grosskopf, S., 2003, "Some Remarks on the Malmquist Productivity Index and its Decomposition", Journal of Productivity Analysis, 20, 459 - 474.

［179］Guangming Shi; Jun Bi and Jinnan Wang, "Chinese regional industrial energy efficiency evaluation based on a DEA model of fixing non-energy inputs". Energy Policy, 2018, vol. 38. pp. 6172–6179.

［180］Hong Ma, Zhi Wang and Kunfu Zhu, 2015 "Domestic Value-added in China's Exports and its Distribution by Firm Ownership", Journal of Comparative Economics, Vol. 43, no, 1, 2015, pp. 3–18.

［181］Hopenhayn, H. &Rogerson, R., Job turnover and policy evaluation: A general equilibrium analysis［J］. Journal of political Economy, 1993, 101 (5): 915–938.

［182］Hsieh, Chang-Tai and Peter Klenow, 2009, Misallocation and Manufacturing TFP in China and India, Quarterly Journal of Economics, 124 (4): 1403–1448.

［183］Hu, Z. F., M. S. Khan, 1997, "Why is China growing so fast?" IMF Staff papers 44: 103–131.

［184］Huang, Y., and B. Wang, 2010, "Cost Distortions and Structural Imbalances in China", China and World Economy, 18 (4): 1–17.

［185］Hummels, David, Ishii, Jun and Yi, Kei-Mu, 2001, The nature and Growth of Vertical Specialization in World Trade, Journal of International Economics,［J］, 86: 224–236.

［186］Humphrey, J. and Schmitz, H., "How does Insertion in Global Value Chains Affect Upgrading in Industrial Clusters?", Regional Studies, 2002, 36 (9).

［187］Johnson, R. C. and Noguera, G., 2012, "Fragmentation and Trade in Value Added over Four Decades", NBER Working Paper, No. 18186.

［188］Keller, W., "International Technology Diffusion", Journal of Economic Literature, 2004. 42 (3)

［189］Koopman, R., Wang, Zhi and Wei, Shang-Jin, 2012, Estimating Domestic Content in Exports When Processing Trade is Pervasive, Journal of Development Economics［J］. 99 (1): 178~89.

［190］Koopman, R., Wang, Zhi and Wei, Shang-Jin, 2014, Tracing Value-added and Double Counting in Gross Exports, American Economic Review,［J］. 104 (2): 459–494.

[191] Krugman Paul. "The Myth of Asia's Miracle", Foreign Affairs, 1994, vol. 73 (6), pp. 62 – 78.

[192] Kuwamori, Hiroshi and Okamoto, Nobulllro, 2007 "Industrial Networks between China and the Countries of the Asia – Pacific Region", IDE Discussion Paper, 2007, No. 110.

[193] Kuznets, S. 1966: "Modern Economic Growth: Rate, Structure and Spread", New Haven, CT: Yale University Press.

[194] Laren Brandt and Xiongdong Zhu., "Accounting for China's Growth", IZA Working Paper, No. 4764, 2010.

[195] LeSage J P, Pace R K. Introduction to Spatial Econometrics [M]. Boca Raton, US: CRC Press /Taylor&Francis, 2009: 20 – 44.

[196] Lewis, W. A., 1954, "Economic Development with Unlimited Supply of Labor", The Manchester School of Economic and Social Studies, 41 (3): 139 – 191.

[197] Lu, Zhigang and Shunfeng Song, 2006: "Rural – Urban Migration and Wage Determination: The Case of Tianjin, China", China Economic Review, 17 (3): 337 – 345.

[198] Luc Anselin. Spatial Econometrics: Methodsand Models, Published by Kluwer Academic Publishers, 1988: 223 – 239.

[199] Marcel P. Timmer, Abdul Azeez Erumban, Bart Los, Robert Stehrer and Gaaitzeh J. de Vries, 2014, "Slicing Up Global Value Chains", Journal of Economic Perspectives, Volume 28. Number 2. Pages 99 – 118.

[200] McKinsey Global Institute, "Globalization in Transition: The Future of Trade and Value Chains", January 2019.

[201] Meng B., Wang Z., Koopman R. How are Global Value Chains Fragmented and Extended in China's Domestic Production Networks? [R]. IDE Discussion Papers, 2013.

[202] Milberg, W., D. Winkler, (2010) "Trade Crisis and Recovery—Restructuring of Global Value Chains," Policy Research Working Paper, No 5294, The World Bank.

[203] Miller, R. E. and U. Temurshoev. 2017. Output Upstreamness and Input Downstreamnessof Industries/Countries in world production [J]. International

Regional Science Review. 40 (5): 443 – 475.

[204] Miller, R. E. and Blair, P. D., 2009, "Input output Analysis: Foundations and Extensions", Cambridge University Press.

[205] M. P. Timmer et al., "Slicing up Global Value Chains", Journal of Economics Perspectives, Vol. 28, 14, pp. 99 – 118.

[206] Naughton, B., 1999, "How Much Can Regional Integration Do to Unify China's Markets?", Conference forfor Research on Economic Development and Policy, Stanford University.

[207] Park, Albert and Dewen Wang, 2010, "Migration and Urban Poverty and Inequality in China", IZA working paper.

[208] Prettner K. Population Ageing and Endogenous Economic Growth [J]. Journal of Population Economics, 2013, 26: 811 – 834.

[209] Qian, Y., and B. R. Weingast, Federalism as a Commitment to Reserving Market Incentives, Journal of Economic Perspectives [J]. 1997, 11 (4), 83 – 92.

[210] Robert Koopman., Zhi Wang., Shangjin Wei., "How much of Chinese exports is really made in China? Assessing domestic value – added when process trade is pervasive?", 2008, Working paper.

[211] Ronald E. Miller and Peter D. Blair, 2009, Input – Output Analysis. Cambridge University Press.

[212] Shuhei Aoki. A simple accounting framework for the effect of resource misallocation on aggregate productivity [J]. Journal of The Japanese and International Economies, 2012, 26 (4).

[213] Solow, Robert M, 1957, "Technical change and the aggregate production function." The review of Economics and Statistics (1957): 312 – 320.

[214] Song. Zheng, Storesletten, Kjetil and Zilibotti, Fabrizio., 2011, "Growing Like China." American Economic Review, 101 (1): 196 – 233.

[215] Timmer. M. P., E. Dietzenbacher, and B. Los, R. Stehrer, and G. J. de Vries. An illustrated User Guide to the World Input – Output Database: the case of Global Automotive Production [J]. Review of International Economics, 2015, 23 (3): 575 – 605.

[216] Tone, K., 2001, "A Slacks – based Measure of Efficiency in Data

Envelopment Analysis", European Journal of Operational Research, 130, pp 498－509.

［217］Tone, K., 2003, "Dealing with Undesirable Outputs in DEA: A Slacks Based Measure (SBM) Approach", GR IPS Research Report Series, I－2003－0005.

［218］Tzouvelekas, E.; Vouvaki, D. and Xepapadeas, A. "Total Factor Productivity and the Environment: a Case for Green Growth Accounting", Miemo, University of Crete, 2006.

［219］Upward, R., Z. Wang, and J. Zheng, 2012, "Weighing China's Export Basket: The Domestic Content and Technology Intensity of Chinese Exports", Journal of Comparative Economics.

［220］United Nations Development Programme, Reshaping Global Value Technology, Climate, Trade Global Value Chains under Pressure, September 2019.

［221］United Nations (UN), 1993, Agenda 21, United Nations, New York.

［222］Wang Zhi, Wei, Shang－Jin and Zhu Kunfu, 2014, Quantifying International Production Sharing at the Bilateral and Sector Levels, NEBR Working Paper No. 19677.

［223］Wang, Y. and Yao, Y. "Sources of China s Economic Growth 1952－1999: Incorporating Human Capital Accumulation", China Economic Review, 2003, vol. 14 (1), pp. 32－52.

［224］World Bank, 1997, China 2020: Development Challenge in the New Century. Washington D. C.: The World Bank.

［225］World Commission on Environment and Development (WCED), 1987, Our Common Future, Oxford University Press, Oxford, UK.

［226］Yao, Yang. 2011, "The Relationship between China's Export－led Growth and Its Double Transition of Demographic Change and Industrialization" Asian Economic Papers, 10 (2): 52－76.

［227］Yi, Kei－Mu, 2003. "Can Vertical Specialization Explain the Growth of World Trade?" Journal of Political Economy, vol. 111, 1: 52－102.

［228］Ying, L. C. "Measuring the Spillover Effects: Some Chinese Evidence", papers in Regional Science, 2000, 79 (1), 75－89.

[229] Yingyi, Qian., Roland, G. 1998, "Federalism and the Soft Budget Constraint". American Economic Review, 88 (5): 1143 – 1162.

[230] Yingyi, Qian., Weingast, B. R. 1996, "China's Transition to Markets: Market – preserving Federalism, Chinese Style". Journal of Economic Policy Reform, 1 (2): 149 – 185.

[231] Young, Alwyn, 2000, "The Razor's Edge: Distributions and Incremental Reform in the People's Republicof China", Quarterly Journal of Economics, Vol. 115, 1091 – 1136.

[232] Young, Alwyn, 2003, "Gold into Base Metals: Productivity Growth in the People's Republic of China during the Reform Period", Journal of Political Economy, 111 (6), 1220 – 1261.

[233] Young, Alwyn, 1994, "The Tyranny of Numbers: Confronting the Statistical Realities of the East Asian Growth Experience", Quarterly Journal of Economics, 60 (3): 641 – 680. 22.

[234] Zheng, Jinghai & Bigsten, Arne & Hu, Angang, 2009. "Can China's Growth be Sustained? A Productivity Perspective," World Development, 37 (4), 874 – 888.

[235] Zheng, Jinghai, Xiaoxuan Liu and Arne Bigsten, 1998, "Ownership Structure and Determinants of Technical Efficiency: an Application of Data Envelopment Analysis to Chinese Enterprises (1986 – 1990)," Journal of Comparative Economics, 26, 3: 465 – 484.

[236] ZhengSong, Kjetil Storesletten & F. Z. Growing Like China [J]. The American Economic Review, 2011, 101 (2): 196 – 233.